曾国藩传

张宏杰 —— 著

民主与建设出版社
· 北京 ·

© 民主与建设出版社，2024

图书在版编目（CIP）数据

曾国藩传 / 张宏杰著. — 北京：民主与建设出版
社，2018.8（2024.5重印）
ISBN 978-7-5139-2109-1

Ⅰ.①曾… Ⅱ.①张… Ⅲ.①曾国藩（1811–1872）
—传记 Ⅳ.①K827=52
中国版本图书馆CIP数据核字（2018）第063866号

曾国藩传
ZENG GUOFAN ZHUAN

著　　者	张宏杰	
出 品 人	一　航	
选题策划	航一文化	
出版统筹	康天毅	
责任编辑	郭长岭	
特约编辑	康天毅	
封面设计	熊　琼	
出版发行	民主与建设出版社有限责任公司	
电　　话	（010）59417747　59419778	
社　　址	北京市海淀区西三环中路10号望海楼E座7层	
邮　　编	100142	
印　　刷	三河市中晟雅豪印务有限公司	
版　　次	2019年1月第1版	
印　　次	2024年5月第34次印刷	
开　　本	700mm×980mm　1/16	
印　　张	25	
字　　数	446千字	
书　　号	ISBN 978-7-5139-2109-1	
定　　价	78.00元	

注：如有印、装质量问题，请与出版社联系。

自　序

　　这本《曾国藩传》的诞生，可以说是一个瓜熟蒂落的过程。

　　1997 年，我开始业余写作不久，就写了一篇散文《解剖曾国藩》，后来收入我 2000 年出版的第一本书中。我的博士论文和博士后论文写的都是曾国藩的经济生活，后来在中华书局出版时改名为《给曾国藩算算账》。此外，我还写了《曾国藩的正面与侧面（一）》《曾国藩的正面与侧面（二）：〈曾国藩家书〉与曾氏家风文化》和《曾国藩的正面与侧面（三）：曾国藩的领导力》。现在回头一看，在我二十年的写作生涯中，我写得最多的一个人物是曾国藩。不知不觉，已经写下了一百多万字，有五本关于曾国藩的书出版。

　　伴随着这些写作，二十年间，岳麓书社版三十册的《曾国藩全集》一直摆在我书架上最方便取用的位置，其中的家书和日记更是常年置于我枕边的书。我收集了大量关于曾国藩、湘军及晚清政治史、社会史的研究资料和成果，完成了对曾国藩多个侧面的分块式解读。这些都是这本《曾国藩传》的写作基础。

　　之所以对曾国藩如此感兴趣，第一个原因，正如我在《曾国藩的正面与侧面（一）》的序中所说，对于中国这个文化体来说，曾国藩的更大意义是他展现的"中国式力量"。曾国藩全面展示了传统文化的正面价值，证明了中国文化有活力、有弹性、有容纳力的一面。在清代重臣中，他是第一个主张对洋人"以诚相待"的人。当然，另一方面，他也证明了传统文化无法突破的极限，这一证明意义也十分重大。总而言之，他让我们对祖先五千年来积累的文化有了更全面的认识。任何建设都需要寻找坚实的地基，我们既然无法和传统一刀两断，就必须寻找接口。

　　第二个原因，从个人精神成长角度看，曾国藩也能给我们提供力量。曾国藩这个人的一生，起点极低而抵达的高度很高。曾国藩的智商平常，一个秀才考了七次。身体禀赋很差，一生与多种严重疾病相伴。出身也很平常，祖上几百年间都是平头百姓。年轻的时候，性格中还有很多毛病，比如自我管理能力比较差。他通过不懈的个人努力，完成了脱胎换骨、超凡入圣的变化，达到了立功、立德、立言三不朽的境界，这个过程是非常富有启发意义的。

因此，曾国藩是一个钻之弥坚、仰之弥高的人物。从曾国藩出发，我们可以更深地了解中国传统思想史，了解晚清政治史和社会史。从这个角度看，为读者提供一本关于曾国藩的简明传记作为了解曾国藩的入门书也是必要的。

所以在阅读、写作有关曾国藩的资料和图书将近二十年之后，我将以前关于曾国藩的拼图式写作和研究整合起来，补足其中的空白部分，形成一本简明、全面的《曾国藩传》，目的是使读者花不太长的时间，就能完成对曾国藩一生功名事业和心路历程的了解。

当然，因为这样的写作过程，这本《曾国藩传》也存在一个问题，那就是部分内容和以前的作品有重复。在写作的过程中，我想避免这种重复，却发现无法避免。因为关于同一个事件，材料并没有新的发现，结论也没有什么变化，如果仅仅换一种写法，也就是说，仅仅做一些语言的重新组合，意义并不是很大。

因此，这本书的部分内容与《曾国藩的正面与侧面》等有重复，尚祈读者谅解。我希望我的作品能以这样的方式满足不同读者的需要：以《曾国藩传》为骨，可以迅速全面地了解曾国藩的一生；以《曾国藩的正面与侧面》等为肉，可以深入细致地研读曾国藩的多个侧面。

这本《曾国藩传》，和以前出版的众多曾国藩传、大传及评传有所不同。一是侧重呈现曾国藩个人心路历程，而不是对其生平和事件的研究式复原。二是对曾国藩的一生突出重点，而不是均衡叙述。比如关于"剿"捻一笔带过，而关于曾国藩对外观念的转变及天津教案，则花了比较多的笔墨，以试图深入解读曾国藩主动选择做"卖国贼"的原因。

这本书吸纳了大量的前人研究成果。在曾国藩研究领域，有朱东安先生的《曾国藩传》、林乾先生的《曾国藩大传》、董蔡时先生的《曾国藩评传》，以及萧一山、梁绍辉、董丛林、刘忆江、宫玉振等先生的著作，还有唐浩明先生的系列作品。此外，翁飞先生关于曾国藩和李鸿章关系的研究，董丛林先生关于胡林翼的研究，都令我受益匪浅。还有一些参考过的论文无法在这里一一列及。在成书的过程中，我的东财学长、书法家王家新通读了书稿，并提出了非常宝贵的意见，在此均谨致谢意。

目录

第一卷

京官时代

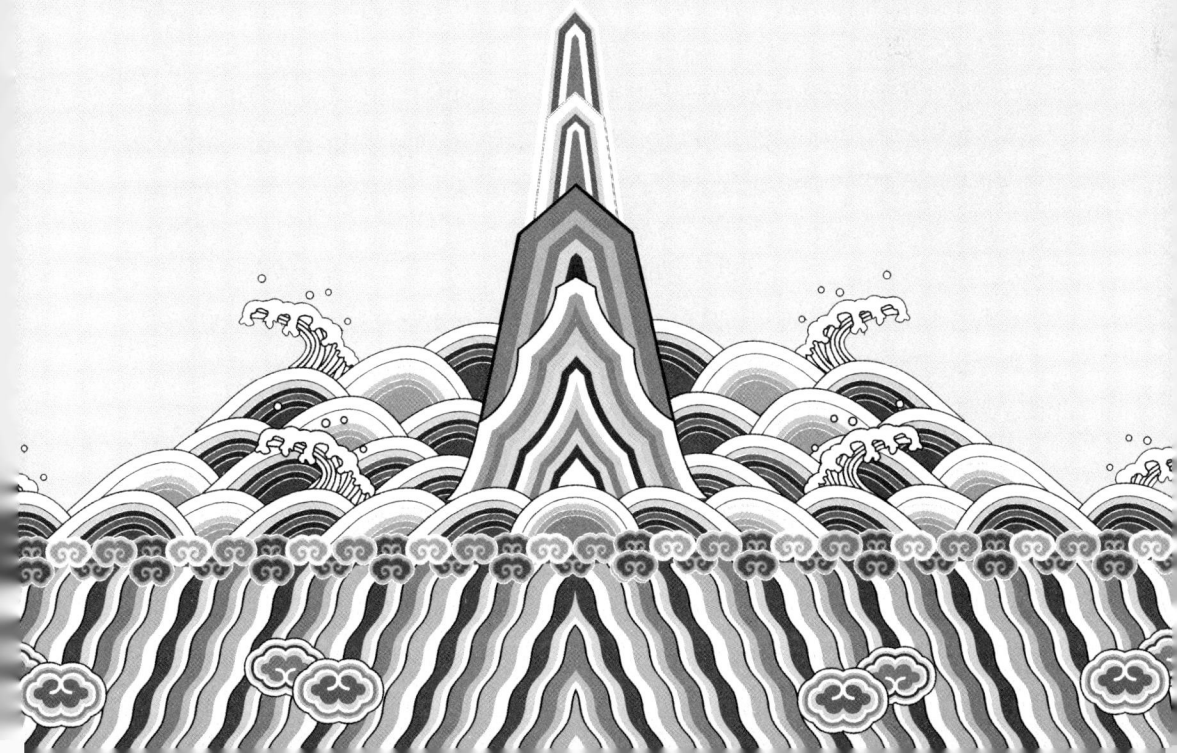

| 第一章 | 曾国藩的七次科举之痛

1. 父子双双去"赶考"

道光十二年（1832）春天的一个清晨，湖南省湘乡县荷叶塘，一对父子从一座普通农家宅院的大门里走了出来。

儿子叫曾子城，这一年二十二岁[1]。在这本书里为了方便，我们就统一用他后来改的名字"曾国藩"来称呼他。父亲叫曾麟书，这一年四十三岁。

两个人这么早出门，是去"赶考"。

考什么呢？科举考试的第一关——秀才。众所周知，中国古代的科举考试分三步：秀才、举人、进士。"秀才"是最低一级的功名。

这不是他们俩第一次并肩赶考，事实上，这对父子在湘乡科场已经是一对"名人"了。之所以出名，是因为双双屡考不第。

曾麟书从十几岁开始入考场，结果考了十六次，年过四十，头发都花白了，连个秀才都中不了。未中秀才的读书人，不管年纪多大，在当时都只能被称作"童生"。老"童生"历来是社会上嘲笑的对象。有好事者曾经编过一副对子："行年八十尚称童，可云寿考；到老五经犹未熟，真是书生。"[2] 意思是说：都八十岁了，还是个"童生"，可见你将来能活个几百岁；都到老了五本经书还没背熟，你真可谓"书生"。

读书人当中当然也有很多脑袋不灵光的，不过大多数都有自知之明，三五次不能取中就不再入场丢人。只有这位曾麟书，四十多岁了，仍然场场不落，只要有考试，必然早早赶到，最先一个进场，最后一个出场，然而每次都是名落孙山。所以，每次考试出榜时，曾麟书去看榜，也常有一帮闲人来看曾麟书，对他指指点点。

---

[1] 本书涉及年龄之处，非特别说明，均按中国传统习惯以虚岁计。

[2] 刘兆璸著：《清代科举》，东大图书股份有限公司，1977年，第4页。

而最近几科，众人关注的对象，又从曾麟书一人扩大到了他们父子。原来曾国藩才十四岁时，曾麟书就心急火燎地带着这个长子一起来考，而这个孩子也居然克肖乃父，连考了五次，也是场场落第。父子两人一起连续落第，这新闻效应就不止增加一倍了。

这就是曾国藩后来给他父亲写的墓志中说的："府君（父亲）既累困于学政之试，厥后挈国藩以就试，父子徒步囊笔以干有司，又久不遇。"[1]

人们提起这对父子，最爱说的一句话是，祖坟没冒青烟，再怎么折腾也没用。荷叶塘的泥腿子曾玉屏梦想成为官宦人家，本来就是痴心妄想。

2. 老曾家有个科举梦

中国人修家谱最重官爵，大部分人家的家谱中都能找到几个当官或者有功名的人。然而翻开《大界曾氏族谱》，往前一直翻到宋朝，不但找不到做过官的人，连读书人都没有一个。曾国藩后来在文章中说，"吾曾氏由衡阳至湘乡，五六百载，曾无人与于科目秀才之列"[2]。就是说，我们老曾家，从宋朝末年到清朝，五六百年间，连一个秀才也没出过。几十代人都是面朝黄土背朝天的农民，可见这个家族是多么普通。

偏偏到了曾玉屏这一辈，不知道中了什么邪，发誓非要供自己的孩子读书当官。

曾玉屏也是荷叶塘一个有点传奇色彩的人物。他本是个普通农民，年轻时没读过书，游手好闲，不务正业，买了一匹好马，穿着光鲜的衣服，成天跑到城里，和一群浮浪子弟混在一起。

有一天，他正在湘潭城的一个酒楼里和一群纨绔子弟纵酒高歌，忽然见一个老头领着小孙子从窗外走过。只听老头远远指着他，教育自己的孙子说："你可别跟这个人学。他是荷叶塘白杨坪老曾家的儿子，你看他家里没什么钱，却总跑到城里来装有钱大爷。这个家早晚都要败在他手里！"

那老头这番话是为了告诫自己的孙子，没想到全被曾玉屏听到了。曾玉屏心里很不是滋味儿，本以为自己活得人五人六，没想到背后大家是这么看自己！他大受刺

---

[1]《曾国藩全集·诗文》，岳麓书社，2011年，第365页。

[2] 同上。

激，来到市场上，当场把自己的这匹骏马卖了，然后徒步走了几十里路，回到家里。

这就是曾玉屏后来自述的"吾少耽游惰，往还湘潭市肆，与裘马少年相逐，或日高酣寝。长老有讥以浮薄，将覆其家者。余闻而立起自责，货马徒行"[1]。

从那天开始，曾玉屏就像变了个人一样，"自是终身未明而起"。每日早睡早起，天天下地干活，发誓要兴家立业。他后来对曾国藩说："余年三十五，始讲求农事。……凿石决壤，开十数畛而通为一，然后耕夫易于从事。吾昕宵行水，听虫鸟鸣声以知节候，观露上禾颠以为乐。种菜半畦，晨而耘，吾任之；夕而粪，庸保任之。入而饲豕，出而养鱼，彼此杂职之。凡菜茹手植手撷者，其味弥甘；凡物亲历艰苦而得者，食之弥安也。"[2]也就是说，他三十五岁才开始务农，每天带着长工，日夜苦干，把自己家的梯田扩大，连成一片，这样用牛耕作起来就方便了，产量大大提高。他在劳动中找到了乐趣，积累了丰富的农业经验，凭虫鸣鸟叫就知道节气变化。家里种地、喂猪、养鱼，多种经营。家里种了半畦菜，每天早上他亲自锄草，傍晚则监督长工上粪。他告诉曾国藩，自己亲手种的菜，吃起来才香。辛苦挣来的钱，花着才心安。

曾玉屏艰苦奋斗了十几年，置了百十来亩地，使曾家从普通的中农变成了家境殷实的小地主。他就这样在地方上树立起了自己的威信。他为人有主见、有魄力，脾气火爆刚直，所以地方上有什么纠纷，大家总是来找他排解说和。遇上那种不讲理的泼皮无赖，他"厉辞诘责，势若霆摧，而理如的破，悍夫往往神沮"[3]。就是说，他厉声责问，说的话都在理上，最后那些地方上的恶霸也不得不低下头来。

勤苦发家之后，曾玉屏又做出一个重要决断，那就是把自己的长子曾麟书送去读书。在传统时代，一个家族要真正发达，不是看你有多少亩地，而是看你家中有没有人读书当官。有了功名，一个家族的地位才能稳固。所以曾玉屏不惜重金，请来当地最有名的老师，摆出一副破釜沉舟的架势，一定要把自己的儿子供出来。可惜曾麟书实在是太笨了，怎么也中不了秀才。

眼看着儿子没希望了，倔强的曾玉屏又把希望寄托在长孙身上。老头对长孙的希望之殷切，从小国藩的学业进度中就可以看出来。曾国藩虚岁才五岁，曾玉屏就命曾麟书给他开了蒙。才八岁，就读完了五经，也就是"诗书礼易春秋"这五部难

[1]《曾国藩全集·诗文》，岳麓书社，2011年，第367页。
[2] 同上。
[3] 同上。

懂经书。才九岁，就开始学作八股文。刚刚十四岁，就让曾麟书带着他到县衙的礼房报了名，填写了三代履历表，办好了保结手续，开始了科场生涯。

可惜这个长孙读书似乎也是不灵，每次带回来的也都是落第的消息。曾玉屏辛苦了几十年，花了无数钱财，最后只落得一乡人的笑话。

曾玉屏却不管别人笑话不笑话。他定下来的事，九头牛也别想拉回来。传统时代人们大多迷信，经常有人劝他找人算一算，看看家里到底有没有科考之运，不要再这样白花钱了。曾玉屏却不信邪，曾国藩后来总结说，老头一生有"三不信"，不信看风水的地仙、不信医生、不信和尚道士，只信人定胜天。[1]凭什么别人家能供出举人进士，我们曾家就供不出来？儿子供不出来，我还有孙子，孙子供不出来，我还有重孙子，我就不信曾家没有翻身的一天！

道光十二年的这个早上，老头又一次早早起来，亲手替儿子和孙子整理好考篮考具，把他们送出大门，默默地望着他们的背影，望了很久。

3. 生平第一次大挫折

每一次考试，对曾国藩父子来说，都是一次痛苦的经历。

首先是辛苦。别的不说，"徒步囊笔，以干有司"[2]，提着沉重的考篮，徒步到考场，就非常辛苦。考篮的上一层，是笔墨纸砚，还有书籍。下一层则是食物和水果，加起来有二三十斤重。秀才考试分为三关：县试、府试和院试（也就是省一级考试），需要从白杨坪走一百二三十里到湘乡县城，再从湘乡县城跋涉二百多里地到长沙府。这一次是父子俩第六次并肩去考秀才，对曾麟书来说，则是第十七

▲ 曾国藩

---

[1]《曾国藩全集·家书》1，岳麓书社，2011年，第594页。原文为："吾祖星冈公之教人……三不信。……三者，曰僧巫，曰地仙，曰医药，皆不信也。"

[2]《曾国藩全集·诗文》，岳麓书社，2011年，第365页。

次踏入考场。如果以单程三百五十里计算，曾麟书为了考一个秀才，已经足足走了一万一千九百里路，而曾国藩也走了近五千里。

其次是屈辱。科举虽然是"抢才大典"[1]，其实对读书人毫不尊重。天色尚浓黑时，就要来到考场接受点名。点完名，发了卷子，就要接受搜检。不但考篮里的东西得一一拿出打开，连馒头都要一掰两半，甚至还要脱掉鞋子，解开衣服，让吏役们遍体摸索。搜检完，钻进狭窄低矮的号舍，个子高点儿的站里面连腰都伸不直。正如《聊斋志异》中所描写的那样："秀才入闱，有七似焉：初入时，白足提篮，似丐；唱名时，官呵吏骂，似囚；其归号舍也，孔孔伸头，房房露脚，似秋末之冷蜂；其出场也，神情惝恍，天地异色，似出笼之病鸟……"

当然，最痛苦的莫过于看榜时名落孙山的打击以及他人的嘲笑讥讽。曾国藩打小自尊心很强。头两次失利，他并没有感到特别难堪，一两次不中也很常见。然而第四次、第五次还是落第[2]，这让他意外地在众多"童生"中"脱颖而出"，大有取代父亲，成为湘乡县科场新焦点之势。使他如芒在背，如坐针毡。

因此这一次，曾麟书父子都拼了命。要是再考不中，两人实在无颜再见江东父老。

压力带来动力，县试和府试，父子俩居然都顺利通过了。院试，父子俩也都感觉发挥得不错。因此出场以后，人虽然极为疲倦，但是精神都非常振奋。

院试发榜这天一大早，父子俩就满怀期待地赶去看榜。

这一次，曾麟书的大名赫然写在榜上！

曾麟书简直不敢相信自己的眼睛，简直比范进中举还高兴。这一年，曾麟书已经四十三岁了。老曾家破天荒地，五六百年，终于出了一个秀才！"五六百载，曾无人与于科目秀才之列。至是乃若创获。"[3]

可是，曾国藩在榜上找来找去，却没找到自己的名字。他第六次落榜了。

不过，曾国藩在榜单边上的另一张告示牌上，倒是发现了自己的名字。

---

[1]《曾国藩全集·奏稿》，岳麓书社，2011 年，第 194 页。

[2] 年谱载，曾国藩十四岁始应童子试，最好的成绩，是十六岁那年，在长沙府试考了第七名。此后十七至二十一岁未记载考试，然而这黄金年华，不可能不应考。童子试三年两试，这五年至少参加了三次考试。所以到二十二岁那年是第六次考试。

[3]《曾国藩全集·诗文》，岳麓书社，2011 年，第 365 页。

这是怎么回事呢？原来，曾国藩不仅落了榜，还被学台"悬牌批责"[1]。

每次考试后，主考官都会挑几篇文章出来，作为范文。当然，有正面范文，也有反面典型，曾国藩这次的考卷就被当成了反面典型。主考官（学使廖某）说，此文是文理欠通的典型，文笔尚可，道理没讲通，大家要引以为鉴。[2]

"文理欠通"是很严重的批评。大清顺治九年（1652），给考试定了"六等黜陟法"。"文理平通者列为一等，文理亦通者列为二等，文理略通者列为三等，文理有疵者列为四等，文理荒谬者列为五等，文理不通者列为六等。"[3]

所以被"悬牌批责"为"文理欠通"是一件很难堪的事情，相当于被全省示众。这一下，曾国藩不光在湘乡出了名，还在全省出了名。

当然，考官认为，曾国藩的文章虽然文理欠通，但是通过文字能看出来基本功还是很扎实的。为了安慰曾国藩，主考官让他"发充佾生"[4]。佾生是祭孔时的乐舞生，本来也算是一种荣誉，而且下次考试可以免考县试和府试，所以黎庶昌后来给曾国藩编年谱时，干脆就不提主考批语，只说："公从应试备取，以佾生注册。"[5]

4.越笨拙越努力

这次"悬牌批责"对曾国藩刺激极大，这是他长这么大第一次被人家当众批评。

曾国藩后来回忆自己的生平，说这是自己平生第一大挫折："余生平吃数大堑……第一次壬辰年（道光十二年）发佾生，学台悬牌，责其文理之浅。"[6]

回家之后，他听由全家操办庆祝父亲入学的宴席，自己则一头钻进书房里，再也不出来了。

他坐在书房里，反思自己这么多年读书考试的经历，要找出失败的原因。

第一个原因，当然是自己太笨了。

[1]《曾国藩全集·家书》2，岳麓书社，2011年，第488页。原文为："学台悬牌，责其文理之浅。"

[2]《李肖聃集》，岳麓书社，2008年，第568页。

[3] 商衍鎏著：《清代科举考试述录》，故宫出版社，2014年，第33页。

[4]《李肖聃集》，岳麓书社，2008年，第568页。

[5] 黎庶昌等撰：《曾国藩年谱》，岳麓书社，1986年，第3页。

[6]《曾国藩全集·家书》2，岳麓书社，2011年，第488页。

曾国藩成名之后，湖南乡下流传着一个关于他小时候读书的小笑话。说是曾国藩从小读书非常刻苦，每天不背下一篇文章不睡觉。有一天黄昏，他坐在书桌前背《岳阳楼记》，有一个小偷，潜入他家，爬到房梁上，准备等这家人都睡着了，下来偷东西。结果没想到，曾国藩怎么也背不下来这篇文章。小偷在房梁上睡了两觉了，醒来一看，曾国藩还在那儿背呢："庆历四年春，滕子京谪守巴陵郡……"听来听去，连小偷都背会了。到后来，小偷实在忍无可忍，从房梁上跳了下来，指着曾国藩的鼻子破口大骂："就你这个笨样，还读什么书？你听我给你背一遍！"说着，从头背到尾。然后，小偷一甩门，扬长而去，留下曾国藩在屋里目瞪口呆。

这当然只是个传说，不过这个传说说明了两件事：一个是曾国藩确实很用功，另一个是曾国藩确实很笨。

确实，曾氏家族的遗传基因非常一般。事实上，不仅是曾麟书、曾国藩科考如此费力，就连曾国藩的叔叔曾骥云一辈子也不过是一个老童生。后来曾国藩的几个弟弟，也一个个很早就开始读书，结果也没有一个能考中举人。

连续六次考秀才失利，让曾国藩确认了一个事实，那就是虽然自己有着极强的进取心，但是上天没有给自己一个与雄心相匹配的聪明的大脑。后来他在日记当中说自己是"受质本薄……志亢而力，不副识远而行不逮"[1]"资质之陋，众所指视"[2]。天赋太差，志向远大但能力不副，这一点每个人都看得到。

但是曾国藩和爷爷一样，身上也有一股天生的倔劲。

曾国藩对自己的祖父从小就有一种崇拜心理。他后来在家书中经常谈到祖父的一些言行："吾家祖父教人，亦以'懦弱无刚'四字为大耻，故男儿自立，必须有倔强之气。"[3]在困难面前表现懦弱，被失败击倒，是一个男人最大的耻辱。因此他一生做事都和爷爷一样，倔强到底，绝不放弃。后来他说："'倔强'二字，却不可少。功业文章，皆须有此二字贯注其中，否则柔靡不能成一事。"[4]

要弥补自己雄心与头脑之间的差距，只有一个办法，那就是超人的努力。去年，曾国藩曾为自己取了个号，叫"涤生"。用他自己的话来说，"涤者，取涤其旧染之污也；生者，取明袁了凡之言'从前种种，譬如昨日死，以后种种，譬如今日生也'"。换句话说，他要把失败的过去彻底扫去，发奋努力，重新做人。这次被"悬

[1]《曾国藩全集·日记》1，岳麓书社，2011年，第431页。
[2]《曾国藩全集·日记》4，岳麓书社，2011年，第234页。
[3]《曾国藩全集·家书》2，岳麓书社，2011年，第301页。
[4]同上。

牌批责"的耻辱，如同当众打了他一记响亮的耳光，更激起了他的斗志。他要破釜沉舟，再一次发奋，挽回自己的颜面。

当然，用力不能用蛮力。再重复走老路不行了，他一定要从过去的学习思路中突破出来，寻求改变。主考官说我文理不通，怎么个不通法呢？以前的学习，有什么经验教训？他把自己历年的考卷和那些模范试卷放在一起反复对比，看看自己到底差在哪里。

其实曾国藩之所以屡次失败，主要是曾麟书的教学方法有问题。曾国藩开蒙后，很长时间内是由父亲曾麟书亲自教授的。曾麟书读书很笨，教育方法也十分落后，就是四个字，死记硬背。[1]这样教的结果，虽然基础打得扎实，却把曾国藩的灵性拘泥住了，怎么学也没有长进，写出的文章虽然四平八稳，但是笔力孱弱，缺乏打动人的地方。

把自己的文章和他人的同题作文逐股对比，看来看去，曾国藩总结出来，自己的主要问题在于写东西过于拘谨，过于重视局部打磨，缺乏大局的贯通和整体的气势。那么，接下来，自己最重要的任务就是要在文章的大局观和整体气势上下功夫。

道光十三年（1833），又是科试年，曾国藩又一次离开高嵋山下那个农家院落，踏上了科举之路。经过一年的苦学，他的脚步似乎比以前更加坚定自信些。

院试当天凌晨，曾国藩就起了床，来到考场。天还未明，学台大人就开始亲自点名。贡院中灯烛辉煌，学台大人端坐在正中，各县知县、教谕等排列两旁，都全副顶戴补服，气氛异常威严庄重。

这次入场，曾国藩自信已经找到了作文的门径。通过苦苦反思，以前学了十几年没有学通的他，感觉打通了关节。曾国藩悟到了怎么写文章才能表达自己的真见解、真感觉，把道理讲通讲透。看过考题后，曾国藩并没有像以前那样急于下笔，而是先默坐思考了半个时辰，在胸中构思好了整体脉络，然后才一股一股地展开，最后在文笔上细细打磨。几场下来，他自己感觉发挥得比以前都好。

放榜的那一天，他又是起了个大早，立在人群中举目搜索，结果这一次，他的名字果然赫然在列！虽然位于榜单的尾部，但是他毕竟成了"秀才"！

消息传来，曾家上下喜气洋洋，在大门口搭起一座高大的用彩绸扎成的龙门。

---

[1] 曾麟书说："吾固钝拙，训告尔辈钝者，不以为烦苦也。"我本身笨，所以教你们这些笨儿子，我倒也不感觉烦苦。

曾玉屏不惜花费，办了二十多桌酒席。老曾家终于扬眉吐气了！确实，曾国藩成为秀才和曾麟书入学不同。曾麟书中秀才只相当于获得了一个荣誉性的结尾，因为他已经四十多岁，不可能在科场上继续奋斗了。而曾国藩比父亲早中了二十年，还有大把的时间去考举人、考进士。

从这一年开始，老曾家的气运似乎彻底转过来了。中了秀才之后第二年，恰是乡试之年，这年秋天，曾国藩又到长沙参加了举人考试。

考举人的难度比考秀才高多了，每次乡试，湖南全省不过能中四五十人。应试与录取之比，大约为八十比一。所以和曾国藩第一次去考秀才一样，曾家人本来是没抱太大希望的，哪知道，曾国藩居然一考即中，在这一科取中了湖南省第三十六名举人。中秀才之后马上中举人，这就是所谓"联捷"。

为什么秀才考得这样艰难，而考举人却如此顺利呢？这是因为曾国藩已经掌握了考试的诀窍，写应试文章越来越得心应手。事实证明，被学台"悬牌批责"，成了他命运的转折点。

中了举人这年十一月，曾国藩离开湖南，兴冲冲地赴京赶考，看看能不能来一个三联捷。

考进士比考举人多了些周折，因为考进士的难度与考举人不可同日而语。大清朝全国的读书人有几百万，进士一般每三年考一次，一次录取三四百人。也就是说，全国平均每年不过才出一百多个进士。根据学者何炳棣的研究，在清代，进士占总人口的比例是 0.000048%。请注意，小数点后有四个零，就是说，百万分之零点四八，比我们说的"万一"这个概率还小。考进士不光靠实力，也要靠运气。很多人才华横溢，文章很好，但是缺乏考运，终生打不通科举之路，比如后来的另一位湘军将领左宗棠就是这样。

所以第二年的春闱和第三年的恩科曾国藩未中，并不奇怪。道光十八年（1838），又逢会试之期，曾国藩再一次进京拼搏，背水一战，终于高中了进士。[1] 这一年，他二十八虚岁。这个年纪在今天看起来虽然已经不小，但是在当时算得上"早售"。因为明、清两代，进士的平均年龄为三十八岁。就是说，曾国藩比全国中进士者平均年龄小了整整十岁。在考试后，曾国藩正式改了名字。据说由于"其师某病其鄙俗，

---

[1]这一年会试，主考是大学士穆彰阿，副主考是朱士彦、吴文镕、廖鸿荃。考题《四书》首题"言必信，行必果"，次题"万物并育而不相害，道并行而不相悖"，三题"颂其诗，读其书，不知其人可乎？是以论其世也，是尚友也"，诗题赋得"泉细寒声生夜壑"。

始为改之"[1]。"中式后，更名国藩。"[2] 就是说座师认为"子城"这个名字太俗气，给他改名为"国藩"，寄以"国之藩篱"之意。[3]

中了进士之后，曾国藩满怀兴奋地又参加了一次考试，叫作"朝考"。这次考试是为了从进士当中选拔翰林。

清代最重翰林，"有清一代宰辅，多由此选"[4]，"卜相（选宰辅、大学士）非翰林不与"[5]，大学士一定要翰林出身。也就是说，如果不是翰林出身，你就没有机会做到"位极人臣"。此外翰林升官一般较快，"列卿尹、膺疆寄者，不可胜数"[6]。甚至"大臣饰终必翰林乃得谥文"[7]，就是说，你要不是翰林出身，死后谥号中不能有"文"字。因此，进不进翰林院，一个人的仕途可能大不一样。

按理曾国藩是没什么机会中翰林的。因为他进士中的是三甲[8]。按当时惯例，一甲进士也就是状元、榜眼、探花直接进翰林院，二、三甲则均需参加朝考。朝考中三甲中选的比例很低。结果曾国藩在这次考试中发挥得异常出色，居然取得一等第三名。道光皇帝亲自阅卷审核时，读了曾国藩的文章，非常喜欢，改为第二名，授

---

[1] 徐凌霄、徐一士著：《曾胡谈荟》，《国闻周报》第 6 卷，第 27 期。

[2] 黎庶昌等撰：《曾国藩年谱》，岳麓书社，1986 年，第 5 页。

[3] 唐浩明评点：《唐浩明评点梁启超辑曾国藩嘉言钞》上，岳麓书社，2007 年，第 368 页。

[4] 《清史稿》卷一〇八，《选举志》三。

[5] 朱克敬著：《暝庵二识》卷二，见《大观》正编，第六册，第 3463 页。

[6] 《清史稿》卷一〇八，《选举志》三。

[7] 朱克敬著：《暝庵二识》卷二，见《大观》正编，第六册，第 3463 页。

[8] 曾国藩中进士的名次不高，是三甲第 42 名。按当时惯例，一甲"赐进士及第"，二甲"赐进士出身"，三甲"赐同进士出身"。"赐同进士出身"听起来不太好听，似乎对进士这个称呼承认得有些勉强。有一本叫《儒林琐记》的书，说曾国藩的下属和幕客后来曾以这个三甲出身，以对联"代如夫人洗脚，赐同进士出身"来讽刺曾国藩。还说当初曾国藩看到这个名次，"大恚，即日买车欲归"，经朋友苦苦劝说，才参加了朝考，但"终以不登二甲为恨"。应该说，这个传说是不靠谱的。因为进士分三甲，第一甲就是前三名：状元、榜眼、探花。第二甲、第三甲各有 100 多人。我们以清光绪癸卯科为例，共录取进士 360 人：一甲 3 人，二甲 183 人，三甲 174 人。三甲相对一二甲来说，只是名次较后，其他权力区别并不太大。每次会试，都会有差不多五分之二的人是三甲，所以这个名次并不丢人。就比如一个人想考北大，好不容易考上了，只不过在班里排名中等靠后，会一生气不去上学了吗？《儒林琐记》中以对联"代如夫人洗脚，赐同进士出身"讽刺曾国藩，其实只是反映了传说首创者的趣味之恶和想象力之差。其实这类传说以前已经多次出现在其他人名下，只不过曾国藩名盛之后，人们拿来附会罢了。不过，考了三甲确实有一个问题，那就是，按惯例三甲这样名次的人进翰林院的机会相对较小。

翰林院庶吉士。

这样，曾国藩就在仕途上获得了一个绝佳的起点。

消息传来，整个湘乡都为之沸腾了。出了一个翰林，是全县甚至全省的大事。年轻的翰林公，将来最不济也能当个知府道员，混得好，部堂总督大学士，也都在意料之中。湘乡曾氏从此就由社会底层的普通农家上升到了金字塔接近顶端的官宦人家。如同《儒林外史》中"范进中举"一章的描写一样，前来攀附者络绎不绝，许多人前来送钱送物，嘘寒问暖，湘乡县令也坐着八抬大轿，前来曾家拜访，和曾国藩的弟弟们称兄道弟，把手言欢，又把曾国藩的父亲曾麟书称为"老太爷"，把曾玉屏称为"老老太爷"。曾氏一家人激动得夜不能寐。平时严肃少言的曾玉屏夜里一次次起来，去看那张捷报，总感觉自己是在梦中。

曾玉屏当初送孩子读书的决定，现在看来不再荒唐，而是无比英明。

漫长的九年秀才考试生涯，是曾国藩生命中的痛苦记忆。曾国藩后来回忆道："余……小考七次始售。然每次不进，未尝敢出一怨言，但深愧自己试场之诗文太丑而已。至今思之，如芒在背。"[1]

然而接下来的春风得意又是曾国藩一生中凯歌行进的华彩乐章。而相比之下，曾国藩的那些同学，有的人早早成了秀才，然后就站在边上看曾国藩父子的笑话，结果这些人中后来却连举人也没出一个。

艰难的科举经历对曾国藩是一次极好的自我教育，强化了他"愈挫愈奋"的性格特点。虽然自己比较笨，但是也能走通百分之九十九的人走不通的科举路，可见只要努力，天底下没有什么事是做不成的。曾国藩在后来的生命历程中，越遇到挫折，越能燃起斗志。和曾国藩比起来，同时代的另一个著名人物，农民起义领袖洪秀全，就"同途殊归"了。洪秀全比曾国藩小三岁，算是同龄人。和曾国藩一样，他也是出身于普通农民家庭，全家人也是全力以赴供他读书，要他走通科举之路，但是他的抗打击能力显然不如曾国藩。他考秀才三次落榜之后，就受到严重刺激，晕倒在榜前，做了那个著名的升天的梦，梦到了"上帝"。第四次失利，就彻底放弃了科举，转而创立"拜上帝教"，走上了与曾国藩完全不同的另一条人生道路。

艰难的科举过程还塑造了曾国藩独特的人生哲学，那就是"尚拙"：崇尚笨拙。

今人尚巧。办事越巧妙，越少费力气，越走捷径，当然就越好。很多人办事，

---

[1]《曾国藩全集·家书》1，岳麓书社，2011年，第86页。

都追求高效率，甚至不择手段。然而曾国藩不这样。曾国藩说："天下之至拙，能胜天下之至巧。"就是说，笨拙胜过机巧。办事笨拙，才靠得住。

这种独特的人生哲学，得自曾国藩的自身经历。

曾国藩能够打通科举这条路，靠的完全是"笨功夫"。父亲的教学方法非常简单，就是要求他不读懂上一句，不读下一句。不读完这本书，不摸下一本书。不完成一天的学习任务，绝不睡觉。曾国藩回忆说："国藩愚陋，自八岁侍府君于家塾，晨夕讲授，指画耳提，不达则再诏之，已而三复；或携诸途，呼诸枕，重叩其所宿惑者，必通彻乃已。"[1]就是说，八岁起，我父亲就亲自教我。他从早到晚，教导不停，我记不住，他就反反复复教，听不懂，他就一遍一遍讲。走在路上，他也在讲，晚上睡觉躺在床上，他也在讲，一定要我学会了才罢休。这种"笨拙"的学习方式，在曾国藩身上培养出了超乎常人的勤奋、吃苦和踏实精神，也让他打下了非常扎实的知识基础。

作为一个笨人，曾国藩发现下笨功夫有下笨功夫的好处。

第一，笨拙的人没有智力资本，因此比别人更虚心，更肯付出。第二，笨拙的人从小接受挫折教育多，总是失败，因此"逆商"也就是逆境商数比较高，抗打击能力特别强。第三，笨拙的人不懂取巧，不走捷径，遇到问题只知硬钻过去，因此做事不留死角。

他考秀才考了七次，举人和进士却考得顺利，就是因为他基础打得牢，开了窍后，就能一顺百顺。相反，那些有小聪明的人不愿意下笨功夫，遇到困难绕着走，基础打得松松垮垮，结果就走不远。所以，"笨拙"的人看起来开始走得慢，其实越到后来就走得越快，就好比盖房子，因为基础打得牢，房子就盖得别人高。

所以，曾国藩的人生哲学是"尚拙"。既然天性钝拙，那么曾国藩就充分发挥钝拙的长处。他一生做事从来不绕弯子，不走捷径，总是按最笨拙、最踏实的方式去做。涓滴积累，水滴石穿，追求的是扎实彻底，一步一个脚印。他做人讲究"拙诚"，人以伪来，我以诚往，不玩心眼。他带兵讲究"结硬寨、打呆仗"[2]，从不凭奇谋诡计，只凭坚忍踏实，死磕到底。这种方式正如"重剑无锋"，表面上看起来滞钝，实际上锋利；就好比郭靖的降龙十八掌，表面上简单笨拙，实际上却大气厚重，所向披靡。这是曾国藩一生成功的秘诀，也是他常向别人谈及的道理。

---

[1]《曾国藩全集·诗文》，岳麓书社，2011年，第364页。
[2]《曾国藩全集·奏稿》9，岳麓书社，2011年，第212页。

他在《送郭筠仙南归序》中这样说："君子……赴势甚钝，取道甚迂，德不苟成，业不苟名，艰难错连，迟久而后进。铢而积，寸而累，既其纯熟，则圣人之徒。"[1]那意思就是说，君子不走捷径，不图虚名，锱铢积累，艰难前进。君子成功也许比别人晚，但一旦成功，就是大成功。

曾国藩在同时代大人物当中是最笨的一个。梁启超说："文正固非有超群绝伦之天才，在并时诸贤杰中称最钝拙。"[2]自古以来的名人，在科举第一步上如曾国藩般蹭蹬的人不多。左宗棠虽然后来没能中进士，但当初十四岁第一次参加湘阴县试，名列第一。胡林翼因为家里不让他过早科考，二十二岁才参加科举考试，结果当年就中了秀才，接下来举人和进士也都是一考即中。李鸿章也是十七岁即中秀。比曾、左、李时代稍晚的梁启超更是天资超迈，十一岁中秀才，十六岁中举人。曾国藩自己常说"吾生平短于才"[3]"秉质愚柔"[4]。他说，自己读书做事，反应速度都很慢："余性鲁钝，他人目下二三行，余或疾读不能终一行。他人顷刻立办者，余或沉吟数时不能了。"[5]这不完全是谦辞，事实也一定程度上确是如此。左宗棠一向瞧不起曾国藩，后来屡屡不留情面地批评他"才短""欠才略""才亦太缺""于兵机每苦钝滞"[6]。学生李鸿章后来也当面说过他太"儒缓"（曾国藩日记："（少荃）论及余之短处，总是儒缓。"[7]）。

但是，在同时代的这些人当中，曾国藩取得的成就最大，达到了立功、立德、立言这"三不朽"境界，左宗棠、李鸿章则远不如他。其中的一个原因，就在于他们缺乏曾国藩的"笨拙"精神。

---

[1]《曾国藩全集·诗文》，岳麓书社，2011 年，第 234 页。
[2]《梁启超全集》5，北京出版社，1999 年，第 2933 页。
[3]《曾国藩全集·诗文》，岳麓书社，2011 年，第 492 页。
[4]《曾国藩全集·书信》2，岳麓书社，2011 年，第 729 页。
[5]《曾国藩全集·诗文》，岳麓书社，2011 年，第 413 页。
[6]《左宗棠全集·书信》1，岳麓书社，2014 年，第 513 页。
[7]《曾国藩全集·日记》2，岳麓书社，2011 年，第 180 页。

|第二章| 为什么要"学做圣人"

1. 京官曾国藩的自卑与焦虑

高中进士之后，曾国藩衣锦还乡，在家里休息了将近一年。道光十九年（1839）底，曾国藩告别家人，从湖南启程前往北京当官。道光二十年（1840）春天，他参加了散馆考试[1]，被授予翰林院检讨一职，正式开始了京官生涯。

翰林院是一个比较特殊的衙门，因为它不只是一个政府机关，也是一个类似学院的机构。清代翰林院位于北京东长安街路南，与紫禁城只有一街之隔，以巨量藏书著称于世，举世罕见的《永乐大典》和《四库全书》的底本就珍藏于此。西方人称这里为"当时世界上最古老悠久、收藏最丰富的图书馆"，把它比作中国的牛津、剑桥和海德堡。

曾国藩任的翰林院检讨是从七品[2]，而县令是七品，用我们今天的级别衡量，大致相当于"副处级"。官品虽然不高，但因翰林"为天子文学侍从，故仪制同于大臣"[3]，所以地位非常清要，被称为"玉堂人物"。翰林们的工作任务，就是"读书养望"[4]，在这里进一步深造，以备他日大用。因此齐如山说，翰林们"相当骄傲。他们不以官员自居，而以学者的身份自重。本来翰林院与其他衙门不同，所有翰林对

---

[1] 翰林院"庶吉士"还不算正式翰林官员，只相当于"实习翰林"。按国家定制，应该先在翰林院学习三年，学习期满后通过"散馆"考试决定是否被录用为正式翰林。但从清代中叶起，此项制度已经大打折扣。学习时间不需三年，缩短为一年，而且还不必非留在翰林院，留京、回乡自便，只需一年后到北京参加"散馆"考试即可。

[2] 一甲的三个人不必参加朝考，直接进入翰林院，状元授予从六品的翰林院修撰之职，榜眼和探花授予正七品的翰林院编修之职。二甲出身的进士留馆后同样会被授予翰林院编修，三甲进士则会被授予从七品的翰林院检讨一职。

[3] 朱克敬著：《瞑庵杂识 瞑庵二识》，岳麓书社，1983 年，第 122 页。

[4]《曾国藩全集·家书》1，岳麓书社，2011 年，第 112 页。

于掌院的大学士，不称堂官，而称老师，原来本就是大学的性质"[1]。

来到北京前，曾国藩是踌躇满志的。曾国藩以前曾非常自卑，但是科举的成功让他找到了自信。二十四岁中了举人后，曾国藩已经"锐意功名，意气自豪"[2]。二十八岁中进士、点翰林，让曾国藩更是顾盼自雄，睥睨一世。他离家进京的时候，曾请求老祖父给他两句嘱咐，曾玉屏虽然不识字，但是对他说了这样一句话："尔的官是做不尽的，尔的才是好的……尔若不傲，更好全了。"[3]就是说你是有才能的，做官肯定是有前途的，你要是把身上这个傲的毛病改了，就更好了。可见他言谈举止中已常露出飘飘然之概。

但是到了北京之后不久，曾国藩却又一次陷入深深的自卑当中。

翰林院集中了当时全国精英中的精英。在翰林院里，曾国藩见到了很多气质风度和他以前在湖南结识的完全不同的读书人，在他们身上发现了一种新的风范、新的精神面貌、新的气质。这种气质，就叫作学者风范，大儒本色。

和他们一比，曾国藩发现自己身上有很多严重缺陷。刚到北京的曾国藩是一个典型的湖南土包子，一口难懂的湘乡土话，长得土头土脑，穿得也土里土气。这些还都不重要，重要的是他还没怎么读过书。

已经中了进士，还没有读过书？

确实，曾国藩以前读的，基本都是应试教材。

因为世代没有读书人，曾家以前根本没有什么藏书，只有几本教材和考试范文。青年时代，曾国藩的全部精力都用在八股文上，除了四书五经之外没读过什么书，也根本谈不上什么学术修养。考中进士后，曾国藩衣锦还乡，道光十九年（1839）三月二十二日到湖南乡间一个读书人家拜访，看到了很多没读过的书。曾国藩在日记中说："大雨住蒋家。蒋颇有藏书。是日阅余所未见书，有《坚瓠集》《归震川古文》、钟伯严选《汉魏丛书》及诸种杂书。"[4]

《归震川古文》等都是当时读书人家常见的藏书，别说进士，很多秀才都读过，

---

[1] 齐如山著：《中国的科名》，辽宁教育出版社，2006年，第163页。
[2] 刘蓉撰：《养晦堂文集》第三卷。转引自龚笃清主编：《八股文汇编》下，岳麓书社，2014年，第1169页。
[3]《曾国藩全集·家书》1，岳麓书社，2011年，第526页。
[4]《曾国藩全集·日记》1，岳麓书社，2011年，第12页。

曾国藩却前所未见。对于一位翰林而言,这样的学识未免显得过于寡陋。[1]

因为没读过什么书,入京为官以前的曾国藩,从气质到观念都是非常庸俗的。出生在普通农家的他从小所听闻的,不过是鼓吹变迹发家的地方戏;头脑中所想的,不过是功名富贵。读书是为了当官,在他头脑中是天经地义的。好友刘蓉说他当时"锐意功名",他自己也说当时最大的心事不过是"急于科举"。当然这也是无可奈何之事,因为人毕竟是受环境影响的。在道光二十三年(1843)的一封家书中他说:"兄少时天分不甚低,厥后日与庸鄙者处,全无所闻,窍被茅塞久矣。"[2]

然而,到了翰林院,他才知道什么叫学术,什么叫心性之学,才发现自己是多么鄙陋。他认真研读明代大儒王阳明的《传习录》。王阳明少年时曾问自己的私塾老师:"何为第一等事?"什么是天下最重要的事?塾师回答说:"唯读书登第耳!"那当然是读书做官。王阳明却不以为然,回答说:"登第恐未为第一等事,或(也许是)读书学圣贤耳!"[3]

科场上的胜利不是最重要的事,人生最重要的事是做圣贤!

后来王阳明参加进士考试,也经过两次落第。人人都以落第为耻,但王阳明却说:"世以不得第为耻,吾以不得第动心为耻。"[4]

大家都以落第为耻,我却以落第后不能保持平常心为耻!

读了这些,曾国藩悚然一惊。他这才发现和这些圣贤人物比起来,自己的视野多么狭窄,境界多么低劣。和别人一聊天,说出的都是没有什么见识的话,身上的鄙俗之气在冲了人家一个跟头之后再折回来,自己也闻得清清楚楚。

如何洗刷自己身上的鄙俗之气,成了曾国藩新的焦虑。

---

[1] 柳春蕊著:《晚清古文研究——以陈用光、梅曾亮、曾国藩、吴汝纶四大古文圈子为中心》,百花洲文艺出版社,2007年,第198页。

[2]《曾国藩全集·日记》1,岳麓书社,2011年,第49页。

[3] 王守仁撰,吴光、钱明、董平编校:《王阳明全集》下,上海古籍出版社,2015年,第1001页。

[4] 王守仁撰,吴光、钱明、董平编校:《王阳明全集》下,上海古籍出版社,2015年,第1003页。

2. 三十而立，学做圣人

其实刚刚到北京的曾国藩不光是见识狭窄、观念鄙俗，性格上还有很多缺点。

第一个是浮躁、坐不住。曾国藩留给后人的印象是性格厚重富于耐性。据说按"星座学"来说，这是"土象星座"比如金牛座人的特点。据说金牛座人"具有持之以恒的精神，适合从事需要顽强毅力和付出长期艰苦努力的工作"[1]。但是曾国藩的生日显示，他居然是射手座的。射手座人的性格特点是什么呢？据说是"像风一样自由"，活跃外向，坐不住。曾国藩在青年时代恰恰如此，他是一个非常爱交朋友、非常爱串门、非常爱聊天、非常爱开玩笑的人。

翰林官员是非常清闲的，通常一个月只需要初一、十五上两天班，点个卯，其他时间都可以自由支配。因此进士们刚进翰林院，很像今天我们刚刚进入大学校园，经过多年苦读，终于可以松口气了。所以很多翰林都开始放任自己，曾国藩也是这样。道光二十年（1840）六月初七日他在日记中说：

> 留馆后，本要用功，而日日玩愒，不觉过了四十余天。前写信去家，议接家眷。又发南中诸信。比作季仙九师寿文一首。余皆怱怱，因循过日，故日日无可记录。[2]

在翰林院工作的开头四十天，除了写了几封家信和一篇文章外，什么正事都没做，每天就是串门聊天饮酒下棋。

翻开曾国藩日记，我们会看到他责备自己"宴起""无恒""太爱出门"的记载到处都是：

> 无事出门，如此大风，不能安坐，何浮躁至是！

> 心浮不能读书……

> 自究所病只是好动不好静。

---

[1] 碧泠主编：《属相星座密码》，中国物资出版社，2010 年，第 251 页。
[2]《曾国藩全集·日记》1，岳麓书社，2011 年，第 40 页。

晏起，则一无所作，又虚度一日，浩叹而已。[1]

凡此种种，不一而足。

那时候的曾国藩还有一个爱好，就是爱看杀人。曾国藩住在城南菜市口附近，清代的时候那里是刑场。所以曾国藩隔三岔五，就和朋友们一起去看杀人。

曾国藩性格中第一个毛病，就是静不下来，生活不规律。

他的第二个毛病是为人傲慢，修养不好。如前所述，曾国藩是同学中唯一的进士，又点了翰林，因此难免觉得自己很了不起。

到了北京之后，曾国藩交了很多朋友。他的两个最好的朋友都说他身上最大的毛病是傲慢。陈源兖说他"无处不着怠慢之气"[2]，就是说你从脑瓜顶到脚底跟，每个毛孔都散发着傲慢的气息，人家跟你交往，第一感觉是你这个人很傲，而且"自是"，也就是说什么事都认为自己对，听不进不同意见。曾国藩的另一位畏友邵懿辰则说曾国藩"慢，谓交友不能久而敬也"[3]。也是批评他傲慢，说他刚刚与人认识的时候，还显得很谦逊，但是与人交往时间久了，就不自觉地露出傲慢的本色。

因为修养不好，脾气暴躁，曾国藩到北京的头几年经常跟人发生冲突。有一次他跟一个同乡——刑部主事郑小珊，因为某事意见不一致吵起来了，隔着桌子就要动手，大家给拉开后，还彼此指着对方的鼻子破口大骂。曾国藩在日记当中说"肆口漫骂，忿戾不顾，几于忘身及亲"[4]，骂了很多非常难听的话，甚至于都"问候"了对方的家人。曾国藩后来非常后悔，因为这种举动实在是有辱斯文。

第三个毛病是"虚伪"。当然这种"虚伪"不是指他多么大奸大恶，而是指他跟普通人一样，在社交场合容易顺情说好话，发出一些言不由衷的赞美，而且还喜欢夸夸其谈，不懂装懂。邵懿辰有一次对曾国藩说，你的缺点，除了"自是"外，还有一条，就是"伪"，"谓对人能作几副面孔也"[5]。

曾国藩年轻的时候，这个毛病确实很严重，比如他道光二十二年（1842）十月初四日日记说，有一个叫黎吉云的朋友来拜访他，"示以近作诗。赞叹有不由中语，

[1]《曾国藩全集·日记》1，岳麓书社，2011年，第138页。
[2]《曾国藩全集·日记》1，岳麓书社，2011年，第113页。
[3]《曾国藩全集·日记》1，岳麓书社，2011年，第115页。
[4]《曾国藩全集·日记》1，岳麓书社，2011年，第116页。
[5]《曾国藩全集·日记》1，岳麓书社，2011年，第155页。

谈诗妄作深语"。黎吉云到家里来拜访他，拿了一沓刚写的诗，请曾国藩点评，曾国藩感觉这诗写得不怎么样，但是一开口，却言不由衷地夸奖起来。说着说着又开始显示自己在诗学方面的素养，说了一些故作高深的话。把黎吉云送走之后，曾国藩反思刚才自己的言谈举止，感觉脸上有点儿发烧。

除了以上三点，曾国藩认为自己还有一大缺点，必须改过，那就是"好色"，爱看美女。比如有一次他在朋友家看到主妇，"注视数次，大无礼"[1]。

今天看来，这似乎有点儿可笑。血气方刚、刚过而立的他，见到美女自然会多看几眼。这不过是正常的本能反应，然而在那个时代，曾国藩却认为这是一个严重问题。曾国藩日记中多次记载自己犯这样的"错误"。

道光二十二年（1842）十二月，曾国藩得知他的朋友纳了一个妾，长得很漂亮，于是借故到这个朋友家，聊了一会儿天后，再三强迫这个朋友把小妾领出来让他看看。曾国藩见了小妾，又和人家开了几句玩笑，调笑了几句，回家后他在日记当中写道："友人纳姬，欲强之见，狎亵大不敬。"

还有一次，他和一个朋友聊天，不知道怎的，聊到了女人，那个朋友说起自己如何情场得意，曾国藩"闻色而心艳羡"，暗暗骂自己"真禽兽矣"[2]。

另一次，曾国藩过年参加进士同学的团拜，到了一个大富之家，发现此人家中姬妾如云，美女众多，曾国藩大开眼界，拼命看了好多眼。《日记》中说："是日，目屡邪视，直不是人，耻心丧尽，更问其他？"[3]

曾国藩妻子欧阳氏的照片，我们今天还可以看到，长得不是很漂亮。曾国藩拜完年回到家里，看看自己的老婆，再想想人家的姬妾，感觉自己太亏了。人比人，气死人。碰巧欧阳氏身体不好，正在闹病，曾国藩更加厌恶，"夜，心情不畅，又厌闻呻吟声"，干脆出门到朋友处聊天，"更初归"[4]。

所以年轻时代的曾国藩在很多方面是很平庸的，不仅是智商平庸，在性格修养方面，也有很多常人常见的缺点和毛病。

湖南人虽然有倔强、坚韧的特性，但也有封闭、褊狭的弱点。湖南人将走出湖南叫作"出湖"，湖南历史上有一个规律，一个人只有出湖，才能褪却身上那种在闭

---

[1]《曾国藩全集·日记》1，岳麓书社，2011年，第124页。
[2]《曾国藩全集·日记》1，岳麓书社，2011年，第140页。
[3]《曾国藩全集·日记》1，岳麓书社，2011年，第150页。
[4] 同上。

塞环境下产生的狭隘偏执，变得大气宽广，有所作为。

　　曾国藩也是这样。京师乃人文荟萃之地，曾国藩在这里眼界大开。他兴奋地在家书中对弟弟们说："京师为人文渊薮，不求则无之，愈求则愈出。"[1]

　　到了翰林院，曾国藩如饥似渴地开始读书，认真研究理学经典。年谱记载，道光二十一年（1841）曾国藩拜访大儒唐鉴，请教读书学习之法。唐鉴建议他先读《朱子全集》，以朱熹之学为宗。"道此书最宜熟读，即以为课程，身体力行，不宜视为浏览之书。"[2] 因此曾国藩从这一年起，"以朱子之书为日课，始肆力于宋学矣"[3]。

　　通过读书与交友，曾国藩的视野和见识与以前大不相同。他在家书中说："近年得一二良友，知有所谓经学者、经济者，有所谓躬行实践者，始知范、韩可学而至也，马迁、韩愈亦可学而至也，程、朱亦可学而至也。慨然思尽涤前日之污，以为更生之人，以为父母之肖子，以为诸弟之先导。"[4]

　　也就是说，到了北京，他才知道学问的门径，也才知道原来范仲淹、韩琦那样的大政治家和司马迁、韩愈那样的大文学家也不是高不可及。如果我们切实努力，一步步踏实用功，也可以达到他们那样的高度。

　　人人都有自我完善的欲望，特别是青年时期，可能是一个人最追求完美的时候。三十岁这一年，在曾国藩的生命史上是非常重要的一年，这一年他决定要脱胎换骨，重新做人，立下了学做"圣人"之志。

　　什么叫"圣人"呢？

　　正如同佛教修行的最高目标是不生不灭成为"佛"，道教修炼的最高目标是解脱生死成为"仙"一样，儒家学说给它的信徒们规定的最高目标是成"圣"。理学的一个根本路径是，每个人都有圣人之质。"人皆可以成为圣贤。"

　　所谓圣人，就是完美的人，他通过自己的勤学苦修体悟了天理，掌握了天下万物运行的规律。这样，他一举一动，无不合宜，就可以经邦治国，造福于民，使整个国家达到大治的状态。而自己也立功、立德、立言，万世不朽。

　　这是一个何其宏伟、何其诱人的人格理想，在这一人格设计中，人的潜能能得到最大限度发挥，人的精神能得到最大限度张扬。

　　曾国藩在三十岁这年把自己的人生目标定位为成为"圣人"。"不为圣贤，便为

[1]《曾国藩全集·家书》1，岳麓书社，2011年，第42页。
[2]《曾国藩全集·日记》1，岳麓书社，2011年，第92页。
[3] 黎庶昌等撰：《曾国藩年谱》，岳麓书社，1986年，第7页。
[4]《曾国藩全集·家书》1，岳麓书社，2011年，第49页。

禽兽"[1]，也就是说，我只能有一个选择，或者做一个浑浑噩噩的人，或者做一个圣人，没有中间道路可选。

道光二十二年（1842），曾国藩在写给弟弟的信中说，他已经立定了终身之志。他说：

> 君子之立志也，有民胞物与之量，有内圣外王之业，而后不忝于父母之所生，不愧为天地之完人。[2]

这就是他为自己立定的"终身大规模"。他认为，这一目标实现了，其他目标就自然而然能达到。他在给诸弟的信中说，不必占小便宜："做个光明磊落神钦鬼服之人，名声既出，信义既著，随便答言，无事不成，不必爱此小便宜也。"[3] 也就是说，如果做成了光明磊落的伟人，建功立业自然也就不在话下。

3. 脱胎换骨的开始：写日记

志向非常高远，但是怎么做到呢？曾国藩学做圣人的方法很简单，就是"写日记"。

曾国藩向唐鉴请教如何自我管理。唐鉴告诉他，最关键的是每天都写日记。这是入圣之基。

曾国藩一开始并不明白。因为他以前写过日记，并没发现写日记有什么重要的。我们翻开《曾国藩全集》中的日记部分，会发现现存的曾国藩日记起自道光十九年（1839）正月初一日。

不过，曾国藩的早期日记，和我们大部分人的日记一样，记得并不得法，存在很多问题。

第一个是不连贯，不能一直坚持。现存的曾国藩最早的日记，连续记了将近一年。从道光十九年（1839）初记到当年十二月二十一日就中断了。曾国藩说这是因为他把日记簿"误置箱内，不能逐日取出，随意记载"[4]，这个借口显然很牵强，这

---

[1]《曾国藩全集·诗文》，岳麓书社，2011 年，第 129 页。

[2]《曾国藩全集·家书》1，岳麓书社，2011 年，第 34 页。

[3]《曾国藩全集·家书》1，岳麓书社，2011 年，第 182 页。

[4]《曾国藩全集·日记》1，岳麓书社，2011 年，第 38 页。

次日记中断其实是因为偷懒。

第二个问题是把日记记成流水账，经常一整天的事就记成一句。比如曾国藩道光十九年（1839）四月二十七日日记就六个字："沈明府请吃饭。"五月初九日日记五个字："住上选叔家。"敷衍了事。

第三个问题是在日记中对自己提出的要求，并不能做到。在第一次日记中断了半年之后，曾国藩重新发愤图强，决心不再因循过日，于道光二十年（1840）六月初七日重新开始写日记，他在日记中说：

> 兹拟自今以后，每日早起，习寸大字一百，又作应酬字少许；辰后，温经书，有所知则载《茶余偶谈》；日中读史亦载《茶余偶谈》；酉刻至亥刻读集，亦载《茶余偶谈》；或有所作诗文，则灯后不读书，但作文可耳。[1]

计划得不错，但是实践了多少呢？我们看这个月，从初八日记起到二十四日开始生病，十六天中，他日记中关于"宴起"的记载是八次，起床失败率高达百分之五十。他说要天天记《茶余偶谈》，结果这个月，他只记了两次。

▲ 曾国藩书法

至于写字，他大部分天数都有写应酬字的记载，但是"习寸大字一百"，只有一天完成了。

唐鉴和倭仁告诉他，日记不是这个写法。记日记最主要的目的是反省自己。"静海先生每夜必记'日省录'数条，虽造次颠沛，亦不闲一天，甚欲学之。"[2] 唐鉴每

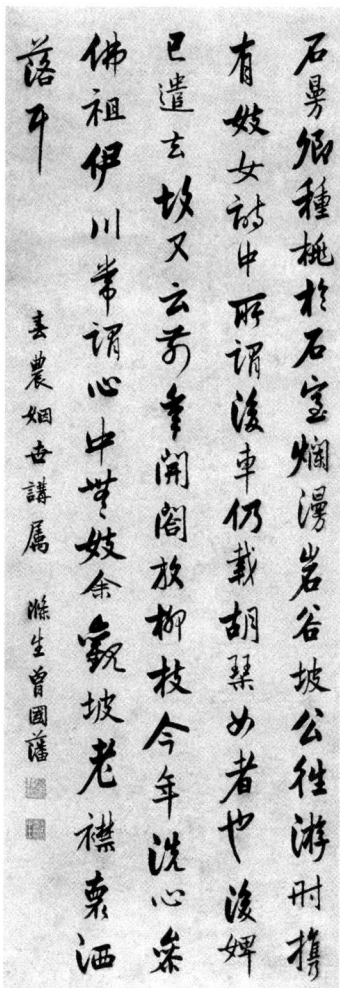

---

[1]《曾国藩全集·日记》1，岳麓书社，2011年，第40页。
[2]《曾国藩全集·日记》1，岳麓书社，2011年，第47页。

天晚上都要记几条自省录，来督责、规范自己。即使在路上，或者有什么紧急事务，也不打破这个规律。

唐鉴还推荐他向倭仁学习写日记之法："又言近时河南倭艮峰仁前辈用功最笃实，每日自朝至寝，一言一动，坐作饮食，皆有札记。或心有私欲不克，外有不及检者皆记出。"[1]

首先，要把写日记当成生活中的一件大事，日记要用恭楷来写，因为这样反映一种诚敬的心态。日记中规定的，就一定要做到。

其次，日记的作用是"研几"，"几"就是细节，"研几"就是抓住生活中的细节，通过每一个细节来改变自己，而不是在细节上轻轻滑过去。在一个细节上滑过，整个自我管理的工程都可能垮塌，所以在写日记时要反思一整天的活动，不光是要逐一反思自己的行为，甚至要反思检查自己大脑中转过的每一个念头。

曾国藩曾这样描述倭仁的日课："每日有日课册，一日之中一念之差、一事之失、一言一默皆笔之于书。书皆楷字，三月则订一本。自乙未年起，今三十本矣。"[2]

曾国藩于是就效仿倭仁，从道光二十二年（1842）十月一日开始用恭楷写日记，把一天做了什么事、说了什么话，都细细地过一遍，然后反省哪件事做得不对、哪句话说得不对，"痛自警醒"，记载下来，深刻反省。他在给弟弟们的信中介绍说：

> 余自十月初一日起亦照艮峰样，每日一念一事，皆写之于册，以便触目克治，亦写楷书。……余向来有无恒之弊，自此次写日课本子起，可保终身有恒矣。[3]

既然要自我完善，首先当然就要抓紧时间，不能再"闲游荒业""闲谈荒功""溺情于奕"。从十月二日起，曾国藩给自己规定了以下基本学习日程：每日楷书写日记，每日读史十页，每日记《茶余偶谈》一则。这是必须完成的课程下限，除此之外，他还每日读《易》，练习作文。通过写日记的方式，曾国藩提高了学习效率。

他也通过这种方式，对自己的性格、脾气进行反省。他在日记中把自己跟郑小珊打架这件事记述了一遍，然后进行分析，这件事虽然两个人都有毛病，但是圣人

[1]《曾国藩全集·日记》1，岳麓书社，2011年，第92页。

[2]《曾国藩全集·家书》1，岳麓书社，2011年，第35页。

[3]《曾国藩全集·家书》1，岳麓书社，2011年，第35～36页。

教导说，改过要从自己做起，而且改过要从速，意识到了马上就要改。所以他撂下笔，马上就去向郑小珊赔罪。郑小珊也很感动，本来是两个人都有错，结果曾国藩主动道歉，于是两个人把酒言欢，尽释前嫌。[1]

对于自己最爱犯的"言不由衷""虚伪""浮夸"的毛病，他在日记中也是高度警惕。他反省道："予此病甚深。孔子之所谓巧令，孟子之所谓恬，其我之谓乎？……试思此求悦于人之念，君子乎？女子小人乎？"也就是说，动不动就随口夸人，这正是孔子所说的"巧令"，是小人行径。曾国藩反思，评论人、夸奖人要慎重，这样人家才会拿自己的话当回事。"我诚能言必忠信，不欺人，不妄语，积久人自知之。不赞，人亦不怪。苟有试而誉人，人且引以为重。若日日誉人，人必不重我言矣！欺人自欺，灭忠信，丧廉耻，皆在于此，切戒切戒！"[2]

所以每次与人聊天后，他都要在日记中写下聊了哪些内容，一犯"虚伪"之病就自我痛责，绝不轻轻放过。

至于戒"色"，他也动用了大量心理能量。一旦自己动了色心，多看了哪个美妇人一眼，他回家就立刻记下来，痛切自责一番。不但多看他人妻妾不能容忍，甚至对于自己的夫妻恩爱，曾国藩也战战兢兢。在中国传统思想中，对"欲望"，特别是对"色"的恐惧是一个特别的底色。中国人普遍认为，纵欲，特别是沉溺于"色"，是斫伐根本的危险之举。曾国藩身体一直不太好，所以认为自己有必要厉行节欲。因此对于夫妻恩爱，他也要求自己能省则省，能免就免。他下定决心"日日自苦"，通过每日勤学苦思，把精力耗尽，"如种树然，斧斤纵寻之后，牛羊无从而牧之；如爇灯然，膏油欲尽之时，无使微风乘之"，以求"不至佚而生淫"[3]。

当然，这种节制在某些年纪是很难的。所以道光二十二年（1842）十一月初四日，他为此大骂了自己一次。那一天他早起读了读书，没有所得，而"午初，人欲横炽，不复能制"，做了"不应该做"的事，遂骂自己"真禽兽矣"[4]！

圣人标准实在是太超绝了。它要求人每一分钟都展开对自然本性的搏杀，那真是针针见血，刀刀剜心，因此能够坚持下来非常艰难，但是曾国藩却坚持下来了。为什么呢？因为倭仁给了曾国藩一个很好的建议。

[1]《曾国藩全集·家书》1，岳麓书社，2011年，第36页。
[2]《曾国藩全集·日记》1，岳麓书社，2011年，第118页。
[3]《曾国藩全集·日记》1，岳麓书社，2011年，第40页。
[4]《曾国藩全集·日记》1，岳麓书社，2011年，第124页。

曾国藩道光二十二年（1842）十月一日以后的日记，跟今人写微博很像。我们知道，一则微博是一百四十个字，曾国藩的日记也不长，一天大概也是一二百字，而且关键是写完之后，他会按倭仁的建议，送给朋友们传阅。比如日记中有"走艮峰前辈处，送日课册，求其箴砭"[1]等记载。也就是每隔一段时间，把这些日记拿去让朋友都看一遍，而且要求每个人做点评，就像今天在微博下面的跟帖。所以今天我们看影印出版的曾国藩的日记，有些地方就有朋友比如倭仁的批语。比如道光二十二年十一月二十四日曾国藩日记中说："申正，赴何子贞饮约。座间太随和，绝无严肃之意。酒后，观人围棋，几欲攘臂代谋，屡惩屡忘，直不是人！"边上有倭仁的批语："我辈既知此学，便须努力向前，完养精神，将一切闲思维、闲应酬、闲言语扫除净尽，专心一意，钻进里面，安身立命，务要另换一个人出来，方是功夫进步，愿共勉之！"[2]

曾国藩为什么把日记给朋友看呢？因为外力远远大于内力。事必有所激有所逼才能有成。每个人的意志力都是有极限的，自己监督自己都是有盲点的，不容易做到彻底，但是人都有自尊心，因此通过自己的朋友、老师监督自己往往是最有效的，就好比一根基因不佳的竹子，随它自己生长，可能长得弯弯曲曲，但是如果把它种在竹林里头，周围都是长得笔直的竹子，和它们一起争阳光，它本身也就长直了。曾国藩说这就是"师友夹持"[3]。曾国藩把日记给朋友们看，主要的目的就是把自己的行为坦诚地公布在朋友面前，让大家一起监督，这样他就不好意思偷懒了。

曾国藩把这个习惯坚持了一生。后来离开北京，在外带兵，他就把自己的日记定期抄写，送回老家，给兄弟子侄们看。一是为他们做一个榜样，再一个是让他们监督自己。就这样，通过写日记这种方式，曾国藩的气质、习惯一天天地发生着变化。

曾国藩在学做圣人的道路上，取得的第一项成功是戒烟。

曾国藩的烟龄很长。湘中草烟的味道很辛辣，劲头十足。曾国藩读书之时，曾经是成天烟筒不离手的。三十岁以前他也曾试着戒过两次烟，不过都没有成功。

在立志自新、开始写日课之后的第二十一天，也就是十月二十一日，曾国藩发誓戒烟："客去后，念每日昏锢，由于多吃烟，因立毁折烟袋，誓永不再吃烟。如再食烟，明神殛之！"

---

[1]《曾国藩全集·日记》1，岳麓书社，2011年，第 132 页。
[2]《曾国藩全集·日记》1，岳麓书社，2011年，第 132 页。
[3]《曾国藩全集·家书》1，岳麓书社，2011年，第 31 页。

戒除多年的烟瘾，对任何人都是一件痛苦的事，戒烟第二天，曾国藩就开始彷徨无主，寝食不安，说自己如同"失乳彷徨"[1]。

把戒烟喻为婴儿断乳，可谓相当准确。

但是就像曾国藩一生中做其他事一样，一旦下定决心，他就没有退让过一步。不论多么痛苦难熬，他就是不再碰烟具。到快一个月头上，道光二十二年十一月十六日，他在日记中记道："吾自戒吃烟，将一月矣，今差定矣！"

戒烟过程给了他很大的启发，他领悟到，破除旧习，必须有悍然之力。"遏欲之难，类如此矣！不挟破釜沉舟之势，讵有济哉！"如果没有一点"截断众流"的悍然，一个人不可能走得实、走得远。

对于自己戒烟成功，曾国藩终生引以为豪，并且以此为例，教育子弟。他在给弟弟的信中说："十月二十一日立誓永戒吃水烟，洎今已两月不吃烟，已习惯成自然矣。"[2]

多年之后，他还对弟弟提到此事，作为"无事不可变"的例证："即以余生平言之，三十岁前最好吃烟，片刻不离，至道光壬寅（1842）十月二十一日立志戒烟，至今不再吃。……可见无事不可变也。"[3]

曾宝慈说：

> 看来文正这一生的学问事业，与此日戒水烟有莫大关系，因为戒水烟表示了莫大的决心……要在紧要关头撑得住，挺得起。……文正的毅力与决心，在戒烟上表现出来，证明在咸丰元年上恭陈圣德疏的冒不测之威，在靖港失败与在湖口要以死殉职，在祁门坚持不动……在金陵克复前夕……每觉有整个崩溃之感，最后终能渡过难关，遂成大功。其后天津教案处理困难……毅然忍受……[4]

这个推论相当有道理。

戒烟成功，极大地增强了曾国藩"学做圣人"的信心。他自以为通过记日课，便可以迅速改掉所有缺点，成为焕然一新的圣贤之徒，但过了数月之后，他发现，

[1]《曾国藩全集·日记》1，岳麓书社，2011 年，第 120 页。
[2]《曾国藩全集·家书》1，岳麓书社，2011 年，第 41 页。
[3]《曾国藩全集·家书》2，岳麓书社，2011 年，第 19 页。
[4] 唐河主编：《曾国藩通鉴》第 11 卷，内蒙古大学出版社，2001 年，第 921 页。

戒烟乃是"脱胎换骨"事业中最容易做的事情，要改掉其他缺点，则远不如戒烟那么容易。

一个人想改变自己多年形成的行为习惯确实不是那么容易的。我们在读《曾国藩日记》时，会发现大量他自我挣扎的例子。比如，在道光二十二年（1842）十一月初九日，他到陈岱云家给陈母拜寿，他原来的计划是上午拜寿，中午吃顿饭，下午就回家学习，但是吃饭的时候，另外一个朋友何子贞叫曾国藩到他家里去玩，曾国藩抹不开面子就去了。去了之后，何子贞拉着他下了两盘围棋，下完围棋之后，曾国藩棋瘾已发，还不想走，站在那儿看别人下棋。一边看人下棋，一边在心里进行自我搏斗，就像我们在作文中常说的那样，两个小人儿在打架。一个小人儿说，你刚刚给自己制定了标准就破坏自己的诺言，还怎么学做圣人？另一个小人儿说，人生在世几十年，多不容易，何苦成天这么拘苦，你苦了这么长时间了，该放松的时候不如就放松一下。搏斗到最后，还是前一个小人儿取胜，曾国藩抽身退步，回家继续读《易经》去了。

虽然立誓"夜不出门"，曾国藩还是经常仆仆于道。比如道光二十二年（1842）十月二十四、二十五日两天，京城刮起大风，曾国藩仍然"无事出门"，回来后在日记中痛切反省自己："如此大风，不能安坐，何浮躁至是！"[1] 当年十二月十六日，菜市口要杀人，别人邀他去看热闹，他"欣然乐从"。走在路上，曾国藩觉得连这样的热闹都要看，实在是"仁心丧尽"，还谈什么做圣人？但当着众多朋友的面又不好断然折返，经过一番激烈的思想斗争，"徘徊良久"，他最终还是停下了脚步，自己一个人回家了。[2]

他立誓不再与人吵架。然而道光二十三年（1843）正月初三日，他却又与人爆发了一场大冲突，对象是同乡兼同年金藻。曾国藩与此人气质不合，素来就对他心存厌恶，正月初三日，金氏和几个朋友来曾国藩家拜年，因为一言参差，勾起曾国藩心中的前仇旧怨，两人又大吵一架。过后曾国藩又自省道："本年立志重新换一个人。才过两天，便决裂至此，虽痛哭而悔，岂有及乎！真所谓与禽兽奚择者矣。"

至于妄言、名心，更是几乎每天都犯。日记中这样的记载不绝于笔。比如道光二十二年（1842）十月初二日："午正，金竹虔来长谈。平日游言、巧言，一一未改，自新之意安在？"

---

[1]《曾国藩全集·日记》1，岳麓书社，2011年，第122页。
[2]《曾国藩全集·日记》1，岳麓书社，2011年，第140页。

初八日日记说："何丹溪来，久谈，语多不诚。午正，会客一次，语失之佞。酉正客散。是日，与人办公送礼，俗冗琐杂可厌，心亦逐之纷乱，尤可耻也。灯后，何子贞来，急欲谈诗，闻誉，心忡忡，几不自持，何可鄙一至于是！"

十一月初九日："今早，名心大动，忽思构一巨篇以震炫举世之耳目，盗贼心术，可丑！"

…………

经过不断的失败，曾国藩领悟到，去除这些性格深处的缺陷，并不像戒除一项单纯的嗜好，或者割去一个良性肿瘤那么简单。吸烟有形有迹，戒烟只需要做到一条：手不碰烟具即可。而更多的性格弱点是深植于人的本性之中的。它是多年形成的，与人的其他部分血肉交融成一个整体，远比烟瘾复杂、隐蔽，并非可以用解剖刀单独挑出来割掉的。"学做圣人"是终生的事业。许多根深蒂固的缺点、毛病，通过一时半会儿的"猛火煮"，不会彻底改掉，只有用一生的时间去"慢火温"，才有可能慢慢化解。

因此，在修身起始阶段，重要的是猛，而在进行阶段，更重要的是韧。在自我完善的过程中，一个人肯定会经受无数次的反复、失败、挫折甚至倒退。关键是不能放弃。

因此，曾国藩一生最推崇的品质就是"有恒"。曾国藩一生不断强调恒之重要性，他说："有恒为作圣之基。"他在写给几位弟弟的信中说：

> 凡人作一事，便须全副精神注在此一事，首尾不懈，不可见异思迁，做这样想那样，坐这山望那山。人而无恒，终身一无所成。[1]

要做到有恒，当然很不容易。曾国藩说："极耐得苦，故能艰难驰驱，为一代之伟人。"[2]曾国藩也经常遇到熬不下去的情况。在这个时候，他只有一个办法：以强悍的蛮劲打通此关。他以练习书法为喻，说明人在困难、倦怠、麻木面前应该如何做："（写字写到）手愈拙，字愈丑，意兴愈低，所谓困也。困时切莫间断，熬过此关，便可少进。再进再困，再熬再奋，自有亨通精进之日。不特习字，凡事皆有极

---

[1]《曾国藩全集·家书》1，岳麓书社，2011年，第127页。
[2]《曾国藩全集·日记》1，岳麓书社，2011年，第257页。

困难之时，打得通的，便是好汉。"[1]

我们看曾国藩的日记，可以很清楚地看到，他这一生，就是不断自我磨砺的一生。从青年到老年，曾国藩都生活在不停地自省中，每天都在日记中不断反省自己的缺点，纠正自己的行为。从生到死，他都生活在"如履薄冰，如临深渊，战战兢兢"之中。让我们读几段他晚年的日记。

同治八年（1869 年，曾国藩逝世前三年）八月二十日：

> 念生平所作事，错谬甚多，久居高位而德行学问一无可取，后世将讥议交加，愧悔无及。[2]

同治九年（1870）三月三十日：

> 日内因眼病日笃，老而无成，焦灼殊甚。究其所以郁郁不畅者，总由名心未死之故，当痛惩之，以养余年。[3]

一直到去世前的同治十一年（1872）二月初一日，他还在日记当中这样批评自己，他说：

> 余精神散漫已久，凡遇应了结之件，久不能完。……官至极品，而学业一无所成，德行一无可许，老大徒伤，不胜悚惶惭赧。[4]

也就是说，他批评自己这一段时间精神不够振作，做事不够努力，很多文件没有及时批复清理。这个官虽然做到了极品，但是学业一无所成，德行也没什么可取之处，一想起来，就非常惭愧。

六十二岁时已经功成名就的他，在日记中的自责自省，和他三十岁立志做圣人的时候，仍然一模一样。这就叫作"几十年如一日"。他用三十天戒了烟，然后用三十年，来戒掉其他更难戒的毛病。在一次又一次的反复磨炼中，曾国藩的气质、

[1]《曾国藩全集·家书》1，岳麓书社，2011 年，第 406 页。
[2]《曾国藩全集·日记》4，岳麓书社，2011 年，第 213 页。
[3]《曾国藩全集·日记》4，岳麓书社，2011 年，第 310 页。
[4]《曾国藩全集·日记》4，岳麓书社，2011 年，第 532 页。

性格渐渐发生变化。他做事越来越有恒心、有毅力,待人接物越来越宽厚、周到、真诚,朋友一天比一天多。他的品质越来越纯粹,站得越来越高,看得越来越远。

晚年,曾国藩总结自己的人生体会说,人的一生,就如同一个果子成熟的过程:不能着急,也不可懈怠。人的努力与天的栽培,会让一棵树静静长高,也会让一个人慢慢成熟:"勿忘勿助,看平地长得万丈高。"[1]

曾国藩的修身过程之于后人的最大意义是,他以自己的实践证明,一个资质非常平庸的人,如果真的实心实意地进行自我完善,通过"陶冶变化",可以成为超人。他的胸襟可以扩展十倍,他的见识可以高明十倍,他的气质可以纯净十倍,再愚钝的人也会变得跟以前完全不一样。

回顾曾国藩的一生,我们发现,立志对一个人人格发展的意义是决定性的。因为人的巨大潜力往往是人类所不自知的。

心理学家费约做过这样一个实验。他要求三群学生举起重物,看哪一群学生坚持的时间长。他对第一群学生什么都没有说。对第二群学生说的是,想看看你们谁最有耐力。对第三群学生,他则说,你们举起的这些东西关系重大,因为上面的导线连着一个电网,你们一放下手,这个城市就要断电,为了朋友和家人们,你们一定要多举一会儿。

结果,第一群学生平均举了十分钟;第二群学生竭尽全力,平均坚持了十五分钟;第三群学生,却平均坚持了二十分钟。

可见,人的能力发挥多少,与他对自己的要求是密切相关的。或者说,精神力量直接决定着身体潜能的发挥程度。

因此,"立志"或者说确立一个终生的奋斗目标,对一个人的精神成长是至关重要的。曾国藩对这一点体认极深。他曾说过,立志譬如打地基。"古者英雄立事,必有基业。……如居室然,宏大则所宅者广,托庇者众;诚信则置趾甚固,结构甚牢。"[2] 只有基础广阔、结实,才能在上面盖起宏伟壮观的生命之殿。

马斯洛将自我实现列为人的最后一重追求。越过从食色性也到出人头地这些层次,才能达到自我实现。

而曾国藩直接把目标锁定在了自我实现,也就是做"圣人""完人"。以"完人"

---

[1]《曾国藩全集·诗文》,岳麓书社,2011年,第98页。
[2]《曾国藩全集·诗文》,岳麓书社,2011年,第414页。

为人生目标，确实称得上是"取法乎上"了。曾国藩一生成功的第一个要诀，就是立志高远。这一志向，驱动他一生不在小诱惑、小目标面前止步，促使他在多大的困难面前都不苟且、不退缩，促使他"洗除旧日晻昧卑污之见，矫然直趋广大光明之域；视人世之浮荣微利，若蝇蚋之触于目而不留"[1]。

---

[1]《曾国藩全集·诗文》，岳麓书社，2011年，第487页。

| 第三章 | 惊人的进阶之道

1. 自我管理的十二条军规

曾国藩道光二十年（1840）到北京做官，咸丰二年（1852）离开北京。在十多年里，曾国藩不光在修身立志方面取得了很大成绩，在仕途上的升迁也非常迅速。

道光二十年（1840），他授翰林院检讨；道光二十三年（1843），升为翰林院侍讲；道光二十七年（1847），升为内阁学士；道光二十九年（1849），升为礼部右侍郎。清朝的官制一共是"九品十八阶"，每一品级有从品和正品之分。从官阶上看，他从翰林院检讨的从七品，升迁到礼部侍郎的正二品，用他自己在家书中的一句话说，是"十年七迁，连跃十级"。这个升官速度，创造了道光朝的纪录。清代巡抚也是正二品，也就是说，曾国藩工作不过十年，就做到了"省部级"[1]。

用今人的观点看，曾国藩在官场上本来是没什么优势的。他出身非常普通，既非官二代，也非富二代，在官场上毫无根基。他为人笨拙，不善机变，土里土气，不像别人那样八面玲珑。那么他为什么能在官场上如此春风得意呢？原因是多方面的。第一个就得益于他的自我管理能力的提高。

曾国藩"点了翰林"，并不意味着从此就官运亨通。翰林之间，也要激烈竞争。成功者，叫"红翰林"，可能很快升迁，入值南书房，成为"天子近臣"。失败者，叫"黑翰林"，可能几十年还窝在翰林院里走不了，或者随便外放一个地方官了事。

翰林官员升不升官，是黑还是红，主要靠什么呢？说来有意思，和学生升学一样，也靠考试。作为一个类似研究机构的衙门，翰林院有一种叫翰林大考的考试，

---

[1]《曾国藩全集·家书》1，岳麓书社，2011年，第131页。

每隔几年考一次，"词馆人员不数年骤擢卿贰者类皆大考前列所致"[1]。所以翰林生涯，最重要的内容就是准备大考。

为了考查翰林们的真实水平，翰林大考是不定时的，每次都是突然袭击，临时通知。所以关于大考，北京城有这么一个顺口溜，叫"金顶朝珠褂紫貂，群仙终日任逍遥"，就是说翰林们戴着金顶，挂着朝珠，穿着紫貂，成天不用上班，过得非常逍遥，但是"忽传大考魂皆落，告退神仙也不饶"[2]，就是说突然听到要大考，吓得魂飞魄散。之所以吓成这样，是因为考试成绩直接决定命运，不是说你不想升官就行了，考得不好的，可能被降级、罚俸，甚至被罢官。

所以翰林阶段，最重要的任务仍然是学习。曾国藩刚到北京的时候，自我管理能力比较差，散漫无恒，用于学习的时间不多。但是立志"学做圣人"之后，他自我管理能力迅速提高。在日记当中，他给自己立下了十二条做人的规矩：

（1）敬。整齐严肃，无时不慎。无事时心在腔子里，应事时专一不杂。清明在躬，如日之升。

（2）静坐。每日不拘何时，静坐四刻，体验来复之仁心。正位凝命，如鼎之镇。

（3）早起。黎明即起，醒后勿沾恋。

（4）读书不二。一书未完，不看他书。东翻西阅，徒徇外为人。

（5）读史。丙申年购《廿三史》，大人曰："尔借钱买书，吾不惜极力为尔弥缝，尔能圈点一遍，则不负我矣。"嗣后每日圈点十叶，间断不孝。

（6）谨言。刻刻留心，第一工夫。

（7）养气。气藏丹田，无不可对人言之事。

（8）保身。十月二十二日奉大人手谕曰："节劳，节欲，节饮食。"时时当作养病。

（9）日知所亡。每日读书记录心得语，有求深意是徇人。

（10）月无忘所能。每月作诗文数首，以验积理之多寡，养气之盛否。不可一味耽着，最易溺心丧志。

（11）作字。饭后作字半小时。凡笔墨应酬，当作自己功课。凡事不

[1] 杨寿楠著：《云在山房丛书三种》，山西古籍出版社，1996年，第35页。

[2] 文康著：《儿女英雄传（注释本）》，崇文书局，2015年，第535页。

留待明日，愈积愈难清。

（12）夜不出门。旷功疲神，切戒切戒。[1]

这十二条规矩，翻译成现代汉语，主要包括以下几点：

一是早起。每天天不亮就起床，绝不赖床。

二是静坐。每天静坐半个时辰，也就是一个小时，让自己的心静下来，不要天天处于浮躁状态，被事务牵着走。

三是读书不二。每天读十页经书、十页史书，不论遇到任何问题，绝不改变。而且不读完这本书，绝不摸下一本。

四是谨言。就是时时警惕不乱说话，说每句话都要慎重。

五是保身，节劳节欲节饮食。节欲，就是节制欲望，说白了，就是节制房事。节饮食，就是吃饭也要有节制。这是养生的办法。

六是每日记《茶余偶谈》一则。就是记笔记，找一个笔记本，起个名，叫《茶余偶谈》，专门记朋友们聊天时谈到的各种有启发的事情。聊天也不能白聊。

七是每个月要作几篇文章，写几首诗，有固定任务。

八是练字。每天早饭之后，要写半小时的字。

九是夜不出门。天黑了就不要出门找朋友瞎聊天。

这十二条规矩，很多都与翰林大考有关。规矩第十一条要求自己每天早上起来写半个时辰的字，这是因为书法好坏是翰林大考的一个重要衡量标准。我们今天还能看到曾国藩留下来的小楷作品，功夫非常深。第十条要求自己每个月要按翰林大考的标准作数首诗文，以为常课。至于每天读十页经书、十页史书，每日记《茶余偶谈》一则，也都是为大考做准备。因为翰林大考和科举考试不同，考的不再是八股，而是考查一个人的学养和见识，所以必须知识广博，对天理心性之学确有所得。通过这十二条规矩，曾国藩的生活变得非常有规律，对考试的准备比很多人要充分。

道光二十三年（1843），即曾国藩到京后两年，赶上了第一次翰林大考。一般翰林大考都是六年左右一次，这次却只隔上次四年。消息突然来临，曾国藩和别人一样，都感觉有点儿惊慌。他在日记当中写道："初十日大考，闻之甚觉惊皇……恐进场

---

[1]《曾国藩全集·诗文》，岳麓书社，2011 年，第 377～378 页。

难完卷也。"[1]

考试在圆明园正大光明殿进行。参加考试的一共 127 人，有三个人托病，不敢进考场。到了考场，有一个人打小抄，被清除出场，直接交刑部治罪。气氛非常紧张。曾国藩也是提心吊胆地完成了考试。

出了场，曾国藩把试卷草稿拿给朋友们看，让他们评判一下自己答得怎么样。不看不要紧，一看出事了，原来自己作文里犯了一个重大错误，有一个典用错了。

曾国藩大惊失色，后悔不已，说自己"粗心至此，何以忝厕词垣哉"，不配当这个翰林。当天晚上，他和妻子欧阳氏二人默默对坐，不交一语，"患得患失，憧憧靡已"，心里怎么也放不下，当天晚上彻夜未眠。他在日记当中批评自己说："平日所谓知命者，至是何有，真可羞也。"就是说，平时的修养都不管用了。[2]

三天后，大榜公布。完全出乎意料，曾国藩的成绩竟然特别之好，名列二等第一。一等是五个人，也就是说，曾国藩在一百多人中，考了第六名。原来，因为考试状态保持得好，他的作文文气贯通，说理透彻，很得主考官的欣赏。至于文中的那个错误，主考官和皇帝居然都没有看出来。

第二天，道光皇帝亲自召见，召见之后，升他为翰林院侍讲。翰林院检讨，是从七品，而翰林院侍讲，为从五品。一下子升了四级，曾国藩一方面说自己"以大错谬而忝列高等，抱愧殊极"[3]，另一方面，不免大喜过望，赶紧给家里写信，汇报这一好消息。曾国藩说："湖南以大考升官者，从前惟陈文肃公（名大受，乾隆朝军机大臣）一等第一以编修升侍读，近来胡云阁先生二等第四以学士升少詹，并孙三人而已。孙名次不如陈文肃之高，而升官与之同。此皇上破格之恩也。"[4]

就是说，整个清代，湖南省官员中，通过大考升官的，他和乾隆朝的大学士陈大受速度最快，陈大受是从编修升为侍读，他是从检讨升侍讲，升的品级一样。但是陈大受是考了第一名，升了这个官。他考了第六，也升了同样品级的官，所以这说明他受到了皇帝特别的知遇之恩。

从这封信，我们可以读出曾国藩升官之后难以抑制的激动和兴奋。

道光二十七年（1847）三月，又逢一次翰林大考，曾国藩名次仍然不错，名列二等第四名。六月，曾国藩即以内阁学士兼任礼部侍郎衔，也就是说，实职是内

---

[1]《曾国藩全集·日记》1，岳麓书社，2011 年，第 160 页。
[2]《曾国藩全集·日记》1，岳麓书社，2011 年，第 161 页。
[3] 同上。
[4]《曾国藩全集·家书》1，岳麓书社，2011 年，第 55 页。

阁学士，但享受"侍郎"级别待遇。这是一次罕见的跃升，由从四品跃升至二品，从此"跻身卿贰"，步入高级京官行列。曾国藩当然更是大喜过望。他写家信说，"由从四品骤升二品，超越四级，迁擢不次""湖南三十七岁至二品者，本朝尚无一人"[1]，也就是说，他刷新了湖南人在清朝的升官纪录。如此顺利，连他自己都感到很意外。

2. 把择友当作人生第一大事

除了考试成绩好外，曾国藩升迁迅速还有一个原因，那就是交游广阔，在士林中名声很好。

中国古人有一个观点值得借鉴，就是特重交友。清代名臣张英在《聪训斋语》中说："人生以择友为第一事。"就是说，交友，是人生第一大事。为什么呢？因为那时候没广播没电视没大学。一个人获取知识信息，在外想获得帮助，全要靠朋友。所以朋友的多少、朋友的质量，决定了一个人的视野能有多宽广。

在闭塞的湖南乡下，曾国藩最大的遗憾是交不到有质量的朋友。所以后来他在致诸弟的家信中谈及自己当年的感受："乡间无朋友，实是第一恨事。不惟无益，且大有损。习俗染人，所谓与鲍鱼处，亦与之俱化也。""同学之人，类皆庸鄙无志者，又最好讪笑人。其笑法不一，总之不离乎轻薄而已。"[2]可见他对自己当年那些庸鄙的同学是十分看不上眼的。

到了北京之后，曾国藩迅速结交了一大批好朋友。曾国藩在家书中常介绍他的交友情况。他说："现在朋友愈多，讲躬行心得者，则有镜海先生、艮峰前辈、吴竹如、窦兰泉、冯树堂；穷经知道者，则有吴子序、邵慧西；讲诗、文、字而艺通于道者，则有何子贞；才气奔放，则有汤海秋；英气逼人志大神静，则有黄子寿。又有王少鹤，名锡振，广西主事。"[3]

曾国藩为人特别爱交往。入京之初，他为人处世不够周到，经常得罪朋友。而在立志"学做圣人"之后，曾国藩不断反省自己的缺点，与人相处越来越注意替他

[1]《曾国藩全集·家书》1，岳麓书社，2011 年，第 133 页。
[2]《曾国藩全集·家书》1，岳麓书社，2011 年，第 47 页。
[3]《曾国藩全集·家书》1，岳麓书社，2011 年，第 42 页。

人着想，朋友越来越多。他和朋友们经常在一起吟诗作赋，切磋学问。他也经常请客吃饭，邀人听戏下棋。我们看他的日记，几乎没有一天不社交的，经常交往的朋友有一百多人。最多的一天，接待或者拜访朋友几十人。道光二十三年（1843）三月他升为翰林院侍讲那次，因为朋友多，人缘好，所以大家都来祝贺，以至于他二十二日那一天，跑了五六十家去回拜。

曾国藩朋友之所以多，还在于他效法祖父，急公好义，特别爱助人。"同乡有危急事，多有就男商量者，男效祖大人之法，银钱则量力佽助，办事则竭力经营。"[1] 挚友刘传莹病死，曾国藩搜集其遗文，为他刻印出版了遗著；同乡举人邹兴愚（柳溪）会试不售，在北京贫病而死，曾国藩为他料理了后事，撰写了墓志铭，并出钱为他制作石碑；新宁人邓铁松在北京患病吐血，情况危重，已不可挽回，曾国藩筹钱将他送回湖南……

特别是与陈源兖的友谊，尤为深厚。陈源兖，字岱云，是湖南茶陵县人。他和曾国藩既是同乡，又同为戊戌科进士，还一起入选翰林院庶吉士。所以他们两个人往来尤密，"不啻一家骨肉"[2]。陈源兖道光二十三年（1843）曾大病一场，曾国藩天天去看望，有时甚至通宵达旦守护在他的身旁，日记中有这样的记载："是日全未离身。夜住陈寓。观其症险，极惶急无计，一夜不寐。"[3] 次年，陈妻病逝，曾国藩也日日到陈家，"代为经理一切"[4]。陈岱云的儿子那时刚满月，无人照管，曾国藩将这个孩子带回自己家，雇乳母喂养。

同年中另一个好友是梅霖生。道光二十一年（1841）四月，梅霖生患病咯血，曾国藩忙前忙后，多次请吴廷栋等人前往诊治。梅霖生的病情不见好转，曾国藩在家书中提到他"病势沉重，深为可虑"，经常前去探望。但是梅霖生病情恶化得非常迅速，二十五日病逝。曾国藩悲痛不已。他在家书中说："梅霖生身后一切事宜，系陈岱云、黎月乔与孙三人料理。戊戌同年赙仪共五百两。吴甄甫夫子（戊戌总裁）进京，赙赠百两。将来一概共可张罗千余金，计京中用费及灵柩回南途费不过用四百金，其余尚可周恤遗孤。"[5] 七月十五日，梅霖生的灵柩出城，曾国藩坐车送至东便门。

因为曾国藩广泛结交，肯于付出，名望日高，急公好义，越来越受同乡的推

---

[1]《曾国藩全集·家书》1，岳麓书社，2011 年，第 101 页。

[2]《曾国藩全集·书信》1，岳麓书社，2011 年，第 4 页。

[3]《曾国藩全集·日记》1，岳麓书社，2011 年，第 169 页。

[4]《曾国藩全集·家书》1，岳麓书社，2011 年，第 61 页。

[5]《曾国藩全集·家书》1，岳麓书社，2011 年，第 6 页。

重，所以自从道光二十六年（1846）起，凡湖南籍京官的谢恩折，都由曾氏领衔。可见此时的曾国藩已经开始负一乡之望，成为在京湖南官员的领袖，这对他在仕途上发展当然有好的影响。

　　曾国藩升官迅速的第三个原因，是中枢有人在背后帮他的忙。

　　这个人是谁呢？就是道光年间最重要的大臣——穆彰阿。穆彰阿在道光年间是最得宠的大臣，任军机大臣达二十年之久。当然关于这个人，历史上争议很多。有人说，他在鸦片战争中是投降派；有人说，这个人没什么建树，只会对皇帝溜须拍马，说他"以顺承旨意为工，阿附之外，无他语也"[1]。

　　对这个人，有这样一段评价是比较中肯的，说他"在位二十年，亦爱才，亦不大贪，惟性巧佞，以欺罔蒙蔽为务"[2]。也就是说，他当了二十年军机大臣，其实是一个挺爱才的人，也不怎么贪财。唯一的问题是，喜欢吹捧皇上、糊弄皇上。

　　确实，穆彰阿不管有多少缺点，毕竟有一个长处，那就是爱才，喜欢延揽人才。曾国藩考进士那次，穆彰阿正好是主考，所以按惯例，曾国藩应该称他为座师，两个人从此就算有了师生之谊。

　　在那之后，道光二十三年（1843）那次翰林大考，就是曾国藩用典用错那次，穆彰阿也是总考官。那一次曾国藩不但没有受到处分，成绩还非常好。而且交卷后，穆彰阿做出一个不寻常的举动，他主动向曾国藩索取应试诗赋，就是说把你考试时写的诗给我看看。这是什么意思呢？这是对曾国藩表示关心，表示我以后会提携你。所以曾国藩当天立刻誊清诗赋，亲自送往穆宅。说来也巧，这次拜访成了曾国藩飞黄腾达的新起点，从此之后，升官速度越来越快。

　　正是因为穆彰阿和曾国藩之间的这种特殊渊源，所以野史中有一些编造的传说。比如《清稗类钞》里记载了一件事，说是穆彰阿不断向道光帝推荐曾国藩，于是道光帝感兴趣了，打算召见曾国藩，面试一下。曾国藩一听，非常高兴。那一天，曾国藩进了皇宫，被太监带到了一座大殿里，说你在这儿等着吧。可是一直等到下朝，太监才跑过来通知，称皇上今天有事，不见了，改日吧。曾国藩莫名其妙，回去后连忙去问穆彰阿这是怎么回事。穆彰阿一听，沉思片刻，就明白了道光帝的用

---

[1] 天台野叟著：《大清见闻录（中卷）·名人逸事》，中州古籍出版社，2000年，第416页。
[2] 汪士铎著：《汪悔翁乙丙日记》卷3，第26页。转引自喻松青、张小林主编：《清代全史》第6卷，方志出版社，2007年，第72页。

意，就问曾国藩："你是否留意了你待的那间大殿墙上都写了些什么？"曾国藩说："没有，我只等着皇上召见，哪有心思去注意那些啊。"穆彰阿一听，一拍大腿，说："哎呀，机缘可惜！"怎么办呢？穆彰阿对自己的仆人说："你去拿四百两银子，交给宫中的某个太监，然后求他把宫中那间大殿墙上字画的内容抄下来给我。"仆人托太监把内容抄回来，穆彰阿给了曾国藩，让他背熟了。第二天，道光皇帝召见曾国藩，果然问到那间房里的墙上都写了些什么字，曾国藩准备充分，对答如流，道光皇帝大喜，认为曾国藩这个人心思缜密，留心细节，可以大用。曾国藩从此便交了好运，"骎骎然向用矣" [1]。

这个传说听起来挺好玩，可惜只是一个传说而已。因为按照清代朝廷的成例，曾国藩那时仅是一个普通七品翰林官员，皇帝是不可能单独召见的。晚清戊戌变法前，光绪皇帝想召见身为工部主事的康有为，但是廷臣举出"本朝成例，非四品以上大员不得召见"[2] 的理由，光绪皇帝也没法反驳。而且皇帝见谁，事先都有明确的计划，不可能临时更改。道光皇帝又是一个特别遵守成例的皇帝，因此不可能破这个例。

不过这个传说也反映出，穆彰阿确实是曾国藩升官路上的一个重要人物，对曾国藩的飞黄腾达起到了助力的作用。所以曾国藩对穆彰阿是感念终生的。二十年后，曾国藩又一次回到北京，还专门到穆彰阿家里去探望。当然那时候穆彰阿早已去世了，他探望的是穆彰阿的家人。

当然，在与穆彰阿的交往中，虽然穆彰阿欣赏曾国藩，但曾国藩并没有因此就大喜过望，扑上去抱住穆彰阿的大腿不松手。看曾国藩的一生，与上级交往，是很注重分寸的，从不失态。他和穆彰阿交往，完全保持在正常范围内，走动并不是特别勤，所以后来穆彰阿倒台，曾国藩也没有受到牵连。

这是曾国藩一生的一个重要原则。

后来曾国藩在统率湘军时，在朝中又遇到过一个特别支持他的权臣肃顺。正是在肃顺的建议下，曾国藩才当上了两江总督。但是曾国藩跟他，也没有建立私交，后来慈禧发动政变，肃顺被杀，在他家里查到很多私人书信，但是里面没有曾国藩写的。慈禧因此十分信任曾国藩。

到了更晚的时候，曾国藩晚年，有一个更重要的人物，醇郡王奕𬤝，好多次想跟曾国藩交往，托人给曾国藩带了封信，对曾国藩大加恭维。醇郡王奕𬤝是当时同

[1] 徐珂编撰：《清稗类钞》第三册，中华书局，1984 年，第 1404 页。

[2] 梁启超著：《戊戌政变记（外一种）》，上海古籍出版社，2014 年，第 12 页。

治皇帝的亲叔叔，更是慈禧太后的亲妹夫。长期以来，他一直想和哥哥恭亲王奕䜣一争高下，所以主动拉拢曾国藩，想以此增强自己的政治实力。一般人对这样的亲贵，主动攀附还来不及，曾国藩却连他的信都没回。曾国藩只给带信的人回了封信，说："敝处函牍稀少，未便于醇邸忽改常度。"[1] 也就是说，我一向不怎么跟别人通信，也不便因为醇郡王就改了我的老习惯、老作风。

醇郡王还不放弃，过了几年又写诗寄给曾国藩，让曾国藩点评，还说希望曾国藩也写首诗应和一下。曾国藩仍然没有给他回信，而是给捎信的人写了封信说：

> 醇邸于敝处折节下交，拳拳挚爱，极为心感。……缘弟处向来书札稀少，朝端贵近诸公多不通问，未便于醇邸特致私爱，致启他嫌。[2]

也就是说，醇郡王对我如此垂青，我十分感动，但是我的原则是，对朝廷上那些亲贵人物，一贯不和他们建立私人交往，所以这次也不打算破例。

这就又一次给了奕譞一个不折不扣的难堪。

曾国藩为什么要这样做呢？一个是因为历朝历代，都严禁朝中的亲王与外面的臣子之间私下交往，因为这样容易形成朋党。曾国藩遵守朝廷的原则。另外一点，曾国藩从来不改他不攀附私人的原则。清朝官场讲究"跟人"，跟人有跟人的好处，跟对了，升迁确实可能很快。但是官场风波重重，如果所跟着的人倒了，自己也会受牵连。曾国藩做事的作风是从不取巧，踏踏实实，不搞任何歪门邪道，不走捷径。事后证明他的做法是非常明智的。

穆彰阿虽然对曾国藩的命运起到了很关键的作用，但他并不能决定曾国藩的命运。所谓"关键"在于，他在道光皇帝面前能够适当地推荐一下曾国藩。但是用与不用，还要看道光皇帝。

3. 深得道光皇帝欣赏

曾国藩升官迅速的第四个原因，也是最重要、最根本的一个原因，是道光皇帝

---

[1]《曾国藩全集·书信》9，岳麓书社，2011 年，第 514 页。
[2]《曾国藩全集·书信》10，岳麓书社，2011 年，第 174 页。

对他的欣赏。

道光皇帝是清代一位比较有特点的皇帝。第一，他比较平庸，能力比较差，也没有什么魄力。第二，正是因为如此，他特别注重防范权臣，所有大权都要自己把着，生怕落到别人手里。他之所以重用穆彰阿这样听话顺从的人，主要是因为"虑大权旁落，必择谨畏之士，使之佐治，故一时才臣，半遭废斥" [1]。就是说，因为怕大权被别人抢去，所以他故意用穆彰阿这样没什么能耐的人，生怕太有能耐的人，自己治不住。这就如俗话所说，是武大郎开店，用的都是不如自己高的人。

所以，道光朝用人的大权是皇帝牢牢抓在自己手里，绝不会轻易受别人左右。曾国藩之所以不断升官，归根结底是因为皇帝特别欣赏他。

道光皇帝为什么这么欣赏他呢？有三点。第一，曾国藩这个人性格和道光皇帝相投。曾国藩从性格上来说，是一个比较实在的、比较踏实的人，他是一个湖南乡下来的年轻人，没见过大世面，憨头憨脑，说话很直。道光皇帝就喜欢这样的老实人，不喜欢那些油腔滑调的人。曾国藩有过多次与道光交谈的机会。他在家书中提到，道光二十四年（1844）五月二十日，他"蒙皇上御勤政殿召见，天语垂问及男奏对，约共六七十句" [2]。这是曾国藩首次与皇帝深入交流。可惜曾国藩没有录下具体词句。但是道光年间，曾国藩"每有奏对，恒称上意" [3]。皇帝对曾国藩的了解日渐加深，这是一个重要的原因。

第二，曾国藩工作认真，做官尽职尽责。翰林虽然没有多少事，但是偶尔也有任务派下来。比如道光二十一年（1841）十月，他派充国史馆协修官。

一旦有任务，曾国藩就会全力以赴，认认真真，一丝不苟地完成。他不会像那些眼高手低、有名士气文人气的翰林官员一样，看不起俗务。

在成为皇帝的文学侍从之臣后，他经常需要值班。别人以此为苦，他却从不辞劳。他诗文中有很多这方面的记载，比如《夜值苦寒》：

> 白虎西流朱鸟高，五更风利鸊鹈[4]刀。劲寒战栗通心曲，輹气冰霜上口毛。
> 旷荡青天如可对，折旋丹地敢辞劳。频闻交战呵金马，蓦入灯庐炙冻毫。[5]

[1] 赵烈文撰：《能静居日记》1，岳麓书社，2013年，第512页。

[2]《曾国藩全集·家书》1，岳麓书社，2011年，第79页。

[3] 黎庶昌等撰：《曾国藩年谱》，岳麓书社，1986年，第13页。

[4] 鸊鹈（读 pì tī），一种水鸟。

[5]《曾国藩全集·诗文》，岳麓书社，2011年，第51页。

诗中说，五更风寒，胡须染成白霜，毛笔也已经冻住了。他仍然像战士守卫岗哨一样，不敢稍有差池。

后来职位高了，有了更多具体事务以后，曾国藩更是勤奋。年谱记载，"公勤于供职，署中办事无虚日""有事加班，不待期日。在部司员，咸服其条理精密"[1]。就是说，他天天上班，从不缺勤，还经常主动加班。他的下级，都佩服他办事有条理。

第三，道光皇帝是一个非常崇尚理学的皇帝。道光虽然是一个能力平庸的皇帝，但是喜欢读书，对理学有一定心得。

曾国藩在做翰林期间，在理学方面下了很大功夫，他由朱熹开始，上溯张载、周敦颐等人的著作，并对它们产生了越来越浓厚的兴趣。同时，他还究心汉学，在学术上走上全面发展的道路。每次翰林考试道光皇帝都要亲自看试卷，曾国藩的成绩很好，就是因为有理学修养做基础。

在曾国藩所处的晚清，虽然今天提起来，总说那是一个政治腐败、社会黑暗的时代，但实际上和后来的某些历史时段比起来，是非尚有一定公论，黑白尚未完全颠倒。曾国藩结交师友，潜心治学，提高了他在士林中的声望。

黎庶昌说："始公（指曾国藩）居京师……务为通儒之学。由是精研百氏，体用赅备，名重于京师。"[2]他自己也说"昔在京颇著清望"。因此当时李鸿章赴北京参加"顺天乡试"，就慕名投帖拜师在他的门下，向他学习。李鸿章在家书中汇报说："各地应举文人，组织文社于九条胡同三号。慕曾涤笙夫子之名，请渠出任社长。"[3]

一个人的声望是晋升的重要基础。曾国藩潜心学术，热心公益，在皇帝心目中形象比较清新端正，这是他迅速升官的重要背景。

---

[1] 黎庶昌等撰：《曾国藩年谱》，岳麓书社，1986年，第13页。

[2] 钱仲联主编：《曾国藩文选》，苏州大学出版社，2001年，第383页。

[3] 李鸿章著，翁飞、董丛林编注：《李鸿章家书》，黄山书社，1996年，第15页。

| 第四章 | 从前的官场愣头青

1. 郁闷的"副部长"

道光二十九年（1849），曾国藩由"内阁学士兼任礼部侍郎衔"升补礼部右侍郎，从虚职变为实职，成了清朝开国以来湘乡县出的第一个实职侍郎。

这是一次非常重要而关键的跃升，从此曾国藩就有了实权。

传统时代，人活着最大目的是什么？对大部分人来说，就是四个字，升官发财。刚刚步入政治高层之际，曾国藩是十分兴奋的。他不无自负地在书信中对陈源兖说："回思善化馆中同车出入，万顺店内徒步过从，疏野之性，肮脏之貌，不特仆不自意其速化至此，即知好三数人，亦未敢为此不近情之称许。"[1]

他说，如此顺利，连他自己都感到很意外。就是那些非常推重他的好朋友，也没有人敢做这样大胆的预期。得意之态，溢于言表。

刚刚升为侍郎，曾国藩工作也更加卖力了。曾国藩在道光二十九年（1849）家信中汇报自己初任礼部侍郎的工作情况：

> 二十五日午刻上任，属员共百余人……从前阁学虽兼部堂衔，实与部务毫不相干。今既为部堂，则事务较繁，每日须至署办事。八日一至圆明园奏事，谓之该班。间有急事，不待八日而即陈奏者，谓之加班。除衙门官事之外，又有应酬私事，日内甚忙冗，几于刻无暇晷。[2]

也就是说，以前虽然兼礼部侍郎衔，但是完全不管部里的事。现在正式做了"副

---

[1]《曾国藩全集·书信》1，岳麓书社，2011年，第56页。

[2]《曾国藩全集·家书》1，岳麓书社，2011年，第160页。

部长"，情况不同了。每天都要坐班，下属一共一百多人。每八天要去一次圆明园向皇帝汇报事务，叫作"该班"。如果有什么急事，不到八天就要见皇帝，叫作"加班"。除了工作，私人应酬也多，所以这一段特别忙，几乎没有片刻闲暇。

升官之后，为了督促自己继续写日记，曾国藩托纸店专印了一份日记用纸，开始写《绵绵穆穆之室日记》。这些日记体例特别，每日日记分为八栏，分别为"读书""静坐""属文""作字""办公""课子""对客""回信"，每日按格填写。我们从中抽取比较有代表性的一天，咸丰元年（1851）十一月初二日，看看身为侍郎的他一天所做之事：

[读书]：

未刻读《汉书•韩王信传》。申刻读《会典•宗人府》十四页。

[静坐]：

申正在坐曲肱枕坐三刻。

[办公]：

早入内，刑部值日。旋至部。午初到家，灯后清折底。

[课子]：

背经五页，讲鉴三条。

[对客]：

早自署归拜客三家。未初会二客。

[回信]：

回余菱香信，自写一片。[1]

大抵是每天上午都要赴署办公，其他时间要课子读书见客应酬。曾国藩在家书中汇报说，自己在礼部工作顺利，与同事们相处得很好：

现在衙门诸事，男俱已熟悉。各司官于男皆甚佩服，上下水乳俱融，同寅亦极协和。男虽终身在礼部衙门为国家办照例之事，不苟不懈尽就条理，亦所深愿也。[2]

---

[1]《曾国藩全集•日记》1，岳麓书社，2011年，第263页。

[2]《曾国藩全集•家书》1，岳麓书社，2011年，第166页。

就是说，他已经很熟悉现在部门的工作了。下属官员也都很佩服他，所以同事关系处得不错。如果一辈子这样在礼部当官，平平顺顺、尽职尽责地为国家办事，他也很愿意。

在紧张的工作之余，曾国藩仍"手不释卷"，只不过更注重实用了。曾国藩对于"经世之务及在朝掌故"十分留意，按类别"分汇记录，凡十有八门"。据《曾国藩年谱》记载，"公每绾部务，悉取则例，博综详考，准以事理之宜。事至剖断无滞。其在工部，尤究心方舆之学，左图右书，钩校不倦，于山川险要、河漕水利诸大政详求折中"[1]。

湖湘学风是经世致用，因此曾国藩早就注重研究实际政治。虽然致力理学，但是他并没有被理学遮蔽全部视野。他考察研究范围极广，认为"天下之大事，宜考究者凡十四宗，曰官制，曰财用，曰盐政，曰漕务，曰钱法，曰冠礼，曰昏（婚）礼，曰丧礼，曰祭礼，曰兵制，曰兵法，曰刑律，曰地舆，曰河渠"[2]。这是他与当时诸多理学之士的明显不同之处。中国传统学术本来只讲究义理考据和辞章，他又加上经济一门。他说："为学之术有四：曰义理，曰考据，曰辞章，曰经济。"[3]他还认为："文章之可传者，惟道政事，较有实际。……浅儒谓案牍之文为不古，见有登诸集者，辄鄙俗视之，不知经传固多简牍之文。……江陵盛有文藻，而其不朽者乃在筹边、论事诸牍；阳明精于理性，而其不刊者，实在告示、条约诸篇。"[4]

由此可见，刚刚升官后，曾国藩是雄心勃勃，想在国家大政中有所建树的。

但是，做了一段时间高级官员，曾国藩就不再那么兴奋了。我们看他在北京当官后几年的诗文可知，他的心情是灰色的。

比如这一首：

> 我虽置身宵汉上，器小仅济瓶与罍。
> ……………………
> 似驴非驴马非马，自憎形影良可咍。[5]

---

[1] 黎庶昌等撰：《曾国藩年谱》，岳麓书社，1986年，第18页。

[2]《曾国藩全集·日记》1，岳麓书社，2011年，第246页。

[3]《曾国藩全集·诗文》，岳麓书社，2011年，第486页。

[4]《曾国藩全集·书信》3，岳麓书社，2011年，第679页。

[5]《曾国藩全集·诗文》，岳麓书社，2011年，第76页。

这是写给好友刘蓉的。意思是说，别看我现在身居庙堂之高，其实只是庙堂之上一个没用的小摆设。天天这样不上不下、非驴非马地混日子，只觉得自己面目可憎而已。

再看另一首：

> 微官冷似支床石，去国情如失乳儿。
> ....
> 径求名酒一千斛，轰醉王城百不知。[1]

这是写给弟弟们的。意思是说，我现在做这么一个小官，每天的工作如同支床石一样，疲倦麻木。我天天想念家乡，如同离了娘的小孩。愁闷极了，不如干脆找几瓶好酒，喝得大醉，什么都不知道好了。

有时候，他居然后悔进入仕途，梦想过上野人生活：

> 憾我不学山中人，少小从耕拾束薪。
> ....
> 世事痴聋百不识，笑置诗书如埃尘。[2]

道光二十九年（1849）十月初四日，也就是他升任礼部侍郎后十个月，他在家信中竟然做了这样的表示："吾近于宦场，颇厌其繁俗而无补于国计民生，惟势之所处，求退不能。但愿得诸弟稍有进步，家中略有仰事之资，即思决志归养，以行吾素。"[3]

也就是说，他这个"副部长"感觉自己的所作所为于国计民生无补。如果几个弟弟有谁能够出来做官，家里生计不至于困窘，他就打算辞官回家，侍奉堂上老人，不再混迹于官场了。

这样的文字还有许多。在写给陈源兖的信中，他说自己"时时有归家奉养之

---

[1]《曾国藩全集·诗文》，岳麓书社，2011年，第35页。
[2]《曾国藩全集·诗文》，岳麓书社，2011年，第15页。
[3]《曾国藩全集·家书》1，岳麓书社，2011年，第176页。

志"[1]。咸丰元年（1851）在写给欧阳兆熊的信中说自己近年来因"官牵私系，遂成废物"[2]，在官场上如同废物。在复江忠源信中也说："计期岁内外，亦且移疾归去，闭关养疴，娱奉双亲。自审精神魄力，诚不足任天下之重，无为久虱此间，叔然人上也。"[3] 就是说，我打算一年左右时间内就以养病为由辞官回家，因为自问我的精神魄力，无法对这个国家有所推动，在这里混日子，实在对不住这份工资和地位。

为什么升了官却这样郁闷呢？

主要是因为曾国藩升官，不是想给自己谋多少好处，而是想给国家多做些实事，但是道光晚年的政治环境，让他做不了什么事。

道光年间从外部看，鸦片战争让中华帝国臣民的自尊心和自信心受到了颠覆性的打击。从内部看，腐败已经渗透了帝国机体的每一个细胞，四肢五脏，无不腐烂，一场翻天覆地的大起义——太平天国起义正在酝酿之中。

在这种情况下，大清朝的高官们却一个个都在混日子。

道光皇帝在历史上以俭朴闻名，身上打满补丁，早餐舍不得多吃一个鸡蛋。说是有一次，他和一个大学士聊天，问大学士，你早餐吃什么？大学士说，臣很俭朴，只吃三个荷包蛋。道光一听，吓了一大跳，说你真阔气啊！朕早餐一个也舍不得吃。为什么呢？因为内务府官员骗他，说外面鸡蛋三十两白银一个。

当然，这只是一个笑话。但是笑话往往会反映一些历史事实。道光皇帝为人确实很节俭，所以我们看故宫现存的道光画像，道光皇帝确实到了"骨瘦如柴"的地步。然而，他的能力也就到此为止了。他用的大臣，又都是穆彰阿那样"多磕头，少说话"的角色。他们眼看着国家一天不如一天，却都不敢向皇帝直言。

只有曾国藩特别着急。早在道光二十四年（1844），太平天国起义六年多前，曾国藩就敏锐地预感到，一场席卷全国的大动乱正在酝酿之中。那一年，他结识了后来的名将江忠源。在送江氏出京时，他对朋友说："是人必立功名于天下，然当以节义死。"这个人慷慨激烈，将来肯定会死在战场上。"时承平日久，闻者或骇之。"[4] 当时天下太平，没有人想到会发生战争，而曾国藩已知大乱之不可避免。

身居翰林之时，他只能读书养望，对国家政治没有发言权。及至位列卿贰，他

[1]《曾国藩全集·书信》1，岳麓书社，2011年，第38页。

[2]《曾国藩全集·书信》1，岳麓书社，2011年，第68页。

[3]《曾国藩全集·书信》1，岳麓书社，2011年，第89页。

[4] 黎庶昌等撰：《曾国藩年谱》，岳麓书社，1986年，第9页。

以为自己终于可以一展身手了，却发现正如同王蒙的那句话一样："当了部长，才知道官小。"很多看上去很崇高的职位，并不像想象的那样可以呼风唤雨。曾国藩发现，在因循懈怠的政治气氛下，他虽然身为"副部长"，但想要登高一呼，推动大清王朝进行根本改革，没有任何可能。他在礼部"副部长"任上，一天到晚虽然没有片刻休息，但忙的都是些例行公事，对国家大政丝毫无补。偶尔提一些革新主张，也都被"部长"大学士们弃置一旁，根本不予考虑。

所以曾国藩很痛恨这种污浊混沌的官场风气，曾国藩对大部分同僚是十分看不起的："国藩从宦有年，饱阅京洛风尘，达官贵人优容养望，与在下者软熟和同之象，盖已稔知之而惯尝之。"[1]也就是说，他做官有年，饱知官场习态。在上者但知做出一副宽大优容的样子，来培养自己的人气。在下者办事一味软媚求同，打圆场，做老好人。他说，三四十年来不黑不白的官场，已让英豪短气。

胡林翼曾说："人一入宦途，全不能自己做主。"在这样的官场生存，眼看着国家政治一天天腐烂下去，曾国藩如同生活在一个腐气熏天的铁屋子里，感觉太难受了。

2. 开罪咸丰皇帝

就在曾国藩做"副部长"做得不耐烦，想要回家之时，道光三十年（1850）正月，道光皇帝去世了，年方二十（这是虚岁，实足年龄十八周岁）、血气方刚的咸丰登基了。这一年，曾国藩三十九岁，也就是说，新皇帝比他小了差不多二十岁。

这一下，曾国藩先不提回家了，他要看看这个新主是个什么样的人。

虽然年纪很轻，"主少国疑"，但新皇帝一上台，就带来了一股全新的气象。这个年轻人看起来颇有雄心，也很有干劲。他工作非常勤奋，每天都会认真批阅大量奏折，并且会亲笔下达很多谕旨，而不像老皇帝那样主要靠军机大臣们拟旨。

一般来说，新官上任三把火。新皇帝上台后，也烧了三把火。

第一把火，就是在登基后不久，主导了一出出乎人们意料的政治大戏：罢免首席军机大臣穆彰阿。

我们前面提到，穆彰阿这个人名声不太好。还没当皇帝之前，咸丰就已经听说

---

[1]《曾国藩全集·书信》1，岳麓书社，2011年，第413页。

了关于他的很多结党营私蒙蔽君主之类的负面传闻，所以上台之后，立足刚稳，就拿他开刀了。

道光三十年十月二十八日（1850年12月1日），咸丰皇帝发布了一道不同寻常的谕旨。他说：

> 任贤去邪，诚人君之首务也。去邪不断，则任贤不专。方今天下因循废堕，可谓极矣。吏治日坏，人心日浇，是朕之过。……穆彰阿身任大学士，受累朝知遇之恩，不思其难其慎，同德同心，乃保位贪荣，妨贤病国。小忠小信，阴柔以售其奸；伪学伪才，揣摩以逢主意。……第念穆彰阿系三朝旧臣，若一旦寘之重法，朕心实有不忍，着从宽革职，永不叙用。[1]

也就是说，任用贤人，罢黜奸臣，是为君的首务。当今天下，一切因循废弛，已达极点。吏治败坏，人心浇漓。穆彰阿身为大学士，深受国恩，却不思如何有利国家，只想着保住自己的职位，为私利而损害国家，以小忠小信，伪才伪学，来蒙蔽君主，逢迎上意。我念他是三朝老臣，不忍置之重法，革去其职务，永远不再任用。

在这道上谕的结尾，咸丰皇帝还说：

> 嗣后京外大小文武各官，务当激发天良，公忠体国，俾平素因循取巧之积习，一旦悚然改悔。毋畏难，毋苟安。[2]

也就是说，从今而后，大小官员，一定要激发天良，公忠体国，把以前那些因循糊弄的积习都迅速改掉，不得再像以前那样畏难苟安。

这道谕旨一下，时"天下称快"，朝野上下，为之一振。

说实在的，大家都知道，像穆彰阿那样继续"弥缝""糊弄"下去，国家是没有出路的。咸丰皇帝对国家现状的批评有的放矢，说出了官员们不敢说的话。看来这个新皇帝，魄力真是不凡，很可能是一个英主。

---

[1]《清实录》第40册，第294～295页。

[2]同上。

上台之后，咸丰皇帝另一个重大举措就是下诏"求言"。早在道光三十年（1850）二月初八日，刚刚登基，他就发布上谕，欢迎大家给朝廷提意见，就国家用人、行政一切事宜，"皆得据实直陈，封章密奏"，表现出虚心纳谏的良好态度。

曾国藩的心情太激奋了。

他等了这么多年，等来了一个励精图治的皇帝。咸丰帝对官场的批评，简直和曾国藩的观点"契若符节"，曾国藩颇有知音之感。他积累多年的政治见解，终于有可以发表的空间了。

曾国藩昼夜奋笔疾书，写了一封《应诏陈言疏》。在这份上疏中，曾国藩顺着皇帝对官场的批评，谈到了他认为最重要的问题：人才问题。他大胆指出，道光皇帝秉持"镇静"原则，不生事，不作为，所以道光朝人人循规蹈矩，无有敢才智自雄、锋芒自逞者。这虽然有利于守成，但不利于解决问题。所以，官员们"大率以畏葸为慎，以柔靡为恭"[1]。他说现在官场有四大通病：

> 京官之办事通病有二，曰退缩，曰琐屑。外官之办事通病有二，曰敷衍，曰颟顸。退缩者，同官互推，不肯任怨，动辄请旨，不肯任咎是也。琐屑者，利析锱铢，不顾大体，察及秋毫，不见舆薪是也。敷衍者，装头盖面，但计目前剜肉补疮，不问明日是也。颟顸者，外面完全，而中已溃烂，章奏粉饰，而语无归宿是也。有此四者，习俗相沿，但求苟安无过，不求振作有为，将来一有艰巨，国家必有乏才之患。[2]

就是说，京官，就是朝中的官员，有两大毛病，一个是遇事退缩，一个是务小不务大。遇事退缩，是指遇到什么事，大家你推我推你，谁也不愿意承担责任，只知道向皇帝请旨。务小不务大，是大家都注意一些细节小事，开个会，办公桌都摆得很整齐，茶杯都洗得很干净，会务办得很用心，但是对国家发展的大方向、社会的主要矛盾和问题，没有一个人敢说，也没多少人敢想。

地方官办事也有两个毛病。第一个叫敷衍，遇到什么矛盾和问题，就是一个字，拖，对付过去就完，把问题推给下一任。第二个是颟顸，就是做表面文章，很多地方，表面上看起来不错，但实际上内里已经完全烂透了，黑恶势力横行，这些当官

---

[1]《曾国藩全集·奏稿》1，岳麓书社，2011年，第5页。
[2] 同上。

的根本不管。

在奏折结尾，曾国藩更是尖锐地指出："乃十余年间，九卿无一人陈时政之得失，司道无一折言地方之利病，相率缄默，一时之风气，有不解其所以然者。科道间有奏疏，而从无一言及主德之隆替，无一折弹大臣之过失，岂君为尧、舜之君，臣皆稷、契之臣乎？一时之风气，亦有不解其所以然者。"[1]

就是说，十来年间，朝中大臣没有一个人对皇帝讲过国家有什么严重问题。地方官员，也没有一个人对皇帝讲过地方上有什么矛盾。那些负责进谏的官员，也没有一个人指出过皇帝有什么做错的地方。这是非常可怕的现象，这说明，这些官员，没有一个是忠心为国的。

所以，曾国藩说，必须想办法培养人才，才能应对复杂艰难的国家形势，并且提出了培养人才、转移风气的几条具体办法。

咸丰皇帝收到曾国藩的这封奏折，认为曾国藩的见解很正确，对他大加夸奖，称曾国藩"奏陈用人之策，朕详加披览，剀切明辨，切中情事，深堪嘉纳"[2]。

这道奏折让咸丰对曾国藩产生了进一步的好感。而在此之前的一件事，已经让咸丰认识到曾国藩这个人做事特别认真负责。

道光皇帝去世前，曾经留下了一道非常特殊的遗嘱。道光皇帝认为，大清帝国在鸦片战争中惨败，他在位这么多年，治国也不见什么起色，所以他说，我无德无能，对不起列祖列宗，我死后，灵位不进太庙，也不用郊配。

所谓郊配，就是皇帝祭天时，同时以自己的列祖列宗配祭。唐张九龄在《请行郊礼疏》中说："自古继统之主，必有郊配之义，盖敬天命而昭圣功也。"

不许郊配，不进太庙，这当然是对自己非常严重的惩罚了，严重到几乎无法遵守。特别是不进太庙，那么后世子孙怎么祭拜他呢？但是道光皇帝的这道遗嘱是"朱谕"，也就是亲笔书写的，无疑是他真实意思的表示，而不是谦虚之词，咸丰不能不重视。可是，刚刚上台的年轻皇帝完全不知道应该怎么处理这种情况，只好让大臣们集体讨论。

朝廷大臣进行集议，大多数人都从保险的角度出发，说套话，认为"大行皇帝功德懿铄，郊配既断不可易，庙祔尤在所必行"。就是说，道光皇帝功业辉煌，怎么能不进太庙、不用郊配呢？所以这个遗嘱根本没法执行，还是应该按惯例办事。

[1]《曾国藩全集·奏稿》1，岳麓书社，2011年，第8页。

[2]黎庶昌等撰：《曾国藩年谱》，岳麓书社，1986年，第14页。

按说，大家集体讨论已经有了结果，曾国藩顺水推舟是再合适不过了，但曾国藩回去之后，感觉不妥。他是礼部侍郎，他认为自己要责无旁贷地拿出更合适的意见来。所以经过十余天的思考，他提出了不同意见。正月二十八日，他上了一道奏疏，说大行皇帝的遗嘱应该部分遵行，不能完全置之不理。

为什么呢？他说："大行皇帝谆谆告诫，必有精意存乎其中。"[1] 道光这么正式地留下这道遗嘱，一定有他特殊的考虑。曾国藩说，进太庙应是确定无疑的，任何皇帝都没有死后不进宗庙之理。但"毋庸郊配"一项，道光皇帝说得也有一定道理。第一，道光这是从天坛祭坛的尺寸角度考虑的。因为天坛的建筑规模是固定的，死去的皇帝越来越多，每死一个，就要新修一个祭台，现在天坛已经快被占满了。道光以身作则，不予郊配，有一个出发点应该是"久远之图"，怕以后放不下，"必至修改基址，轻变旧章"。所以这个用心还是很深远的。这一点我们不可轻忽。

第二，"古来祀典，兴废不常。"祀典历代、历朝都有调整，并非丝毫不可变动之事。

第三，"我朝以孝治天下，而遗命在所尤重。"[2] 对死去皇帝皇后的意见，一定要重视，不能视同无物。比如康熙时，太皇太后孝庄死了，留下遗嘱说想安葬到遵化孝陵，陪着自己的儿子顺治。按理说这"不合祔葬之例"，因为皇后死了，按理要安葬到自己的丈夫身边，所以她应该埋到沈阳的清太宗昭陵去。但是康熙还是不敢违遗命，将太皇太后梓宫安放在孝陵旁边，雍正时就在这里正式下葬了。第二个例子是乾隆皇帝遗命"庙号毋庸称祖"，就是说，不许后世自己为祖，只能称为宗。乾隆皇帝把大清朝推向全盛，他的功绩按以前之例，完全可以称"祖"。但乾隆表示谦虚，发下遗命，嘉庆帝只好遵从，故庙号高宗。所以曾国藩说："此次大行皇帝遗命，惟第一条森严可畏，若不遵行，则与我朝家法不符，且朱谕反复申明，无非自处于卑屈，而处列祖于崇高，此乃大孝大让，亘古未有之盛德也。"[3] 大行皇帝以身作则，贬抑自身，表明他对列祖列宗的崇敬，这种精神是值得效法的。如果不遵行，那么不符合大清家法。

曾国藩的这道奏疏辨理详明，逻辑严密，非常有说服力。咸丰皇帝一看，十分佩服。如果不是曾国藩苦心思考，详加论辩，他咸丰很可能在这个问题上留下不可

[1]《曾国藩全集·奏稿》1，岳麓书社，2011 年，第 2 页。
[2]《曾国藩全集·奏稿》1，岳麓书社，2011 年，第 4 页。
[3] 同上。

弥补的遗憾。曾国藩的这道奏折也说服了满朝大臣，大家一致同意这么办。所以，这件事让咸丰对曾国藩留下了深刻印象。

因为对曾国藩的欣赏，也因为知道曾国藩这个人凡事认真，所以咸丰皇帝不断地给他加派新活，今天让他兼署工部侍郎，帮着处理工部的事，明天又让他兼署吏部侍郎。到后来，曾国藩一个人身兼五部，也就是兼任了除户部之外的其他几部的"副部长"。这一下，曾国藩就更忙了。特别是到了刑部后，繁重的工作让他几乎都没有看书的时间了。他写家信说：

> 余至刑部，日日忙冗异常，迥不与礼部、工部、兵部相同。若长在此部，则不复能看书矣。[1]

也就是说，我到了刑部，可比以前更忙了。刑部和其他几部可完全不同，事情太多了。要是长在此部工作，以后就没时间看书了。

如此勤奋，说明曾国藩想抓住新皇帝励精图治的机会，多做些事情，为国家发挥更大的作用。

新皇帝的欣赏和肯定，让曾国藩大受鼓舞。在繁忙的工作之余，他又连着上了好几道奏折，给皇帝提了很多建议。《应诏陈言疏》《条陈日讲事宜疏》《议汰兵疏》《备陈民间疾苦疏》《平银价疏》等多道奏疏，全面深入地指出了大清面临的种种危机、官僚体系存在的诸多问题，呼吁皇帝大刀阔斧，加以彻底改革。

咸丰元年（1851）三月，曾国藩上了《议汰兵疏》。曾国藩说，现在天下有两个最关键的问题，一是财政紧张，二是军队战斗力不行。现在"天下之大患，盖有二端：一曰国用不足，一曰兵伍不精"。社会动荡，四处用兵之际，军队问题是国家的重中之重。军队现在最大的问题是臃肿软散，不能作战。他说，广西有额兵二万三千，士兵一万四千，但是现在遇到农民起义，"竟无一人足用者"[2]。所以兵不在多而在精。曾国藩提出裁兵五万，这样每年节省饷银一百二十万两，用来练兵。应该说，曾国藩的这道奏折抓住了当时军队问题的关键，显示了他经世致用之学的深度和精度。

之后，他又上《备陈民间疾苦疏》。他在奏疏中提出现在百姓生活有"三大疾

---

[1]《曾国藩全集·家书》1，岳麓书社，2011 年，第 192 页。

[2]《曾国藩全集·奏稿》1，岳麓书社，2011 年，第 20 页。

苦"：一是银价太贵，百姓负担太重，交不起国税。"民之完纳愈苦，官之追呼亦愈酷。……百姓怨愤，则抗拒而激成巨案。""真有日不聊生之势。"二是盗贼太多，良民难安。强盗土匪"愈酿愈多，盗贼横行，而良民更无安枕之日。臣所谓民间之疾苦，此又其一也"。三是冤狱太多，司法腐败严重，民气难申。[1]

曾国藩认为，这三大问题关乎大清王朝的统治基础，如果不从现在起就全力以赴一一解决，那么天下大乱，不久将至。

配合这道民间疾苦疏，他又上了一道《平银价疏》，其中提出了平抑银价的具体办法。

这些折子是曾国藩披肝沥胆殚精竭虑的产物，也反映了他多年来对国家社会的深入思考。应该说，这些文字是非常精彩也非常有深度的。曾国藩以为，新皇帝既然振作有为，肯定会采纳他的建议。这样，国家大幸，民众大幸。他也可以发挥更大的政治影响力，真正做到"致君尧舜上，再使风俗淳"。

然而，事实证明，曾国藩有点天真了。

咸丰皇帝摆出了雄才大略的姿态，但是他其实并没有雄才大略的资质。

这个人，其实是一个非常平庸的主子。

关于咸丰，读史者最熟悉的一个故事，当然是他和奕䜣争储时的那个传说。说是奕詝和奕䜣只差一岁，奕詝居长，但是天资平庸，奕䜣虽居次，但明敏能干。所以选谁为继承人，道光犯了难。于是道光就通知他们到南苑骑射，进一步考查他们。奕詝的老师杜受田知道这是一个关键的时刻，就给自己的弟子出主意，说你奕詝骑射本领远不如弟弟，我们只能另辟蹊径。于是打猎时，奕詝按照他老师的教导，既不上马，也不射箭，见他父亲的时候两手空空。道光很纳闷，问，你怎么回事？奕詝就跪到地下，他说父皇教导我要仁爱，现在是春天了，母兽正是怀孕的时候，我要是把它射死了，连它的没有出生的孩子

▲ 恭亲王奕䜣坐像

[1]《曾国藩全集·奏稿》1，岳麓书社，2011年，第41~42页。

也都死了，岂不是太残忍了？道光一听，感觉这个孩子挺仁慈，对他很满意。这个故事叫"藏拙示仁"，此事不光见于野史，也载于《清史稿·杜受田传》。

另一次，道光身体不好，召见两个孩子，要听听他们对国家大政的看法。杜受田又给奕䣋出了主意。道光先见了六阿哥奕䜣，说我身体不好，可能不久于人世了，国家怎么治理为好呢？奕䜣口才很好，滔滔不绝地讲述治国的方略，道光很高兴，认为这个孩子有出息，让他先退下。奕䣋进来的时候，一看父亲的病容，就跪在地下磕头痛哭流涕，一句话也说不出来。道光说，让你谈谈见解，你怎么什么都不说呢？奕䣋就说，我一看父亲病成这样，我就太难受了，什么话也说不出来。我现在就希望父亲健康长寿，别的我什么都不想。道光很感动，认为还是这个孩子孝顺，于是决定传位给他。其实奕䣋如此表现，是因为他老师告诉他，论口才你比不上六阿哥，你要"藏拙示孝"。

"藏拙示仁""藏拙示孝"的故事过于传奇，显然只是传说，即便被记入《清史稿》也不能证实其事。但这些传说反映出的事实不错，那就是和聪明伶俐、外向活泼、有才有为的弟弟奕䜣比起来，咸丰是一个比较内向无能的人。这个人笨拙、安静、少言寡语，无论哪个方面都不如他的弟弟。

奕䣋的最终胜出，其实和老师的教导无关，而和道光的偏好有关。喻大华评价道光帝"不是昏君，却是一位平庸的君主，缺乏力挽狂澜的魄力、能力以及对时局的洞察力。……是一位循规蹈矩的皇帝"。在用人方面，"一是谨慎过度，二是缺乏定见"。[1]确实，道光皇帝一生以稳定为务，喜欢安静听话之人，他之所以选择咸丰，是因为在他看来，咸丰比弟弟更稳重、更听话，更符合传统观念中的"贤人"标准。让他当皇帝，更利于守成，风险比较小。

但其实道光犯了两个错误。第一，大清已经不是守成之世，矛盾丛生，这个成，已经守不下去了。第二，咸丰确实缺乏当皇帝的才能。

有一本书，叫《道咸宦海见闻录》，记载了一个叫张集馨的晚清官员进京被咸丰皇帝召见时的几次对话。从对话中看，咸丰记忆力很差，咸丰六年（1856）他见张集馨问了一些问题，过了三年，到咸丰九年（1859）再见时，问的居然还是这几个问题。

《道咸宦海见闻录》记载，咸丰六年（1856）召见时，因张集馨腿部有伤，行走不便，咸丰问："汝何以坠马受伤？"张集馨对："臣素不善骑，军中督队，非

---

[1] 喻大华：《道光皇帝》，长江文艺出版社，2009年，第110页。

骑马不可，是日督队，所骑生马，未经行阵，逆匪摇旗呐喊，马遂惊逸，臣羁勒不住，遂致坠马，并为马碰一脚，抬回帐房，不能带队。经胜保奏明，赴就近省城调理，蒙恩谕准。"上曰："汝今年五十几岁？"对："臣系庚申命，今年五十七岁。"上曰："汝京城有住房否？"对："有"。上曰："在何处？"对曰："在西单牌楼。"上曰："甚么胡同？"对："皮库胡同。"

咸丰九年（1859），对话内容如下：

上曰："汝住在京城何处？"对："在西单牌楼皮库胡同。"上曰："是汝自己房子？"对："是。"上曰："汝在军营带过队么？"对："臣初到营即带队，后来腿受伤不能骑马，即不带队，办理文案。"上曰："汝受何伤？"对："坠马受伤。"上曰："还是追贼，还是为贼压下？"对："打仗时，贼匪开号，马惊坠骑，为马蹄所踹。"上曰："汝今年五十几岁？"对："六十岁。"

敢情上回全白问了。

最关键的是，一个王朝到了末期，这些皇族子孙往往气质庸弱、资质脆劣，缺乏做大事必要的毅力和担当。咸丰就是这样。事实证明，他一上任烧的三把火，完全是一个年轻人的一股冲劲而已。等这股冲劲过去了，他就疲软下来了。

在应诏陈言问题上，咸丰就已经表现出他有始无终的性格特点。

刚开始求言的时候，咸丰确实是诚心诚意。大臣们的奏折一道道汇集上来的时候，他还能全神贯注地一篇篇认真阅读。但是几个月后，一个是大臣们的建议多有重复之处，再一个是他的精神头已经耗光了，所以再有奏折，一般他就看个开头，批个好，就扔到一边，再也不理了。

对曾国藩也是这样。曾国藩费尽心血，上的这些折子，他草草读了一遍，随口夸奖几句，然后就扔进废纸篓，没了下文。

曾国藩难免大失所望，郁闷不已，给友人写信说：

> 自客春求言以来，在廷献纳，不下数百余章，其中岂乏嘉谟至计？或下所司核议，辄以"毋庸议"三字了之。或通谕直省，则奉行一文之后，已复高阁束置，若风马牛之不相与。……而书生之血诚，徒以供胥吏唾弃之具。每念及兹，可为愤懑。[1]

---

[1]《曾国藩全集·书信》1，岳麓书社，2011年，第70页。

也就是说，自从皇帝发下求言诏书以来，上书言事的，有一百多人。其中有许多有见地的奏章，发到有关部门讨论的时候，得到的只是"没什么价值，不必讨论"这几个字的答复。或者发到各省执行，但是一通上谕之后，各地没有反应，朝廷也很快忘了这件事。读书人掏心掏肝的血诚，只变成了办事员纸篓中的废纸。每想及此，心中怎不愤懑？

曾国藩的心情越来越焦急，因为天下大乱已经从可能变成了现实。

就在道光去世的第二天，也就是咸丰正式开始处理公务的第一天，他接到的第一件公文，就是广西巡抚汇报广西出现叛乱的消息。

在广西遍地的叛乱当中，开始不为人注目的太平军后来势力越来越盛，眼看着要成燎原之势。咸丰皇帝虽然很努力，但是用人不当，布置失措，越努力形势越恶化。曾国藩的内心被焦灼搅得日夜不安："内度身世，郎署浮沉，既茫乎未有畔岸；外观乡里，饥溺满眼，又汲汲乎有生涯日蹙之势，进不能以自效，退不能以自存，则吾子之迫切而思，以吁于九阍者，实仁人君子之至不得已也。"[1]也就是说，自度身世，在各部之间俯仰升沉，不知道最终是个什么结果。再观天下，到处是贫不聊生之人。向前无法贡献自己的才智于国家，退后无法很好地营谋自己的出路，除了直接向皇帝上书之外，还有什么办法呢？

曾国藩发现，自己看错人了，新皇帝并不是他想象中的明君，也难成大器。而且，当了几个月皇帝之后，咸丰已经显示出强烈的刚愎自用的性格倾向，大臣们给他提意见，常常被他当场驳回，说，我大清传统，凡事乾纲独断，你们不用再废话了。

曾国藩又一次陷入痛苦当中。经过几个月的思考，曾国藩得出一个结论，要想挽救大清帝国，只有敲打醒这个糊涂皇帝才行。而要想敲打醒他，就需要把话说得重一些。在强烈的责任感支配下，以谨慎闻名的曾国藩做出了一个晚清官场极为罕见的举动：直言批评皇帝。他上了一道惊世骇俗的《敬陈圣德三端预防流弊疏》，锋芒直指咸丰皇帝的三个缺点：

一是见小不见大，小事精明，大事糊涂。他批评皇帝有"琐碎"之风，"谨于小而反忽于大"[2]，每天察察于小事，而且有的谨慎到不该谨慎的程度，而对于国家的大计却没有时间和精力去深究。

---

[1]《曾国藩全集·书信》1，岳麓书社，2011年，第70页。
[2]《曾国藩全集·奏稿》1，岳麓书社，2011年，第23页。

所谓精于小节，是皇帝成天把精力用于挑大臣们的礼仪疏漏之类的小毛病。自去年以来，许多大臣因为接驾、叩头、入朝等"小节"受到处分。朔望常服之礼仪，本来已经礼部奏定了，而去冬忽改为貂褂。御门常服挂珠，亦已经礼部奏定了，而忽然改为补褂。由于"小者谨其所不必谨，则于国家之大计必有疏漏而不暇深求"。

所谓疏于大计，是指皇帝对派往广西镇压起义的人员安排不当。现在广西对太平军的战事是国家最大的大事，而这个大事当中，人事安排又是重中之重。但是这个重中之重，皇帝并没有处理好。曾国藩说，派往广西的官员，姚莹年近七十，曾立勋名，应该重用，结果只是泛泛委用，并不能收其全力。严正基办理粮台，位卑则难资弹压。所以皇帝用人并不妥当。

此外，曾国藩还提了一个小问题：用兵必须了解地形。现在战争已经打了一年，但是外边的将领没有人呈进一幅战争地图，宫内也没听说皇帝找出康熙舆图、乾隆舆图，"熟视审计"。打仗打了这么久，连地图都没看过，你皇帝一天在忙什么？

二是"徒尚文饰"，不求实际。"自去岁求言以来，岂无一二嘉谟至计？究其归宿，大抵皆以'毋庸议'三字了之。"你鼓励大家进言，大家提了不少意见，其中怎么也会有几条有见解的吧？结果却都是批了"毋庸议"三字而已，没有一条落实。"间有特被奖许者，手诏以褒倭仁，未几而疏之万里之外；优旨以答苏廷魁，未几而斥为乱道之流。"偶尔有几个被肯定的，也没有好结果。刚刚亲书手谕表彰倭仁，不久就驱之于万里之外。刚刚发布肯定苏廷魁的圣旨，不久又批评他是离经叛道。"是鲜察言之实意，徒饰纳谏之虚文。"看来您所谓求言，并无诚意，只不过是想获得肯于纳谏之虚名而已。

三是刚愎自用，饰非拒谏，出尔反尔，自食其言。一开始说听取大家意见，现在却动不动就说大权"朕自持之""岂容臣下更参末议"。这口气容易滋长骄矜之气，尤不可以不防。"古今人情不甚相远，大率戆直者少，缄默者多，皇上再三诱之使言，尚且顾忌濡忍，不敢轻发苟见；皇上一言拒之，谁复肯干犯天威？"自古以来，忠直之臣少，沉默自保者多。皇帝再三提倡，才有人敢说几句真话。皇上要是拒谏饰非，那就没人敢再给您提意见了。"专取一种献媚软熟之人……一旦有事，则满庭皆疲苶沓泄，相与袖手，一筹莫展而后已。"[1] 如果还像老皇帝那样，只用听话顺从的人，一旦天下有大事，也没有人敢出来负责。

曾国藩最后警告说："此三者，辨之于早，只在几微之间；若待其弊既成而后挽

---

[1]《曾国藩全集·奏稿》1，岳麓书社，2011年，第26页。

之，则难为力矣。"就是说，希望您从现在开始，就注意这三条缺点，努力改正。否则，让它们发展下去，想改就难了，那时候，国事也就更不可收拾了。

曾国藩希望自己的这道奏折，能起到当头棒喝的作用，使皇帝幡然猛醒，改弦易辙。他也希望通过自己的行动，在朝廷中引发直言的风潮："现在人才不振，皆谨小而忽于大，人人皆趋习脂韦唯阿之风。欲以此疏稍挽风气，冀在廷（大臣）皆趋于骨鲠，而遇事不敢退缩。此余区区之余意也。"[1] 这个想法显然是相当天真的。

明代大臣以冒着生命危险批评皇帝为荣，对皇帝嬉怒笑骂者本多，但清代体制威严，君臣之分，凛若天渊，大臣们给皇帝的文字，字斟句酌，务为恭顺，极少谏诤之语。自从乾隆初年孙嘉淦的《三习一弊疏》之后，大清王朝一百多年间从来没有出现过如此直接坦率地批评皇帝的奏折。

而咸丰皇帝不同于一般皇帝。他是一个特别自卑，因而也特别敏感的人。他之所以自卑，一方面是因为智力平庸，能力平常。有那么一个聪明能干的弟弟奕訢衬托着，什么事都比弟弟差着一截，从小感觉自不如人。另一方面是因为咸丰身体还有残疾。史载："文宗体弱，骑术亦娴，为皇子时，从猎南苑，驰逐群兽之际，坠马伤股。经上驷院正骨医治之，故终身行路不甚便。"[2] 就是说有一次他出去打猎，笨手笨脚，从马上掉了下来，把腿摔折了。后来虽然大夫给接上了，但接得不好，终生走路不便，一瘸一拐，成了一个瘸子，所以这更加重了他的自卑心理。茅海建先生说他"无能缺才引起的内心自卑，反过来使他更有强烈的自尊心，更爱装腔作势"[3]。

自卑的人，最在乎的是你看不得起我。上台之后，他之所以那么细致地挑剔大臣的礼仪，正是这种自卑的表现。在后来发生的第二次鸦片战争中，他那么执着于中外礼仪之争，也掺杂着同样的原因。

对于曾国藩这个人，一开始咸丰是比较有好感的，而且本还打算进一步大用。没想到，在这个时候，曾国藩上了这样一道奏折。

年轻气盛、自尊心特别强而又脆弱敏感的咸丰皇帝的反应可想而知，他对曾国

[1]《曾国藩全集·家书》1，岳麓书社，2011 年，第 189 页。

[2] 崇彝著：《道咸以来朝野杂记》，第 2 页。转引自茅海建著：《苦命天子——咸丰皇帝奕詝》，上海人民出版社，1995 年，第 9 页。

[3] 茅海建著：《苦命天子——咸丰皇帝奕詝》，生活·读书·新知三联书店，2006 年，第237 页。

藩的印象马上来了个一百八十度的大转弯。史载："疏上，帝览奏大怒，摔（捽）诸地，立召军机大臣，欲罪之。"[1] 咸丰把奏折摔到地上，立刻想把曾国藩抓起来。幸亏祁寯藻、季芝昌等大学士为之苦苦求情，说您刚刚下诏求言，如果把曾国藩治罪，岂不是出尔反尔，也正坐实了曾国藩奏折中的指控吗？不如您反而褒奖他一下，天下人才佩服您的气度不凡。

在大臣们的劝谏下，咸丰皇帝明白过来，要是把曾国藩抓起来，大家真要是这么一批评，他脸上更不好看。

于是咸丰皇帝就下达了一篇长篇上谕，开头假惺惺地夸奖了曾国藩几句，不过接下来，笔锋一转，一个"但是"，就开始细细为自己一一辩解，针锋相对地驳回了曾国藩的主要指责。上谕是这样写的：

> 曾国藩条陈一折，朕详加披览，意在陈善责难，预防流弊，虽迂腐欠通，意尚可取。朕自即位以来，凡大小臣工章奏，于国计民生、用人行政诸大端有所补裨者，无不立见施行；即敷陈理道、有益身心者，均着置左右，用备省览；其或窒碍难行，亦有驳斥者，亦有明白宣谕者，欲求献纳之实，非徒沽纳谏之名，岂遂以"毋庸议"三字置之不论也？伊所奏，除广西地利兵机已查办外，余或语涉过激，未能持平；或仅见偏端，拘执太甚。念其意在进言，朕亦不加斥责。至所论人君一念自矜，必至喜谀恶直等语，颇为切要。自维藐躬德薄，夙夜孜孜，时存检身不及之念，若因一二过当之言不加节取，采纳不广，是即骄矜之萌。朕思为君之难，诸臣亦当思为臣之不易，交相咨儆，坐言起行，庶国家可收实效也。[2]

也就是说，曾国藩的奏折，虽然迂腐欠通，但我知道用心是好的。不过我自从即位以来，大臣们的奏折，只要有利于国计民生，我无不立刻采纳实行。只要有利于我修身养德的，我也会放在左右，经常浏览。个别不可行的建议，虽然偶有驳斥，但也都指出为什么不能实行。哪有什么像你曾国藩说的以"毋庸议"三个字放到一边的呢？你说的那些事，除了广西打仗我应该多看地图，这个我已经找出地图看了

---

[1] 徐凌霄、徐一士著：《曾胡谭荟》，第 13 页。转引自成晓军著：《曾国藩与中国近代文化》，湖南出版社，1991 年，第 22 页。

[2] 熊治祁编：《湖南人物年谱》2，湖南人民出版社，2013 年，第 648 页。

之外，其他的，或者语言过激，未能心平气和，或者是自己的固执偏见而已。不过因为你是应诏进言，我不怪你。至于你说的如果我刚愎自用，则以后别人就不敢说话了这句话，我觉得倒是挺有道理。不过我即位以来，也已经注意经常反省自己。咱们君臣，别说那么多了，一起好好干吧!

皇帝大发雷霆，曾国藩并不感觉意外，他甚至已经做好了坐牢的心理准备。但皇帝如此长篇大论地晓晓置辩让他认识到，这个皇帝自尊心太强，缺乏自知之明，自我反省能力太差，通过苦口直谏使皇帝猛然惊醒、洗心革面是不可能的。这件事让曾国藩受到很大打击，也受了很大的教训。在此之后，他还是不断地上建议改革的奏折，不过多是就事论事，不再有类似的戆直之言了。

不过，从此之后，小心眼的咸丰就不断给曾国藩小鞋穿。咸丰皇帝是一个特别爱记仇的人，所以他后来把这个事记了一辈子。曾国藩后来建立湘军，立了很多战功，但是咸丰皇帝对他特别防备，一直不信任他，他办很多事，都得不到朝廷的支持。这当然是后话。

不过这次上疏也有正面效果。它显示了曾国藩直道而行的书生本色，一心为国的耿耿用心，为他赢得了很高的政治声望。特别是在湖南，他的奏折内容经老乡和朋友们，如罗泽南、刘蓉、郭嵩焘、江忠源、彭筱房、朱尧阶、欧晓岭等人的传播，为湖南通省所知，湖南士人对曾国藩更加敬佩，曾国藩在湖南的知名度和威望迅速提高，这对他后来组建湘军、吸收人才有很大作用。当然这也是后话。

3. 北京，生命中的艰难时刻

曾国藩不识时务，得罪了咸丰皇帝。在得罪皇帝的同时，曾国藩还把同事们也都给得罪了。怎么把同事得罪了呢?

首先是他惹了几个大人物。曾国藩晚年回忆："昔余往年在京，好与诸有大名大位者为仇，亦未始无挺然特立不畏强御之意。"[1] 就是说，我早年在北京的时候，专门爱批评大人物。官越大，我越不怕。

大名大位者之一，就是那位因鸦片战争而出名的琦善。琦善出身贵族，声名早达，三十岁就当了河南巡抚，一度位极人臣，在朝廷中根深蒂固。虽因鸦片战争而

---

[1]《曾国藩全集·家书》1，岳麓书社，2011 年，第 28 页。

被道光"革职锁拿，查抄家产"，但不久就获重新起用，任陕甘总督。咸丰即位后，有人参奏他在陕甘总督任内"妄加诛戮"，"将雍沙番族刑求逼供，杀毙多名"。[1]皇帝命将其革职交刑部审讯。

虽然两度获罪，琦善在京中人缘却一直很好。回到北京后，会审人员只寻"微琐细事"令琦善回答，实际是为他开脱罪责。有人还建议让传告他的萨迎阿随带的司员来对质，传命官与罪犯对质，并不合当时体制，显然有报复这些人之意。当时兼署刑部侍郎的曾国藩挺身而出，拍案而起，说："琦善虽位至将相，但是既然犯了罪，就一是一，二是二，得查清楚。司员虽然官位不高，但是没有与罪犯对质的道理。如果你们这样办，以后大员有罪，谁敢处理？"（"琦善虽位至将相，然既奉旨查办，则研鞫乃其职分；司员职位虽卑，无有传入廷尉与犯官对质之理。若因此得罚，将来大员有罪，谁敢过问者？且谕旨但令会审琦善，未闻讯及司员，必欲传讯，当奏请奉旨然后可。"[2]）

曾国藩"词气抗厉"，"四座为之悚动"，刑部尚书恒春不得不取消了这个动议。慑于曾国藩的刚直，咸丰二年（1852）四月，琦善被革职，凄凄惨惨地离开北京，发往吉林效力赎罪。

第二个被曾国藩得罪的，是大学士赛尚阿。赛尚阿也是朝中重臣，做过文华殿大学士，还一度当过首席军机大臣。

太平军在广西揭竿而起，并屡败清军。咸丰派大学士赛尚阿南下督师。曾国藩的好友、军机章京邵懿辰认为赛尚阿缺乏才干，又素不知兵，去了肯定坏事，于是马上上书谏止，但咸丰并没有采纳。后来的事实证明邵懿辰的判断非常准确，赛尚阿到了广西，胡乱指挥，贻误军机，果然一败涂地。

咸丰二年（1852），咸丰命将赛尚阿交刑部议处。同样，大部分人想当老好人，参照成例，放过赛尚阿一马。只有曾国藩坚持，"以军务关系重大，议处罪名宜从重者，不当比照成例"。[3]带兵打仗犯的错误，非同寻常。军务关系重大，直接关系国家安危，不严肃处理，以后谁还好好带兵？那国家不得亡吗？所以一定要坚持原则。

会议结束之后，他又专折奏请从严议处，赛尚阿终被革职。

本来，曾国藩这个人特别爱交际，在北京有很多朋友。他又热心肠，爱帮助人，

---

[1] 戴逸、李文海主编：《清通鉴》14，山西人民出版社，1999年，第6161页。

[2] 黎庶昌等撰：《曾国藩年谱》，岳麓书社，1986年，第19页。

[3] 黎庶昌等撰：《曾国藩年谱》，岳麓书社，1986年，第20页。

所以在京官当中人缘是非常好的。

然而，这两次挑战"大名大位"者，让他的人际关系网出现了巨大的破洞。因为琦善门生故旧遍天下，赛尚阿更是人脉广阔，曾国藩打破了"官官相护"的潜规则，成为官场上的异类。案子审完之后，许多人与曾国藩拉开距离，甚至不再往来。"诸公贵人见之或引避，至不与同席。"[1]有一次有人请客，曾国藩也去了，见一个桌子上还有空位，桌上坐的，还都是自己认识的人，于是一屁股坐到那儿了。正想跟大家打招呼，结果他一坐下，这一桌人纷纷站起来，一言不发，都跑到别的桌上去了。当面这样，在背后曾国藩当然更是遭到无数诋毁。曾国藩这才发现，自己坚持原则会带来这样严重的后果。

得罪了皇帝和权要的同时，曾国藩还得罪了普通同僚。画稿事件就是曾国藩窘境的明显反映。

前面讲过，曾国藩上给咸丰的第一道奏折叫《应诏陈言疏》，批评了官场风气不正。他说，要改变官场风气，就得皇帝带头学习，带领大家学习圣人教导。所以他建议皇帝举行"日讲"，即加强学习，以皇帝本身的振作之气，扭转官场的泄沓之风。这道奏折得到了良好的反应。皇帝对他大为赞赏，对他提出的"日讲"建议最感兴趣，命令他画个图，解释讲堂应该怎么布局。

曾国藩一听，也很兴奋，连夜就画。不过曾国藩没学过画画，湖南乡下的农家孩子，没有美术基础，这张图画得歪歪扭扭，相当难看。

图稿在九卿中传阅之后，曾国藩成了北京官场议论的中心。大家议论的不是他的赤心血诚，而是讥笑他"画图太陋"。就这个水平，还充什么圣人门徒！

这固然是曾国藩准备不充分导致的自取其辱，其实又何尝不是北京官场看他风头太盛、锋芒太露而引发的自然反应。官场中人，对曾国藩这个憨头憨脑坐直升机飞上来的湖南乡下人早就憋了一肚子气了。

木秀于林，风必摧之，锋芒毕露，人必非之。众人皆醉，我也只好喝上几杯。天塌大家死，急不得。激动、愤怒、抨击、更张，都是不成熟的表现。因此，要成熟，要心胸开阔，要辩证地、全面地看问题。这是当时官场中的普遍习气。

曾国藩在奏折中把所有的官员都骂了一顿，说京官办事退缩、琐屑，外官办事敷衍、颟顸，科道官员也没有一个人敢对皇帝上书直言。看到他的奏折中把大家描

---

[1] 钱仲联主编：《曾国藩文选》，苏州大学出版社，2001年，第383页。

写得如此不堪，官员们更是气不打一处来。好嘛，满朝皆醉你独醒，满朝皆浊你独清？就你对大清朝忠心耿耿，我们都是废物？皇帝下了一个求言诏，你就真的独抒己见，把大家一竿子全打倒？

因此，曾国藩的这个"笑话"很快腾于众口，风传全城。人们见了他，都"目笑存之"，笑眯眯地看着他，谁也不说话，显然他们在背后议论他已经很久了。这令曾国藩无地自容。

曾国藩在咸丰二年（1852）几乎成了京师人人唾骂的人。

在北京的最后一段日子，曾国藩动辄得咎，精神十分痛苦，越来越想念家乡了。国事颓唐，他百计奋斗，却丝毫无补，不免又一次萌生了退志，多次表示，想回老家。

但是他遇到了一个现实的问题：没钱，拿不出回家的路费。

早在道光末年，曾国藩就在家书中说："余自去岁以来，日日想归家省亲，所以不能者，一则京城欠账将近一千，归家则途费接礼又须数百，甚是难以措办……"[1]

为什么在大清王朝做到"副部长"，却连回家的钱都没有？

主要原因就是清朝的低薪制。

在清朝的俸禄体系中，七品文官的年俸是一百二十五两白银。用购买力换算的方法，可以算出晚清一两白银的购买力，大概相当于今天的二百元人民币。因此曾国藩一年的工资大约相当于今天的两万五千块钱，一个月两千零八十块钱。今天的一个京漂这点钱都不够花，曾国藩那时当然也不够花。

在当时的等级社会，官员和平民的生活是截然不同的。比如，朝廷对官员的服装有着明确而烦琐的要求，光是置办齐一年到头的几套官服，就要花掉六百两左右的白银。再比如官员不能和平民混居，至少要租一套独门独院的四合院。曾国藩在绳匠胡同租了一套四合院，年租金是一百六十两。关于曾国藩日常生活的收支，我曾经专门写过两本《给曾国藩算账》，有兴趣的读者可以参考。

因此，在那个时代做京官实际上是一件赔钱的事。很多京官解决财务赤字，只有两个办法。一个是靠家里补贴，另一个是营谋灰色收入。很多地方官愿意结交京官，让他们在北京为自己探路。很多京官通过这种方式获得了巨额的灰色收入。但在曾国藩的资料中，我们找不到任何一笔这样的记载。因为曾国藩已经发誓要"学

---

[1]《曾国藩全集·家书》1，岳麓书社，2011年，第146页。

做圣人"，他的理学修养体现在经济生活上，就是不谋求任何灰色收入。

道光二十九年（1849）三月二十一日，曾国藩在写给弟弟们的家信中说：

> 予自三十岁以来，即以做官发财为可耻，以官（宦）囊积金遗子孙为可
> 羞可恨，故私心立誓，总不靠做官发财以遗后人。神明鉴临，予不食言。[1]

在有关曾国藩的数据文件中，我们没有发现任何一笔营求私利的记载，但困窘的生活确实使道学家曾国藩在京官生涯中不断为利心所扰，并导致不断地自我批评。在京官时期，曾国藩立下了"不靠做官发财"的铮铮誓言。但是，做一个清官其实是很痛苦的。由于经济压力如此之大，所以在曾国藩的日记中我发现了一条很有意思的记载，那是在道光二十二年（1842）二月初十日的一段日记，他说"座间，闻人得别敬，心为之动。昨夜，梦人得利，甚觉艳羡，醒后痛自惩责，谓好利之心至形诸梦寐"[2]。就是说，白天跟人出去吃饭，一个朋友在酒桌上聊起来，昨天有人送了自己一笔别敬，数目很大，他当时就很羡慕。昨天晚上他做梦，梦见有一个朋友发财，他在梦中就羡慕得不得了。他反省起这两点，觉得自己实在太下流了，好利之心在梦中都不能忘，可见自己已经卑鄙、下流到了什么程度。还有一段日记也很有意思，在这一年的十月十九日，曾国藩在日记中说："两日应酬，分资较周到，盖余将为祖父庆寿筵，已有中府外厨之意，污鄙一至于此！"[3]这是什么意思呢？就是我回想起来这段时间随朋友的分资都很周到，谁通知我，我都去，而且随的钱都很多。我为什么这么做呢？今天我想明白了，过几天我祖父的生日到了，我准备在北京摆几桌，通过祖父的生日收一点儿贺礼，以度过目前的财政危机。想想自己是一个堂堂的京官，一个要发誓学做圣人的人，居然打这么一点儿小算盘，实在是太要不得了，所以在日记当中痛骂自己。我认为这两则日记并不能说明曾国藩这个人本性是多么卑污、多么贪财，只能说明清代的财政制度是多么不合理。在这种财政制度下，惩罚的是清廉之员，鼓励的是贪官。

做初级低级京官时是这样，做了"副部级"高官，不主动伸手捞钱的曾国藩的收入仍然不高。

---

[1]《曾国藩全集·家书》1，岳麓书社，2011年，第164页。

[2]《曾国藩全集·日记》1，岳麓书社，2011年，第116页。

[3]《曾国藩全集·日记》1，岳麓书社，2011年，第120页。

清代侍郎级高官，年俸一百五十五两。加以恩俸和禄米等补贴，年收入一共可达六百二十两，此外还有一些公开的灰色收入。咸丰初年（1851），曾国藩兼署礼、吏、兵、刑、工五部侍郎，在好几个部领津贴，收入应该更高。但是随着交往等级的提高，开支也随之增加，比如交通费一年就要四百两，所以清代的侍郎仍是一介穷京官。

所以曾国藩在北京经常借钱，曾国藩的日记、账本上，借银的数量逐年增长，在升任侍郎后的道光二十九年（1849）七月十五日，他在家书中提道：

> 今年我在京用度较大，借账不少。[1]

咸丰元年九月初五日，他更是说：

> 但京寓近极艰窘。[2]

这时他的外债已有一千多两。做了堂堂"副部长"，居然掏不起回一趟老家的路费，不知今日读者读了这段资料，会有何感想。

曾国藩道光十九年（1839）离家后，一直没有回去过。在这十多年间，他的祖父祖母先后去世，曾国藩都没能参加葬礼。母亲江氏夫人更是非常想念远在数千里之外的长子。

随着离家日久，曾国藩也越来越想念家乡、想念亲人，家书中一再流露想回家探亲的念头。但是曾麟书一直不同意曾国藩回家，要求他在京老老实实做官。曾国藩曾经提出一个"迎养"计划，要接父母到北京享两天福，江氏从此就心心念念去北京，但是丈夫曾麟书知道曾国藩经济紧张，怕他花钱，不同意这个计划。

就在曾国藩左右为难之时，喜从天降。咸丰二年（1852）六月十二日，皇帝派他充任江西乡试正考官。

这次前往江西，是曾国藩盼了十多年才盼来的差事。

明、清两朝，在北京为官的京官们个个都盼着被皇上派到各省去做主考官。一

---

[1]《曾国藩全集·家书》1，岳麓书社，2011年，第174页。
[2]《曾国藩全集·家书》1，岳麓书社，2011年，第201页。

来，可以收纳许多门生，这些被他取中的举人当了官，一辈子会奉他为老师，感他的恩德。二来，到各地做主考，按惯例地方官场都会公送他一笔厚厚的"程仪"，再加上私人致送的礼物，收获总能在三五千两白银之间。这是清贫的京官生涯中难得的"加油站"。数年前，曾国藩到四川做乡试主考，就曾经发过这样一笔财。虽然用今天的财政标准衡量这些收入是灰色的，实际上在当时却是公开的、合法的，因此并不违反曾氏"不靠做官发财"的誓言。

除了可以缓解财政困难外，更主要的是，皇帝已经同意考试结束后放曾国藩两个月的假，"赏假两月回籍"。江西与湖南相邻，他可以在乡试结束后顺理成章地回家探亲。

曾国藩满怀兴奋地于咸丰二年（1852）六月"驰驿出都"，结束了十来年的京官生涯。

第二卷

湘军崛起

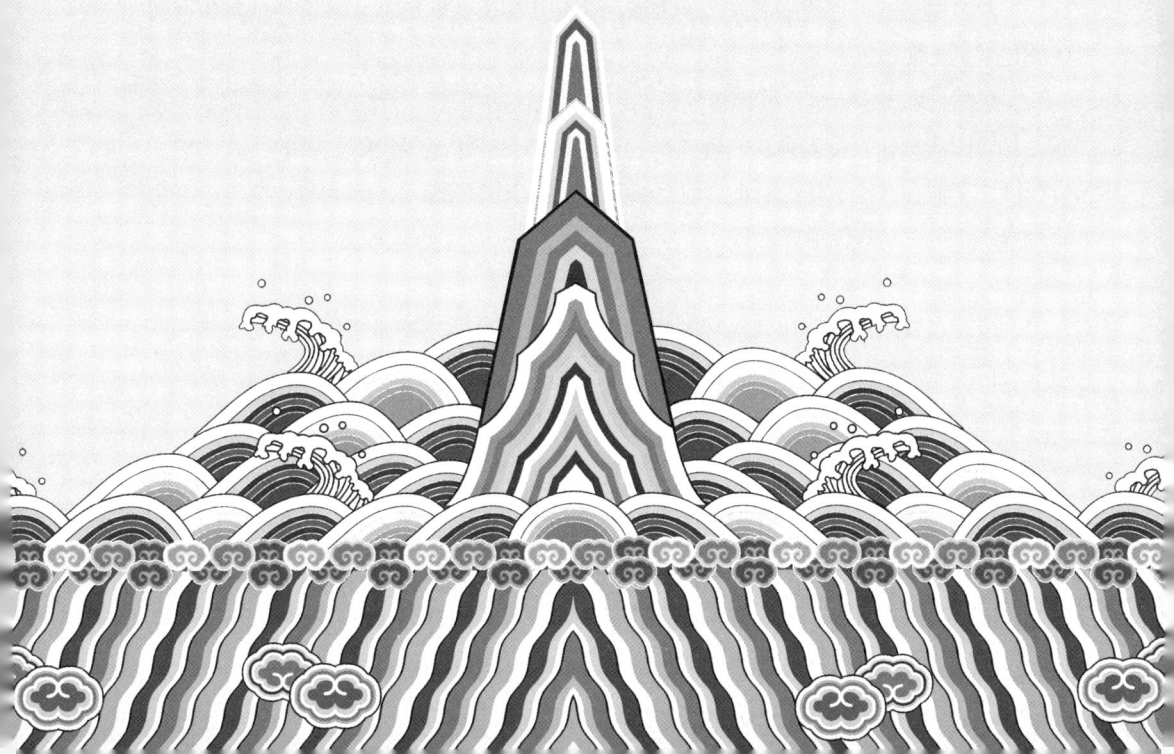

|第五章| "曾剃头"的长沙之辱

1. 赴任江西遭遇家庭变故

咸丰二年（1852）七月二十五日，深夜两点半钟（丑正二刻），正在安徽小池驿驿站酣睡的曾国藩突然被一阵急促的敲门声惊醒。

曾国藩春风得意马蹄疾，急着赴江西主持乡试，白天贪赶路程，晚上睡得特别沉，没想到在睡得最香的时候被叫醒了。

贴身仆人懵懵懂懂地爬起来披上衣服，打开了房门。依稀的月光下，站着一个乡间打扮的年轻人，通报自己是从湘乡白玉堂来。

听到这话，曾国藩大吃一惊，立刻睡意全无。

湘乡白玉堂，是他的老家。老家派人来在深更半夜叫醒他，只有一个可能，那就是家里出现了重大变故！

果然，那人告诉他，曾国藩的母亲，江太夫人去世了。

曾国藩真如五雷轰顶，一阵眩晕，天旋地转。旁边已经纷纷起来的仆人们忙一把搀住了他，扶他坐在椅子上。他泪如雨下，完全想不到，"一出家辄十四年，吾母音容不可再见，痛极痛极"！[1]

母亲是曾家的功臣。江氏嫁到曾家之时，上面有公公婆婆、太公公太婆婆，下面有两个未成年的小叔子。公公性格暴烈，动不动就开口骂人，很难侍候。曾麟书性格内向懦弱，又常年以读书为业，因此家中内政大小事情都要靠江氏一个人操持。她又为曾家生下养大五个男孩、四个女孩，一生劳苦，可以想见。

在她的支撑之下，丈夫四十多岁终于考上了秀才，读书一生，总算是有了个交

---

[1]《曾国藩全集·家书》1，岳麓书社，2011年，第207页。

代。更主要的是，长子曾国藩居然中了进士，做了高官。自己也因为曾国藩为官而获封为"一品夫人"。如果没有她的一生辛苦，曾家不可能这样兴旺发达。

所以，她也算有福之人。但是她最大的遗憾是没有再见到长子曾国藩和离家时才一岁的长孙曾纪泽。曾国藩后来在京又生了七个孩子，她都没有见到过。

虽然不识什么字，但是江氏生活中最高兴的事，就是长子来信，听丈夫读给她听。有时候长子长时间不来信，她就寝食不安，生怕出什么意外，甚至到神像面前去祈祷。道光二十九年（1849）七月初八日，曾国荃在信中说："前次有五十余天未接兄信，（母亲）不胜系怀，常常祝祷神明，祈佑兄体。"[1]

哪怕她老人家再多活几个月，等曾国藩完成主考任务回家见上一面，曾国藩也不会如此难过。[2] 事后曾国藩推算日子，母亲去世那一天，正是他接到乡试主考任命的同一天。[3]

冥冥中真似有天意。

传统时代，官员父母去世，必须回家守孝。因此这个主考是做不成了。曾国藩很快平静下来。他毕竟理学修养深厚，长于克制情绪。天将亮时，他已经把接下来的事情计划了一遍，首先坐在桌前，给北京的家人写了一封信，安排他们如何返回湖南的事宜。既然已不能继续为官，家人也无法在北京长住了。

接着计划自己如何返回湖南。他一开始计划从小池驿走二百里，到长江边上，沿长江坐船到达武昌，再由武昌转赴湖南。这是最快捷的路径。

但后来盘算之下，还是决定先绕道江西，再由江西回转湖北。因为这样可以打一次"秋风"：他既到了江西，表明他是在江西主考任内中途守制，仍然可以名正言顺地收取奠金和程仪等项。如果曾母晚去世几个月，则曾国藩会因为到江西当主

---

[1] 曾国荃撰，梁小进主编：《曾国荃集》5，岳麓书社，2008年，第20页。

[2] 江氏从不叫苦，为人豁达，在任何时候都能保持乐观。曾家年年添人进口，曾麟书因此常以"人众家贫为虑"，江氏夫人却总是"好作自强之言"，或用"谐语以解劬苦"。她常对丈夫说："吾家子女虽多，但某业读，某业耕，某业工贾。吾劳于内，诸儿劳于外，岂忧贫哉？"虽然没日没夜地操劳，但是江氏总是兴兴头头，精神饱满。曾国藩从祖父身上遗传了刚烈，从父亲那里学到了韧性，从母亲身上则继承了倔强和诙谐。曾国藩曾经说："吾兄弟皆禀母德居多，其好处亦正在倔强。"也就是说，他们兄弟大多数都继承了母亲的性格特点，最突出的一点是倔强。

[3] 母亲是因为突然中风去世的。曾国潢说，这一天恰好家里接到曾国藩托人送回的朝廷赐给曾家的九轴诰封，其中江氏夫人因曾国藩为官而受封为"一品夫人"。也许是因为过于兴奋，几个小时后江氏就发病了。

考收入数千两。如今这项收入落空，而办理丧事及京师家属回南又需要大笔费用。曾国藩想来想去，除了收取奠金，别无他法。

曾国藩到了江西，在九江耽搁两日，收到江西省城奠金千两。

> 江西送奠仪千两，外有门包百金。[1]

正是这千两奠金救了他的急。手里有了钱，七月三十日他从九江开船赴湖北，八月十四日在湖北起行，二十三日到家，扑到母亲棺前伏地大哭。"在腰里新屋，痛哭吾母。"[2]

2. 为什么出山？

传统时代，办一次丧事需要耗费巨大精力。

在那个时候，几乎人人都重视风水，而寻找一块上好的吉地，非数月不可。因此九月十三日，曾家将江太夫人暂时葬在腰里屋后的山上，准备将来寻找到吉地再正式安葬。[3]

丧事料理粗毕，曾国藩就把随他回到湖南的三个仆人丁贵、孙福和王荆七都打发回了各自的老家。在给儿子的信中他说："盖居乡即全守乡间旧样子，不参半点官宦气习。"[4]

然后他在家里自己动手，打扫干净一间书房，静下心来开始读书。

十三年的京官，做得太累了。他需要好好休息一段时间。实际上，即便不是母亲去世，他也不想再继续在京为官了。他已经看出来，在现在这个官场的大背景下，自己是做不成什么事的。现在自己官居二品，已经完成了光大家门、光宗耀祖的任务。他一生对学术都有强烈兴趣，追慕王引之父子，只苦于没有时间研究学问。如今，他终于有了大把的时间，接下来，他想转换人生重点，展开自己的学者生涯。

就在曾国藩决心息影山林的时候，朝廷却又想起他来了。

---

[1]《曾国藩全集·家书》1，岳麓书社，2011 年，第 213 页。

[2]《曾国藩全集·家书》1，岳麓书社，2011 年，第 215 页。

[3]《曾国藩全集·家书》，岳麓书社，1994 年，第 241 页。

[4]《曾国藩全集·家书》1，岳麓书社，2011 年，第 217 页。

咸丰二年（1852）十二月十三日这天下午四点，天已黄昏，曾国藩正打算掩上书卷到书房外走一走的时候，听到门口有马嘶声。一会儿，家人来报，巡抚大人专差送来一封公文。

曾国藩打开夹板，取出公文，原来是湖南巡抚衙门遣人送来一封咨文。咨文转录兵部火票递来的上谕：

> 前任丁忧侍郎曾国藩，籍隶湘乡，闻其在籍，其于湖南地方人情自必熟悉，着该抚传旨，令其帮同办理本省团练乡民、搜查土匪诸事务。伊必尽力，不负委任。[1]

原来，咸丰二年（1852）四月，太平军挥师北上，湖南湖北各地，纷纷糜烂。咸丰皇帝情急之下，命各地在籍官员协助地方官员兴办"团练"。

前面说过，早在道光二十四年（1844），太平天国起义爆发六年前，曾国藩就曾经预测，数年后将天下大乱。果然，道光三十年（1850）年底，就在咸丰即位不久之时，太平天国起义在广西金田爆发了。这支一开始并不为人注意的队伍表现出惊人的战斗力，不久就从广西打到湖南，又攻入湖北，越战越强，人数发展到近三十万人，竟然攻克了湖北省城武昌。

咸丰皇帝"吃睡不安"，所以除了命各地官员拼死抵抗外，还诏命曾国藩这样的在籍官员出山，兴办"团练"，以保卫乡里。如今虽然太平军已经进入湖北，但仍然随时可能南下，因此加强防务是当务之急。

接到这道咨文，毫无思想准备的曾国藩的第一反应是拒绝。

对各地的军事战况，曾国藩当然是非常关心的。武昌陷落，曾国藩的朋友、湖北巡抚常大淳在城门上吊死，他的妻子、长子和大孙女一并自杀，二儿子儿媳皆被太平军掠去。常大淳也是湖南人，和曾国藩很熟，两家来往很密切，八年前曾国藩还一度想和他结为儿女亲家。[2] 因此曾国藩闻听这个消息自然不胜惊悼，说："恐常氏遂无遗类矣。惨哉！"[3] 湘乡虽然地处偏远，但覆巢之下安有完卵，如果王朝覆

---

[1]《曾国藩全集·奏稿》1，岳麓书社，2011年，第68页。

[2] 见道光二十四年（1844）五月十二日家书："常南陔之世兄，闻其宦家习气太重。孙男孙女尚幼，不必急于联婚。且男之意，儿女联姻，但求勤俭孝友之家，不愿与宦家结契联婚，不使子弟长奢惰之习，不知大人意见何如？"

[3]《曾国藩全集·书信》1，岳麓书社，2011年，第68页。

灭，曾氏家族也不可能独完。按理他应该挺身而出。

然而曾国藩并不打算出山。

第一，中国历来讲究"以孝治天下"，为父母守孝是天大的事。

第二，即使他没有重孝在身，他一个文官，从来没有带过一天兵，打过一次仗。由文转武，带兵打仗，岂是那么容易的？在皇帝命令之前，刘蓉就曾请他参加地方办理团练事务，曾国藩在回复他的信中说："国藩于用兵行军之道，本不素讲，而平时训练，所谓拳经棍法不尚花法者，尤懵然如菽麦之不辨。"[1]

第三，也是更关键的，他对于咸丰皇帝已经失去信心，判定他不是大有为之主。作为官场上的一只倦鸟，刚刚归巢，怎肯复出？

所以他没有迟疑，当天就开始起草奏折，准备辞去这个差事。"草疏恳请终制，并具呈巡抚张亮基代奏，力陈不能出之义。"

但是，就在曾国藩写好了奏折还没有送出的时候，他的好友郭嵩焘到家里来吊孝。郭嵩焘与曾国藩相识多年，相知甚深，他力劝曾国藩出山。郭嵩焘说："公素具澄清之志，今不乘时自效，如君父何？"[2]

也就是说，你以前总在信里抱怨承平时代，朝廷按部就班，死气沉沉，没法兴革，你的政治理想没法实现。乱世出英雄，现在天下大乱，岂不正是你建功立业，施展自己的才华，实现人生理想的大好时机？你成天抱怨上天不给机会，现在，不正是上天给的机会吗？

曾国藩一听，也恍然惊醒。是啊，在正常情况下，像他这样的人在官场上才能是得不到施展的。但是天下大乱，秩序崩解，皇帝对各地的控制力已经大不如前，岂不就为他赤地立新、开创局面提供了难得之机吗？曾国藩自当官第一天起，就立下了内圣外王、拯救天下之志。现在怎么能放过这个试验自己经世之才再造这个世界的机会？

曾国藩最终决定，出来给皇帝卖命。

3. 在长沙，成为众矢之的

咸丰二年（1852）十二月二十一日，曾国藩来到了长沙。

---

[1]《曾国藩全集·书信》1，岳麓书社，2011 年，第 97 页。

[2]《清史稿》13，吉林人民出版社，1998 年，第 9172 页。

他不出山则已,出来就想大干一场,所以一到长沙,就设置了一个"协办团练大臣公馆",以个人名义向全省发布公文,要把全省的社会治安工作管理起来。

皇帝的谕旨传到湖南时,太平军已经挥师湖北。湖南虽暂获喘息,形势却依然危急。湖南历来是会党之渊薮,太平军一走,串子会、红黑会、半边钱会、一股香会等名目繁多的会党土匪势力便不断发难,试图步太平军后尘以求一逞,各地地痞流氓、散兵游勇,也跟着兴风作浪,因此湖南境内风声鹤唳,人心惶惶。稳定社会治安成了当务之急。

皇帝命他帮同办理团练的谕旨原文是"令其帮同办理本省团练乡民,搜查土匪诸事务",所以出山伊始,曾国藩即以"剿匪"为首要任务。

他说:"方今之务,莫急于剿办土匪一节。会匪、邪教、盗贼、痞棍数者,在在多有。"[1]

一到长沙,曾国藩就展现出雷厉风行的办事风格。他把全省各地民间团练武装召集到一起,加以训练,然后四出搜"剿"土匪。土匪大多是乌合之众,不堪一击。咸丰三年(1853)正月二十二日,曾国藩接到湖南耒阳县的禀报,说附近有土匪啸聚,曾国藩当即派团练八百人前往围剿,土匪即闻风而散。这年五月,江西的土匪又窜入湖南,曾国藩派部防堵,斩刈俘获数百人,余者作鸟兽散。七月,团练在兴宁剿匪,一战毙俘二百余人,声名大振。随着这几次战役,各地土匪不敢再出头活动,湖南的形势稳定了下来。

接下来,曾国藩又把工作重点放在除暴安良,打击地方黑恶势力上。

到长沙后不久,他就在馆内设了一个审案局,实际上就是成立了一个湖南省社会治安严打指挥中心。他在审案局内发布了一道《与湖南各州县公正绅耆书》,宣示除了土匪外还要严办三种人。

第一,素行不法,惯为猾贼造言惑众者。

第二,逃兵、逃勇,"经过乡里劫掠扰乱者"。

第三,匪徒、痞棍,"聚众排饭(即吃大户),持械抄抢者"[2]。

曾国藩说,这几类人,行为恶劣者,可以"格杀勿论","就地正法"。这道盖着"钦命帮办团练大臣曾"的紫花官铃的布告,遍布湖南大小城市的大街小巷,一股恐怖气氛在湖南全省蔓延开来。

---

[1]《曾国藩全集·书信》1,岳麓书社,2011年,第95页。
[2]《曾国藩全集·书信》1,岳麓书社,2011年,第101页。

　　曾国藩可不只是吓唬吓唬人，他是真敢动手。在这个指挥中心里，曾国藩"拿获匪徒，立予严讯。即寻常痞匪，如奸胥、蠹役、讼师、光棍之类，亦加倍严惩，不复拘泥成例"[1]。"匪类解到，重则立决，轻则毙之杖下，又轻则鞭之千百。敝处所为止此三科。""巨案则自行汇奏，小者则惟吾专之，期于立办，无所挂碍牵掣于其间。案至即时讯供，即时正法，亦无所期待迁延。"[2]也就是说，曾国藩命令，凡有地方土匪、流氓、抢劫犯被抓获，不必经过州县，直接送到这里。只要捆送来者，一不需要参照法律，二不需要任何实际证据，只以举报者口辞为信，稍加讯问，立即砍头。

　　在审案局内，才四个月，他"或签派兵役缉拿，或札饬绅士踩捕，或着落户族勒令跟交，或令事主自行擒缚。一经到案讯明，立予正法。计斩决之犯一百四名，立毙杖下者二名，监毙狱中者三十一名"[3]。也就是说，他亲自杀掉了一百三十七人。至于他指示各地杀掉的人数，应当几倍于此。比如巴陵县一案就拿获土匪但其仁等七十一名，在他指示下先后讯明正法。

　　他还命人制作了一批木笼，放在车上，那些罪不至死的地痞流氓，抓获之后，枷入木笼游街。游罢了也不取出，还是关在里面，直到站死、饿死为止。

　　曾国藩从此成了"曾剃头"。他的铁腕和残忍令人吃惊。儒家本教人以"好生之仁"，曾国藩为什么一出山就杀人如麻呢？

　　曾国藩认为，他现在杀的这些人，正是以前那些年早就应该杀掉的。太平天国起义，正是因为各地地方官不负责任，拖延放任治安案件不及时处理，对那些地痞流氓杀得太少，让地方黑恶势力不断发展壮大，才造成今天不可收拾的局面。他在写给咸丰的汇报中说："盖缘近年有司亦深知会匪之不可遏，特不欲其祸自我而发，相与掩饰弥缝，以苟且一日之安，积数十年应办不办之案而任其延宕，积数十年应杀不杀之人而任其横行，遂以酿成目今之巨寇。"[4]就是说，近年来，各级政府都知道会匪早晚要叛乱，但每个人都不想在自己任内出事，所以就敷衍了事，以求太太平平度过任期。所以几十年来，应办不办的案子太多了，应杀不杀的人也太多了，让他们横行山野，才酿成今日之祸。

　　在给老友冯卓怀（树堂）的信中，曾国藩也解释说："三四十年来，应杀不杀

---

[1]《曾国藩全集·奏稿》1，岳麓书社，2011年，第73页。
[2]《曾国藩全集·书信》1，岳麓书社，2011年，第130页。
[3]《曾国藩全集·奏稿》1，岳麓书社，2011年，第84页。
[4]《曾国藩全集·奏稿》1，岳麓书社，2011年，第72页。

之人充满山谷，遂以酿成今日流寇之祸，岂复可姑息优容，养贼作子，重兴萌蘖而贻大患乎？"[1] 也就是说，现在土匪横行，正是因为过去三四十年，地方官杀的人太少。那些应该严惩的人得不到惩处，反而四处游荡，这才酿成了太平军起义。所以他才要对土匪痛下杀手，防止再酿成另一次大祸。

另一个想法，是治乱世要用重典。

曾国藩对皇帝汇报说："今乡里无赖之民嚣然而不靖，彼见夫往年命案、盗案之首犯逍遥于法外，又见夫近年粤匪、土匪之肆行皆猖獗而莫制，遂以为法律不足凭，官长不足畏也。……臣之愚见，欲纯用重典以锄强暴，但愿良民有安生之日，即臣身得残忍严酷之名亦不敢辞。"[2] 也就是说，现在各地土匪之所以很嚣张，是因为以前的命案盗案首犯多年逍遥法外，现在太平天国势力又横行天下无法对付，所以乱民们以为法律和官府都不足畏。在这种情况下，要树立官府的威信，就要实行恐怖统治。如果天下能太平，我不怕大家骂我残忍残酷。

在给江忠源的信中，曾国藩也自言"札各处绅士缚著名之痞匪，差为响应，至则斩刈，不敢复言阴骘。书生好杀，时势使然耳"[3]。阴骘者，报应也。上天有好生之德，杀人太多，会遭报应。曾国藩则说，我不怕报应。他这番话，既是种自嘲，更表明了豁出去的决心。

恐怖政策确实收到了一时之效，各地土匪不敢再轻举妄动，社会秩序迅速安定下来。

但是，关于曾国藩的非议也渐渐浮起。曾国藩勇于任事，湖南全省的地方官不但不感激他，相反都开始厌恶他，认为他过于残酷。出山几个月后，谤名满城，"曾屠户""曾剃头"之类的绰号流传开来。长沙城中"文法吏大哗"[4]，都视他为仇敌。甚至当时他的一些老朋友如李瀚章、魁联、朱孙诒、郭嵩焘、欧阳兆熊等都给他写信，表示了对他种种作为的不理解和担心。李瀚章为此专门写信给他，"劝其缓刑"自

成为众矢之的的原因，是曾国藩动了别人的奶酪。

权力是封建官员们的眼珠，是官员们的生命，是官员们的精神支柱，也是官员们灰色收入的主要来源和得到他人尊敬、巴结、攀附的唯一资本。因此官员们视自

---

[1]《曾国藩全集·书信》1，岳麓书社，2011年，第109页。
[2]《曾国藩全集·奏稿》1，岳麓书社，2011年，第72页。
[3]《曾国藩全集·书信》1，岳麓书社，2011年，第115页。
[4] 王闿运、郭振墉等著：《湘军志　湘军志评议　续湘军志》，岳麓书社，1983年，第20页。

己的权力范围就如同狗看着自己食盆里的骨头、寡妇看着自己的独子一样，绝不许他人触碰。他们可以允许自己无所作为，"占着茅坑不拉屎"，却绝不允许别人在这里有所作为。

曾国藩悍然成立了不伦不类的"审案局"，将自布政使到各府州县长官的社会治安权收归自己名下，"巨案则自行汇奏，小者则惟吾专之"[1]。他对那些贪鄙畏葸的地方官吏本来就极不信任，他说："地方官明明知之而不敢严办。"[2] 所以常常越过他们，直接下达命令。他办案不走正常司法程序，规定任何人都可以直接捆送土匪流氓到他这里来，不必经过过去那些层层手续。"斩刈唯恐不速，尚何牵拘文义之有？"[3]"一切勘转之文、解犯之费，都行省去，宽以处分，假以便宜。"[4] 他办案不尊重行政程序，总是径自决定，从速处理，以免有人来说情纠缠："期于立办，无所挂碍牵掣于其间。案至即时讯供，即时正法，亦无所期待迁延。"有一次，他甚至直接从湖南首县善化县衙提走人犯。事后他在给朋友的信中得意地说：

　　昨城内捆献土匪，本交善化县。敝处闻信即提来，已立枭二人矣。[5]

这就惹恼了通省文官。案子就是钱，不是现钱也是天大的人情。你把抓捕、审判、监禁、处决权通通收归自己所有，别人还有什么活路？

曾国藩视湖南通省官员如无物，更是大伤文官们的面子。你要当好官，出成绩，这可以理解，谁不想往上爬？但能不能别把我们踩得这样狠，反衬得这样无能？你半年里办的事，超过了湖南几十年的工作成绩，这样的干法，别人的面子往哪里摆？

咸丰皇帝任命的"帮办团练大臣"，并非曾国藩一人。从咸丰二年（1852）十一月至三年二月，他一口气任命了十个省共四十三位退休或者丁忧在家的前官员为团练大臣。

绝大多数团练大臣行事都很明智。他们的做法有三类。洁身自好者深知自己不受地方官员欢迎，他们接到命令后，在省城找间空办公室，挂块牌子敷衍两天，最

[1]《曾国藩全集·书信》1，岳麓书社，2011年，第130页。
[2]《曾国藩全集·日记》1，岳麓书社，2011年，第95页。
[3]《曾国藩全集·批牍》，岳麓书社，2011年，第35页。
[4]《曾国藩全集·书信》1，岳麓书社，2011年，第95页。
[5]《曾国藩全集·书信》1，岳麓书社，2011年，第130页。

后像大多数绅士那样，给团练捐些钱了事。

精于打小算盘者则视皇帝的圣旨为假公济私的好机会。他们在地方上果真办起一支小小的民兵，不过主要目的是保卫自己的庄园不受土匪抢劫。一旦太平军大股部队到来，则立刻"逃遁"或"托病藏匿"了。

胃口更大者则把这个差事当成中饱私囊的绝佳机会。他们扯着皇帝的幌子，以筹款练兵为借口，大肆敲诈地方富户，"假公济私，百端纷扰，或逼勒州县供应，或苛派民间银钱，或于官设捐局之外，团练再设捐局，或于官抽厘金之外，团练再抽厘金"[1]。

只有曾国藩一个人，一不要钱，二不要利，只想真正为国家分忧。这就触犯了官场潜规则。

曾国藩混迹官场多年，当然不是不通世故之辈。他自己说："今岁以来，所办之事，强半皆冒侵官越俎之嫌。"他悍然不顾，一意孤行，自有他的道理："只以时事孔艰，苟利于国，或益于民，即不惜攘臂为之，冀以补疮痍之万一，而扶正气于将歇。"[2]

在曾国藩看来，官场风气败坏至极，随波逐流，断难成功。在给翰林院同事龙启瑞的信中，他道及自己这样做的原因：

> 二三十年来，士大夫习于优容苟安，榆修袂而养姁步，昌为一种不白不黑、不痛不痒之风。见有慷慨感激以鸣不平者，则相与议其后，以为是不更事，轻浅而好自见。国藩昔厕六曹，目击此等风味，盖已痛恨次骨。今年承乏团务，见一二当轴者，自藩弥善，深闭固拒，若恐人之攘臂而与其间也者，欲固执谦德，则于事无济，而于心亦多不可耐，于是攘臂越俎，诛斩匪徒，处分重案，不复以相关白。[3]

就是说，我在北京做京官，对如今的官风非常了解。二三十年以来，官僚集团都争着做老好人，养成了一种不黑不白、不痛不痒之风。谁要是对国家有些责任感，敢做一些事，就会被批评为不成熟、好表现自己。我就是要破一破这种官风。

确实，要想挽救天下，首先就要改变官场风气，"痛惩而廓清之"。他希望以自

---

[1] 王先谦编：《东华续录（同治朝）》卷二，"咸丰十一年十一月辛亥条"。转引自傅衣凌著：《明清社会经济史论文集》，商务印书馆，2010年，第557页。

[2]《曾国藩全集·书信》1，岳麓书社，2011年，第200页。

[3]《曾国藩全集·书信》1，岳麓书社，2011年，第397页。

己至刚至猛的办事风格，给浑浑噩噩的湖南官场一个震动，打破这个死气沉沉的铁屋。

其实早在入仕之初，曾国藩就从学理上给出了解决天下问题的思路。他说：

> 至于仕途积习，益尚虚文，奸弊所在，蹈之而不怪，知之而不言，彼此涂饰。聊以自保，泄泄成风，阿同骇异。故每私发狂议，谓今日而言治术，则莫若综核名实；今日而言学术，则莫若取笃实践履之士。物穷则变，救浮华者莫如质。积玩之后，振之以猛，意在斯乎？[1]

现在皇帝授权给他，不啻给了他一个将多年以来的想法付诸实施的机会，曾国藩当仁不让，开始了他"以猛振玩"的实践。皇帝对他的做法给予了有力的支持，在他《严办土匪以靖地方折》的末尾，加了"办理土匪，必须从严，务期根株净尽"[2]的朱批。

得到了皇帝的支持，曾国藩信心满满。他哪里知道，这些地方官员，虽然办起正事昏聩糊涂，但是坏起事来，个个都是行家里手。一场大风波不久就到来了。

4.遭遇真正挫折：差点儿被兵痞杀了

风波的触发点是练兵。

皇帝给曾国藩的命令，头一条是办理团练，也就是训练小型地方武装。但是曾国藩却不想这样办。因为面对严重的形势，小打小闹是不管用的。要练，就练一支强大的军队出来。所以曾国藩到了长沙，在抓治安的同时，还着手创建了一支崭新的军队"湘军"。

晚清的国家军队是一支没有"天良"、没有精神力量的军队。而曾国藩建立湘军，注意给军队注入"良心"和"灵魂"。因此创立湘军之后，每逢三日、八日，他要把军队召集到操场上，进行政治动员。他亲自训话，用"杀身成仁，舍生取义"的孔孟之道和"不要钱，不怕死"的岳飞精神激励将士，教育他们忠君爱国，

---

[1]《曾国藩全集·书信》1，岳麓书社，2011年，第5页。
[2]《曾国藩全集·奏稿》1，岳麓书社，2011年，第73页。

不得扰民。

这当然是好事，没想到这件事引发了一场大祸。

和过去一样，在练兵问题上，曾国藩又一次把手伸向了自己的权力范围之外。

和各地的国家军队一样，驻长沙的绿营军，军纪废弛、四处扰民，让全长沙头疼。曾国藩命令驻省的正规军队每月三日、八日，与湘军一起"会操"。反正一个羊也是赶，两个羊也是放，多让他们听一听有什么坏处呢？曾国藩自己说"传唤（绿）营兵，一同操演，亦不过令弁委前来听我教语"[1]，开启他们的天良。

这一利国利军之举，却差点让曾国藩送了命。

大清政治惯例是文官不管军队的日常事务，更何况皇帝命令曾国藩办的是团练，是民兵，他没权把手伸到绿营这里。文官们虽然痛恨曾国藩，但也只能形于辞色。性情粗野的军人们却没有这么好的脾气，他们立刻付诸行动。

带头闹事的，是长沙副将清德。他在太平军进攻湖南时曾临阵脱逃，此时面对曾国藩却很勇敢。他不仅带头抵制会操，"操演之期，该将从不一至"，而且摇唇鼓舌，四处鼓动各军不要受曾国藩的摆弄。

行事至刚的曾国藩立刻给皇帝上了个折子，弹劾清德。曾国藩说：

> 长沙协副将清德，性耽安逸，不理营务。去年九月十八日贼匪开挖（长沙）地道，轰陷南城，人心惊惶之时，该将自行摘去顶戴，藏匿民房；所带兵丁，脱去号褂，抛弃满街，至今传为笑柄。[2]

也就是说，清德这个人平时贪图安逸，不管理军营事务。去年九月十八日，太平军进攻长沙，挖地道放炸药轰塌了南城。就在城里人心惶惶的时候，清德竟然偷偷摘掉军官的官帽，藏到民房里。他所带领的士兵，也脱去军装，扔了一大街，到今天仍然是长沙人的笑柄。

在奏折中，曾国藩还猛烈抨击湖南驻军"将士畏葸疲玩，已成痼习，劝之不听，威之不惧，竟无可以激励之术"[3]。苦口婆心地劝导不听，吓唬他们也不怕，对他们竟然没有任何办法。

---

[1]《曾国藩全集·书信》1，岳麓书社，2011年，第200页。
[2]《曾国藩全集·奏稿》1，岳麓书社，2011年，第88页。
[3]《曾国藩全集·奏稿》1，岳麓书社，2011年，第89页。

咸丰皇帝最恨的就是临阵逃脱的将领，而且他也认为曾国藩这个人比较诚实，不会在这样的问题上说谎话。于是六月二十九日，咸丰皇帝下旨，将清德革职拿办。这是曾国藩出山之后，与湖南官场发生的第一次正式冲突。

从表面上看，曾国藩在这次冲突中取得大胜，实际上，失败的隐患已根植在这场"大胜"之中。

晚清官场最重要的潜规则是"官官相护"。常在河边走，谁能不湿鞋？只有彼此掩盖，才能最大限度地保证大家的安全。动辄咬人，足以令人人自危。湖南官员从此对曾国藩更加恨之入骨。清德的上司、湖南提督，也就是驻湖南最高军事长官鲍起豹更是伺机报复，而机会也很快就来了。

绿营军对曾国藩招来的这些湘勇土包子怎么看怎么不顺眼，经常借故与湘勇发生械斗。八月初四日，鲍起豹的卫队又寻衅攻打湘勇，双方各有负伤。

军队没有纪律，何以平贼，何以安民？曾国藩向鲍起豹发去文书，要求他逮捕带头闹事的绿营兵，以杜私斗之风。

鲍起豹决意要借这个机会好好教训教训曾国藩。他故意将几名肇事士兵五花大绑，大张旗鼓地押送到曾国藩的公馆，同时派人散布曾国藩要严惩这几个绿营兵的消息，鼓动军人闹事。消息在绿营中一传十，十传百，群情激愤，绿营兵纷纷上街，游行示威，要求曾国藩释放被捕的绿营兵。长沙城中一时大乱。

张亮基调走之后，湖南通省官员都和曾国藩气味不投。出了这个事，满城官员都关起大门，袖手旁观，心中暗喜。"营兵既日夜游聚城中，文武官闭门不肯谁何"[1]，等着看曾国藩的笑话。绿营兵见状，胆子更大，居然开始公然围攻曾国藩的公馆。

曾国藩的公馆就临时设在巡抚衙门的射圃里，与巡抚骆秉章的办公室仅一墙之隔。曾国藩以为绿营兵胆子再大，也绝不敢武装攻击他这个二品大员，所以被绿营兵包围后，他还若无其事地处理公文。不料绿营兵竟然破门而入，连伤了他的几个随从，连曾国藩自己都差点挨刀。曾国藩夺门而逃，几步跑到隔壁巡抚办公室门前，连连急叩。

绿营兵在门外闹事，巡抚骆秉章听得一清二楚，但是他装聋作哑，暗暗发笑。他早应该出来调停，却一直假装不知。直到曾国藩来叩门，他才故作惊讶，出来调停。绿营兵一见巡抚驾到，马上规矩了。

---

[1] 王闿运、郭振墉等著：《湘军志　湘军志评议　续湘军志》，岳麓书社，1983年，第41页。

骆秉章的调处办法是命人把鲍起豹捆送来的那几个绿营兵带过来，他亲自上前松绑，还连连向他们道歉，说让兄弟们受委屈了！

绿营兵争足了面子，兴高采烈地拥着这几人而去。

只剩下骆曾二人了，骆秉章一句安慰的话也没对曾国藩说，只淡淡地说了一句："将来打仗，还要靠他们啊！"就转身走了。

曾国藩气得哑口无言。

湖南官员们眼见前一段时间飞扬跋扈的二品大员这次被狠狠地修理了，个个眉开眼笑，把这事当成笑话，四处飞传。一时间，满城都是对曾国藩的讥笑之声。"司道群官皆窃喜，以谓可惩多事矣。"[1] 看你以后还敢多事吗？

▲ 清人所绘骆秉章画像

这是曾国藩出生以来，第一次遭遇真正的挫折。进秀才的艰难，画稿遭人嘲笑的尴尬，比起这次挫辱来，完全不在同一个档次。堂堂"副部级"官员，差点让闹事的兵痞杀了，还没处讲理。这种难堪在整个大清朝的历史上也不多见。我们可以想象曾国藩是如何心血上冲，夜不能寐的。

曾国藩的第一反应当然是向皇上控告。干脆，借这个机会把到省办事以来所受的所有排挤、委屈都痛快淋漓地向皇帝陈述一番！

然而仔细一想，他就知道这种做法行不通。这一道奏折上去，顶多打倒一个鲍起豹，能把湖南全省官员都扳倒吗？如果扳不倒全省官员，那么以后他在湖南岂不是更寸步难行？

经过几夜不眠的反思，曾国藩做出了一个出人意料的决定："好汉打脱牙和血

---

[1] 王闿运、郭振墉等著：《湘军志　湘军志评议　续湘军志》，岳麓书社，1983 年，第 22 页。

吞。"这是一句湖南土话，好汉被人家打掉了牙，不要吐出来让别人看到，要咽到肚子里，继续战斗。他不再和长沙官场纠缠争辩，而是卷起铺盖，带着自己募来的湘军，前往僻静的衡阳。全省官员瞧不起我，我不争一日之短长。等到我在衡阳练成一支劲旅，打几个胜仗给你们看看，那时自会分出高下。这才是挽回面子的最好办法！

| 第六章 | 湘军为什么牛气

1. 创建湘军的苦心与良心

咸丰三年（1853）八月，曾国藩带着受伤的自尊心到达衡阳，开始赤手空拳创立湘军。

湘军的出现，是曾国藩人生的一件大事，也是中国近代史上的一件大事。因为它不光改变了曾国藩个人命运的走向，也改变了整个国家的走向。

如前所述，咸丰命曾国藩出山，是让他"帮办团练"，也就是训练"民兵"，出发点是怕湖南治安不靖，巡抚一个人忙不过来，让曾国藩帮着打打土匪而已。谕旨中"帮同""团练乡民"的用语，已经非常明确地限定了曾国藩的工作性质和任务范围。

然而曾国藩志不在此。曾国藩早就知道，训练团练对天下大局没有任何作用。

朝廷对团练的规模和任务规定得很明确，就是不离乡的小股武装。咸丰三年（1853），朝廷要求各地"在籍大臣"兴办团练时，特意这样强调："或筑寨浚壕，联村为堡；或严守险隘，密拿奸宄。无事则各安生业，有事则互卫身家。一切经费均归绅耆掌管，不假吏胥之手。所有团练壮丁，亦不得远行征调。"[1] 朝廷规定团练只是用于地方自卫，保卫自己的村寨，并严格限制其活动范围，强调"不得远行征调"，以防对国家安全构成任何冲击。可见即使是到了这样火烧眉毛的时候，朝廷对地方武装的防备仍然非常周到细致。

在这样的限制下，团练规模太小，训练不精，不但打不了太平军，对付土匪都没什么大用。曾国藩曾给张亮基写信这样说："惟团练终成虚语，毫无实裨，万一土匪窃发，乡里小民仍如鱼听鸣榔，鸟惊虚弓，怆怯四审，难可遽镇也。"[2] 也就是

---

[1] 王先谦编：《东华录（咸丰朝）》卷十九。

[2]《曾国藩全集·书信》1，岳麓书社，2011年，第140页。

说，虽然有了团练，但是土匪一来，百姓仍然是四处乱跑，因为他们都知道团练不顶事。事实也是如此，自咸丰三年各省举办团练起，大多"苟且涂饰，未经实力讲求……无事则恃为威胁，扰害乡闾；有警则首先逃遁，流为盗贼"[1]。没事时，团练的作用是扰民；有事时，团练率先逃跑，有的还干脆变为土匪。

曾国藩在出山之初，就暗暗计划，要以训练团练为伪装，创建一支属于自己的军队，凭着这支军队挽救朝廷，再造国家。

这是非常危险的事情，是整个大清王朝其他人想都不敢想的事情。

军队是国家的根本，因此清代满族皇帝在军权上，历来对汉人防范甚严，认为不光不能让汉人创立军队，也不能让汉人掌握决定国家命运的重大军事指挥权。后来湘军势大之后，满洲武臣、在辛酉政变中立下汗马功劳的胜保曾忧心忡忡地提醒皇上："我朝自列圣以来，从不以重柄尽付汉臣，具有深意，不可不深思而远虑也。"[2]也就是说，我朝历代皇帝都不把大权特别是兵权交给汉人，这里面有着深远的考虑。这句话正是满族亲贵这种心态的典型代表。

而曾国藩要挑战的正是这样一条国家根本原则。

那么，曾国藩为什么要冒着毁家灭族的危险来干这样一件事呢？

首先是因为太平军不是普通的敌人。太平天国起义，与中国历史上所有起义都非常不同。它不仅是清王朝的敌人，也是整个传统文化的敌人。也就是说，如果太平天国建立了大一统王朝，则天下人不光要接受改姓易帜的变化，同时也要接受与中国传统文化完全不同的异质文化的统治。

与曾国藩的屡败屡战不同，考秀才四次失利后，洪秀全就放弃了科举生涯，凭着一本传教士发给他的小册子，和自己发高烧时一个离奇的梦，创建了"拜上帝会"，然后到广西劝人敬拜上帝，劝人修善。道光三十年（1850）年底，正当广西各教门纷纷聚众之际，洪秀全也在金田率领自己的教徒宣布起义。

中国历代农民起义，都是以本土宗教或思想为精神动力，但是拜上帝教的源头却是西方的基督教（虽然经过了洪秀全的创造性发挥）。历代农民起义从来没有有计划地消灭中国文化，但是为了统一思想，洪秀全却宣称中国传统文化均为"妖"书"妖"术，要焚毁所有中国经典，扫灭所有中国传统信仰。

---

[1]《清史稿》4，吉林人民出版社，1998年，第2703页。

[2]第一历史档案馆所存档案：《胜保折》，《太平天国学刊》第1辑，中华书局，1983年。转引自池子华著：《晚清中国政治与社会》，苏州大学出版社，2014年，第92页。

所以太平军所到之处，必焚毁孔庙、毁掉神像、拆改庵院，"神佛像非毁坏，即搬去"[1]。遇到名寺古刹、书院，或者焚毁一空，或者改作兵营、仓库、屠场。曾国藩后来在《讨粤匪檄》中说：

> 自古生有功德，没则为神。王道治明，神道治幽。虽乱臣贼子、穷凶极丑，亦往往敬畏神祇。李自成至曲阜，不犯圣庙；张献忠至梓潼，亦祭文昌。粤匪焚郴州之学官，毁宣圣之木主，十哲两庑，狼藉满地。嗣是所过郡县，先毁庙宇。即忠臣义士，如关帝、岳王之凛凛，亦皆污其宫室，残其身首。以至佛寺、道院、城隍、社坛，无庙不焚，无像不灭。斯又鬼神所共愤怒，欲一雪此憾于冥冥之中者也！[2]

也就是说，自古以来，生时有功德者，死后会被尊奉为神。王道治理阳间，神道治理阴间。因此即使是乱臣贼子、穷凶极恶之人，也往往敬畏神明。李自成到曲阜，不敢冒犯孔庙；张献忠到梓潼，也祭祀文昌帝君。而太平军却焚毁郴州的学舍、毁坏孔子的神位，两廊屋中供奉十位哲人之处，也是遍地狼藉。自郴州起，凡他们所经过的郡县，一定先烧毁庙宇，即使是忠臣义士，像关羽、岳飞等也都被污毁了庙宇，砍掉了神像的脑袋。其他的佛寺、道院、城隍庙、土地庙，更是没有一座寺庙不被烧毁，没有一座神像不被毁灭。这实在是鬼神共愤，冥冥之中希望雪耻复仇的！

太平军不止在湖南一地如此，所过大抵皆然。比如太平天国在镇江金山、北固山寺院到处放火，甘露寺"仅存天王殿、长廊及石帆楼数椽，余则荡然无存"[3]。太平军经句容，毁曲山宫观，"茅山自西汉迄今数千年，灵贶照耀寰宇……贼遂将山下宫观数十区，投诸一炬"[4]。在常州，"凡寺院神庙无得免者"[5]。有名的天宁禅寺，

---

[1] 柯悟迟、陆筠撰，祁龙威校注：《漏网喁鱼集 海角续编》，中华书局，1959年，第51页。
[2]《曾国藩全集·诗文》，岳麓书社，2011年，第140页。
[3] 李丙荣著：《重建甘露寺供殿记》。载于镇江北固山风景区编：《北固山碑文选》，江苏大学出版社，2013年，第62页。
[4]《续纂句容县志》，转引自郭廷以著：《太平天国史事日志》上册，上海书店出版社，1986年，第676页。
[5]太平天国历史博物馆编：《太平天国史料丛编简辑》第3册，中华书局，1962年，第165页。

"庚申之变，案卷沦失，碑毁无存"[1]。苏州寒山寺，"咸丰十年被毁"[2]，"虎丘唯剩一塔"[3]。洪秀全在南京倾全城之力营造天王府的过程，更是几乎将六朝以来的古建筑拆光，如举世闻名的南京大报恩寺塔被炸掉，明代故宫被拆毁得只剩一座门，所有"寺观庙宇，或焚或拆"[4]。

除了建筑之外，书籍毁坏也非常严重。太平军前期以中国书籍皆为"妖"书，大加焚毁。"搜得藏书论担挑，行过厕溷随手抛，抛之不及以火烧，烧之不及以水浇。读者斩，收者斩，买者卖者一同斩。"[5]搜到各家的藏书，一担一担地挑来扔到厕所里。厕所里扔不下，再点火来烧。烧着费劲，就用水浇。读书的人要斩首，收书的人要斩首，买书卖书的人一同都斩首。

据《漏网喁鱼集》记：苏州"书籍字画，可谓磬洗一空"。《苏台麋鹿记》也说："即如书籍，贼皆无所用……或抛散一空，或抽弃一册，甚至顺风扯去，片片飘扬，灰尘溷厕中，时有断简残编。"[6]因太平军随意毁弃书籍，虎丘山塘街的小贩竟然用宋版明版等古书包糖豆。某士子于是天天去买几十包糖豆，最后保留下宋版书近百页。在昆山巴溪，"经书典籍，弃等废物"[7]。嘉定、奉贤学宫，"奉部颁发书籍，咸丰十年被毁无存"[8]。起义军进驻宁波，浙东天一阁一半珍本或被毁或流失。存放四库全书的江南三阁，两阁荡然无存，一阁损失多半。因此苏南知识分子叹息："经典书籍，弃等秽污。自古流寇之毒祸，未有如是烈者。"[9]甚至说"我恐焚书坑儒之

---

[1] 杜洁祥主编：《武进天宁寺志》，《中国佛寺史志汇刊》第 1 辑第 35 册，台湾明文书局，1980 年，第 365 页。

[2] 张郁文著：《木渎小志》卷五，第 4 页。

[3] 中国社会科学院近代史研究所近代史资料编译室主编：《太平天国资料》，知识产权出版社，2013 年，第 111 页。

[4] 太平天国历史博物馆编：《太平天国史料丛编简辑》第 5 册，中华书局，1962 年，第 81 页。

[5] 马寿龄撰：《金陵癸甲新乐府》，见《太平天国》第 4 册，第 735 页。

[6] 潘钟瑞撰：《苏台麋鹿记》上卷，见中国史学会主编：《太平天国》第 5 册，上海人民出版社，上海书店出版社，2000 年，第 285 页。

[7] 朱保熙纂修：《巴溪志·杂记》，《中国地方志集成》影印刻本。转引自左玉河著：《世界文明通论：中华文明·中国近代文明通论》，福建教育出版社，2010 年，第 273 页。

[8] 光绪《嘉定县志》卷九，光绪《奉贤县志》卷五，《中国地方志集成》影印刻本。转引自左玉河著：《世界文明通论：中华文明·中国近代文明通论》，福建教育出版社，2010 年，第 273 页。

[9] 中国社会科学院近代史研究所近代史资料编译室主编：《太平天国资料》，知识产权出版社，2013 年，第 134 页。

后，未有如此之大劫也"[1]。也就是说，秦始皇焚书坑儒之后，没有比洪秀全更厉害的文化毁灭者。

曾国藩是理学家，在他眼中，儒学是天地间唯一的真理。因此，在曾国藩看来，如果太平天国起义成功，中国将陷入巨大的蒙昧。这是他决定挺身抵抗的根本原因。他在《讨粤匪檄》中说，太平天国不仅是大清这个王朝的敌人，也是中国这个文化体的敌人。"举中国数千年礼义人伦、诗书典则，一旦扫地荡尽。此岂独我大清之奇变，乃开辟以来名教之奇变，我孔子、孟子之所痛哭于九原。"中国几千年来的文化积累，面临全部毁灭的危险。这不只是大清王朝的危机，更是整个中国文化的危机。孔子、孟子知道了，也会在地下痛哭失声。

所以他以"扶持名教"自任，"赫然奋怒，以卫吾道"。他出山的目的是"不特纾君父宵旰之勤劳，而且慰孔孟人伦之隐痛；不特为百万生灵报枉杀之仇，而且为上下神祇雪被辱之憾"[2]。不光是为皇帝效劳，也是为了维护孔圣人的遗产；不光是为被杀掉的百姓报仇，也是为被毁掉神像的神灵雪耻。所以他甘冒天下之大不韪，不避任何风险。

太平天国威胁巨大，那么，曾国藩为什么不利用已有的国家正规军去平定，而非得自建军队呢？

这是因为大清王朝的正规军此时已经腐败到底，无法改造了。

事实上，关于创建新的军队这件事，曾国藩已经想了好久了。早在他兼署兵部侍郎的时候，就已经对大清国家武装进行过深入研究。

清代国家正规军分八旗和绿营两部分。八旗是满族武装，绿营是汉人军队。清代中前期，国家正规军还比较有战斗力，所以乾隆时代还创造了十全武功，打了很多胜仗。但到了道光、咸丰朝，正规军不论是八旗还是绿营，都已经打不了仗了。

道光二十九年（1849）秋天，俄罗斯有一位叫科瓦列夫斯基的外交官，出使中国，在卢沟桥边参观了一次八旗军队的火炮射击训练。他在自己写的游记《窥视紫禁城》中这样描写他所见到的景象。

他说本来观炮仪式是大清帝国军界的重要活动，规模盛大，层次很高，"即使皇帝不能亲自前来，也要派亲信要员前来观摩"。因此科瓦列夫斯基以为参加演习的士

[1]柯悟迟、陆筠撰，祁龙威校注：《漏网喁鱼集　海角续编》，中华书局，1959年，第51页。
[2]《曾国藩全集·诗文》，岳麓书社，2011年，第140页。

兵一定会精神抖擞、军容整齐。但来到现场，他惊讶地发现，八旗官兵非常散漫。他在书中说："军士们有的漫不经心地坐在帐篷里，抽着小烟袋。有的边吃早点边与卖小吃的聊天，还有的在缝补裤子。似乎没有人关心即将举行的操演。"[1]

等演习开始，科氏发现整个过程敷衍了事、毫不认真："操演开始了……一位参领……摆了一个奇怪的姿势，挥了一下手中的旗子，射击便开始了。……但是这一炮打得很不准，炮弹就落在大炮旁边。……炮甲似乎并不在意，只是擦了擦眼睛，走到另一门炮旁边。"

这样的演习，简直就是儿戏。所以观摩之后，科氏得出结论说："中国的炮兵自然无法与欧洲的相比，唯一相同的只有打出的炮声。"[2]

这是俄罗斯人的报告。

中国官员的汇报也很让人吃惊。道光十四年（1834）冬，两广总督卢坤检阅广东水师。水师各营选出精兵强将，到总督面前比试武艺，主要比试射箭打枪。不料一场比试下来，几百个军人当中，有七十八人都脱靶了，也就是说一枪一箭都不中。有二百二十六人打了许多发，射了很多次，就中了一枪或者一箭。这个结果让卢坤大跌眼镜。

这样一支毫无专业精神的军队，不惟在英国人的大炮面前一触即溃，甚至在武器装备远远落后于自己的太平军面前也不堪一击。

道光三十年（1850），广西巡抚周天爵带兵去镇压太平军。周天爵在回忆录中说，出征那一天，他带领的这些士兵居然如同徘徊在屠宰场门口的猪和羊一样，说什么也迈不动步。周天爵一生气打了他们几下，这些人和女孩子一样，在路边哇哇大哭了起来。

> 于是二月初一日出省，带兵一百名，如驻马嵬坡，皆不愿走也；路上募一百名又如石壕吏，未走先哭。[3]

等到真正作战之时，这些人更是一个个裹足不前，让他无计可施。他写道：

---

[1] [俄]叶·科瓦列夫斯基：《窥视紫禁城》，北京图书馆出版社，2004年，第154页。
[2] 同上。
[3] 太平天国历史博物馆编：《太平天国史料丛编简辑》第6册，中华书局，1963年，第4页。

惜我兵一百名如见鹯之雀，一百勇如裹足之羊，无一动者。我手刃二

人，光淮而（用）箭射杀二人，亦无应者。撼山易，撼岳家军难，不意如此。[1]

也就是说，这些士兵如同麻雀见了老鹰，绵羊见了老虎，根本迈不动步。他亲手杀了两个士兵，另一个军官用箭射死了两个，还是没有人向前冲杀。你说这样的军队，能镇压得了太平天国吗？

曾国藩是一介书生，没当过兵，也从来没有摸过武器。但是他毕竟从道光二十九年（1849）起，兼任过数年的兵部左侍郎，所以他对清朝军队现状很了解。

曾国藩描述当时各省军队的情况说："兵伍之情状，各省不一。漳、泉悍卒，以千百械斗为常；黔、蜀冗兵，以勾结盗贼为业；其他吸食鸦片，聚开赌场，各省皆然。大抵无事则游手恣睢，有事则雇无赖之人代充，见贼则望风奔溃，贼去则杀民以邀功。章奏屡陈，谕旨屡饬，不能稍变痼习。"[2]

他认为，国家正规军腐败习气已经深入膏肓，没法治了。"就现在之额兵练之，而化为有用，诚为善策。然习气太盛，安能铸其面目而荡涤其肠胃？"[3] 如果能把现有军队训练一下利用起来当然是好的，但问题是军队不良习气太盛，已经没法重铸面目，再换胃肠。

因此，要挽救这个国家，只有一个办法，那就是赤地立新，抛开正规军，从头开始，自己动手训练出一支崭新的湘军。

但是一个汉人要跳出国家体制，自创一支军队来取代国家军队，这是大清二百年来没有过的，绝对是大逆不道的行为，实在是挑动着清代统治者最敏感的那根神经。

曾国藩不是不知道这件事的风险。曾国藩为人处事表面上看起来保守，但是在根本问题上，却又有着他人所没有的巨大勇气。为了挽救朝廷，更是为了挽救他所珍视的文化传统，他决定放手一搏。

为了让自己的计划获得通过，曾国藩必须采取一些伪装。

曾国藩接受的既然是办团练的任务，他就在这个题目上想办法。到了长沙后不久，他就写了一道奏折，向皇帝汇报说，他准备在长沙建立一个民团，不过规模比

[1]太平天国历史博物馆编：《太平天国史料丛编简辑》第6册，中华书局，1963年，第4页。

[2]《曾国藩全集·奏稿》1，岳麓书社，2011年，第18页。

[3]《曾国藩全集·书信》1，岳麓书社，2011年，第125页。

一般的稍微大些，他叫作"大团"：

> 因于省城立一大团，认真操练，就各县曾经训练之乡民，择其壮健而
> 朴实者招募来省，练一人收一人之益，练一月有一月之效。[1]

为什么要建这个大团呢？

主要是省城长沙防守力量空虚：

> 长沙重地，不可不严为防守。臣现来省察看，省城兵力单薄，询悉湖
> 南各标兵丁多半调赴大营，本省行伍空虚，势难再调，附近各省又无可抽
> 调之处，不足以资守御。[2]

他计划多花些时间和精力，好好练练这个民团的军事技术，这样一旦打仗，才
能发挥作用。以前国家虽然养了很多兵，但是因为不重视训练，所以见敌即溃：

> 湖南行伍空虚，以练兵为要务。自军兴以来，二年有余，糜饷不为
> 不多，调集大兵不为不众，而往往见贼逃溃，未闻有鏖战者，所用兵器皆
> 大炮、鸟枪，远远轰击，未闻有短兵交锋者，其故何哉？由兵未练习，无
> 胆无艺故也。今欲改弦更张，于省城立一大团，择乡民壮健朴实者招募来
> 省，练一人收一人之益，练一月有一月之效。[3]

这道奏折，就是以团练为名，行建军之实。他的这个"大团"，和以往的团练其
实是完全不同的。

首先，一般团练都不出各乡各县，他则要在长沙立一个"大团"，用来防守省
城，甚至出省作战。这就突破了朝廷关于团练作战区域的限制。

其次，以前团练选人用人不出本县，他则在全省范围内招人。

最后，他把"团练"二字拆开。以前的团练，他用"团"字概括，指的是清查户口，

---

[1]《曾国藩全集·奏稿》1，岳麓书社，2011年，第69页。

[2] 同上。

[3] 王闿运、郭振墉等著：《湘军志　湘军志评议　续湘军志》，岳麓书社，1983年，第19页。

稽查奸细，捆送土匪之类的事情，也就是他在审案局所做的事。他现在所做的事，则是"练"，也就是选拔兵丁，训练军队，可防本省，可剿外省，"即今官勇之法"。

这其实就是要组建一支正式的军队。

当然，为了含糊其词，他还说："臣拟现在训练章程，宜参访前明戚继光、近人傅鼐成法，但求其精，不求其多，但求有济，不求速效。"[1]

戚继光练的是新军，傅鼐办的是民团[2]，根本是两码事。曾国藩却把二者混在一起，揣着明白装糊涂，有意误导皇帝。他这样一和稀泥，要独立建军的目的就不那么明显了。

湘军成军之后，曾国藩多次谈起戚继光理论，但是再没有提傅鼐一字。很显然，他打起傅鼐的招牌就是为了瞒天过海。

曾国藩当了十三年京官，凭着他对官僚体系的了解，知道如果按常规办事，是永远不可能建成湘军的。因此曾国藩虽然以诚自命，这次却不得不欺骗皇帝。

咸丰帝或者是因为不够精明，或者是在焦头烂额中根本没有细看这份奏折，感觉这反正不是坏事，就在上面草草批示了十一个字："知道了。悉心办理，以资防剿。"[3]

这道批复，成了曾国藩的尚方宝剑。

事实证明，曾国藩是一个善于抓住机会和创造机会的人。

拿到了皇帝的批准，曾国藩开始着手创建他的军队。

然而，创建军队岂是容易的事情。

军事是高度专业化的，进士出身的曾国藩没有当过一天兵，对于行军布阵、带兵训练没有一点儿实际经验。

刚到衡阳，曾国藩面临着五无：

一是无办公场所。

二是没有名正言顺的职权。开始他想挂上"统辖湖南湘军总营务局"的牌子，写好之后，又感到不妥：正是他过分张扬的言行使他与湖南官场关系紧张，这块牌子一挂出去，必然会引来湖南官场的再次攻击。因为谕旨中明确写明他的权力是"帮

---

[1]《曾国藩全集·奏稿》1，岳麓书社，2011 年，第 70 页。
[2] 清代嘉庆年间，湘西苗族起义，时任凤凰厅同知的傅鼐率领团练镇压有功。
[3]《曾国藩全集·奏稿》1，岳麓书社，2011 年，第 70 页。

办"，而不是"统辖"。想了想，只好把牌子摘了下来。

三是还没有经验。如何招兵、如何筹饷、如何采购武器、如何编营、如何训练、如何制定营规、如何选择军官、如何设定军饷标准，如何排兵、如何布阵……太多环节要从头学起。

四是没有朋友前来帮忙。长沙之辱使曾国藩脸面丧尽，人心离散。不但通省官员们不齿于他，甚至他的那些好友郭嵩焘、郭昆焘、刘蓉、左宗棠，也都认为他行事鲁莽，难以成功，竟没有一人愿意前来帮他。

当然，这些都不算真正的困难，真正的困难是第五条：无制度保障。

文人练兵，这在大清史上是头一遭儿。湘军从出生这一天起，在旧体制内就没有安身之处。它就像一个私生子一样，不但被八旗绿营排斥，甚至也不被大清朝廷和官僚体系所接纳。它的最大敌人，不是太平军，而是旧体制。这种体制上的制约，最突出的表现就是没有军饷来源。

湘军和正规军最大的不同是"不食于官"。不由国家拨给经费，而是像团练那样钱粮自行筹措。这是湘军唯一像团练的地方。

按理说，皇帝交给曾国藩的任务是练兵，军费自然应该由国家供给。问题是，当时国家财政收入用来供给绿营军饷尚且不足，不可能为他专拨经费。湖南省官员既与他关系紧张，自然也不可能为他慷慨解囊。毕竟，练兵这个任务是曾国藩自找的事，并非国家或者湖南省政府的计划。曾国藩身为不伦不类的"帮办大臣"，没有财政权和税收权，根本不可能开辟固定饷源。

然而对于一支建设中的军队来说，钱太重要了。钱就是空气，钱就是生命，钱就是润滑剂。没有钱，大至招兵买马，采购武器，小至办公经费，日常吃喝拉撒，哪一步也走不动。曾国藩说"筹饷更难于督兵"，"大抵军政、吏治，非财用充足，竟无下手之处"[1]。

可以说，如果没有长沙之辱的刺激，曾国藩不可能克服这五难，开创湘军。长沙之辱如同一根针扎在心里，让他时刻难以自安，终于苦苦支撑，惨淡经营，斩关夺隘，排除万难。

没有办公场所，他就借住在一户祠堂里。

没有名位，他只好照旧用在长沙时用过的"湖南审案局"五个字来接送公文。

没有经验，曾国藩就自己在黑暗中摸索。在具体实践过程中，曾国藩不断失败，

---

[1]《曾国藩全集·书信》6，岳麓书社，2011 年，第 430 页。

不断犯错。我们不谈陆军，先来看看曾国藩是如何创建水师的。

曾国藩到衡阳后不久，朋友郭嵩焘就建议说，要彻底打败太平军，就必须占据长江之险，控制运输这条生命线。而要占据长江，就必须先有水师。曾国藩一听感觉非常有道理，立刻采纳建议，决定建立水师。咸丰三年（1853）十月，曾国藩在衡州设厂建造战船。

然而问题来了，曾国藩找来湖南全省的能工巧匠，居然没有一个人知道怎么造战船。

曾国藩开始想造木排御敌。他异想天开地认为："盖船高而排低，枪炮利于仰攻，不利俯放。又大船笨重不能行，小船晃动不能战。排虽轻，免于笨，尤免于晃。"[1] 然而事实证明这不过是纸上谈兵，造好木排一经试验，发现木排顺流而下尚可，逆水行排则极为迟笨，且"排身短小，不利江湖"[2]。以之当敌，不啻儿戏，于是改弦更张，一心造船。

既然无人会造，曾国藩就自己设计。湖南湖北赛龙舟风气很盛，于是他命人以龙舟为制，造了一批"曾氏战船"。曾国藩自己说："余初造战船，办水师。楚中不知战船为何物，工匠亦无能为役。因思两湖旧俗，五日龙舟竞渡，最为迅捷。短桡长桨，如蚿之足，如鸟之飞。此人力可以为主者，不尽关乎风力水力也。遂决计仿竞渡之舟，以为战船。"[3]

然而一试验，"曾氏战船"容易倾覆，根本打不了仗。费尽周折，曾国藩终于找到了明白人。从长沙前来的守备成名标向曾国藩介绍了广东快蟹船和舢板船的大概样子。又过几天，同知褚汝航从桂林前来，向曾国藩介绍了长龙船的造法。于是曾氏大雇衡州、永州的能工巧匠，在湘潭设立两个船厂，大量制造快蟹、长龙、舢板战船。"两厂之船，往来比较，互相质证。"[4] 两位军官本身并非工匠，他们只介绍了外地舰船的大体模样，至于船的具体结构尺寸，乃至每一个部件，曾国藩都要和有经验的工匠反复设计，不断试验。

当时广西巡抚劳崇光解炮二百尊赶赴湖北，在经过衡阳时曾国藩将其截留，包括护送的水手也一并留下，这些人后来成了湘军水师的教练。当时，中国各地所铸造的战炮，不仅炮身笨重，射程短，而且由于技术不过关，时常炸裂。早在鸦片战

[1]《曾国藩全集·书信》1，岳麓书社，2011 年，第 214 页。

[2]《曾国藩全集·书信》1，岳麓书社，2011 年，第 271 页。

[3]《曾国藩全集·诗文》，岳麓书社，2011 年，第 387 页。

[4] 黎庶昌等撰：《曾国藩年谱》，岳麓书社，1986 年，第 33 页。

争时，曾国藩已经认识到英国人的船坚炮利，为此，曾国藩花费重金，从广东购置大批洋炮，经过反复研试，终于将洋炮安装在战船上，建成了当时中国技术先进、装备精良的内河水师。

史载曾国藩"创建舟师，凡枪炮刀锚之模式，帆樯桨橹之位置，无不躬自演试，殚竭思力，不惮再三更制以极其精"[1]。字字不虚。曾国藩身上有着突出的试验精神和开放态度，凡事总愿意亲身经历，亲自体验，勇于尝试，勤于尝试。做事讲究身到、心到、口到、眼到，特别强调要"苦下身段去事上体察一番"[2]。经过反复试验，终于建成十营水师。曾国藩建军，确实筚路蓝缕。

然而比起筹饷来，以上这些都算不上艰苦了。

曾国藩最初拒绝出山办理团练，一个最关键的原因还不是自己不懂如何练兵，而是不愿意去筹钱。因为办团练国家不提供经费，只能自己去劝捐，也就是说，劝那些大户捐款。早在还没出山前，他就说过："至于催促捐项，无论斩焉在疚，不可遽登人门，即使冒尔从事，而国藩少年故交多非殷实之家，其稍有资力者，大抵闻名而不识面，一旦往而劝捐，人将有敬而远之之意，盖亦无当于事理。是以再四踌躇，迟迟未出。"[3]也就是说，不要说自己脸皮薄，不愿登门劝捐，就是自己硬着头皮上门，自己认识的人也大多非富贵人家，筹钱实在太困难。

创建湘军之后，关于军饷，曾国藩想来想去，还是只有劝捐这一个办法。他在衡阳设立劝捐总局，派人四处劝捐筹饷。回报是由国家授予他们一些荣誉性的虚职。

然而，曾国藩本身非官非绅，权力不明，收据由曾国藩自己刊印，信用不高。从咸丰三年（1853）八月到咸丰四年（1854）年底，总局费尽口舌，一共才弄到一万九千多两银子，根本无济于事。劝而不动，他只好强行勒派。巨绅们如果拒不捐款，他就派兵动用拘押手段。结果虽然弄到了一些钱，却招致地方大户的重重怨恨。曾国藩因此叹息："劝捐之难，难于登天，费尽心力，迄无一获。"[4]

因为劝捐，他甚至还得罪了皇帝。原来已故湖北巡抚杨健之孙杨江，急公好义，主动捐输军饷两万两银子，解了曾国藩的燃眉之急。曾国藩感动之下，想把他树为表率，带动捐输事业，于是上疏请旨，请朝廷批准将杨健列入祀乡贤祠。

[1] 马忠文、任青编：《薛福成卷》，中国人民大学出版社，2014年，第37页。
[2]《曾国藩全集·书信》2，岳麓书社，2011年，第664页。
[3]《曾国藩全集·书信》2，岳麓书社，2011年，第90页。
[4]《曾国藩全集·书信》1，岳麓书社，2011年，第332页。

杨健生前为官平平，且受过处分，其官声、治绩均不足以入祀乡贤祠。不过兵务紧急，同意他这个请求也算不上什么大事。不想精于小事疏于大计的咸丰皇帝根本体谅不到曾国藩的难处，恪守"名位不能轻易予人"的教条，大发雷霆，将曾国藩痛骂一顿，说他"所奏荒谬之至"，并且说"（曾国藩）实属袒护同乡，以私废公，显背圣旨，可恶已极。……着交部议处"[1]。

而京官们部议的结果竟是给以革职的处分。好在皇帝尚未失去理智，知道曾国藩这样的人缺不得，于是将处分改为降二级调用，使曾国藩由二品京堂降到了三品。

2. 与咸丰帝的博弈

曾国藩咸丰三年（1853）年初开始创办湘军，咸丰四年（1854）年初出师。在这一年多的时间里，除了要逐一解决用人、筹饷、购械、整章、建制等难题之外，还面对着一个更巨大的难题：那就是咸丰皇帝的瞎指挥。

曾国藩调动全部心力，苦练湘军。他把自己当成了滔滔天下唯一的中流砥柱，当成了天下最后的希望。他要用这支军队去挽救大清的危亡。所以他练兵的宗旨是，首战一定要胜。不真正练成，绝不轻易出兵。他说："剑戟不利，不可以断割；毛羽不丰，不可以高飞。若仓皇一出，比于辽东自诩之豕，又同灞上儿戏之师，则徒见笑大方耳。必须练百金精强之卒，制十分坚致之械，转战数年，曾无馁志，乃可出而一试。"[2]

然而，咸丰皇帝却不这样想。

当初曾国藩对咸丰说，要在湖南"立一个大团"，办一个大的团练。咸丰皇帝不置可否地默许了。在咸丰看来，"只要对镇压太平天国有利，只要不从中央财政拿钱，怎么办都可以。他不清楚细节，也无时间无心思做具体的策划"[3]。湘军的创立，在咸丰的政治视野当中，并不是一件什么大事。

太平天国定都南京以后，发动了声势浩大的北伐。咸丰三年（1853）八月，西征军直指武汉。咸丰皇帝十分着急。这个时候，咸丰皇帝手中已经没有什么兵

[1] 陈兆祦主编：《当代中国档案学文库》第1卷，中国档案出版社，1999年，第1349页。

[2]《曾国藩全集·书信》1，岳麓书社，2011年，第313页。

[3] 茅海建著：《苦命天子——咸丰皇帝奕詝》，上海人民出版社，1995年，第89页。

力。南方各省的军队大多溃败，或者集中于江南江北大营不能动用。这时咸丰才想起了曾国藩。他想起曾国藩几个月前说过，他要练一支一万人的军队，那么大半年过去了，虽然他没对书生练兵的曾国藩抱多大希望，但起码这支军队可以拿来救救急吧？

于是他给曾国藩下了一道命令，令他率炮船北上增援湖北。

曾国藩这下可犯了难。此时，湘军虽然已经有了一定的规模，但练兵才练到一半，作战技能还处于半生不熟的状态，与一般的小股农民武装战斗是没有大问题的，但是如果要与身经百战的几十万太平军作战，无异于以卵击石。特别是湘军水师，现在船才造了一半，威力强大的洋炮还没安上，根本没法出兵。

但是皇帝的旨意，又不能不从。怎么办呢？想来想去，他打算派部下带三千人到湖北去应付一下。但是咸丰并不同意，坚持要曾国藩亲自带全部湘军前去，他怕曾国藩再次拒绝，先给曾国藩戴了个高帽，说"曾国藩团练乡勇，甚为得力，剿平土匪，业经著有成效，着即酌带练勇，驰赴湖北，合力围攻，以助兵力之不足"。谕旨中还有"两湖唇齿相依……自应不分畛域，一体统筹"之语，意思是曾国藩如果不出兵，就是不顾大局。[1]

曾国藩没有办法，只好以"拖"字诀来解决。于是他精心上了一道奏折，说我积极准备出兵，现在正在筹集饷银和购买洋炮，等大炮安上，军饷到手，就马上出发。

"拖"字诀发挥了作用。这道奏折上了没多久，形势发生了变化，太平军离开湖北，开赴安徽，曾国藩这才放下心来。

然而这一年十月底，太平军进攻安徽庐州，兵势凶猛，安徽不支。咸丰皇帝第三次下令曾国藩火速率兵救援，与安徽巡抚江忠源会合，收复安徽失地。和上次一样，咸丰皇帝怕说不动曾国藩，在上谕结尾又加了这样几句："该侍郎忠诚素著，兼有胆识，朕所素知，谅必能统筹全局，不负委任也。"[2]

这一次时间过去了两个多月，按理湘军训练已经比上次充分，应该动身了。因为除了皇帝的严旨不说，安徽巡抚江忠源也是曾国藩的好友，私交很深。

江忠源字岷樵，是湖南新宁（今属邵阳）人，此人出身不过举人，却胸怀大志，才气超群。我们以前讲到过，曾国藩做京官时两人就相识了，江忠源拜倒在曾门之下，执弟子之礼。曾国藩在送他出门的时候说过："是人必立功名于天下，然当以节

[1]《曾国藩全集·奏稿》1，岳麓书社，2011年，第103页。
[2]《曾国藩全集·奏稿》1，岳麓书社，2011年，第110页。

义死。"咸丰皇帝登基时，命曾国藩举荐人才，他向咸丰推荐了六位干才，江忠源就名列其中。

后来太平军入湘，江忠源散尽家财，募勇五百人抵抗。因军功先后升知府、按察使，最后授安徽巡抚。以举人数年而成巡抚，在当时也是异数。可见此人确实是一个难得的将才，失去了他，天下形势更不可想。更何况，曾国藩另一个更为要好的朋友、儿女亲家陈源兖，也正在江忠源军中。有了这样的渊源，按理，曾国藩无论如何也应该出兵相助。

然而曾国藩再次抗命，拒不赴援，回复皇帝说，他还需要一段准备时间。现在草草一出，很有可能是有去无回。现在他正不惜重金采购洋炮，训练军队，岂能因皇帝的严旨功亏一篑？

咸丰三年（1853）十一月，江忠源被太平军围困在庐州，弹尽粮绝，情况万分危急。江忠源亲自写信向曾国藩求救，咸丰皇帝也再一次命曾国藩迅速出兵。

曾国藩仍然不为所动。他在十一月二十六日，给皇帝上了封奏折，说明自己为什么不动身。他说，我现在兵练得还不熟，特别是船只没有造齐，大炮没有装完，水勇没有招够，"统计船、炮、水勇三者，皆非一月所能办就"，必须等待从广东购买的西洋大炮全部解到湖南，"明春乃可成行"。"事势所在，关系甚重，有不能草草一出者。"[1]

他还在奏折中大谈安徽、江西、湖北、湖南合防之道，及以堵为"剿"之策，意思是让咸丰皇帝统筹规划，把这四省组成一个军区统一指挥，不要头痛医头，脚痛医脚。

这一回，咸丰皇帝可终于火了。你曾国藩练了点儿兵，能不能打仗还不能说，还这么拿着捏着迟迟不动，还在这儿指挥我怎么组织各省合防。你把自己当谁了，当成大清国的大救星了？没有你天下还真的不行了？

他在曾国藩的奏折上亲笔批道：

> 现在安省待援甚急，若必偏执己见，则太觉迟缓。朕知汝尚能激发天良，故特命汝赴援，以济燃眉。今观汝奏，直以数省军务一身克当，试问汝之才力能乎？否乎？平时漫自矜诩，以为无出己之右者，乃至临事，果能尽符其言甚好，若稍涉张皇，岂不贻笑于天下？着设法赶紧赴援，能早

---

[1]《曾国藩全集·奏稿》1，岳麓书社，2011年，第112页。

一步即得一步之益。汝能自担重任，迥非畏葸者比。言既出诸汝口，必须尽如所言，办与朕看。[1]

现在安徽这么紧急，你再固执己见，拒不出兵，那么肯定来不及了。我以为你还算有良心，所以让你出兵，救救燃眉之急。没想到你在奏折里，替我统筹起几省的军务来了。我问你，你的才力，能统筹得了几省的兵力吗？平时你就能吹牛，觉得谁也不如你，把别的官员骂得够呛。怎么现在真有事，你又不敢出兵了？你别说别的，早点儿出兵，早一天就能早顶点儿事。你的兵虽然少，但多少总能发挥点作用。你和我吹过那么多牛，关键时刻，你快点儿给我办出成效来！

字字怒火，字字刻薄。当年被曾国藩在《敬陈圣德三端预防流弊疏》中批评时所受到的委屈怨恨喷薄而出。从这种讥讽的口吻中我们可以发现，在咸丰皇帝看来，曾国藩不过是一个好高骛远、纸上谈兵的书生。

奉到如此严苛之旨，曾国藩毫不害怕，他于十二月二十一日上了一封表面上诚恳、实则强硬非常的回奏。他说：

微臣有数条，不得不逐条陈明：

一、起行之期，必俟解炮到楚。臣所办之战船，新造者九十号，改造者百余号，合之雇载者共四百号，可于正月中旬一律完毕。惟炮位至少亦须八百尊，乃敷分配，计算正月之末，总可陆续解到。

二、黄州以下，节节有贼，水路往援之兵，不能遽达皖境。臣奉命由水路前往，阻隔黄州一带，何能遽行扫清，直抵安徽？

三、三省合力防堵之说，系臣骆秉章与臣函内言之；四省合防之说，系臣江忠源与臣函内言之。臣之才力固不能胜，臣之见解亦不及此，此系吴文镕、骆秉章、江忠源三臣之议论。然舍此办法，则南数省殆不可问矣。

四、饷乏兵单，微臣竭力效命，至于成效，则不敢必。臣以丁忧人员，去年奏明不愿出省办事，仰蒙圣鉴在案。此次奉旨出省，徒以大局糜烂，不敢避谢。然攻剿之事，实无胜算。且贼势猖獗如此，岂臣区区所能奏效。臣自维才智浅薄，惟有愚诚不敢避死而已。至于成败利钝，一无可恃。

皇上若遽责臣以成效，则臣惶悚无地。与其将来毫无功绩，受大言欺

---

[1]《曾国藩全集·奏稿》1，岳麓书社，2011年，第112页。

君之罪，不如此时据实陈明，受畏葸不前之罪。臣不娴武事，既不能在籍
终制，贻讥于士林；又复以大言偾事，贻笑于天下。臣亦何颜自立于人世
乎！中夜焦思，但有痛哭而已。[1]

这封奏折很长，这里只是摘录。奏折要点有四。一个是他确实还没有完全准备好，
正在兴办战船，"昼夜催赶，尚不迟缓"，明年正月底才能装齐大炮出征；二是咸丰的指
示不符合实际情况，长江沿岸，到处都是太平军，"何能遽行扫清，直抵安徽？"三
是辩白四省合防论不是我自己的看法，而是这几个省的总督巡抚的一致意见。

最后一条，则是对咸丰表明自己的心迹。曾国藩说，我当初本在家守孝，是你
硬让我出山。我出来带兵，本来就没有经验，处处都是困难，所以不得不再三准备。
如果你现在非逼着我草率出兵，我肯定会失败。与其失败之后，你治我"大言欺君"
之罪，不如我现在受你治我"畏葸不前"之罪。我一个文臣为国练兵，不能在家守孝，
已经受到士林的讥讽，现在又以大言欺世，受到全天下的嘲笑，我又有什么面目自
立于人世。深夜焦思，只有痛哭。

千言万语，就是现在不能出兵，你想怎么处分我，随便吧。

这封奏折写得强硬而又沉痛，句句顶着咸丰来，这是一副死猪不怕开水烫的劲头。

咸丰早就知道曾国藩的脾气，现在一看这封奏折，知道曾国藩是不可能让步
了，只好自己给自己找台阶，反过来说曾国藩说得有理，让步抚慰，还说"汝之心
可质天日，非独朕知"[2]。

和皇帝他只能讲具体困难，和朋友他才能掏出心中的大计划。曾国藩给江忠源
回信，解释他何以不出兵。他说，这次练兵，他是为天下根本之计着想，因此"必
须选百练之卒，备精坚之械。舟师则船炮并富，陆路则将卒并愤，作三年不归之想，
为百战艰难之行"，这样才能挽狂澜于既倒。如果仓促起行，"人尽乌合，器多苦窳，
船不满二百，炮不满五百，如大海簸豆，黑子着面"[3]，这样的军队纵能速达，又何
堪一战，无异于送死。

不知道江忠源是否看到了这封回信。咸丰三年（1853）十二月十七日，太平军
炸塌庐州城墙，乘势杀入。江忠源因为孤立无援，抵抗不住，转战至水闸桥边，身

[1]《曾国藩全集·奏稿》1，岳麓书社，2011年，第114~117页。
[2]《曾国藩全集·书信》1，岳麓书社，2011年，第436页。
[3]《曾国藩全集·书信》1，岳麓书社，2011年，第351页。

受七伤，投古塘而死，时年才四十二岁。曾国藩的亲家、候补知府陈源兖等也同时死事。曾国藩得到信息，不觉"呜呼痛哉"！

然而为了天下大局，他只能如此。咸丰皇帝把曾国藩的这点儿兵当成了芝麻盐，需要时撒一下，撒完了也就完了。而曾国藩却认为，他手中这支新的军队是天下全部的希望，不能轻易孤注一掷。

曾国藩拒不出兵，不光让江忠源等朋友失望，也令湖南通省官绅对他有意见。曾国藩为了建立湘军，四处劝捐，甚至勒捐（强行摊派），从社会上筹集了大量的钱。现在国家有急，皇帝屡令他出师，他却做起了缩头乌龟，几次拒绝。社会上对他议论四起，他只是付之一笑。

给刘蓉的信中，曾国藩这样说：

> 省中人言籍籍……有以书来贺我起行者，有以书来责我迟缓者，仆方付之一笑，以为不足办（辨）而已。……如仆者，尚何忌何待？然不稍为储峙，则此后更无继者，故不得不稍慎也。[1]

省城里说什么的都有。有的写信来祝贺我出发，有的写信来责备我迟缓。我都付之一笑。我对个人得失没什么想法，怕的是如果不好好准备，轻率出动，失败之后，整个天下就没有人敢于继续尝试镇压太平天国了。

在给其他朋友的信中，曾国藩这样解释说："此次募勇，成军以出，要须卧薪尝胆，勤操苦练，养成艰难百战之卒，预为东征不归之计。若草率从事，驱不教之士，执窳脆之器，行三千里之远，以当虎狼百万之贼，未与交锋而军士之气固已馁矣。……故鄙意欲竭此两月之力，昼夜训练。凡局中窳苦之器，概与讲求而别为制造，庶几与此剧贼一决死战。……虽蒙糜饷之讥，获逗留之咎，亦不敢辞。"[2]

也就是说，我这次训练湘军，必须卧薪尝胆，勤操苦练，练成能够百战不殆的士兵。如果草率出兵，带领没有训练过的士兵，拿着劣质的兵器，和虎狼一样的太平军作战，没交锋就已经先败了。所以我决心日夜训练，劣质兵器一律淘汰替换。虽然别人讥讽我浪费军饷，不敢迎难而上，我也不怕。

这时候的曾国藩，真可以说是"千呼万唤不出来"。

---

[1]《曾国藩全集·书信》1，岳麓书社，2011年，第364页。
[2]《曾国藩全集·书信》1，岳麓书社，2011年，第371页。

曾国藩这几次抗疏拒旨，为造船、购炮与练兵赢得了时间，使湘军免遭轻进覆灭之灾，为日后彻底战胜太平天国积蓄了基本力量，但是也进一步强化了他在咸丰头脑中的"刺头"印象。自从登基以来，还没有人像曾国藩这样一而再，再而三地强硬顶撞他，如此坚决地违抗他的命令。只因湖南鞭长莫及，他对这支湘军本来也没抱太大希望，这才没有对曾国藩追究到底。但是他对曾国藩的反感与日俱增。

曾国藩拒不出兵，不但损折了好友的性命，也送了自己座师的老命。

当时，担任湖广总督的是吴文镕。吴文镕是江苏仪征人，历任湖北、江西、浙江、云贵大员。由于有"剿贼"经验，太平天国西征军攻入湖北形势危急之际，清廷调他为湖广总督，坐镇武昌。

早在道光十八年（1838）曾国藩中进士时，吴文镕是主考官之一。所以按当时惯例，曾国藩要称吴文镕为"座师"。两人关系一向亲近，曾国藩的日记中留下了二人交往的多次记录。吴文镕出任江西巡抚时，曾国藩专门送别，并赋长诗以志怀。

吴文镕到达武昌之时，全城已经逃徙一空，官兵仓皇无计，人心涣散。吴文镕临危不乱，传集僚属，誓以死守。他当日就住在保安门城楼之上，示与守城官兵共生死之意，当时随身仅一仆一马，无书吏师爷，也无亲兵夫役。他在城楼上昼夜处理文卷，衣不解带者两月。因此人心稍定，溃兵稍集。太平军看到城守严密，不得不退守下游，不敢直接进攻省城。

此时的湖北巡抚是崇纶，满洲正黄旗人，为人工于结纳，善于钻营，所以升得很快。但此人贪生怕死，当太平军围困武汉之时，他急于保命，要求自己带队出兵，实际是想借机出城逃跑，吴文镕一眼看穿了他的把戏，拒绝了他的要求，于是他对吴恨之入骨。

不久太平军再次逼近省城。吴文镕与曾国藩反复飞递书信，商量用兵大计。曾国藩说现在太平军势盛，如果轻易出战，必败无疑，所以劝吴文镕死守武昌，约定明年年初，待湘军水师建成，水陆并进，届时与吴文镕里应外合，夹击太平军。

可是，崇纶却千方百计地想把吴文镕逼死。他上疏咸丰，弹劾吴文镕"安坐衙斋，闭城株守"[1]。说太平军本来人数不多，势力不大，但是吴文镕不敢出兵，借口说非要等湖南广东等地派来大军才肯一起出"剿"，这显然是贪生怕死。还说什么"兵

---

[1]《曾国藩全集·奏稿》1，岳麓书社，2011年，第290页。

勇各告奋勇，情愿自去杀贼，亦不准往，不知是何居心，是何肺腑"[1]。

咸丰皇帝本来就没有主意，又急于求成，于是也催吴文镕出战。

曾国藩闻之，心急如焚，马上给吴文镕写信说，千万不要出武昌，即使因此受到处分，也不必害怕："窃念吾师之进退，系南北两湖之安危，即系天下之利害。……虽有严旨切责，吾师尚当剀切痛陈，备言进剿之不能得力。……逐层奏明，宜蒙俞允。"就是说让他顶住皇帝的压力，守好省城，等自己明年年初练好兵，再与之会合，与太平军决一死战。曾国藩十分担忧座师早早出城，因而信尾说："如尚未起行，伏望审慎三思，仍驻鄂垣，专重防守。"[2]

但是吴文镕没有曾国藩的定力。在政敌和皇帝的交迫之下，吴文镕愤懑无比地说："我受国厚恩，岂惜死之辈！今湘军、黔军未至，孤掌难鸣，死国可耳！"于是，他率数千清军进至黄州，屯军堵城。

当时天气严寒，武昌又不按时运送粮草，清军士气极其低落。困窘之时，数万太平军分路杀至。吴文镕不得不再次写信，向曾国藩求援。曾国藩回信说"每念吾师孤军在外，恨不得奋飞至前也"[3]，但他现在"专望广东之九万金来，为起行之资"。可是广东起运的西洋炮至今未到，因此"尚不能起行"，为此"焦灼难状"[4]。

吴文镕毕竟不是咸丰，他是个明大理的人。他在重围之中又一次给曾国藩去信，反劝曾国藩稳重，不要因为自己这里危急而轻易出兵。他说：

> 吾意坚守，待君东下，自是正办。今为人所逼，以一死报国，无复他望。君所练水、陆各军，必俟稍有把握，而后可以出而应敌。不可以吾故，率尔东下。东南大局，恃君一人，务以持重为意，恐此后无有继者。吾与君所处，固不同也。[5]

就是说，我如今为崇纶所逼，不得不以一死报国，已经没有生还的希望。你所练水、陆各军，必要等到稍有把握，然后才可以出而迎敌。千万不要因为我，轻易

[1] 中国第一历史档案馆编：《清政府镇压太平天国档案史料》第 11 册，社会科学文献出版社，1994 年，第 238 页。

[2]《曾国藩全集·书信》1，岳麓书社，2011 年，第 395 页。

[3]《曾国藩全集·书信》1，岳麓书社，2011 年，第 459 页。

[4]《曾国藩全集·书信》1，岳麓书社，2011 年，第 387 页。

[5] 黎庶昌等撰：《曾国藩年谱》，岳麓书社，1986 年，第 33 页。

率兵出师。东南大局，全仗你一个人了，务以持重为意，我恐怕你要是失败了，就没有人可以指望了。我是万无生理之人，你是大有希望之人，所以我们选择报国的方式，自必不同。

曾国藩读到信，泪如雨下。

在太平军的强大攻势下，清军不敌，吴文镕投塘自杀。

吴文镕的死给曾国藩造成了很大的损失。吴文镕在清政府有很高的地位，吴文镕一死，曾国藩失去了一大支柱。

江为挚友，吴为恩师，但曾国藩忍心按兵不动，致使江、吴先后兵败自杀，作为省会的庐州、武昌也迭遭沦陷。此时的曾国藩承受的心理压力可想而知。但从战略上看，曾国藩这两次抗疏拒旨，则为造船、购炮与练兵赢得了时间，使湘军免遭轻进覆灭之灾，为日后彻底战胜太平天国积蓄了基本力量。

可以说，曾国藩在创建湘军的过程中，遇到了太多的困难。"公尝以蚊虻负山、商距驰河自况；又尝有精卫填海、杜鹃泣山之语。盖公之水师为肃清东南之基本，而是年冬间，最为盘错艰难之会矣。"[1]

也就是说，曾国藩此时以蚊子背起大山，蜈蚣想游过大河自比。又说自己是精卫填海，杜鹃泣山。这一年冬天，是曾国藩创建湘军最为困难的时候。

曾国藩后来说，如果他有时间，就会写一本"挺"经，所谓"挺"，就是指在危急时刻，能坚持住。对于这样的"挺"字精神，曾国藩称之为"竖起骨头，竭力撑持"。后来他专作了一副联语，作为"挺"字的注脚："养活一团春意思，撑起两根穷骨头。"[2]重重困难之中，曾国藩不止一次想打退堂鼓，但一想起长沙之辱，他便又鼓起了全部斗志。他要让那些当初逼他出走衡阳的湖南官员看一看，到底谁能笑到最后。

经过一年时间，曾国藩初步练成了一支一万七千余人的湘军。

3. 曾国藩的第一次自杀和湘潭大捷

曾国藩顶住了重重压力，全力投入造船、练勇、筹饷之中，历尽了千辛万苦，

---

[1] 黎庶昌等撰：《曾国藩年谱》，岳麓书社，1986 年，第 32 页。
[2]《曾国藩全集·日记》1，岳麓书社，2011 年，第 477 页。

水陆两师终于初具规模。

咸丰四年（1854）年初，太平军西征军攻克汉阳汉口后，又挥师南下湖南，直指长沙。

咸丰四年正月，曾国藩亲率水陆大军齐集誓师。在衡阳城西演武场两丈多高的旗杆上，挂着一面杏黄旗，旗上绣着斗大的一个"曾"字。一万七千名湘军士兵整齐列队于操场之上，各式战船三百六十艘载大炮五六百门排列于港口之中，将士衣甲鲜明，军威雄壮。誓师之后，湘军由衡阳水陆并发，兼程北上长沙，据守于此，迎战进入湖南的太平军。

此时太平军水师已据有长江天险，战船密布，桅樯如林；陆军则席卷皖、赣、鄂三省，数千里连营结寨，战鼓如雷，气势远非湘军可比。但太平军考虑到湘军已经集结到长沙，如采取攻坚，部队伤亡可能较大，决定对长沙围而不攻，一部从陆路绕过长沙，疾趋南下，攻占湘潭，另一部又攻占长沙附近的一个重要港口靖港（靖港位于资水入湘之口，距会城六十里），对长沙形成包围圈。曾国藩腹背受敌，外无救兵，内缺粮草，时间一久，可能困死城内。

曾国藩与众将商议，决定主动出击，冲出包围，攻打湘潭。战斗序列是以塔齐布为首的五营水陆大军先一日出发，他自己则在第二天率领剩余五营陆师和船只前往湘潭增援，以求必胜。塔齐布出身满族，本是三等护卫，后来被派往湖南，任绿营守备，防备太平军。在曾国藩约集绿营会操时，其他绿营将领不以曾国藩为然，只有他恭谨听命，且"每操军，执旗指挥，虽甚雨，矗立无惰容"，曾国藩"见而伟其才"[1]，因其忠勇可靠，识拔他于绿营军中，委以重任。派他做先锋，曾国藩是放心的。

塔齐布走后，曾国藩安排出征事宜，准备第二天增援湘潭的行动。然而，就在这天夜间，出现了一个小小的变故：靖港一带的民兵跑来汇报，说靖港一带的太平军人数不多，有机可乘。"长沙乡团来请师曰：'靖港寇屯中数百人，不虞我，可驱而走也。已做浮桥济师，机不可失。'"[2]说是靖港的太平军只有几百人，防守薄弱。

曾国藩一算，除了后继五营，他手中还有水陆兵员三千多，处于绝对优势，胜算极大。更重要的是一旦拿下靖港，就解除了长沙北面的威胁，并且可以截断湘潭之敌的北归之路。

---

[1] 王定安著，朱纯点校：《湘军记》，岳麓书社，1983年，第13页。
[2] 王闿运、郭振墉等著：《湘军志 湘军志评议 续湘军志》，岳麓书社，1983年，第231页。

战机稍纵即逝，不容错过。

曾国藩迅速做出决策，临时改变计划，改为先攻打靖港。

之所以做出这个决定，曾国藩有一个重要考虑是首战必胜。先打弱敌、首战必胜，历来是用兵重要原则，这样才可以奠定士气基础，为军队开个好头。曾国藩还有一个自己的盘算，要用一场亲自指挥的大胜，来向皇帝，向湖南通省官员，证明自己。以多击少，以百练之师攻击太平军一个分支，曾国藩认为此战有万全把握。

四月初二日（公历 4 月 28 日）清晨，曾国藩率领水师大小战船四十只、陆勇八百人，从长沙出发，很快到达了距靖港二十里的白沙洲。曾国藩在这里驻扎下来建立指挥部，命水师五营顺流而下，直攻靖港。

曾国藩在衡阳苦练湘军，今天终于要真刀真枪开始战斗了。他信心满满，认为不用半天，就可以解决战斗。他的声威，湘军的声望，必因此一战而稳固建立。

然而战斗的进程远远不是曾国藩所想象的那样。靖港太平军远远比民兵们汇报的多得多，而且准备非常充分。他们一见湘军水师到来，立即以岸上的密集火炮发炮射击。此时恰逢天公不作美，南风骤起，水流迅急。湘军战船本应回撤躲避，无奈水急风紧，将湘军的战船全都吹到了太平军炮火兵营前面，想退都退不回来。水师哨船首先中炮起火，后面的船乱成一片。无奈之下，只能连忙降下风帆，然后派人到岸上，用人力牵着纤绳拉船逃跑。

这种情况下怎么能顺利逃跑？太平军陆上出动人马，袭击牵着缆绳的湘军，水里出动了二百只小划船，顺着风势，向湘军船只抛送火球，袭击湘军船只。很多湘军水师船只或者首领被俘，或者被烧。

驻在白沙洲的曾国藩听说水师失利，急忙率领陆师向靖港方向增援。谁知陆军得知水师大败后，军心已乱，与太平军交锋，一触即溃。败兵争逃活命，抢渡浮桥，浮桥被挤塌了，溺死者无数。曾国藩一看，勃然大怒，在岸上竖起"曾"字大旗，亲自拿着利剑，大喊："过旗者斩！"然而也无济于事，败兵纷纷从他身边绕过，砍也砍不过来。王闿运在《湘军志》中说："国藩亲仗剑督退者，立令旗岸上曰：'过旗者斩。'士皆绕从旗旁过，遂大奔。"[1]

这一战彻底失败，湘军战舰损失三分之一，炮械损失四分之一。

一心想首战必胜的曾国藩，迎来了首战惨败。自己亲手训练出的士兵在靖港表

---

[1]王闿运、郭振墉等著：《湘军志　湘军志评议　续湘军志》，岳麓书社，1983 年，第231 页。

现如此，那么想来攻打湘潭的那一支表现也好不到哪儿去。眼看几年来的心血，平生的指望，转瞬之间化为乌有。曾国藩眼前马上浮现出长沙官员那一张张讥笑的脸，浮现出咸丰皇帝那刻薄的神情。他既羞愤，又沮丧，水师船只经过铜官渡时，他一步跨出船舱，扑通跳进水中。不成功，就成仁，这是他早就做好的打算。"国藩愤，自投水中。"[1] 幸亏身边的护卫们早就看出大帅神情不对头，马上跳下去相救，强把他拉到船上来。

曾国藩仍然不罢休，还要再跳下去。人们日夜看守，不让他有机可乘。曾国藩一看寻死不能，只好把残兵败将先带回长沙再说。

其实一开始，湖南官场就对曾国藩没有什么信心，没人拿他练的这支湘军当回事，觉得他就是在浪费国家的钱。所以当初曾国藩在长沙城外准备出兵靖港前，"骆吁门从而和之，泊舟郭外，骆拜客至邻舟，而惜跬步不见过"[2]。塔齐布去攻打湘潭时，"长沙惴惴居贼中，人自以为必败"[3]。

现在，你看，果然，曾国藩灰溜溜地回来了吧！回到长沙城外，曾国藩不出意外地迎来了众人的嘲骂。湖南提督鲍起豹说曾国藩是引狼入室，劳民伤财，所以关上城门，不让曾国藩进城。此时湖南按察使陶恩培荣升山西布政使，长沙官场送他到江边登舟赴任，湘江码头离曾国藩的座船咫尺之遥，但所有的官员竟然就像没看见曾国藩，无一人顺道过来拜访一下。

长沙通城官员在传曾国藩的笑话，说什么早就知道这个二愣子成不了事。甚至曾国藩的亲兵想进城都进不了，在城门口被老百姓追着打，人们纷纷说他们是废物，白吃老百姓给的粮饷。以布政使徐有壬为首的长沙几个官员，幸灾乐祸，煽风点火，准备起草奏折，弹劾曾国藩。曾国藩自己回忆说："甲寅年（咸丰四年）岳州、靖港败后栖于高峰寺，为通省官绅所鄙夷。"[4] 曾国藩年谱也载："公之回长沙也，驻营南门外高峰寺。湘勇屡溃，恒为市井小人所诟侮，官绅之间，亦有讥弹者，公愤欲自裁者屡矣。"[5]

曾国藩晚年又一次对赵烈文回忆了这个难忘的时刻。他说："起义之初，群疑众谤……藩司陶恩培、臬司徐有壬以吾有靖港之挫，遽详骆抚请奏参。黄昌歧及吾部

[1] 王闿运、郭振墉等著：《湘军志　湘军志评议　续湘军志》，岳麓书社，1983年，第231页。
[2] 太平天国历史博物馆编：《太平天国史料丛编简辑》第3册，中华书局，1962年，第231页。
[3] 王闿运、郭振墉等著：《湘军志　湘军志评议　续湘军志》，岳麓书社，1983年，第231页。
[4]《曾国藩全集·家书》1，岳麓书社，2011年，第488页。
[5] 黎庶昌等撰：《曾国藩年谱》，岳麓书社，1986年，第41页。

下出入城门，恒被谯呵，甚有挞逐者。"[1]

曾国藩羞愧至极，那身湿衣服说什么也不脱下来，他不吃不喝，不洗头不洗脸，只是坐在那儿奋笔疾书，起草遗折，也就是写给皇帝的遗书，打算再找机会寻死。他的老部下李元度描述当时的情景说："文正衣湿衣，蓬首跣足，劝之食不食。乃移居城南妙高峰，再草遗嘱，处分后事，将以翼日自裁。"[2] 曾国藩在遗疏中说："为臣力已竭，谨以身殉……臣愧愤之至，不特不能肃清下游江面，而且在本省屡次丧师失律，获罪甚重，无以对我君父。谨北向九叩首，恭折阙廷，即于△△日殉难。"[3] 他还嘱咐弟弟曾国葆护送自己的棺材回老家，还嘱咐不可办葬礼，不收礼金。一通安排搞得大家都提心吊胆。

就在曾国藩修改遗折，打算寻找自裁机会的时候，曾国葆闯了进来："大哥，塔齐布来信了，湘潭大胜！"

原来曾国藩派出的另一路湘军在湘潭取得了大胜。这场胜利是太平军军兴以来清军取得的最大一次胜利。

三月二十八日（公历 4 月 25 日），塔齐布奉曾国藩之命，率部赶到湘潭城外。塔齐布是一员猛将，一到之后，立即对太平军展开猛攻。曾国藩平日的训练见了效果，湘军非常奋勇。塔齐布"手执大旗，麾各路兵勇奋勇向前，周凤山严督后队继进，手刃临阵退缩之勇七人"[4]。湘军闻炮即伏，炮止即进，直冲太平军营垒。面对湘军的猛烈进攻，太平军毫无心理防备，渐呈难以抵御之势。

湘军取胜的第一个原因是纪律严明，官军用命，勇敢无畏。除此之外，西式武器的运用也是湘军取胜的关键原因。四月初一日（公历 4 月 27 日），曾国藩所派的后继湘军水师五营也到了湘潭，在湘江内与太平军水营展开激战。曾国藩为了等待广东的洋炮，曾一再推迟出征日期，现在被证明是非常正确的。出征之时，他军中的洋炮已达六百尊，这种英式大炮比太平军的土炮先进很多，火力凶猛，射击准确，往往一炮就能掀翻太平军一只战船。"褚汝航亲开大炮……营官彭玉麟、杨载福亲坐舢板小船往来督战，炮声如雷，湘波鼎沸。"[5] 湘军水师凭借船炮的优势，往返冲击。由民船仓促组建的太平军水营，难以抵挡湘军水师的进攻，三天之内

[1] 赵烈文撰：《能静居日记》2，岳麓书社，2013 年，第 1082 页。

[2] 章寿麟等撰：《铜官感旧图题咏册》，岳麓书社，2012 年，第 514 页。

[3]《曾国藩全集·奏稿》1，岳麓书社，2011 年，第 165～166 页。

[4]《曾国藩全集·奏稿》1，岳麓书社，2011 年，第 156 页。

[5]《曾国藩全集·奏稿》1，岳麓书社，2011 年，第 158 页。

被毁大小船数百只，伤亡逾千人。曾国藩后来说："湘潭、岳州两次大胜，实赖洋炮之力。"[1]

四月初五日（公历5月1日），当守城太平军战士缘梯而下，准备接应城外太平军入城时，湘军伏兵骤起，将出城之太平军战士砍死，乘势夺梯登城，打开城门。大队湘军立即冲入，夺占了湘潭城。

湘潭之战，湘军水陆不足万人，与三万之众的太平军做殊死战，前后六天，十战十捷，以少胜多，毙敌近万，太平军逃散者也上万，太平军精锐林绍璋部几乎全军覆灭。

这是太平军军兴以来，清军取得的唯一大胜，也是太平天国与清朝命运的一个转折点。"自粤逆称乱以来，未受大创。湘潭一役，始经兵勇痛加剿洗，人人有杀贼之志矣。"[2]湘潭失守，靖港的太平军闻讯大惊也自动撤退，长沙之围遂宣告解除。

这一下，曾国藩终于不再想死了。"迟明，捷报至，官军拔湘潭，燔贼船数千，殄灭无遗种，靖港贼亦遁。文正笑曰：'死生盖有命哉。'乃重整水陆军。"[3]

在太平天国起义上，咸丰皇帝一开始表现得非常有魄力。在军费开支上，他一反道光皇帝小气吝啬的风格，出手非常大方果断。他不用官员请求，主动从内务府拿出自己的私房钱一百万两[4]，拨付广西，以求迅速建功。他甚至还把宫中的三口金钟熔作金条，用于军需。

为了镇压太平天国，咸丰调兵遣将，先后派出了名臣林则徐、广西巡抚周天爵、钦差大臣李星沅、军机大臣大学士赛尚阿等人前往镇压。他也在宫中日夜不停，阅读战报，下达指示，拿出了不达目的誓不罢休的架势。

咸丰的决心和气魄确实让大臣们很佩服。在咸丰看来，他花了这么大力气，这些边远省份的小小蟊贼，应该不难迅速"剿"灭。然而怎知越忙越乱。咸丰皇帝一路调兵遣将，太平天国却一路势如破竹，咸丰二年（1852）二月，太平军攻打广西省城桂林，咸丰二年四月，太平军打出广西，进军湖南。咸丰二年十二月，太平军

[1]《曾国藩全集·奏稿》1，岳麓书社，2011年，第186页。

[2]黎庶昌等撰：《曾国藩年谱》，岳麓书社，1986年，第41页。

[3]章寿麟等撰：《铜官感旧图题咏册》，岳麓书社，2012年，第514页。

[4]《清政府镇压太平天国档案史料》第1册，第342页。转引自茅海建著：《苦命天子——咸丰皇帝奕詝》，上海人民出版社，1995年，第64页。

居然攻入武昌，这是他们攻占的第一座省城。咸丰三年（1853）年初，他们又沿长江而下，攻取了他们心目中的"小天堂"——南京。

自从镇压太平军以来，咸丰所接到的都是兵败如山倒的失败报告，曾国藩总结清代正规军镇压太平天国的战绩说，"督抚两标之兵习于淫侈、偷惰，已久不可用矣。自咸丰二年粤匪至鄂，迄今不满三载，而全兵覆败大溃者五次，其间小溃小败不可胜数"[1]。咸丰自己也在上谕中说，清军主将"尽皆怕死贪生，敌未临境先有退志"，"或苟且捏饰以偷生，或仅一死以塞责"。事实证明，大清国家正规军已经烂透了，毫无战斗力。这样的军队派出去，如同浇在火上的热油，前往的军队越多，太平天国的势力反而越盛。

从《清实录》可以看出，自咸丰四年（1854）起，皇帝对战争已经失去信心。他不再像一开始那样天天费心琢磨如何用兵用人，"虽说每日依旧勤奋地批阅军报，但下达的谕旨多是头痛医头、脚痛医脚的公式化文章，一看便知军机处例行公事，所做的朱批只是痛骂加催促，看不到先前在命将、调兵、战略乃至战术上的果敢的大动作"。朱批上充满了对大臣们没头没脑的痛骂，谕旨中到处都是悲观绝望之词。"他不再细心制定新的作战方略，而是将之下放到前方统兵大员"[2]，只是一门心思忙着派人去挖洪秀全、杨秀清、冯云山、韦昌辉等人的三代祖坟，并明确指示将坟后"坐山后脉概行凿断"[3]，以坏其风水。

咸丰甚至已经开始设想自己的结局。稗史记载，太平军北伐时，他曾对杜翰说道：

> 天启当亡国而弗亡，崇祯不当亡而亡。今豫南北皆残破，贼已渡河，明代事行见矣。设在不幸，朕亦如崇祯不当亡而亡耳。[4]

也就是说，明代的天启皇帝很昏庸，但是没亡国。崇祯很勤政，却亡国了。如果太平天国势大，明代亡国的事就要重演了。可惜我是像崇祯一样，不当亡而亡啊。

可见当时咸丰对局势悲观至极。就在咸丰皇帝近乎绝望的时刻，他收到了意外

---

[1]《曾国藩全集·奏稿》1，岳麓书社，2011年，第460页。

[2] 茅海建著：《苦命天子——咸丰皇帝奕詝》，上海人民出版社，1995年，第133页。

[3] 章开沅主编：《清通鉴》，岳麓书社，2000年，第872页。

[4] 费行简著：《慈禧传信录》上，第14页。转引自沈嘉荣著：《太平天国史略》，南京出版社，1992年，第158页。

的湘潭大捷的捷报。咸丰已经被太平军打得六神无主，接到这一报告，第一反应居然认为曾国藩是在说谎。一是因为谎报军情是当时将兵者的常态，二是他不相信一支"民兵"有如此强的战斗力。直到他专门召见湘潭籍的翰林院编修袁芳瑛，向他打听实情，袁氏把从家乡得到的消息详细上告，他这才相信。皇帝大喜过望，兴奋异常，竟然当天顺手赏了袁氏一个知府肥缺。"湘潭克复，奏捷至京师，大臣或指为妄。上……一日特旨召见编修袁芳瑛，问所以破贼状。""因举颠末为上备陈之。上大悦，即日授芳瑛松江知府，而公（曾国藩）志以明。"[1]

咸丰皇帝迅速发出一系列上谕，嘉奖曾国藩"办理甚合机宜"[2]，特命曾国藩单衔奏事。湖南省文武百官，除巡抚一人之外，曾国藩皆有权调遣。这道上谕从根本上改变了曾国藩在湖南的政治地位。上谕先发至巡抚衙门，骆秉章接旨后，立即带着藩、臬两司等一班官员，拥着一顶绿呢空轿，亲自来接一直住在城外船上的曾国藩入城。"文武官大惭沮，有壬诣曾藩谢。"[3]骂他最凶的布政使徐有壬当晚单独拜会曾国藩，恳切检讨过去的态度。曾国藩的仇人鲍起豹则被皇帝下旨严责，革职拿办。长沙全城民众则欢呼雀跃、额手称庆，纷纷称是曾国藩救了他们。塔齐布从湘潭回到长沙时，文武官员及百姓沿街"聚观相叹"[4]，以为他是神人。

曾国藩打掉牙和血吞，终于取得了胜利。他用自己的艰苦奋斗，成功地挽回了面子。

可以说，没有长沙之辱，就没有曾国藩后半生的功名事业。这一次挫而后奋的成功，给了曾国藩另一次印象极深的自我教育，更强化了他愈挫愈奋、百折不挠的性格特点。多少年后，曾国藩对他的心腹幕僚赵烈文深有感慨地说，天下事有所激有所逼而成者居多。"起兵亦有激而成。初得旨为团练大臣，借居抚署，欲诛梗令数卒，全军鼓噪，入署几为所戕，因是发愤募勇万人，浸以成军，其时亦好胜而已。不意遂至今日。"[5]

从这次经验中，曾国藩更是领悟到，对于有志者来说，挫辱是最大的动力，打击是最好的帮助。咬紧牙关，把挫辱活生生吞下，就成了滋养自己意志和决心的营

[1] 黎庶昌著：《拙尊园丛稿》第三卷，光绪十六年刊本。转引自高中华著：《肃顺与咸丰政局》，齐鲁书社，2005年，第29页。袁芳瑛，湖南湘潭人，曾国藩的好友兼亲家。

[2]《曾国藩全集·奏稿》1，岳麓书社，2011年，第228页。

[3] 王闿运、郭振墉、朱德裳、王定安撰：《湘军史料四种》，岳麓书社，2008年，第27页。

[4] 王闿运、郭振墉、朱德裳、王定安撰：《湘军史料四种》，岳麓书社，2008年，第9页。

[5] 赵烈文撰：《能静居日记》2，岳麓书社，2013年，第1094页。

养。这构成了曾国藩生命经验中最核心的部分。几十年后，他还在家书中教育儿子说："天下事无所为而成者极少，有所贪有所利而成者居其半，有所激有所逼而成者居其半。"[1]"百端拂逆之时……亦只有逆来顺受之法。"[2]"所谓'好汉打脱牙和血吞'……真处逆境之良法也。"[3]

4. 湘军团队是这样设计出来的

讲到这里，我们应该问一个问题：为什么大清王朝举国之力供养训练了二百多年的正规军队不堪一击，而一介书生曾国藩花一年时间练出的湘军就能所向披靡呢？

换句话说，湘军的战斗力来自哪里呢？

湘军的战斗力来自曾国藩的"反思"习惯。

我在这句话里所说的"反思"，用的字面意思，也就是反向思考。曾国藩在创建湘军的时候，并没有首先去想"湘军怎么才有战斗力"，而是先来分析"绿营兵为什么没有战斗力"。这是一个很重要的切入点。其实很多时候做事不需要你有什么超天才的想法，你只要好好总结一下别人都犯了哪些错误，然后你反着来，你可能就成功了。

那么绿营兵为什么没有战斗力呢？曾国藩通过分析得出的结论是，绿营兵败就败在制度缺陷上。

晚清军营存在着两个怪现象。第一个怪现象，就是士兵普遍都有第二职业。这些军人一边当着兵，一边还忙着别的事，有人经商做买卖，有人种地，有人杀猪，有人开茶馆，还有人在市场上卖鱼卖肉……鸦片战争期间的定海县官员向上级汇报，当时定海的军人，有一半的真正身份其实不是军人，而是理发匠、是修脚工、有的还是仆人。林则徐也在一封奏折中向皇帝汇报说，鸦片战争期间，长沙的士兵们忙着照顾自己的买卖，没心思好好打仗。他举例说，长沙青石街的双美茶室就是四名绿营兵合伙经营的。其实这种情况清朝皇帝们心里也很清楚。比如嘉庆皇帝在

---

[1]《曾国藩全集·家书》2，岳麓书社，2011年，第431页。
[2]《曾国藩全集·家书》2，岳麓书社，2011年，第483页。
[3]《曾国藩全集·家书》2，岳麓书社，2011年，第476页。

上谕中就曾经讲过,士兵们不会打仗,就是因为他们"在外兼习手艺,训练生疏"[1]。

那么,原本以打仗为职业的士兵,怎么会出现"小贩化"倾向呢?

这也是清代军队的第一个制度缺陷——"低饷制"惹的祸。

清代对文官实行"薄俸制",就是给他们开很低的工资,其实军队也是这样,实行"低饷制"。

清代一名普通军人的收入是多少呢?绿营兵平均每月收入白银一两三钱六分,此外还有大米三斗,加一起也不到二两银子。我们要注意,这些收入不是仅供他一人生活,因为那时候妇女不工作,所以军人还要养家糊口。这点钱,按今天的币值,不到四百元钱,养活一家人,根本不够。所以清代军队才出现经商潮。士兵纷纷经营第二职业,忙着挣钱糊口,军队训练的时候,他们能躲就躲,实在躲不过去,就雇人顶替自己。所以清代史料说,操练之时,"兵丁等往往正身不到,私自雇人替代,有名无实"[2]。你说这样一支军队,还谈什么战斗力呢?这是晚清军队第一个怪现象,士兵经营第二职业。

第二个怪现象,是部队广泛经营第三产业。士兵们做点小买卖,军官们则玩儿大的。军官普遍动用军事装备来经商赚钱。比如鸦片战争时期任福建道员的张集馨记载:"漳郡城外有军工厂,每月督造战船一只,以为驾驶巡缉之用。其实水师将船领去,或赁与商贾贩货运米,或赁与官府往来差使。"[3]也就是说,福建水师每月都会造一只战船,但是这些船都被水师军官租给商人贩运大米,或者租给官府用作官船,至于收入呢,当然就纳入军官们的私囊了。还有的地方部队靠出租军事用地赚钱。如浙江军队的操场位于城里,地段好、地价高,军官们就把操场租给地方上用,这样就搞得军队没有地方进行训练了。当然,晚清军队最令人痛恨的事,是他们走私护私,违法犯罪。在鸦片战争以前,广东水师就大肆收受贿赂,听任犯罪分子在海上走私鸦片而不管,有时甚至还出军舰为这些鸦片贩子保驾护航。

以上种种贪腐行为,大部分都是朝野皆知的公开秘密,但是在大清朝却常年都这样,难以取缔。主要原因,当然是清代军官收入也不高。清代高级军官,比如绿营提督,官居从一品,比地方上的总督级别还高点,每年的法定收入是多少呢?不

[1]广东省地方史志编纂委员会编:《广东省志·军事志》,广东人民出版社,1999年,第637页。

[2]《清朝续文献通考》卷二〇六,第9547页。转引自郭太风著:《迈向现代化的沉重步履》,学林出版社,2004年,第9页。

[3]张集馨著:《道咸宦海见闻录》,中华书局,1981年,第63页。

过才八十一两，虽然此外还有八百八十两的养廉银，加到一起，年收入也不足千两。这点收入，根本不能满足他们日常生活和官场应酬的需要。因为军队里面盛行大吃大喝，这点儿工资还不够他们请客吃饭的，所以他们只能利用手中的权力来非法寻租。这些情况，从道光皇帝到咸丰皇帝都很清楚，但是皇帝们也都睁一只眼闭一只眼，因为他们舍不得给军官们涨工资，所以这些非法收入已经成为军队中招待费的来源，如果取缔了这些收入，就必然影响军队的"稳定"。

因此，军队的"低饷制"与文官的"薄俸制"一样，都是一种非常短视的财政制度。从皇帝的视角来看，低饷薄俸为国家节省了大量财政经费，是件好事儿。但事实上这是典型的占小便宜吃大亏，让军队训练水平下降，战斗力几乎为零。

曾国藩创建湘军，在制度上最引人注目的一点就是实行厚饷原则。

他深知军饷太低是军队风气败坏的主要原因，所以他规定的湘军士兵的收入为每月四两到六两白银，是国家正规军的三倍左右，也比农民务农收入多三四倍。这样高的军饷标准，使士兵能够专心训练，这就为湘军形成战斗力打下了坚实的基础。

对于湘军军官，曾国藩更是采用高薪养廉的政策。湘军中级军官，每月的纯收入可达一百五十两，一年就是一千八百两。正规军中的高级军官一年收入还不到一千两，中级军官只有三五百两。湘军中级军官的收入，是正规军同级军官的三倍到六倍。湘军高级军官收入更高。曾国藩规定，统率一万人的高级军官，每年净收入五千四百两，这个数字是国家正规军同级别的六倍左右。

因为军饷高，所以湘军招人很容易。"将士愈饶乐，争求从军。"[1] 湘军在招募时，往往"募千人则万人应之，募万人则数万人应之"[2]。曾国藩一开始只想练一万人，结果因为报名的人多，后来达到了一万七千人。

曾国藩是一个文人，也是一个理想主义者，但是他做事是非常脚踏实地的。文人最容易犯的毛病是唱高调，但是实际上要做任何事情都首先要解决物质基础。

湘军在制度上的第二个特点是"将必亲选，兵必自募"，这一创新，也是军事门外汉曾国藩殚精竭虑、集思广益的结果。

[1] 王闿运、郭振墉、朱德裳、王定安撰：《湘军史料四种》，岳麓书社，2008 年，第 170 页。
[2] 王定安著，朱纯点校：《湘军记》，岳麓书社，1983 年，第 338 页。

绿营兵最大的问题是"兵与勇不相得，兵与将不相习，将与将又各不相下"[1]。这是因为清代皇帝都极有权术，生怕军官拥兵自重，所以十分重视兵为国有，而不是兵为将有。每逢战争，"东抽一百，西拨五十，或此兵而管以彼弁，或楚弁以辖黔镇"[2]，临时组成军队。这样做的好处是，将军和士兵之间互不熟悉，没有私人感情，甚至语言都不通，大家都只听皇帝的，没有皇帝的命令就不能调动军队，这就保证了皇帝的安全。但是坏处是兵不识将，将不识兵，甚至兵不识兵，将不识将，彼此都非常生疏。打个比方，这就好比让你移栽一棵大树，你却去砍树枝，东砍一根儿，西砍一根儿，然后捆到一起，绑成个大树的形状，但这些树枝形不成一棵有生命力的树，形不成一个整体。因此出现"卒与卒不习，将与将不和"[3]的局面，绿营"兵畏贼，不畏将。将畏兵，不畏法"[4]。将与兵如同路人，"胜则相忌，败不相救"[5]。

在致李鸿章和江忠源的信中，曾国藩指出了绿营兵制的根本弊病，他说："今日兵事最堪痛苦者，莫大于'败不相救'四字。""虽此军大败奔北，流血成渊，彼军袖手而旁观，哆口而微笑。"[6]"见其胜，则深妒之，恐其得赏银，恐其获保奏；见其败，则袖手不顾，虽全军覆没，亦无一人出而援手拯救生死呼吸之顷者。"[7]这支军队大败，血流成河，另一支军队却袖手旁观，面露微笑。这支军队胜了，另一支就非常嫉妒，怕胜者得到赏银，怕别人升官。

曾国藩说，这样的军队，即使"诸葛复起"[8]，就是诸葛亮活过来，也是打不了胜仗的。因为这不是个人的道德水平的问题，是制度问题。

曾国藩痛于"败不相救"现象，制定了"将必亲选，兵必自募"的原则，也就是说，他挑选他认识和欣赏的人做营官，营官再去挑选自己信得过的人做统领，这样一层层挑选下去，直到普通士兵。"勇营之制，营官由统领挑选，哨弁由营官挑选，什长由哨弁挑选，勇丁由什长挑选。"[9]曾国藩的这个做法，是基于一种最为朴

[1]《江忠源集　王鑫集》，岳麓书社，2013年，第38页。

[2]《曾国藩全集·书信》1，岳麓书社，2011年，第348页。

[3]《曾国藩全集·书信》1，岳麓书社，2011年，第220页。

[4]赵烈文著：《遂翁自订年谱》咸丰二年。转引自龙盛运著：《湘军史稿》，四川人民出版社，1990年，第47页。

[5]《曾国藩全集·书信》1，岳麓书社，2011年，第220页。

[6]《曾国藩全集·书信》1，岳麓书社，2011年，第348页。

[7]《曾国藩全集·书信》1，岳麓书社，2011年，第185页。

[8]《曾国藩全集·书信》1，岳麓书社，2011年，第214页。

[9]《曾国藩全集·奏稿》10，岳麓书社，2011年，第437页。

素的认识：打虎亲兄弟，上阵父子兵。

这也就是湘军这个"湘"字的起源。这个"湘"字，原本是指湘乡县。曾国藩认为，"同县之人易于合力"，他最初训练的军队，军官和士兵几乎全是湘乡县人。曾国荃则"不独尽用湘乡人，且尽用屋门口周围十余里内之人"[1]。老乡观念，达到极致。[2]

这样，每一层上级和下级之间都知根知底，且有选用提拔之恩。本来是公家发给的军饷，但是经过招收自己的军官发到手里，感觉就好像是这个军官发给自己的。彼此有一种"恩义"在。这样下级才能忠于上级，故能收如身使臂，如臂使指之效。"譬之木焉，统领如根，由根而生干、生枝、生叶，皆一气所贯通。是以口粮虽出自公款，而勇丁感营官挑选之恩，皆若受其私惠，平日既有恩谊相孚，临阵自能患难相顾。"湘军就像一棵大树，"由根而生干、生枝、生叶，皆一气所贯通"，组织内部打通，成为一个由感情纽带联系起来的整体。[3]

这就解决了绿营兵的"胜则相忌，败不相救"的问题，形成了曾国藩所说的"呼吸相顾，痛痒相关，赴火同行，蹈汤同往。胜则举杯酒以让功，败则出死力以相救"的"死党"。[4]这是湘军凝聚力和战斗力的重要来源。

这是湘军与绿营的另一个重大不同——组织原则不同。当然这个原则实际上违反了清朝"兵为国有"的原则，湘军私人性极强，每一级只效忠自己的统领，不听他人调遣，实际上开了后世军阀的先河。[5]

---

[1] 太平天国历史博物馆编：《太平天国史料丛编简辑》第3册，中华书局，1962年，第410页。

[2] 除了都是老乡之外，湘军军官之间的关系还错综复杂，大家相互间都是同乡、同族、同学、师生、挚友关系。比如罗泽南和王鑫、李续宾、李续宜三人是师生关系；胡林翼、左宗棠、罗泽南是同学关系；曾国藩兄弟五人有四人从军；江忠源兄弟五人从军；刘坤一、刘培一兄弟，李续宾兄弟三人，王鑫、王勋兄弟，也都是兄弟关系。至于姻亲关系就更复杂了，仅以曾国藩一人为例，他与罗泽南、李元度、李续宾、郭嵩焘、左宗棠、胡林翼等人，皆有直接或间接的"姻亲"关系。

[3]《曾国藩全集·奏稿》10，岳麓书社，2011年，第437页。

[4]《曾国藩全集·书信》1，岳麓书社，2011年，第188页。

[5] 如浙江战役中，胡林翼调唐训方（他本人升任粮台长官）手下归萧翰庆指挥，但唐训方的兵士不愿为新主人卖力，接阵即逃，害得萧翰庆本人也在阵中为太平军所杀。刘坤一升任江西巡抚，必须受命赴任，他手下二十营湘勇无人敢接。朝廷只得根据刘坤一的要求，让他弟弟刘培一来当这二十营的主将。而刘培一当时的身份，仅仅是一小小县丞，其兄手下将官中，文有臬司、道台，武有提督、总兵，却都对刘培一俯首听命。

第三个不同，是选人原则的不同。

曾国藩选人，有一句话叫"选士人领山农"[1]。"选士人"，就是军官都要用没有打仗经验的读书人，而不用那些有经验的绿营军官。清代国家正规军的军官多是武人出身，大字不识几个，文化素养很低。而湘军的将领大多是知识分子，在可以考证的湘军 179 名将领中，书生出身的达 104 名。

上战场打仗，比的是勇气和体力，因此历代都用行伍出身的莽夫。打仗是一项专门技术，自然以经验为宝贵。那么曾国藩为什么偏要选没有经验、手无缚鸡之力的读书人呢？这是因为曾国藩一贯认为，精神的力量远大于身体的力量。行伍出身的莽夫虽然有一时之勇，但是没有坚定不移的信仰。曾国藩要建立的是一支有信仰、有精神力量的军队，因为信仰出战斗力，精神出战斗力。程朱理学是这些湖南书生的共同信仰，他们在信仰的支持下，可以迸发出惊人的勇气和能量。

如谓不信，我们可以看一看罗泽南的例子。他是一个以理学治军的典型代表，从他身上我们能清楚地看到曾国藩用书生打仗的成功之处。

罗泽南是一个老秀才，也是湘乡人，比曾国藩大四岁，出身极穷，"少好学，家贫，夜无灯，读书月下，倦即露宿达旦。年十九，籍课徒自给"[2]。因为家贫，三个儿子都在大灾之年饿死了，他本人则考了七次，年过三十，才考上一个秀才，四十以后，仍然是以教书为生，遇有灾年，仍然无米为炊。但是此人有一个特点，就是不论多穷多苦，却从不以个人之穷达为忧，而是专心理学，以经世致用为志，坚信自己能成大事。太平军起，他率领弟子办理团练。曾国藩出山后，他就成了曾国藩的嫡系。虽然以前从来没摸过兵器，但是他带兵作战，居然卓有成效，征战四年，克城数十，历经二百余战，几无败绩，屡屡以少胜多，堪称湘军中的战神。

此人之所以如此能战，第一个原因是勇敢。理学是生死之学，因为学养深厚，他早把生死放在度外，所以打起仗来，从不怕死。胡林翼评价他"每战必先，忠勇冠时"[3]，在他带领下，湘军树立起"踔厉敢死"的风气。第二个原因是经世致用，一直致力于有用之学。自创立以来，理学就有空谈心性而不切实用的弊病。但是湖南理学一直提倡经世致用。罗泽南是以理学经世的典型代表，他对地形勘察与军事地图的绘制甚为重视，在尚未从戎之前，他就撰写了地理专著《皇舆要览》，"穷阴

[1] 王定安著，朱纯点校：《湘军记》，岳麓书社，1983 年，第 337 页。

[2] 朱孔彰撰：《中兴将帅别传》，岳麓书社，1989 年，第 70 页。

[3] 胡林翼撰，胡渐逵、胡遂、邓立勋校点：《胡林翼集》1，岳麓书社，2008 年，第 59 页。

阳之变，旁及州域形势"[1]。入军后，他注意实地考察地形，绘制地图，选择有利地势来作战。第三个原因就是因为理学功夫深，在极乱的战场上，能做到不动心，所以头脑冷静，分析战况，分毫不差。有人问他制胜之道，他说："无他，熟读《大学》'知止而后有定，定而后能静，静而后能安，安而后能虑，虑而后能得'数语，尽之矣。"[2] 曾国藩说他"行军有伸有缩，有开有合"[3]，可以说是一个军事天才。

罗泽南带兵的方式，也极有特点。他在营中亦不忘老塾师故技，"朝出鏖兵，暮归讲道"[4]。每天白天打仗，晚上他把部下召到一起，教他们读书，给他们讲理学道理。"所部壮丁习刀矛火器之暇，以《孝经》《四书》转相传诵。每营门夜扁，书声琅琅出壕外，不知者以为村塾也。"[5] 故有人说："湘军自讲学起，修道为教。"[6] 曾国藩也说："吾湖南近日风气蒸蒸上。凡在行间，人人讲求将略，讲求品行，并讲求学术。"[7]

后来，罗泽南在攻打武汉时，被炮弹弹片击中额头，重伤死于武昌城下。临终之时，胡林翼赶到战场，见了罗泽南最后一面。此时罗泽南已经"神散气喘，汗出如洗"，但仍然一语不及私事，只谈军政学术，特别嘱咐胡林翼说："危急时站得定，才算有用之学。"胡林翼也不得不感叹"其心术学术，不愧名儒"。[8]

正如梁启超所说："罗罗山、曾涤生在道、咸之交，独以宋学相砥砺，其后卒以书生犯大难成功名。他们共事的人，多属平时讲学的门生或朋友。自此以后，学人轻蔑宋学的观念一变。"[9]

上面讲了曾国藩选军官，特点就是"选士人"。"选士人"的下一句，是"领山农"。什么叫"领山农"呢？

绿营兵除了前文我们提到的那些问题，还有一个问题是兵源不好。中国传统时

[1]《曾国藩全集·诗文》，岳麓书社，1986年，第305页。

[2]朱汉民著：《湖湘学派与湖湘文化》，湖南大学出版社，2010年，第488页。

[3]《曾国藩全集·家书》2，岳麓书社，2011年，第73页。

[4]《曾国藩全集·诗文》，岳麓书社，1986年，第345页。

[5]小横香室主人编：《清朝野史大观》，中华书局，1915年，第164页。转引自朱东安著：《曾国藩集团与晚清政局》，团结出版社，2013年，第182页。

[6]《异辞录》第1卷，第23页。转引自朱东安著：《曾国藩集团与晚清政局》，团结出版社，2013年，第182页。

[7]《曾国藩全集·家书》1，岳麓书社，2011年，第497～498页。

[8]胡林翼撰，胡渐逵、胡遂、邓立勋校点：《胡林翼集》1，岳麓书社，2008年，第101页。

[9]梁启超著：《中国近三百年学术史》，上海古籍出版社，2014年，第25页。

代有一句俗语，"好男不当兵，好铁不打钉"，当兵的大部分都是地方上的地痞流氓，或者游手好闲之人。"良民有职业者，皆不肯应募。其应募者，皆游手浮滑之徒，无事则坐领工食，有事则闻风溃散；一有征战，见贼则退，扰民则勇往。"[1]

曾国藩在这一点上也是反其道而行之，招收兵员，有一个原则，绝对不收当过兵的人，不收退伍军人。"不杂一卒，不滥收一弁。"[2] 因为他怕这些绿营兵把绿营的习气带到湘军中来。他招募的人以"年轻力壮、朴实而有农夫土气者为上。其油头滑面，有市井气者，有衙门气者，概不收用"[3]。

曾国藩主要收纯朴的农民，而且是山农。因为中国有句古话，近山者仁，近水者智。"山僻之民多犷悍，水乡之民多浮滑，城市多游惰之习，乡村多朴拙之夫，故善用兵者，尝好用山乡之卒，而不好用城市、近水之人。"[4]

这些人组成了一支军队后，军风军貌与绿营兵自然是完全不同的："勇丁帕首短衣，朴诚耐苦，但讲实际，不事虚文。营规只有数条，此外别无文告，管辖只论差事，不甚计较官阶。而挖壕筑垒，刻日而告成，运米搬柴，崇朝而集事。"[5]

就是说，湘军军人穿得很朴素，一个个都能吃苦，只讲实际，不讲那些虚头巴脑的程序。军营的规定也很简单，军官们也不太在乎级别差异，只看谁负责哪一摊事。如果要扎营，当天马上就能完成。要运米运粮，也比别的军队做得快得多。

曾国藩对自己的这些做法也很得意，他后来总结说：

> 军兴以来，多以意见不合、将卒不和贻误军机。臣等一军……其管带之员，文职多择取士绅，武职多拔取末弁，有夙昔之恩谊，无军营之气习。……文与武和，水与陆和，兵与勇和，将与卒和。……全军二万人，几如家人骨肉之联为一体，而无纤芥嫌隙之生于其间。[6]

曾国藩后来就是靠这样一支军队，成了大事。

---

[1]《曾国藩全集·批牍》，岳麓书社，2011 年，第 32 页。
[2]《曾国藩全集·书信》1，岳麓书社，2011 年，第 349 页。
[3]《曾国藩全集·诗文》，岳麓书社，2011 年，第 406 页。
[4]《曾国藩全集·奏稿》1，岳麓书社，2011 年，第 461 页。
[5]《曾国藩全集·奏稿》10，岳麓书社，2011 年，第 436～437 页。
[6]《曾国藩全集·奏稿》1，岳麓书社，2011 年，第 365 页。

除了以上几点，湘军还有一个非常突出的特点，是重视政治教育。

太平军是一支有信仰的队伍，非常重视思想政治工作。洪秀全深知宗教对太平天国运动的重要性。太平天国规定，加入太平军后第一件事就是要掌握教义，"凡兄弟俱要熟读赞美天条，如过三个礼拜不能熟记者，斩首不留"[1]。虽然战事倥偬，但是他们坚持每天早晚都要敬拜上帝，每七天举行一次集体礼拜。礼拜之时一定要虔诚郑重，"凡闻锣不至或稍涉嬉戏者杖责数百，无故缺席三次则斩首示众"。太平天国还建立了"讲道理"制度，即定期将士兵召集在一起训话，以通俗的语言，理论联系实际，来进行深入浅出的思想动员，要求他们放弃杂念为天国事业忘我牺牲。

思想政治工作对太平军战斗力的提升作用极大。关于太平军的士气和精神状态，以钦差大臣身份主持广西军务的赛尚阿深有感触。他说：

> 粤西股匪虽多，本以金田会匪最为顽狡……此股会匪与他游匪迥不相同，死党累千盈万，固结其坚。……一经入会从逆，辄皆慭不畏死……所有军前临阵生擒及地方拿获奸细，加以刑拷，毫不知所惊惧及哀求免死情状，奉其天父天兄邪谬之说，至死不移。[2]

时人对太平军的这种精神状态记述颇多。比如《武昌纪事》也说：太平军"或临阵，或患病，举凡一切事，皆对天祈祷，口喃喃求天父默佑，所谋遂意。祝毕，赴汤蹈火在所不顾"[3]。《金陵纪事》则说："其胆皆泼，心多入魔，目直视若痰迷者。"[4]"视死如归，赤身扑敌。"这种精神力量显然来自对宗教的虔信。

要对付这样一支军队，湘军也需要有自己的政治教育。

在曾国藩创建湘军以前，中国的正规军队是没有思想政治教育这一说的，而曾国藩是一个非常重视精神力量的人。他知道，物质力量是有限度的。他说："古来名将得士卒之心，盖有在于钱财之外者；后世将弁专恃粮重赏优，为牢笼兵心之具，其本为已浅矣。是以金多则奋勇蚁附，利尽则冷落兽散。"[5]也就是说，真正厉害的

[1] 陈力主编：《中国野史集粹》3，巴蜀书社，2000年，第847页。
[2] 俞炳坤主编，中国第一历史档案馆编：《清政府镇压太平天国档案史料》第2册，社会科学文献出版社，1992年，第407~408页。
[3] 罗尔纲著：《太平天国史》2，中华书局，2009年，第216~217页。
[4] 太平天国历史博物馆编：《太平天国史料丛编简辑》第2册，中华书局，1962年，第45页。
[5] 《曾国藩全集·书信》1，岳麓书社，2011年，第261页。

将军，不仅要搞物质刺激，还要抓住这支军队的心灵。

所以曾国藩建立湘军，还有一个重要的创新，就是他非常重视军队的思想政治建设。曾国藩把军队的训练，分成了"训"和"练"这两个部分。所谓"训"，就是"训话"，也就是思想政治教育。"练"，才是练习军事技术。"训"和"练"相比，曾国藩更重视"训"。

如前所述，他每逢三日、八日，就要把军队召集到操场上，用"杀身成仁，舍生取义"的孔孟之道和"不要钱，不怕死"的岳飞精神，激励将士，教育他们忠君爱国，严明军纪，不得扰民。为了达到效果，他确实苦口婆心："每逢三、八操演，集诸勇而教之，反复开说至千百语，但令其无扰百姓。""每次与诸弁兵讲说，至一时数刻之久，虽不敢云说法点顽石之头，亦诚欲以苦口滴杜鹃之血。"

曾国藩进行思想教育政治的落脚点放在军纪上。他苦口婆心宣讲的主要目的是"盖欲感动一二，冀其不扰百姓，以雪兵勇不如贼匪之耻，而稍变武弁漫无纪律之态"。[1] 除了宣讲之外，他还亲自编写了《爱民歌》，采用民间歌谣的方式，进行爱民教育，这是曾国藩的一大发明。

《爱民歌》说：

> 三军个个仔细听，行军先要爱百姓。贼匪害了百姓们，全靠官兵来救人。
>
> 百姓被贼吃了苦，全靠官兵来做主。第一扎营不要懒，莫走人家取门板。
>
> 莫拆民房搬砖石，莫踹禾苗坏田产。莫打民间鸭和鸡，莫借民间锅和碗。
>
> ……………
>
> 军士与民如一家，千记不可欺负他。日日熟唱爱民歌，天和地和人又和。[2]

建立了这样的思想政治教育制度，湘军就和以往的军队有了本质上的不同。蒋廷黻说：

---

[1]《曾国藩全集·书信》1，岳麓书社，2011 年，第 200 页。

[2]《曾国藩全集·诗文》，岳麓书社，2011 年，第 398 页。

　　曾国藩治兵的第一个特别是精神教育的注重。他自己十二分相信孔、孟的遗教是我民族的至宝。……他是孔孟的忠实信徒，他所选的官佐都是他的忠实同志，他是军队的主帅，同时也是兵士的导师。所以湘军是支有主义的军队。其实精神教育是曾国藩终身事业的基础，也是他在我国近代史上地位的特别。[1]

　　事实证明，曾国藩的建军思路是非常高明的，湘军日后的成功正是基于这些制度基础。

　　我们讲过，曾国藩是一个笨人，智商并不太高。为什么他能制定这些高明的制度而当时那些更聪明的人不能呢？这是因为他"不惮烦苦"，精心苦思。他能比别人更吃苦，更扎实，更无情地鞭策自己。曾国藩并不比别人聪明，然而他做事却非常高明。曾国藩的高明，就是建立在笨拙之上，建立在绞尽脑汁、殚精竭虑之上。"笨"到极致就是"聪明"，"拙"到极点就成了"巧"。功能强大的计算机，不就是建立在最简单的只有"1""0"两个数字的二进制基础之上的吗？

　　曾国藩说，自己"天分……不甚高明，专赖学问以求精明"[2]。曾国藩一生经历千难万险，处理过无数大事，大体都很得当。其过人之处就是不怕费心费力，对事物进行不留死角的深入分析。在对事物进行精到分析的基础上，再找出要害，把握关键。每次处理完了之后，还要总结经验教训，为下一次作参考。"智慧愈苦而愈明"[3]，是他的切身体会。

---

[1] 蒋廷黻著：《中国近代史》，武汉出版社，2012 年，第 44～45 页。
[2]《曾国藩全集·诗文》，岳麓书社，2011 年，第 473 页。
[3]《曾国藩全集·家书》1，岳麓书社，2011 年，第 340 页。

|第七章| 得而复失的湖北巡抚

1. 把保卫长官当作一项制度

靖港小挫，湘潭大胜，长沙解围，湖南全省解严。按理说，这是曾国藩交出的一份非常出色的答卷，他可以躺在功劳簿上先休息几天再说。

但是曾国藩并没有得意扬扬，他这个人做事的特点一直是功虽大而不喜，过虽小而必究。他常说"悔生吉"，所谓"悔"，就是总结反省失败。在曾国藩看来，"失败"是一个人一生的宝贵财富，每一次失败都要吃透，才能不白白付出这个代价。自己亲自指挥的靖港战役败得如此之惨，让他感觉必须深刻反省，严厉整顿。

他住在长沙城外妙高峰上，总结战斗的成功经验与失败教训，决定对湘军来一次汰旧换新。

为什么刚打完仗就要换人呢？

绿营兵打仗，有一个老问题是"集而复溃，溃而复集"，就是说，敌人一来就溃逃，敌人一走，这些人再跑回来继续当兵，这样就越打越疲，越打越油，越打越没有战斗力。

曾国藩决心改掉绿营这习惯。通过靖港之战，曾国藩更明确了"兵在精而不在多"的道理。作战首在勇敢。湘潭之战为什么胜利？是因为塔齐布是员猛将，他身先士卒，带起了士气。所以曾国藩决定，凡是临阵脱逃的将领，不管你当时有什么理由，都立刻打发回家，永远不再录用。

湘乡知县朱孙诒，是曾国藩父亲的好友，因为在战争中临阵脱逃，被曾国藩断然逐出湘军。曾国藩练兵时，他最小的弟弟曾国葆一直追随着他做他的助手，希望通过军事一途建功立业，但是曾国葆在战争中表现不好，也在被裁之列，被曾国藩赶回了家乡。曾国葆回到家乡后感觉无脸见人，几年闭门深居，足不出户。

经过这样严厉的整顿，湘军人马由一万七千人，一下子减到了五千人。

大幅减员不怕，因为曾国藩除了罚，还有赏。曾国藩批准那些在战斗中表现勇敢的将领招兵买马，扩充队伍。塔齐布部、罗泽南部、彭玉麟部、杨载福部因此迅速扩充，湘军人数又恢复到万人以上。

从此之后，曾国藩还为湘军立下这样一条规矩：一旦某军统帅战死，除非本部有受拥戴的继任将领，否则必全军遣散回乡，另行招募成军。这样一来，部下打仗的时候都会全力保护自己的长官。因为只有保住长官，你才有个人发展的机会。所以，王闿运在《湘军志》中说："其将死，其军散；其将存，其军完。从湘军之制，则上下相维，喻利于义。将卒亲睦，各护其长。"

曾国藩高明就高明在他用制度解决了别人用道德去解决的问题。保卫长官本来是一种道德要求，但曾国藩通过制度使它变成了符合下属自身利益的一种行为。

2. 这句话改变了曾国藩命运

湖南首胜，湘军士气大振。经过一番休整，修好战争中受损的战船，咸丰四年（1854）六月，曾国藩率水陆大军从长沙再次出发，攻向湖北。

北上的第一道关口是湖南湖北交界的岳州。湘军水师一到，太平军水师出迎。太平军水师舰船当中大多数是没收来的商船，本非为战争所造，运转不灵，湘军水师装备则明显占优，特别是西洋大炮威力惊人。首战交锋，太平军大败而归，损失船舶一百余只。为了保存实力，太平军迅速撤离岳州，退守城陵矶要塞。

湘军乘胜追击，七月十八日，塔齐布率军首先赶到城陵矶，双方展开大战。城陵矶由太平军名将曾天养驻扎。塔齐布是湘军第一悍将，精于马术，善于骑射，仍保持着旗人入关之初的那种勇悍。年已六十的曾天养也是太平军的著名猛将，起义以来屡获胜仗，威名远震。这一仗短兵相接，因此打得异常激烈。战斗开始，太平军主动杀向湘军，湘军施放火箭，压制住了太平军的进攻气焰。曾天养大怒，亲自来到第一线。当他在湘军阵营中发现塔齐布后，大喊一声，匹马持矛冲入敌阵，直刺塔齐布。塔齐布急忙拨马躲避，曾天养的长矛刺伤了塔齐布的坐骑。但是塔齐布的亲兵抓住机会刺伤曾天养，令他马蹶人倒，被湘军士兵乱刀杀死。

曾天养战死对太平军打击很大，太平军顿时人心动摇，军中大乱，再也无志与湘军争锋，湘军则一鼓作气，塔齐布率军分三路扑向高桥，将太平军七座营垒捣毁，随后又毁其营垒十三座。太平军水、陆两军于是退守武汉。

城陵矶大战的胜利，使湘军士气高涨，水陆东下，沿途几乎没有遇到抵抗。水兵们战立船头，不披甲胄，不避枪弹，顺流直抵武昌城下。曾国藩对此非常得意，后来他在一篇笔记中说，当初创办水师时，曾经想尽办法，研究怎么挡住敌方射来的炮弹。尝试了多种方法，甚至将竹皮、湿棉絮、生牛皮、头发数层压在一起，做成"刚柔牌"都没有效果。后来杨载福等人干脆将牛皮等物摒弃不用，"直以血肉之躯植立船头，可避者避之，不可避者听之"，而部下水师官兵亦纷纷效仿，相率植立船头，"直前无所回避"。[1] 可见湘军初起时的生猛勇悍。

武汉因其独特的战略位置，自古以来为兵家必争之地。曾国藩说，要平定太平天国，首先需从争夺武汉下手，只有夺取武汉，才能水陆顺流东下，进攻九江、安庆，直抵金陵。所以他全力谋取此城。

八月二十一日，曾国藩指挥湘军水师，先清理武昌城下的太平军水师。太平军水师指挥官乘坐彩船奋勇迎战。曾国藩悬赏夺取彩船者"赏钱百缗"。湘军水师冒死争攻彩船，太平军寡不敌众，率相溃逃。曾国藩又凭借湘军水师炮火的优势，摧毁了汉阳太平军沿江所筑的防御设施，武昌城外太平军营垒全部丧失。

负责守卫武昌的太平军将领见湘军气势汹汹，丧失信心，于八月二十二日夜间带领精壮弃城逃往田家镇。汉阳守将见武昌失守，亦弃城逃走。这一对太平天国至关重要的上游重镇，就这样被他们轻而易举地送给了湘军。

而且他们只顾自己逃命，竟没有预先通知停泊在汉水里的大批水军，汉阳失守后，这些船队被完全封死在里面，因汉水河身较窄，太平军水师船只拥挤在一起，千余号战船全部被焚，遭到彻底毁灭。

武汉收复后，湖广总督杨霈得知消息，率先上报咸丰。一开始，咸丰皇帝还不敢相信，仅作为传闻批转内阁。上谕称："曾国藩等攻剿武汉情形尚未奏到……朕日盼捷音之至也。"[2]

又过了六天，曾国藩与塔齐布会衔的报捷奏折才正式送到咸丰皇帝案前。

太平军自从金田起义以来，所向克捷。定都金陵后，又西向占领了安庆、九江、武昌等重要战略据点，几乎没遇到什么强有力的抵抗。没想到，曾国藩率领的湘军异军突起，连续夺回湘潭、岳州，并且轻易夺取了两湖最大的城市武汉，迅速扭转了全国战局。

[1]《曾国藩全集·诗文》，岳麓书社，2011 年，第 439 页。

[2] 黎庶昌等撰：《曾国藩年谱》，岳麓书社，1986 年，第 48 页。

　　咸丰皇帝高兴得简直不知如何是好。他在奏折上批道："览奏，感慰实深。获此大胜，殊非意料所及。朕惟兢业自持，叩天速赦民劫也。"[1]并立即按惯例，任命收复湖北的曾国藩为署理湖北巡抚。

　　发出这道批示，咸丰皇帝又召见军机大臣，通报了这一喜讯，并兴高采烈地对他们说，我看错曾国藩这个人了，看来他不光是能吹牛，还真是有点儿本事的："不意曾国藩一书生，乃能建此奇功。"

　　就在这时，一位汉族军机大臣，趋前一步，低低地和咸丰皇帝说："曾国藩以侍郎在籍，犹匹夫耳。匹夫居闾里，一呼，蹶起从之者万余人，恐非国家福也。"[2]

　　也就是说，曾国藩本不过是以侍郎衔在家守孝的退休官员，如同一介平民。一介平民在老家一声呼唤，就能聚集起这么多人跟他打仗卖命，并且所向无敌，这恐怕非国家之福吧？

　　这句话改变了曾国藩的命运。

3. 曾国藩的敌人

　　这个军机大臣，曾国藩的幕僚薛福成说是祁寯藻，而历史学家朱东安先生考证说应该是彭蕴章。

　　不论哪个人，都是曾国藩的对头。

　　祁寯藻（1793—1866）是山西寿阳人，资格很老，世称"寿阳相国"。咸丰帝即位，"罢大学士穆彰阿，公遂首揆席"[3]，用他取代了穆彰阿，做了领班军机大臣。

　　此人学问不错，诗作和书法也很出色，被当时士大夫推为儒宗。然而曾国藩在北京期间却很看不惯他。后来在咸丰十年（1860）七月，曾国藩写信给朋友时说过：

　　　　往在京师，如祁（寯藻）、杜（受田）、贾（桢）、翁（心存）诸老（皆
　　　为大学士——作者注），鄙意均不以为然，恶其不白不黑，不痛不痒，假
　　　颟顸为浑厚，冒乡愿为中庸，一遇真伪交争之际，辄先倡为游言，导为邪

---

[1]《曾国藩全集·奏稿》1，岳麓书社，2011 年，第 244 页。
[2]薛福成著，丁凤麟、王欣之编：《薛福成选集》，上海人民出版社，1987 年，第 252 页。
[3]支伟成：《清代朴学大师列传》，岳麓书社，1998 年，第 344 页。

论，以阴排善类，而自居老成持平之列。[1]

从曾国藩的这段话，可以看出祁氏是一个喜欢摆出"老成""持平"姿态的圆滑的官场老滑头，不论是非，不辨邪正，遇事和稀泥，成天讲稳定。曾国藩认为，正是这样的官场作风，导致大清王朝的深层次矛盾不断积累并激化。

我们读祁氏日记，会发现他确实是曹振镛那样"多磕头，少说话"的人物，处事非常谨慎小心。刚刚进入官场，他就曾在日记中感叹官场风波之险说：

> 嗟乎！官场如戏，人情如纸，类如是耶？

他经常在日记当中提醒自己，要管住一张嘴：

> 自箴云：机心丧守，机言丧口。大匠之门，斧伤其手。善语者失君，善侠者失友。夫惟知机，是以失机。夫惟不失机，是以不知机。知机则殆，失机则败。不殆不败，是以远害。

我们看祁氏文集，其中对朝政的褒贬很少。他在官场的生存技巧就是多种花，少栽刺，尽量不得罪人而多帮助人，上结主意，下得同僚和下级的欢心。所以曾国藩上了那道指陈咸丰缺点的折子惹得皇帝大发雷霆之际，正是他忙着上前帮着打圆场。[2] 这是他一贯的"和稀泥作风"，而不说明他对曾国藩有什么好感。相反，他是相当讨厌曾国藩这个人的。

祁氏反感曾国藩，一是因为曾国藩是穆彰阿的人，在政治上和他是两条线。二是因为曾国藩在公开的奏折中所批评的人或现象，或多或少都与他有关。咸丰一上台，曾国藩所上的奏折，批评官场风气，说京官"退缩，琐屑"，祁氏正是此病的代表性人物。在《三习一弊疏》中，曾国藩又批评朝廷用人"专取一种谐媚软熟之人……一旦有事，则满庭皆疲恭沓泄，相与袖手，一筹莫展"[3]，实际上也是批祁，因为他

---

[1]《曾国藩全集·书信》2，岳麓书社，2011年，第675页。

[2] 史载当时咸丰"立召见军机大臣欲罪之。祁公寯藻叩头称：'主圣臣直者。'再季公芝昌会试房师也，亦为之请"。这则史料出自曾国藩弟子黎庶昌之手，真实性应该没有问题。

[3]《曾国藩全集·奏稿》1，岳麓书社，2011年，第26页。

入军机十多年，一直没有什么建树。

虽然当初是祁氏在皇帝盛怒时救了他，然而，现存曾国藩的日记书信中对此没有任何记载，也丝毫看不出曾国藩对祁寯藻出面相救的感激之情。可见曾国藩在京期间对此老是没有丝毫好感的。

但是在"谐媚软熟"的同时，祁氏也不是没有自己的政治主张。他的政治主张就是"保守""稳重"，一切都要按照祖制成法来，特别是大清的根本政治原则绝不能更动。

▲ 祁寯藻画像

大清的根本政治原则是什么呢？

两条：一条是"满汉之分"，另一条是"强干弱枝"。

清代皇帝不管文化上汉化水平多深，但是他们在民族身份上的认同，是非常清楚而敏感的。他们表面上都说满汉一家，不分轻重，然而实际上，一直是重满轻汉。在民政上，清中前期，旗人一直占地方督抚的大多数，"清朝定鼎以来，直至咸丰初年，各省督抚满人居十之六七"[1]。在军事上，满人更是绝对的主导。薛福成曾说，有清开国二百余年，在军事上建立勋业的，基本上都是满洲世族及蒙古汉军旗人。这是因为"先皇措注之深意，盖谓疏戚相维，近远相驭之道当如此"。因此清廷对汉人"乾隆、嘉庆间，防畛犹严，如岳襄勤公之服金川，二杨侯之平教匪，虽倚任专且久，而受上赏、为元勋者，必以旗籍当之，斯制所由来旧矣"。[2]在咸丰以前，朝廷用兵总的原则是"汉人出力，满人受赏"。即使有汉员参与兵事，亦不过仅"供奔走之役"。我们看道光朝最重要的战争鸦片战争当中，主军事者基本都是满族亲贵。第一次派往广州的统兵者是靖逆将军奕山和隆文，都是满人，汉人杨芳不过是助手；第二次派往浙江的统兵者是扬威将军奕经、文蔚、特依顺，皆是宗室或亲贵。

满汉之分是清代特有的政治现象，强干弱枝则是历代都坚守不移的政治原则。所谓"强干弱枝"，出自《史记》，意为加强主干，削弱枝叶，比喻削减地方势力，加强中央权力。

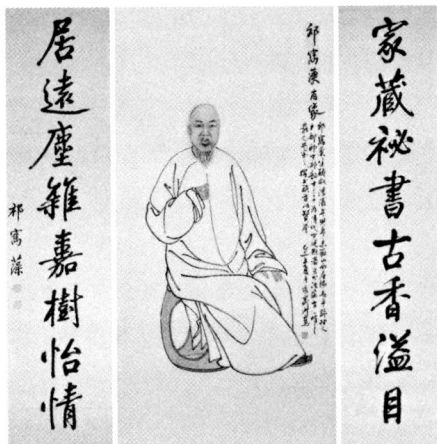

---

[1] 坐观老人著：《清代野记》，巴蜀书社，1988年，第2页。

[2] 薛福成著，丁凤麟、王欣之编：《薛福成选集》，上海人民出版社，1987年，第250页。

后来同治年间，曾国藩的好朋友刘蓉任陕西巡抚时，在奏折中言辞直率，和皇帝叫板。御史陈廷经遂奏参刘蓉，说刘蓉蔑视朝廷，"骄矜谬妄……立言不敬，居心叵测"。并且说："设一二勋臣尤而效之，将成尾大不掉之患，大局关系匪轻。应请旨严行惩办，治其不敬之罪，以为外大臣轻视朝廷者戒。"曾国藩读了这封奏折，大骂陈廷经"颠倒黑白，令人愤悒"[1]。而祁氏却在日记当中说：

> 陈小舫廷经御史驳刘中丞蓉折，言虽太尽，义则凛然。中外相维，不可偏重。言官尊朝廷、折骄帅，亦不为过也。（《静默斋日记》同治四年九月初三日）

由此可见，祁寯藻一直是非常注意"中外相维，不可偏重"，不能给地方官员太大的权力。

从表面上看，重满轻汉、强干弱枝，这些应该是皇帝和满族亲贵们考虑的问题，但是在咸丰朝，却偏有一班汉臣，比皇帝和旗人对此还着急。为什么呢？道理很简单，身为汉臣，要想赢得满族皇帝的信任，莫过于在他面前打击别的汉人以表忠心了。祁寯藻平素说话非常注意分寸，然而说话小心并不是不说话，关键是说话要说到点子上。多种花少栽刺也不是说不栽刺，任何政治人物都不可能没有敌人，关键是树这个敌要值得。

所以祁氏在皇帝面前给曾国藩小鞋穿，是题中应有之义。虽然经考证，湘军攻克武昌时，正是祁氏病休在家之际，所以这番具体言论可能不是出于他，但是祁氏肯定说过其他反对曾国藩掌握地方大权的话。薛福成除了在《书宰相有学无识》一文中说进此谗言的是祁寯藻外，还在《书长白文文端公相业》一文中说："曾文正公起乡兵击贼，为寿阳祁文端公所抵排。"[2]《近代名人小传》也认为祁氏"抑曾国藩，世颇讥其偏"。作为首辅，他的这个态度对咸丰不可能没有影响。《清史稿·祁寯藻传》说，正是在是否重用湘军问题上，他与肃顺产生了冲突，并且不久罢职而去。

"尚书肃顺同掌户部事，尚苛刻。又湘军初起，肃顺力言其可用，上向之，寯藻皆意与龃龉，屡称病请罢。"[3]可见他是坚定的曾国藩的反对派。

---

[1]《曾国藩全集·日记》3，岳麓书社，2011年，第227页。

[2] 马忠文、任青编：《薛福成卷》，中国人民大学出版社，2014年，第197页。

[3]《清史稿》13，吉林人民出版社，1998年，第9014页。

因此一贯以"不怨天尤人"自律的曾国藩，升任两江总督并节制苏、浙、皖、赣四省军务后，提到祁寯藻时仍然难以保持平和心态，他在咸丰十一年（1861）十二月二十二日的日记中写道："莫子偲、穆海航来看病，畅谈，语次有讥讽祁春浦，过于激厉，退而悔之。"[1] 湘军镇压太平天国后，祁氏在日记当中提到此事，但称是骆秉章、胡林翼一南一北两巡抚的功劳，不提曾国藩一字。可见两人芥蒂之深。

另一个排挤曾国藩的军机大臣彭蕴章，主张和祁寯藻大同小异。彭是江苏人，和祁一样也是文学侍从之臣出身。他的政治风格和祁氏类似，也是"稳健小心"。《清史稿·彭蕴章传》称："蕴章久直枢廷，廉谨小心，每有会议，必持详慎。"[2] 他也是曾国藩所说的"谐媚软熟之人"。茅海建说，他后来能在祁氏和文庆之后成为首席军机，"与他廉谨小心的为人有关，处处注意不树敌。这种无大志向亦无大建树的中庸政治家，在矛盾激烈、险象环生的政坛上经常有机会发达"[3]。

他和祁氏一样，迂腐无才，却自认为足智多谋、虑事深远。他们都看不惯曾国藩，因为曾国藩这个人做官总出格，做京官时就不断出位妄言，批评人时把京官"一网打尽"。到了地方，又不守成例，搞出这样一个国家旧制中没有的湘军。湘军即使此时能给国家平乱，将来岂不是也成了国家的乱子？

因此，朱东安推测说出这样一番中伤曾国藩的话的更可能是彭蕴章。除了上面提到的"恐非国家之福"的记载，还有一则记载说："蕴章在枢府日，唯阿取容，从无建白，外间戏以彭葫芦称之。久之，闻于上。一日，曾国藩奏某处大捷，文宗临朝嗟赏。蕴章忽曰：'国藩以一书生出总师干，权力渐盛，不可不防。'文宗云：'今日葫芦亦开口了。'肃顺将此语述之幕僚，传诸曾耳，颇为畏惧，军事不免趋于保守。"[4] 后来曾国藩势力大张之后，他还曾上《密陈事务六条》，"大旨谓楚军遍天下，曾国藩权太重，恐有尾大不掉之患，于所以撤楚军，削曾公权者，三致意焉"。[5]

---

[1]《曾国藩全集·日记》2，岳麓书社，2011年，第239～240页。

[2]《清史稿》13，吉林人民出版社，1998年，第9019页。

[3] 茅海建著：《苦命天子——咸丰皇帝奕詝》，上海人民出版社，1995年，第235页。

[4] 章士钊著：《热河密札疏证补》《文史》第2辑，第94页脚注。转引自朱东安著：《曾国藩集团与晚清政局》，团结出版社，2013年，第30页。

[5] 马忠文、任青编：《薛福成卷》，中国人民大学出版社，2014年，第200页。

如果放在承平年代，祁、彭二人的主张未必有错，只是他们分不清轻重缓急。开国二百年以来，满族人的勇武已经在温柔乡中消磨得差不多了，现在满族人中已经找不出真正的将才。所谓"识时务者为俊杰"，在天下将亡之际，重用汉臣、放权督抚将帅是挽救大清命运的唯一途径。

因而，薛福成评他们"有学无识"。胡林翼在三河失利以后，曾经专门给祁氏写信，其中说，"盗贼未稍息而将才屡失"，建议"吾师学究天人，苾念独深，固知隐忧之信切耳"。意思就是提醒他现在太平天国势力太大，他应该不拘"祖制"，不要妨碍朝廷"任用实干将才"。可惜他们自始至终意识不到这一点。

然而，这些迂腐无识的话，却偏能入庸暗无能的咸丰皇帝的耳。咸丰一听，悚然一惊，"默然变色者久之"[1]。

可不是吗？想想曾国藩给自己上的那几道奏折，句句直言顶撞，现在想起来还顶得自己心口疼。这样的人，怎么能指望他老实听话？大清本来兵为国有，你湘军却兵为将有。现在你曾国藩保我还没问题，但如果你哪天起了异心，你这支生猛的军队，谁抵挡得住？如果曾国藩手里有了兵权，再给他地方行政权，就很有可能开启军阀割据的局面。"历史上如曹操灭黄巾之类的故事一幕幕在脑中闪过。"[2]

咸丰马上想收回对曾国藩署理湖北巡抚的任命。

但此时命曾国藩署理巡抚的谕旨已经发出，怎么办？

想来想去，还是只好不怕"出尔反尔"的批评，发出了这样一道上谕：

"曾国藩着赏给兵部侍郎衔，办理军务，毋庸署理湖北巡抚。陶恩培着补授湖北巡抚。未到任以前，着杨霈兼署。"[3]

就是说，曾国藩你专心办理军务吧，不用署理湖北巡抚了，巡抚我再另派人。

4. 湘军的整体计划为何被打乱？

接到咸丰皇帝让他署理湖北巡抚的上谕，曾国藩内心非常高兴。因为带兵打仗，没有地方上的实权，实在太难了。

[1] 马忠文、任青编：《薛福成卷》，中国人民大学出版社，2014 年，第 199 页。
[2] 茅海建著：《苦命天子——咸丰皇帝奕詝》，上海人民出版社，1995 年，第 95 页。
[3] 熊治祁编：《湖南人物年谱》2，湖南人民出版社，2013 年，第 680 页。

　　湘军的意外崛起，使昏惨惨黄泉路近的大清王朝又看到了起死回生的希望。在拿下武汉之后，一时间，朝廷褒奖，绅民欢呼，曾国藩成了滔滔天下的中流砥柱。

　　按理说，此时的曾国藩应该会呼风唤雨、左右逢源了吧？不是。曾国藩的日子仍不好过。

　　大清王朝各省的实权掌握在省长们也就是总督和巡抚们的手中，他们是全省官僚系统的绝对主人。下级官员的身家性命掌握在他们手中，对他们唯命是从。

　　曾国藩以侍郎在籍，与督抚们虽然是同一级别，却被地方官员视若无物。因为出山之后，皇帝给曾国藩的只是虚衔，连个"钦差"的头衔都没有，既没有提拔下属的权力，又很难左右地方官的命运，所以不免为地方官所轻视，调度不灵。湘军不是国家经制之兵，政治地位远不如绿营，虽负"能战"之名，仍处处受到歧视。军事离不开民事，曾国藩招兵、选将、购置武器，"处处与地方官相交涉"[1]，而地方官往往不予配合。

　　早在给皇帝拒绝出援安徽的奏折中，他已经隐约提到了这方面的困难，他说：

　　　　臣系帮办团练之人，各处之兵勇既不能受调遣，外省之饷项亦恐不愿供应。虽谕旨令抚臣供支，而本省藩库现仅存银五千两，即起程一月之粮尚恐难备。且贼势猖獗如此，岂臣区区所能奏效？[2]

　　说明了调兵筹饷之难。现在，皇帝给了他一个巡抚位子，湖北全省都可以听他指挥。他可以以湖北为根据地，从容筹划彻底打败太平天国的大业了。

　　不过，他还是得上疏辞谢一下。因为在出山之时，曾国藩已经告知天下亲友，自己孝中出山，只为救国，不为当官，不能不有所表示。所以他给皇帝上了一道奏折，恭谢天恩后又说：

　　　　奉命署理湖北巡抚，于公事毫无所益，于臣心万难自安。母丧未除，遽就官职，得罪名教，何以自立？是以不敢接受关防，仍由督臣收存。[3]

---

[1]《曾国藩全集·奏稿》2，岳麓书社，2011年，第222页。

[2]《曾国藩全集·奏稿》1，岳麓书社，2011年，第116页。

[3] 熊治祁编：《湖南人物年谱》2，湖南人民出版社，2013年，第680页。

咸丰皇帝接到这道折子，这才后悔自己拿回巡抚职务的上谕发得太早了。对啊，曾国藩按惯例肯定会辞谢巡抚一职，等他自己主动辞谢，我再顺水推舟，同意他的请求多好！现在倒成了自己出尔反尔，朝令夕改，实在是脸上火辣辣的。所以见了曾国藩这封奏疏，他自作聪明，在上面批了这样一句：

> 朕料汝必辞，又念及整师东下，署抚空有其名，故已降旨，令汝毋庸署湖北巡抚，赏给兵部侍郎衔。[1]

就是说，我早就知道你肯定辞谢，所以你没辞之时，我就已经降旨不让你当了。

接着，转羞为恼的咸丰还在奏折上批了这样一句：

> 汝此奏虽不尽属固执，然官衔竟不书署抚，好名之过尚小，违旨之罪甚大，着严行申饬！[2]

我上道上谕，已经任命你署理湖北巡抚，你这道奏折，竟然不写这个头衔。违旨之罪甚大，传军机处对你严行申饬！

这句话倒打一耙，实可谓鸡贼之至。

这道朱批批回来，曾国藩倒吸一口冷气。他推辞一番，只是为了面子上好看，万万没想到，辞谢奏疏还没有送到北京，咸丰皇帝收回成命的上谕就下达了。可见咸丰对他的防范到了什么程度。

而且湖北巡抚一职，给的是曾在湖南与曾国藩屡次作对的陶恩培，陶未到任前，由刚刚因曾国藩攻占武汉而从"署理"转为"实授"的湖广总督杨霈兼任。

曾国藩攻占武汉，远远观望的荆州将军官文"论功被优叙"，并无功劳的署理湖广总督杨霈和曾国藩的政敌陶恩培都得到重赏，而他本人不仅未得到地方实权，皇帝又无理找三分地追究曾国藩"违旨之罪"，并且"严行申饬"。这分明是大功不赏。

曾国藩不能不深思。他强烈地感受到了皇帝对他的猜忌和不信任。

曾国藩实在没想到这个皇帝这么糊涂。他曾国藩研习理学多年，最讲的就是一个"诚"字。他对朝廷的血诚，天日可表。因为一战失败，他可以投水自杀，可见

---

[1] 熊治祁编:《湖南人物年谱》2，湖南人民出版社，2013 年，第 680 页。
[2] 同上。

他出山作战，绝不是为了自己，可是皇帝就是不能理解。

曾国藩不免忧惧伤心。他在给几个弟弟的信中曾经说过的"功名之地，自古难居"[1] 居然这么快变成了现实。

恰在此时，"某大臣"之言也传入了曾国藩耳中，更使他忧谗畏讥，伤心至极。

然而，不管皇帝对他如何，他已经开始的军事生涯，还是得继续下去。因为他与太平天国的斗争，不仅是为了皇帝，更是为了天下，为了文化道统。

咸丰不给他官职，已经让曾国藩非常痛苦。他的乱指挥，更是打乱了曾国藩的整体计划。

一个高明的军事家，首先应该是一个高明的战略家。所谓战略，就是基于宏观性和长远性，把各种纷繁复杂的要素按轻重缓急、先后次序进行整理排列，然后拿出最有效的行动方案。

咸丰皇帝是一个没有战略眼光的人，或者说他的战略原则就是"头疼医头，脚疼医脚"。

太平天国定都南京，他非常害怕太平军以此为基地，乘胜挥师北上，把他从皇位上掀下去，为此"寝不安席，食不甘味，忧心啾啾，终日莫释"。因此咸丰皇帝的注意力只局限于东南一隅，认为战争的关键就是拿下南京。这样"则各处逆众自必闻风胆落"[2]，太平天国就彻底瓦解了。这个战略叫"先伐根本，再剪枝叶"。他根本没有意识到必须着眼于与太平军争夺整个长江流域，才能最终攻下南京。

所以咸丰皇帝的战略思想就是"专伐根本"。他从东北等地抽调大清帝国最精锐的一万多名马队步卒，起用出身正黄旗满洲的亲贵大臣琦善作为统帅，在南京北面建起了一座江北大营，同时命将军向荣率绿营兵在南京西南建立了一座江南大营。

咸丰皇帝希望依靠这两座南北相望的大营夹攻拿下南京。因此不惜举全国之力，为两座大营供应军饷物资，同时一再命令严旨催逼两座大营对南京发动大规模进攻，恨不得一个早上就把南京攻下来。

这实际上是一个根本不可能实现的计划。南京地势险要，城墙坚厚，太平军又严密设防，以万余官兵迅速攻破坚城，根本就不可能。两座大营能在南京脚下站稳

---

[1]《曾国藩全集·家书》1，岳麓书社，2011 年，第 247 页。

[2] 中国第一历史档案馆编：《清政府镇压太平天国档案史料》第 8 册，社会科学文献出版社，1993 年，第 498 页。

脚跟就已经不错了。

所以大营统帅琦善和向荣等只能消极进攻，积极堵御。咸丰皇帝希望的南北大夹击一直发动不起来，他发去一道又一道奏折对琦善和向荣进行痛骂，威胁要砍掉他们的头。他频频给江南大营的统帅向荣下达死命令：

> 若能迅克金陵，则汝功最大，前罪都无；若仍吃紧时巧为尝试，则汝
> 之罪难宽，朕必杀汝！[1]

他同样威胁江北大营主帅琦善：

> 琦善老而无志，如再不知愧奋，朕必用从前赐赛尚阿之遏必隆刀将汝
> 正法！[2]

他对曾国藩的指挥也是这种风格，总结起来就是一个字——快，快，再快些，快点儿杀向南京，和江南江北大营合力，把南京拿下来。曾国藩没出湖南时，他骂曾国藩"以在籍绅士专顾湖南，不为通筹大局之计，平日所以自许者何在"[3]，要求他"迅速出境"，出了湖南仍然是一路紧催，"仍着督带师船，迅速进剿……毋得再有迟误"。拿下了岳州，他指示说："乘此声威，迅速东下。"[4]曾国藩在嘉鱼稍作整顿，他就急着催促："汝等自湘潭大捷后，屡次得手。有此声威，岂可自馁？惟利在速战，莫待两下相持，师劳饷乏。"[5]攻下武汉后，他的命令是："楚省大局已定，亟应分路进剿……直抵金陵。""并随时知照江、皖各抚及托明阿、向荣等，四路兜击，以期直捣金陵……迅奏肤功。"[6]

在他看来，曾国藩几个月就能攻到南京边上，和国家正规军会合。

然而曾国藩并不这样想。曾国藩在军事上的最大长处在于他有出色的战略头脑，

[1] 中国第一历史档案馆编：《清政府镇压太平天国档案史料》第 8 册，社会科学文献出
　　版社，1993 年，第 294 页。
[2] 中国第一历史档案馆编：《清政府镇压太平天国档案史料》第 9 册，社会科学文献出
　　版社，1993 年，第 398 页。
[3] 黎庶昌等撰：《曾国藩年谱》，岳麓书社，1986 年，第 11 页。
[4]《曾国藩全集·奏稿》1，岳麓书社，2011 年，第 183 页。
[5]《曾国藩全集·奏稿》1，岳麓书社，2011 年，第 228 页。
[6]《曾国藩全集·奏稿》1，岳麓书社，2011 年，第 280 页。

善于对战略环境做系统、全面的分析，从大处落墨，进行整体的战略谋划。他曾经说："军中阅历有年，益知天下事当于大处着眼。"

曾国藩认为，咸丰把战略重心放在南京是一个根本错误。自咸丰三年（1853），江南江北大营"屡进屡挫，迄不能克金陵……非兵力之尚单，实形势之未得也"。

曾国藩认为平定太平天国远比咸丰想象的困难。他总揽全局，认为太平天国通过掌握长江中下游的几座重要城市，掌握了长江这条军事运输线，将自己的控制区变成了一个有生命力的整体，通过长江等水系，将各省的资源统合在一起，因此难以平定。对这个蔓延在长江中下游的整体来说，南京并不是其中最重要的点。

咸丰皇帝的军事原则是直指根本，再伐枝叶。曾国藩的想法恰好相反，是先剪枝叶，再伐根本。曾国藩从全局出发，根据地理形势，认为必须沿长江从上到下拿下几个重要节点，最后再解决南京。曾国藩总结历史经验说："自古平江南之策，必踞上游之势，建瓴而下，乃能成功。"[1] 东南大局的关键在武昌。湘军夺得武昌后，已据有长江中游之险要，进可攻，退可守，有了立足的根本。曾国藩说，建立根据地，是军事的基础："古者英雄立事，必有基业。如高祖之关中，光武之河内，魏（曹操）之兖州，唐之首阳，皆先据此为基，然后进可以战，退可以守。"[2] 湘军应以两湖为根据地，特别是把湖北治理成自己的大本营，在长江中游积蓄足够的力量后，再从武昌顺流而下，先取九江，次夺安庆，最后包围金陵。这就是"以上制下、取建瓴之势"的战略。事后证明，这是一个极为高明的战略，清王朝正是在这个战略指导下取得了最后的胜利。也正是因此曾国藩才那么重视湖北巡抚这一职务。

但是咸丰皇帝根本不理曾国藩的这个大计划，要求曾国藩马上率师东下，一鼓作气，"不可迁延观望，坐失事机"[3]。

曾国藩曾上奏咸丰，提出立即东下的三个困难：

一是经过从岳州到武昌的一系列激烈战斗之后，湘军减员严重，战船大量损坏，武器弹药不足，且"屡胜之余，志骄气溢，殊觉散佚，暗伏挫败之机"，必须进行较长时间的休整和补充。

二是太平军仍有相当实力，湘军若孤军深入，很有可能陷入太平军的包围之中。

---

[1]《曾国藩全集·奏稿》2，岳麓书社，2011年，第501页。

[2]《曾国藩全集·诗文》，岳麓书社，2011年，第413页。

[3]《曾国藩全集·奏稿》1，岳麓书社，2011年，第280页。

三是湘军没有稳固的后方，迅速东下江西、安徽，没人供给军饷粮草，"军火、银米一有缺乏，军士溃散，前功尽弃"[1]。

应该说，曾国藩的这些考虑是有远见的。但咸丰皇帝拒绝接受曾国藩的意见，强硬地命令他迅速东下。这就打乱了曾国藩的计划，也导致他陷入困境。

---

[1]《曾国藩全集·奏稿》1，岳麓书社，2011年，第260页。

|第八章| 江西困境与"大悔大悟"

1. 九江大败后差点儿自杀

咸丰四年（1854）九月上旬，曾国藩奉咸丰皇帝的命令，率师直向江西重镇九江推进。

曾国藩此举一方面是迫于皇帝的严旨，另一方面，应该说，在两湖的一系列辉煌胜利，也让曾国藩有些过于自信，认为如果乘势东下，也不是没有扩大战果的可能。

九江位于长江与鄱阳湖之交，是长江中游的重要城市，战略位置非常关键。在曾国藩的战略布局中，九江是继武汉后的第二个重要战略节点。

太平天国失去武汉后，再也不敢大意，派名将秦日纲在九江以上严密布防。九江上游，有田家镇、半壁山在大江两岸对峙，乃自古"水战必争之地"。太平军在此地集结了四万重兵。除了在半壁山层层筑垒之外，太平军还在长江江面上横拦了铁索六道，一端连接田家镇，一端连接半壁山，并且在铁索下面按一定距离排列了数十只小船，上面安放枪炮，用以保护铁索。防御不可谓不严密。

观察形势之后，因为半壁山敌人相对较弱，曾国藩决定先攻半壁山，后取田家镇。

曾国藩先派大将罗泽南、李续宾从马岭坳强攻半壁山。太平军在半壁山屯兵两万，而罗泽南、李续宾部仅两千六百余人，但这两千多人是湘军最精锐的部分，猛悍超群，以寡击众，毫不怯阵，向半壁山发起坚决进攻。半壁山与马岭坳之间湖汊纵横，只有左右两条土堤可通行人马。这种地势，太平军人数虽多，发挥不了作用。罗泽南"自带敢死之士数十人，匹马冲出，奋力堵杀。贼众退归堤北"。太平军之前屡次失利，对湘军已经畏之如虎，因此稍一接触，就开始溃逃。湘军分路包抄，紧追不舍，"抢入舟中，杀毙近千人，江水尽赤；覆舟溺毙者亦不下千人，浮尸蔽

江"[1]。此役太平军损失惨重，多名将
领战死，而湘军阵亡者不过十三人，
成为以少胜多的经典战例。

水师面对的困难也不比陆军小，
他们的任务是攻破太平军的六道拦江
铁索。

彭玉麟、杨载福商量之后，将水
师分为四队，第一队专门负责破坏太
平军拦江铁索；第二队负责在破坏铁
索时压制对方炮火；第三队准备在铁
索断后冲向下游，放火烧掉太平军战
船；第四队负责守护后方辎重船只，
防止太平军的突然袭击。

▲ 彭玉麟指挥水师

布置就绪后，彭玉麟、杨载福亲自出马作战。十三日，湘军水师首先发炮击沉
太平军列于铁索下的数十只护索小船，然后开船到铁索之下，用巨锅盛油脂置于船
上，将铁索烧熔砍断。

拦江铁索既断，湘军船队拿下田家镇。太平军水营盛时，虽号称有船万余艘，
但是多为虏获的民船，"船只大小不一，未经训练，其实不能接仗"[2]。相比之下湘
军水师的战船和大炮则十分精良。湘军在武穴截断太平军船队的归路，然后再溯江
而上，沿途攻"剿"放火，使太平军船只顿时化为火海，总计烧毁太平军水师船只
四千余艘，缴获五百余艘。经此一战，太平军九江以上的船只荡然无存，水师基本
瓦解了，失去了对长江九江以上的控制力。曾国藩不无得意地说："长江之险，我已
扼其上游，金陵贼巢所需米石、油、煤等物，来路半已断绝。逆船有减无增，东南
大局似有转机。"[3]

半壁山田家镇战役是湘军前期军事胜利的最高点，接下来眼看就可以攻下九
江，把长江中游全部收入囊中。镇压太平天国，似乎已经胜利在望。

---

[1]《曾国藩全集·奏稿》1，岳麓书社，2011年，第302页。

[2] 中国史学会主编：《中国近代史资料丛刊·太平天国》3，上海人民出版社，1957年，
第141页。

[3]《曾国藩全集·奏稿》1，岳麓书社，2011年，第328页。

湘军占领田家镇后，顺流而下，直取九江。

湘军虽然节节胜利，由于长驱直进，其实兵力已疲。但曾国藩在屡次大胜之后，也不免扬扬得意。他派陆军围攻重镇九江城，派水师攻打九江对岸的湖口，认为这次也能如以前那样，迅速取胜。

但是这次太平军的准备远比以前要充分。田家镇战败的消息传到天京（即南京），杨秀清大惊，立刻派名将石达开、罗大纲赶赴西线指挥。太平军西征军自湘潭战败后，弃岳州，失武汉，节节退却，直至九江、湖口，形势十分不利。但另一方面，由于湘军的进攻，太平军被迫缩短了战线，集中了兵力，加强了指挥，消除了战线过长、兵力分散的弱点。太平军全力据守九江、湖口两城，准备与湘军决一死战。

负责守九江城的太平军将领叫林启容，他治军严谨，"深沟固垒"，城外梅家洲等地营垒也非常坚固，湘军在这里头一次见识到了太平军的厉害，"环攻十余日，贼坚闭不出"。湘军将领罗泽南一筹莫展，也不得不对太平军的防守之密表示佩服，他说："九江城如斗大，梅家洲尤一小垒耳。而贼坚壁以老我师，静若无人，夜无更柝号火。我军一至城下，则旗举炮发，环城数千堞旗帜皆立如林。启容之善守，贼中一将才也！"[1]

在坚守九江的同时，太平军又琢磨着如何战胜湘军水师。

太平军研究认为，湘军之攻取战胜，在很大程度上依仗水上优势，欲战胜湘军，必先破其水师。湘军水师分为大船和小船两部分，大船笨重，小船灵活，二者互相配合，取长补短，才取得了水战的胜利。若能将其分开，他们必然自顾不暇，失去战斗力。同时，太平军大部分船只被毁，所余少数水军难以与湘军水师争锋，欲破强敌，亦只能智取，不能强攻。于是他们就在这方面大动脑筋，制定了一个奇策。

湖口的太平军先用少数小船不断袭扰湘军水师，使其日夜不得安宁。太平军天天"用小船百余号，或二三只一联，或五只一联，堆积柴草，实以硝药，灌以膏药，分十余起纵火下放，炮船随之；两岸出队千余人，呼声鼎沸，兼放火箭、火球"[2]，对湘军水师实施火攻。虽然由于湘军防备甚严，未能取得多大战果，但是湘军不能不"彻夜戒严，不敢安枕"[3]。湘军屡胜之后，已生骄气；屡被袭扰而又求战不得，

[1] 熊治祁编：《湖南人物年谱》2，湖南人民出版社，2013年，第595页。

[2] 《曾国藩全集·奏稿》1，岳麓书社，2011年，第381页。

[3] 《曾国藩全集·奏稿》1，岳麓书社，2011年，第383页。

又生躁气；骄而且躁，遂令太平军有可乘之隙。

　　湖口之所以得名，是由于它地处长江与鄱阳湖的唯一交汇口。一边是宽阔的长江，另一边则是广袤的鄱阳湖。两水之间，是一个狭窄的交汇口，只有小船轻舟能够通过。十二月十二日，太平军利用湘军水师急于求战的心理，再次用小船袭扰的方式，把湘军惹得火起。水师营官萧捷三等贸然率舢板等轻舟一百二十余只，载兵两千，冲入湖内，企图肃清鄱阳湖内不断跑出来袭扰的太平军战船，太平军抓住机会，设置水卡，修筑工事，安装大炮，将这一百二十多条船死死地封锁在湖内。

　　就这样，湘军水师被肢解为外江和内湖两部分，百余"轻捷之船"，两千"精健之卒"，陷于鄱阳湖内，外江水师只剩下运转不灵的大船，"多笨重船只，运棹不灵，如鸟去翼，如虫去足"，丧失了作战能力，陷于被动挨打的局面，战争的主动权也就随之转移到太平军手中。[1]

　　太平军从容地对湘军水师发动了更大规模的袭击。一天晚上，一片漆黑，咫尺莫辨，太平军分别从九江与小池口抬出小船三十艘放入江内，携带各种火器，钻入湘军大船船队放火。湘军水师顿时大乱，纷纷逃窜，船只损失无数。曾国藩坐上舢板督阵，不许船只退却，也毫无作用。其情形如同靖港之再现。

　　更严重的是，曾国藩自己的座船也被太平军攻占俘获，曾国藩管驾官、监印官全部死亡，船上存放着他带兵数年的重要文件以及书信日记，至此"文案全失"。连皇帝赏赐他的白玉四喜扳指、白玉巴图鲁翎管、玉靶小刀、火镰等东西，都成了太平军的战利品。连曾国藩自己也差点成了太平军的俘虏，他在太平军逼近的关键时刻投水自杀，幸被救起。

　　曾国藩遥望江内船只纷纷溃逃，念及自己花费数年心血惨淡经营起来的水师竟遭如此下场，羞愤难当，遂欲效仿春秋时晋国大将先轸的榜样，策马赴敌而死，慌得罗泽南、刘蓉等人紧紧抓住马缰，好一番拉扯劝解方始罢休。

　　屋漏偏逢连夜雨，不久，留在九江的杨载福水师又遭到风灾袭击，四十条船被完全毁掉，剩下七十多条也破烂不堪，不能使用。这样，湖北武穴以下江面再没有湘军船只，重新成为太平军水师的天下。

　　太平军取得湖口之战的胜利，打破了曾国藩夺取九江、"克服安庆、直捣金陵"的梦想，更让曾国藩陷入漫长的困境。

---

[1]《曾国藩全集·奏稿》1，岳麓书社，2011年，第394页。

2. 曾国藩与胡林翼

太平军在湖口袭击湘军水师成功之后，重新控制了长江航道，便分三路上行，发动战略性反攻。咸丰五年（1855）二月十七日太平军三克武昌，湖北的大片地区又一次落入太平天国手中。曾国藩一年多的战果得而复失。

这时，曾国藩更加确信上年八月攻占武汉后，不待后方巩固、经济恢复即迅速东下是错误的，并在奏折中旧话重提，对咸丰的决策提出婉转的批评。他说，细思臣等办理错误之处盖有两端：一是武汉克复当留重兵驻守，并留战船数千号以为后路声援，稳扎稳打；二是九江未破不应进攻湖口，以致兵力分散，两处受阻。[1]

然而咸丰皇帝不同意这一看法，他认为湘军湖口之败仅仅是因为水师舢板冲入内湖所致，即曾国藩指挥上的疏忽与无能造成的。至于要在武汉留兵驻守，他说那本来就没有必要。他说："所称办理错误之处，如水师冲入内湖，以致声势隔绝，诚不免锐进贪功。至武汉收复未留后路声援一节，则其势本有不及，水陆两军全数追剿，犹恐兵力单弱，若彼时即分割武汉，兵数愈少，刻下更不知如何棘手。曾国藩等既定直捣金陵之计，即着迅速设法攻克九江，合军东下，毋得再存顾虑。"[2]仍命令曾国藩迅速攻克九江，然后合军东下，直捣金陵。这种瞎指挥无异梦呓。

湖口之败后，湘军元气大伤。曾国藩只好把希望全部寄托在陆师之上，指挥塔齐布、罗泽南两部继续围攻九江，希望能早日攻陷城池。但是九江防守没有丝毫破绽，"负固死守。其坚悍凶顽，实出意计之外"[3]。湘军昼夜苦攻，士卒死伤惨重，而战事仍毫无进展。咸丰五年七月，曾国藩帐下得力大将塔齐布因为九江久攻不下，"日对坚城，徒增焦灼"[4]，吐血而亡，年仅三十五岁。曾国藩顿失依恃，抚尸大哭。

被困在内湖的湘军水师为了冲回长江，也不断进攻湖口水卡。由于进攻过急，在塔齐布死后第三天，内湖水师统领萧捷三在湖口中炮阵亡。至此曾国藩手下能征之将，可用之兵，只剩下罗泽南一部。

恰在此时，太平军又大举进入江西，曾国藩的形势非常困难。

就在这个时候，胡林翼又给曾国藩来信，要求把罗泽南派到湖北，帮助他收复武汉。

---

[1] 参考朱东安著：《曾国藩传》，四川人民出版社，1985年，第103页。

[2] 黎庶昌等撰：《曾国藩年谱》，岳麓书社，1986年，第17页。

[3]《曾国藩全集·奏稿》1，岳麓书社，2011年，第383页。

[4]《曾国藩全集·奏稿》1，岳麓书社，2011年，第497页。

"曾胡"后世并称，两个人的事业紧密交织在一起。在这里我们不妨荡开一笔，追溯一下两人的关系。

曾国藩比胡林翼大一岁，他们都是湖南人，而且同属长沙府，是货真价实的老乡，曾国藩刚到北京之时，胡林翼也正在翰林院，两人做过一段时间的同事，应该说渊源颇深。

然而我们翻遍曾国藩任京官时期的日记，关于与胡林翼交往的记载只有寥寥数条，可见在北京期间，两个人的关系非常疏淡。

这看起来有点儿奇怪，其实也很好理解，因为曾、胡二人出身、门第、性格、作风大不相同。

我们提起胡林翼，马上能想到的也许就是他年轻时候轻裘肥马、放荡不羁的故事。胡林翼的父亲胡达源是探花出身，岳父则是两江总督陶澍，家庭条件非常优渥。胡林翼很长时间内都以风流闻名，"常恣意声伎"，出入色情场所。人们甚至给胡林翼起了个外号，叫作"驸驴"。之所以起这样一个外号，一是比拟"驸马"，二是借"潘驴邓小闲"之典。

而曾国藩则出身普通农家，与胡林翼门第悬殊，生活水平和生活方式大不相同。到京不久，曾国藩就发誓要做"道学家"，"非礼勿视，非礼勿听"，天天记检身日记。因此胡林翼在曾国藩眼中，是一个骄奢淫逸的公子哥儿。而曾国藩在胡林翼眼中，则是一个土里土气的土包子。

除此之外，两个人性格也大不相同。胡林翼是少年天才[1]，自幼非常聪明伶俐，成年后一表人才，"状貌英伟"（郭嵩焘语），"精悍之气，见于眉宇"。而曾国藩天资平平，内向儒缓。两个人的性格也并不投合[2]。因此两个人共同在京的一年多，相互敬而远之，只有一些礼节性的交往。

不过咸丰四年（1854）之后，两个人却在抵抗太平军的征途中成为非常默契的战友。

道光二十年（1840），胡林翼做乡试副主考时受主考牵连，在官场上遇到挫折，

---

[1] 据说胡林翼两岁时，祖父右执书而左抱之，他"视书目不转睛，隐隐有识之之状"；五岁时，祖父"示以堂楹联语，室壁图画，辄能记诵不忘"。

[2] 曾国藩自己说过，有些人是天才，处事果断："敏，有得之天事者，才艺赡给，裁决如流，此不数数觏也。"胡林翼正是这样的人。曾国藩则是另一个极端："余性鲁钝，他人目下二三行，余或疾读不能终一行。他人顷刻立办者，余或沉吟数时不能了。"

第二年父亲去世，他扶棺南返，回家守制。乡居期间，胡林翼开始反省自己早年的放浪形骸的生涯，究心理学，"专意道德"，为人处世风格发生巨大变化。胡林翼后来回忆说："自辛丑见背于父，而痛念我父，克去利心。……其勉力自修者，谨守礼法，追思先人教训，一言不妄发，一步不妄行。"[1]

再度出山之后，胡林翼出任贵州安顺知府。安顺位于贵州中西部，山岭崎岖，交通不便，最大问题是土匪横行。胡林翼"躬往缉捕，短衣芒履，出入嵌岩，几忘寝食"[2]。穿着短衣草鞋，爬高山，入深谷，亲自率人去抓捕土匪。谁能想到，这个在大山老林里艰苦跋涉的短衣芒鞋的汉子，几年前还是一个轻裘宝马、纵酒狂歌的纨绔子弟。他剿匪的成绩非常突出，以至于咸丰皇帝也曾经问他"官声何以如此之好"[3]。

咸丰二年（1852）年底，太平军纵横两湖，在家乡为母亲守孝的曾国藩墨绖出山，创办湘军。咸丰三年（1853）年底，胡林翼带领所募练勇六百人，离开奋斗了八年的贵州，奔赴烽火处处的两湖。正在训练湘军准备出师的曾国藩派人给胡林翼送去了大批军用物资和两千两白银，同时又上奏朝廷，表示胡林翼之才可以大用。"密疏论荐，谓其才胜臣十倍。"[4] 在奏折中曾国藩称胡林翼"胆识绝人，威望夙著"，"屡著战功"，"才大心细，为军中万不可少之员"[5]。这种雪中送炭，倾心推举，令胡林翼感激不已。

两人在京城一别，再见面已经是十三年后的咸丰四年（1854）四月的妙高峰下。此时曾国藩正在长沙整军。胡林翼发现，早年那个拘谨的曾国藩，此时已经成了湘军大帅，性格在原来的沉稳踏实之外，又加入了干练、坚毅、自信。而曾国藩则看到，中年胡林翼，气质面貌和青年时代也已经完全不同。经数年边远地区政务历练，胡林翼原来举止中的睥睨一切、轻狂已经被磨得差不多了，"待人一秉大公，推诚相与，无粉饰周旋"[6]。其沉毅之气、经世之识与曾国藩一拍即合。天下滔滔之际，两个人更明确地意识到，只有他们这样的人携手并肩，齐心合力，才能挽回天

---

[1] 熊治祁编：《湖南人物年谱》3，湖南人民出版社，2013 年，第 107 页。

[2] 熊治祁编：《湖南人物年谱》3，湖南人民出版社，2013 年，第 21 页。

[3] 熊治祁编：《湖南人物年谱》3，湖南人民出版社，2013 年，第 26 页。

[4] 熊治祁编：《湖南人物年谱》3，湖南人民出版社，2013 年，第 40 页。

[5] 《曾国藩全集·奏稿》1，岳麓书社，2011 年，第 217 页。

[6] 熊治祁编：《湖南人物年谱》3，湖南人民出版社，2013 年，第 122 页。

命人心。[1]

不久曾国藩大军围攻九江，奏调胡林翼前来帮忙，从此胡林翼成为曾国藩的直接部下。在进攻九江的几次战役中，胡林翼与曾国藩其他部下配合良好，屡立战功。他在这里还结识了湘军名将罗泽南。究心理学的胡林翼与罗泽南一拍即合，对他钦佩不已。胡林翼情商极高，善居人下，虽然他功名官位高于罗泽南，却主动拜罗泽南为老师，"执弟子礼甚恭"，在军中成天与罗泽南讲道学，虽然相处时间不长，却与他建立起极深的情谊。

在九江城下，湘军遭遇挫折。太平军军势由此复盛，挥兵湖北，武汉再度告急。在曾国藩的大力提携下，胡林翼已经获得湖北按察使的头衔，因此自请回援武汉。虽然江西局势非常紧张，但是曾国藩还是本着"欲立立人，欲达达人"之旨，慷慨地放胡林翼西上，以助他成就功名。胡林翼手中嫡系不过是六百贵州勇，曾国藩为了保证他回援成功，从紧张战事中，拨出石清吉部与王国才部数千精兵交给胡林翼，让他凑成了一支六千人的队伍。这六千精兵，成了胡林翼起家的重要资本。

就在胡林翼竭尽全力在战场上指挥战士厮杀的时候，咸丰五年（1855）三月，一个意外的消息传来：原湖北巡抚陶恩培因为城破自杀，朝廷任命胡林翼当湖北巡抚。胡林翼成了独当一面的封疆大吏。

去年八月，咸丰让曾国藩署理此职，但是仅仅九天之后，就收回了成命。没想到现在，这个重要职务却给了资历甚浅的胡林翼。自咸丰四年（1854）二月至咸丰五年（1855）三月，一年时间，胡林翼由知府而道员而按察使而布政使而巡抚，连升五级。由此可见此人能力过人，也可见咸丰对他的信任远胜于曾国藩。

曾国藩练成湘军以来，这支生猛的汉人队伍一直是咸丰心头的隐忧。他"以国藩一人兼统水陆军，心忧之"[2]。而胡林翼的实力此时远逊于曾国藩，对咸丰来说没有尾大不掉之忧。胡林翼的能力，屡经曾国藩等保奏，早已经简在帝心。咸丰如此破格提拔，相信胡林翼一定会感恩戴德。[3]

---

[1] 胡林翼与曾国藩一见后，又被湖南巡抚派去湘西剿匪，后又赴湖北搜"剿"太平军残部，积功升为湖北按察使。两湖地区虽然战事倥偬，但有了曾国藩、左宗棠、张亮基等人的照顾协调，胡林翼的生存环境比在贵州要好很多。

[2] 王闿运、郭振墉等著：《湘军志　湘军志评议　续湘军志》，岳麓书社，1983年，第23页。

[3] 当然除此之外还有文庆所起的作用。文庆就是前文提到的胡林翼做乡试副主考时那个因为自己的问题连累了胡林翼的主考。此时他已经成了咸丰面前的红人，自然会为胡林翼说话。

这就是咸丰的用人术。

曾国藩对此当然感觉很意外。自己梦想多年而不得的职位，部下胡林翼却如此轻松地得到了。胡林翼成了湖北巡抚后，胡、曾二人虽然名义上是平级，但是曾国藩是以在籍身份带兵，胡林翼则获得一省实权，曾国藩的地位实际上已经处于胡林翼之下了。

曾国藩心头也许会在第一时间掠过一丝嫉妒，但是这丝嫉妒一闪即逝，接下来更多的是高兴。因为胡林翼毕竟是湘系人马，由他来出镇湖北，湖北就可能成为湘军的战略大后方，曾国藩在长江中游为湘军建立根据地的计划就有可能实现。

胡林翼受命之时当然受宠若惊。然而此时湖北还在太平军手中，这个巡抚一时还是空头。只有尽快拿下武汉，他才能在湖北立足。

因此胡林翼才想到了要向曾国藩请求援兵，并且最好是湘军最有名的战将罗泽南。

此时的曾国藩正泥兵九江城下，进退不得。胡林翼请求罗泽南赴援，确实给曾国藩出了个难题。不放罗泽南，武汉确实一时难以拿下来；放走罗泽南，曾国藩自身安危难保。

但是一番犹豫之后，曾国藩还是派出了罗泽南。因为从当时天下大局看，武汉确实更为重要，而自己的安危则次之。曾国藩不但同意派出罗泽南军，而且从塔齐布军中抽调彭三元部、普承尧部，编入罗军，以增强其实力。由此可见，曾国藩在关键时刻顾全大局的胸怀实为普通人之所不及。

罗泽南一走，曾国藩在江西显然就安危难卜了。因此听到这一安排，曾国藩的手下纷纷反对，连曾国藩的好朋友刘蓉都坐不住了。

"幕府刘公蓉谏曰：公所赖以转战者塔、罗两军，今塔将军亡，诸将可恃者独罗公，又令远行，脱有急，谁堪使者？"

曾国藩回答说：

> 吾极知其然，计东南大局宜如是。今俱困于此无益，此军幸克武昌，天下大势可为，吾虽困犹荣也。[1]

---

[1] 朱孔彰撰：《中兴将帅别传》，岳麓书社，1989 年，第 6 页。

　　罗泽南开赴武汉，使得湘军的重心从江西转到湖北，曾国藩不但在政治上处于湘军集团的第二位，军事上也是第二号人物了。他坐困江西，一筹莫展，惊险万状。而胡林翼得此精兵，局面一下子大为改观。虽然罗泽南不久战死，但是这支精锐部队却归了胡林翼。其后胡林翼能夺武汉、取九江、谋安徽，屡建大功，都是得益于他掌握了湘军最精锐的罗泽南部。曾国藩关键时刻的自我牺牲，是曾胡一生交往中的一个关键点。

　　把最得力干将派出的曾国藩不久就尝到了恶果。太平天国攻下武昌后，石达开带兵回到江西，在江西展开强大攻势。此时，湘军水师已经失去战斗力，曾国藩身边又没有得力将领。从咸丰五年（1855）十月起，石达开连下上高、瑞州、新喻（今新余）、峡江、临江、袁州、安府等城，控制了江西十三府中的八府五十四州县。曾国藩的部队困守在南昌和南康两府的狭小地区，文报不通，联系中断，连送家书都不得不用隐语蜡丸，化装潜行。即使如此，送信人还是往往被太平军识破，被捕杀者达百人以上。

　　曾国藩当时时刻面临被杀的危险，如果石达开再加上最后一把劲，曾国藩可能就在江西殉国了。后来王闿运在写《湘军志》时，连夜阅读当时的文件，蒙眬之中好似见到曾国藩当年的窘迫之态。他在当天的日记中写道：“夜览涤公奏，其在江西时，实悲苦，令人泣下。……‘闻春风之怒号，则寸心欲碎；见贼船之上驶，则绕屋彷徨’。《出师表》无此沉痛。”[1] 曾国藩也讲他在江西之时，“久困彭蠡之内，盖几几不能自克。”[2] 由此可见曾国藩当年的处境是何等狼狈！

　　曾国藩在江西陷入困境，与家中不通信息，生死不明。曾家人非常焦急。曾氏兄弟五人，曾国藩居长，下面有四个弟弟，大弟曾国潢、二弟曾国华、三弟曾国荃、四弟曾国葆。在四弟国葆被曾国藩裁撤后，曾国藩曾命令几个弟弟居家读书，不要再参与军事。但是此时情况紧急，一贯有主见的曾国华敢为人先，“间关”赴湖北找胡林翼想办法去援救大哥。胡林翼对曾国藩胞弟的到来非常重视，尽管武汉现在正是胶着之际，回援江西会让湖北兵力单薄，但胡林翼还是慷慨拨出四千军队，交给曾国华统领，开赴江西。这四千人“均系久经战阵，骁果精卒”[3]。咸丰六年

[1]王闿运、郭振墉、朱德裳、王定安撰：《湘军史料四种》，岳麓书社，2008年，第183页。
[2]《曾国藩全集·诗文》，岳麓书社，2011年，第157页。
[3]胡林翼撰，胡渐逵、胡遂、邓立勋校点：《胡林翼集》1，岳麓书社，2008年，第112页。

（1856）三四月间，曾国华率领这些湘军将士，先后攻陷咸宁、蒲圻、崇阳、通城、新昌、上高等地，打通了江西与两湖的通道。

就在曾国华从军后数月，另一个弟弟曾国荃也弃文从武，率兵前往江西救援。咸丰六年（1856）十月，曾国荃广招罗泽南、李续宜旧部及新募之兵，共计三千人，会合湘军老将周凤山部，进军江西吉安。此军名字就定为"吉字营"。

兄弟们的到来，让曾国藩得到了一定程度的援助。同时，正当南昌指日可下，曾国藩"呼救无从""魂梦屡惊"之际，洪秀全、杨秀清等从西征战场大量抽调太平军回救天京，参加攻破江南大营的战斗。此后，江西太平军基本上停止了进攻，困处南昌的曾国藩终于绝路逢生，没有了生命危险。

3. 被皇帝拿掉兵权

这一时期，曾国藩不仅军事上陷入危局，政治上也陷入重重泥沼之中。

问题就在于曾国藩没有实权。虽然屡获大胜，但湘军与清王朝体制上的矛盾仍然没有解决，曾国藩的处境仍然十分艰难。这种艰难在江西表现得最为充分。

湘军出省作战实行的是"就地筹饷"，江西省官僚系统负有供饷之责。其时江西巡抚是陈启迈，其人气度狭隘，寸权必争。在他眼里，曾国藩不过是一个办团练起家的在籍官员而已，地位等同绅士，湘军不过是民团，跑到江西来，是他的额外负担。他认为，湘军要在江西吃自己的军饷，就必须对自己唯命是从。因此他对曾国藩指手画脚，呼来喝去。他所下命令又朝令夕改，令人左右为难。对这样一个毫不知兵的巡抚，曾国藩实在无法敷衍，只好拒不从命。这下子惹火了陈启迈，对曾国藩"多方掣肘，动以不肯给饷为词"[1]。

曾国藩忍无可忍，拍案而起，于咸丰五年（1855）六月十二日，以陈启迈"劣迹较多，恐误大局"，上奏参劾。陈启迈所作所为确实让人无法为之辩解，咸丰皇帝阅之大怒，立刻将陈启迈革职查办。[2]

然而，接下来发生的事情又重复了曾国藩湖南的经历，这次参劾不但没有使其他江西官员束手，反而让他们变本加厉。接替陈启迈任江西巡抚的文俊行事一如陈

[1]《曾国藩全集·奏稿》1，岳麓书社，2011 年，第 482 页。
[2]《曾国藩全集·奏稿》1，岳麓书社，2011 年，第 485 页。

氏，江西官员在他的率领下团结起来处处给曾国藩下绊子、设障碍。曾国藩为了筹集军饷，就要在江西抽厘，也就是收取商业税，这样就不能不聘用江西绅士来办理厘局。这在江西地方官员看来无疑是侵越他们权力的事，因而就来个针锋相对，寸权必争。曾国藩要在哪儿办厘局，江西也在哪儿办厘局。曾国藩要用某个绅士，地方官就扣住不给，甚至对亲近曾国藩的绅士进行打击报复。早在陈启迈当政时，有个名叫彭寿颐的江西举人，甚得曾国藩的赏识，曾国藩欲将其招入幕府使用。陈启迈收到曾国藩的咨文后，不仅不允调用，反而因事将彭寿颐投入狱中，严刑拷讯。久而久之，江西司、道、府、县官员皆希上旨与曾国藩互为水火，甚至有人故意起而刁难、谩骂、攻击曾国藩，以取悦自己的上司，甚至曾国藩的兵勇也经常被人痛骂毒打，遭受侮辱。

湘军在江西的军饷得不到保证，部下长期陷于饥困。为了吃到一口军粮，甚至有湘军部将冒险而死。湘军毕金科部长期乏饷，士有饥色，地方官员告诉毕金科，如能攻占景德镇，便立刻为他发饷。毕金科一向莽撞，今又穷困至极，便决意一试。太平军在景德镇坚固设防，布有重兵。毕金科率一千饥疲之卒贸然来攻，结果全军覆没，毕金科也丧命其地。曾国藩得知后又痛惜又气愤。咸丰九年（1859）六月湘军终于攻陷景德镇后，曾国藩在毕金科丧命之处立下一块石碑，亲为撰写碑文，其中有"内畏娼嫉，外逼强寇，进退靡依，忍尤丛诟"[1]等语。这不只是表达对毕金科的痛挽，也是为了抒发自己心中多年的愤懑。

曾国藩在江西数年之间步步荆棘，处处碰壁。他后来在给朋友的信中回忆说："江西数载，人人以为诟病。"[2]又形容当时的苦况说："士饥将困，窘若拘囚；群疑众侮，积泪涨江，以求夺此一关而不可得，何其苦也！"[3]他无时不想挂冠而去，"国藩昔在江西、湖南，几于通国不能相容。六七年间，浩然不欲复闻世事"[4]。但时势之危与圣人之教又不容许，只好百般隐忍，甘受煎熬，常年寸心如焚。"虹贯荆卿之心，而见者以为淫氛而薄之；碧化苌弘之血，而览者以为顽石而弃之。古今同慨，我岂伊殊？屈累之所以一沉，而万世不复返顾者，良有以也。"[5]委屈痛苦，溢于笔端。他甚至这样对好友刘蓉说："所至龃龉，百不遂志。今计日且死矣，君他日

[1]《曾国藩全集·诗文》，岳麓书社，2011年，第160页。

[2] 赵烈文撰：《能静居日记》2，岳麓书社，2013年，第1083页。

[3]《曾国藩全集·诗文》，岳麓书社，2011年，第156页。

[4]《曾国藩全集·书信》7，岳麓书社，2011年，第296页。

[5]《曾国藩全集·书信》1，岳麓书社，2011年，第466页。

志墓，如不为我一鸣此屈，泉下不瞑目也。"[1]种种不平之鸣，证明这是他一生中精神最痛苦的时期之一。

正在曾国藩痛苦万分之时，咸丰七年（1857）二月十一日，曾国藩忽然接到父亲曾麟书于二月四日去世的讣告。这个噩耗此刻倒成了摆脱困境的天赐良机。他立刻上疏要求回家守孝，并且不等皇帝的回复，便把军队抛在江西，径自回到了湖南老家。作为领兵大臣，不待批准即离开军营，本来是要获罪的，只是由于湖南巡抚骆秉章、湖北巡抚胡林翼反复为他说情，咸丰皇帝才免于追究，并且给假三个月，让他在家治丧。

咸丰七年五月，曾国藩假期将满，他不想再过客寄虚悬的日子，遂奏请在家守三年之制。皇帝当然不会批准他在家守孝三年，在回复中催他立刻回到军中。曾国藩于是向咸丰皇帝摊牌，给皇帝上了一道奏折，一股脑儿地把自己压抑已久的愁苦愤懑都说了出来，期望皇帝会体谅他的苦衷，授予他职权。

他在这封叫《沥陈办事艰难仍恳终制折》的著名奏折中将官场的潜规则说得很清楚。

他说，带兵打仗，必须依靠地方官员的支持。"至于筹饷之事，如地丁、漕折、劝捐、抽厘，何一不经州县之手？"但地方官员只认他们权力体系内的运转规则，只听能掌握他们升迁权力者的话。他名义上为"部长"级官员，而"文武僚属大率视臣为客，视本管上司为主。宾主既已歧视，呼应断难灵通"。他"身非地方大吏，州县未必奉行，百姓亦终难可信"，所以"或臣抽厘之处，而州县故为阻挠；或臣营已捐之户，而州县另行逼勒。欲听之，则深虑事势之窒碍；欲惩之，则恐与大吏相龃龉"。[2]

他虽有保举权，但由于所保人员非国家正规军出身，"徒有保举之名，永无履任之实"。许多战功卓著的部下，"虽保举至二三品，而充哨长者，仍领哨长额饷。充队目者，仍领队目额饷。一日告假，即时开除，终不得照绿营廉俸之例，长远支领"。[3]

他直言不讳地说："臣细察今日局势，非位任巡抚，有察吏之权者，决不能以治军。纵能治军，决不能兼及筹饷。臣处客寄虚悬之位，又无圆通济变之才，恐终

[1]《刘蓉集》2，岳麓书社，2008年，第33页。
[2]《曾国藩全集·奏稿》2，岳麓书社，2011年，第222页。
[3]《曾国藩全集·奏稿》2，岳麓书社，2011年，第221页。

不免于贻误大局。"[1] 如果皇帝不给他督抚之权，他就只能"在籍终制"，就是说不复出山。

曾国藩以为他已经把委屈和困难说得够充分了，皇帝没有任何理由不给他以必要的支持，没想到，逞妇人之智的咸丰皇帝和曾国藩较上了劲。

咸丰在奏折上批了这样一段话：

> 江西军务渐有起色，即楚南（湖南）亦就肃清，汝可暂守礼庐。[2]

批准他在家守制三年，实际上解除了他的兵权。

这当头一棒差点把曾国藩打昏。他万没料到，苦战数年竟是这样一个结果。

咸丰皇帝为什么如此果断地罢了曾国藩的军权呢？

因为他另有了依靠。

前面我们说过，咸丰皇帝一直认为，镇压太平天国的关键是拿下南京，因此指挥八旗和绿营，在南京附近建立了江南江北两座大营。

这两座大营既是咸丰皇帝"舍弃枝叶、直指根本"的战略思维的产物，也是"清廷中满洲贵族集团对抗以曾国藩为首的新兴汉族地主军事集团——湘军集团的产物"[3]。

曾国藩的湘军崛起之后，虽然在长江中游屡立战功，但是在咸丰眼中，始终只是为协助正规军队镇压太平军而兴办的、临时征召的汉族"民兵"，一直不过是"外人"，顶多算是偏房生的孩子。

江南江北大营才是咸丰皇帝眼中的嫡系，是大清江山的支柱，也是国家正规军的脸面。由汉人建立的"私家武装"立下拯救王朝之全功，以后国家正规军的威信何在？皇帝的如意算盘是让曾国藩游击野战，歼灭太平军的有生力量，最后仍由盘踞在南京脚下的正规军将领收功。

因此虽然江南江北两座大营作战并不给力，但对这两个亲生子，咸丰皇帝还是一直非常偏爱。湘军坚忍能战，但是咸丰皇帝却不积极给湘军供饷。江南江北两座

---

[1]《曾国藩全集·奏稿》2，岳麓书社，2011 年，第 223 页。

[2]《曾国藩全集·奏稿》2，岳麓书社，2011 年，第 225 页。

[3] 赵亦彭著：《前后江南大营比较论》，河北师范大学 2007 年硕士论文。

大营，皇帝却委以专人负责，划定若干省份专门供饷。胡林翼愤愤不平地说："即如江西之援军，及涤帅旧留江西之部曲，在今日总算强兵，然百日无饷矣。若吴若皖之兵，以十万余计，未必如此之厄，亦可慨矣。"

然而烂泥扶不上墙。两座大营建立后，表现得却非常差劲。两座大营分峙南北，花了上千万两的银子，不但不能迅速拿下南京，也阻挡不了太平军北伐和西征的步伐。不仅如此，它们后来又被证明不能保卫自身，咸丰六年（1856）年初，太平军为了消除清军对南京的威胁，大举进攻，二月击溃江北大营，五月击溃江南大营，让咸丰多年心血付诸东流。

亲生子实在指望不上，所以咸丰皇帝对曾国藩不得不一再优容，虽然不给曾国藩实权，但是却能参谁准谁。湘军坐困江西，军事上一直没有起色，但与对满洲亲贵和武将们动不动就破口大骂要杀要剐不同，咸丰对曾国藩一直还算客气，没有辱骂讽刺。

然而不久之后，形势有了变化。

首先是天京事变，使太平天国实力大衰。

太平天国的最高领袖虽然是洪秀全，但是洪氏以教主自居，深居简出，并不管理具体事务。军政大权，掌握在东王杨秀清手里。攻破江南大营后不久，杨秀清野心膨胀，自称"天父下凡"，召天王洪秀全到东王府"逼封万岁"，意图谋取最高权力，引发天京内讧。洪秀全诛灭东王杨秀清，逼走翼王石达开，太平天国内部人心涣散，军事形势开始逆转。

与此同时，江南大营的军务也有了起色。

江南大营被攻破后，1856年10月，清政府授江南提督和春为钦差大臣，重新建立江南大营。

和春是一个比较有头脑的人，他走马上任之后，向皇帝推荐长于理财的浙江巡抚何桂清为两江总督。何桂清不负所望，理财有方，当上总督后每月拨解大营的军饷多达四五十万两。在源源不断的饷银支持之下，和春大肆扩充军队，使所部兵力由向荣时期的不足万人，迅速增加到八万余人。同时在上海购买了大量洋枪洋炮，使武器装备大为改善。

江南大营战斗力因此明显增强。和春抓住太平天国内讧导致力量衰弱的大好时机，积极进攻，不久成功收复镇江，在南京城外"扎大小营盘一百三十余里"，把南京"困如铁桶一般"。和春得意扬扬地宣称，此"实属数年来未有之气象"[1]。

这样一来，南京脚下的江南大营和长江中游的湘军在镇压太平天国的战争中就形成了针锋相对的竞争关系。双方都试图凸显自己在天下大局中的重要性。江南大营统领和春、两江总督何桂清非常敌视湘军集团，恨不得湘军早日覆灭，以便自己收获镇压太平天国的全功。特别是何桂清，不断通过各种方式攻击曾国藩。

何桂清是道光十五年（1835）的进士，此人干练敏捷，官运颇为亨通，年仅三十八岁，就当上了浙江巡抚。何桂清官场上如此得意，除了能力突出外，更重要的是，他和曾国藩的政敌彭蕴章是同年好友，又很得祁寯藻的赏识。他由浙江巡抚升两江总督的过程中，和春一个人说话并不管用，彭蕴章起到了更为关键的作用。此时彭蕴章在军机大臣中的地位非常重要，他"以咸丰初年入政府，后遂为首相，力荐何桂清兼资文武，必能保障江南"[2]。史载：

> 适阙两江总督，上语军机大臣："此官以筹饷为命脉，孰能胜任者？"大学士彭蕴章奏称："何桂清在浙江，饷徽州全军数万人，未尝阙乏。"上题其言，授两江总督。彭故与何同年进士，何颇谨事之。[3]

在彭蕴章和和春的联手运作下，咸丰七年（1857）夏，何桂清被擢升为两江总督。

何桂清基于朋党习气，对曾国藩从不亲近。他在做浙江巡抚时，虽然供给江南大营军饷非常及时，对曾国藩的湘军，却从无援助。咸丰五年（1855），曾国藩因为实在太困难，专门派郭嵩焘去向何桂清求助。"曾节相事机不顺，坐窘豫章，遣太史郭筠仙（即郭嵩焘）商饷于何桂清"[4]。何桂清惜金如命，分文不借，和曾国藩结下了梁子。[5]"然浙江故无事于湘军，湘帅、浙抚每不相能"[6]。

---

[1]《和春奏》，《方略》卷190，第34～36页。转引自茅家琦主编：《太平天国通史》中册，南京大学出版社，1991年，第183页。

[2] 薛福成著，丁凤麟、王欣之编：《薛福成选集》，上海人民出版社，1987年，第253页。

[3] 熊月之主编：《稀见上海史志资料丛书》1，上海书店出版社，2012年，第318页。

[4] 中国史学会主编：《中国近代史资料丛刊·太平天国》6，上海人民出版社，1957年，第590页。

[5] 有史料说曾国藩素来专横跋扈，向浙江乞饷，先责备浙省挥金如土，何桂清、王有龄气恼之余，分文未给。"王壮愍（王有龄）为杭守，以全善之区而丝毫未允，实因来函有'平昔挥金如土'一语芥蒂其间。"从人之常情判断，有求于人却先盛气批评，显然不可信。

[6] 王闿运、郭振墉等著：《湘军志　湘军志评议　续湘军志》，岳麓书社，1983年，第88页。

不但不借，何桂清还与彭蕴章等人书函往返不绝，不停地向彭和其他京中好友汇报对曾国藩不利的消息。何桂清经常在信中抱怨曾国藩无能，江西制敌不力，以致祸及浙江："浙江为邻封所害。"特别是咸丰六年（1856）二月湘军连败之后，何桂清汇报说："江右误于涤生之胆小，竟是坐观，一筹莫展。中丞又不敢独任仔肩，各路俱是客兵自办，惟围攻抚州系西省之事，并无悍贼，数月不开一大仗。九月中旬不过数百贼出来，全军已皆逃矣。"[1] 从这些书札看，何桂清十分轻视曾国藩。他向彭蕴章等人密报军情，直接影响到朝廷对曾国藩及湘军的看法。何桂清有时还直接向咸丰打小报告，攻击湘军。

1856 年 10 月，抚州太平军出兵攻击抚州城外湘军李元度大营，抚州大营湘军溃散。曾国藩汇报这件事稍晚了些。一个月后，曾国藩才上奏《抚州老营被贼扑陷折》，向咸丰汇报了这次失败。

结果，曾国藩接到咸丰的上谕说，他早已经知道了这个消息。上谕说：

> 曾国藩、文俊自八月三十日奏报瑞州、建昌胜仗之后，已及月余，未见续报。昨据廉兆纶奏，有探闻抚州官军失利之语，与本日何桂清奏报相同，亦未见曾国藩等入奏。[2]

曾国藩不知道，原来邻省浙江巡抚何桂清早已抢先将抚州湘军溃败的情况密报清政府，所以咸丰才如此生气申饬曾国藩不及时报告兵败。

咸丰接着在上谕中语气严厉地指责曾国藩在江西没有作为，天京内讧，各路太平军多回转金陵，占据江西各地的太平军，并非嫡系，他却没能收复什么城池。

> 前闻贼匪多回至金陵，而江西失陷各郡，尚无一处克复。所有占据城池之贼，闻皆石逆党与，诱胁土匪，为之拒守。即广东新附匪徒，亦皆系石逆所纠集，与金陵逆党，尚未归并。[3]

这些显然也都是何桂清密报的。咸丰要求曾国藩乘太平军内乱时，赶紧收复江

---

[1] 苏州博物馆等编：《何桂清等书札》，江苏人民出版社，1981 年，第 39 页。
[2]《曾国藩全集·奏稿》2，岳麓书社，2011 年，第 158 页。
[3] 同上。

西，还语含讽刺地说：

> 若徒事迁延，劳师縻饷，日久无功，朕即不遽加该侍郎等以贻误之
> 罪，该侍郎等何颜对江西士民耶？[1]

皇帝这样露骨的讽刺，曾国藩在江西时期还是头一次收到。这显然是彭蕴章、何桂清等人联手排挤的结果。在咸丰看来，能积极配合满洲军队的何桂清无疑比曾国藩驯服得多也可信得多。

在中央，以彭蕴章、祁寯藻为首，在地方，以和春、何桂清为首，组成了一个强大的反湘军集团，影响着咸丰的决策。正是在何桂清不断打小报告的作用下，咸丰皇帝越来越轻视曾国藩，也越来越把宝押在江南大营之上，"人人皆以为大功可企足待，文宗益倚重江南军"[2]。恰在这时，曾国藩向咸丰伸手要官。

于是咸丰七年（1857）六月十九日，咸丰令曾国藩"着照所请，在籍守制"。后来虽有兵科给事中李鹤年、湖北巡抚胡林翼多次奏请起用曾国藩，均被咸丰拒绝。看来咸丰是坚决要弃掉曾国藩这颗无用的棋子了。

4. 蛰伏两年，完成"脱胎换骨"

曾国藩被解除兵权，他的那些宿敌，也就是长沙城中的湖南官员闻听此讯，一个个喜形于色。从传统伦理上来说，不论曾国藩是何居心，如此要挟皇帝要官都有违臣道。以前曾国藩以唯我独忠之态，居高临下，睥睨众人。而这次他们可抓住了把柄，举城跳着脚大骂曾国藩是假道学、假忠义。蛰居荷叶塘的曾国藩有口难辩，遂"得不寐之疾"，患了"怔悸之症"，卧病在床。他在给郭昆焘的信中亦称："以兴举太大，号召过多。公事私事，不乏未竟之绪；生者死者，犹多愧负之言。用是触绪生感，不能自克；亦由心血积亏，不能养肝。本末均失其宜，遂成怔悸之象。"[3]

更让曾国藩痛苦的是，建立不世功勋的千载难逢之良机眼睁睁地从自己眼前溜

---

[1]《曾国藩全集·奏稿》2，岳麓书社，2011年，第158~159页。

[2] 王定安著，朱纯点校：《湘军记》，岳麓书社，1983年，第112页。

[3]《曾国藩全集·书信》1，岳麓书社，2011年，第590页。

走了。此际正当太平军由盛转衰的转折点，而他偏偏在这个时候回了家。他的许多部下，都因军功飞黄腾达。比如以知府投身于他的胡林翼早当上了湖北巡抚，以千总这样的低级军官身份加入湘军的杨载福也已经升为二品提督，而他仍然是一个在籍侍郎，职位没有任何升迁。在他离开军队的这段日子，湘军攻陷九江，杨载福、李续宾皆赏穿黄马褂，官文、胡林翼皆加升太子太保，一时荣耀无比。只有他这个湘军创始人冷冷清清地待在家里，受人嘲骂。曾国藩虽被视为理学名臣，但功名心一向极炽，失去这个永载史册的千载良机，他怎么能不懊恼万分！

原本自诩硬汉的他这回有点挺不住了，举动大异常态，整日生闷气，"心殊忧郁"，动不动就骂人。他数着江西的一帮文武乱骂，骂够了就找几个弟弟的碴儿吆喝，一年当中和曾国荃、曾国华、曾国葆都发生过口角。弟弟们走了后，他又开始骂几个弟媳妇。语言粗俗，蛮不讲理，理学家的风度荡然无存。

被酷热击中的荷叶镇，夜半仍然如同火炉。彻夜不眠的曾国藩时而在床上辗转反侧，时而在室内外踱来踱去。几年来的种种经历缠绕在他心头，在给曾国荃的信中，他说自己在家中"回思往事，处处感怀"[1]，"心中纠缠，时忆往事，愧悔憧扰，不能摆脱"[2]，"近日天气炎热，余心绪尤劣，愧恨交集。每中夜起立，有怀吾弟，不得相见一为倾吐"[3]。

他判断太平天国一年内便可荡平，到时候论功行赏，独没有他的份儿，会是多么难堪。所以这一段时间的家书里，他经常流露出一种悔意。比如他说：

> 善始者不必善终，行百里者半九十里。誉望一损，远近滋疑。弟目下名望正隆，务宜力持不懈，有始有卒。……愿吾弟兢兢业业，日慎一日，到底不懈，则不特为兄补救前非，亦可为吾父增光于泉壤矣。……此次军务，如杨、彭、二李、次青辈皆系磨炼出来，即润翁、罗翁亦大有长进，几于一日千里，独余素有微抱，此次殊乏长进。[4]

在极端痛苦中，他拿起了朋友向他推荐的老庄著作。几千年前的圣人之言给了他意想不到的启示，让他恍然见到了另一片天地。他像一个闭关的和尚一样把自己

[1]《曾国藩全集·家书》1，岳麓书社，2011年，第335页。
[2]《曾国藩全集·家书》1，岳麓书社，2011年，第345页。
[3]《曾国藩全集·家书》1，岳麓书社，2011年，第351页。
[4]《曾国藩全集·家书》1，岳麓书社，2011年，第340页。

关在屋子里，一坐就是一整天，把自己起兵以来的种种情形在大脑中一遍遍地过。渐渐地，曾国藩静下心来了。

曾国藩反思到，自己在官场上一再碰壁，碰得鼻青脸肿，不光是皇帝小心眼、大臣多私心，自己的个性、脾气、气质、风格上的诸多缺陷，也是重要原因。回想自己以前为人处世，总是怀着强烈的道德优越感，自以为居心正大，人浊我清，因此高己卑人，锋芒毕露，说话太冲，办事太直，当然容易引起他人的反感。他翻阅旧日信稿，发现了当日武昌告急时，他请求骆秉章发兵援救的一封信。写这封信时，他觉得字字有理有据，今天读来，却发现字字如锥如芒。信中称湖南湖北"唇齿利害之间，此不待智者而知也"[1]，不仅没有一点儿商量的口气，还略带嘲讽之意。为了防止骆秉章干预他募练水师，他又在信中早早地表明态度："其水路筹备一端，则听侍（曾自称）在此兴办，老前辈不必分虑及之。断不可又派员别为措置。"[2] 仍是一副舍我其谁、比谁都高明的架势。

怪不得当日骆秉章批评他刚愎自用。骆秉章回信的原话是说他："行事犹是独行己见，不能择善而从，故进言者安于缄默，引身而退。"[3] 说他做事听不进别人意见，所以也就没人愿意给他出主意。当时听了这话，他不以为然，今天想来，才发现确实说到了自己的痛处。他在给弟弟的信中承认说："余生平在家在外，行事尚不十分悖谬，惟说些利害话，至今悔憾无极！"[4]

曾国藩回忆起在湖南时朋友们对他的批评："近日友朋致书规我，多疑我近于妒功嫉能，忮薄险狠者之所为，遂使我愤恨无已……仆之不能推诚与人，盖有岁年。"[5]

朋友们不能理解他，难道都是因为不明大义，身处局外？他自己就没有任何责任？"行有不得，反求诸己"这句圣人之言，他虽然耳熟能详，实际上却没有真正做到过。

他又想起弟弟对自己的批评："曾记咸丰七年冬，余咎骆文、文、耆待我之薄，温甫则曰：'兄之面色，每予人以难堪。'"[6]

---

[1]《曾国藩全集·书信》1，岳麓书社，2011 年，第 256 页。

[2] 同上。

[3]《曾国藩全集·书信》1，岳麓书社，2011 年，第 437 页。

[4]《曾国藩全集·家书》1，岳麓书社，2011 年，第 401 页。

[5]《曾国藩全集·书信》1，岳麓书社，2011 年，第 466 页。

[6]《曾国藩全集·家书》2，岳麓书社，2011 年，第 24 页。

温甫是三弟曾国华。亲兄弟比别人说话更直接。面对官场同僚，他确实常以圣贤自命，而以小人目人，面色如铁，话语如刀。

不光是对同僚，就是对自己的亲兄弟，他也成天一副"唯我正确""你们都不争气"的神气，处处批评教训，弄得当年国荃、国华到北京投奔他，结果都待不了多久就返乡了。设身处地，推己及人，那些自尊心受挫的同僚当然也会以冷面冷心甚至排斥辱骂来对待他。

曾国藩在家中致信各位好友，请大家给他多提意见，帮自己总结经验教训。咸丰七年（1857）年底，曾国藩的朋友，曾经给他做过幕友的罗汝怀寄来了一封长信。信中说：

> 唁慰之书俱付阙如者，良以阁下此次遭变，与寻常之以忧归者有殊，既不敢轻易措辞，亦不欲徒为世俗周旋之语，故遂已焉。继闻阁下以外人督过博谘众论以求一是。……今者天恩高厚，许遂私情，贼势衰微，不相敦逼，愿偿志遂，何幸如之，乃复追寻怨怼，苦索瘢疵，不用雅驯之辞，惟抒愤懑之气，见与人书。亦何弗游心广大之域，而欲与担夫争道悍妇诟室邪？是殆德性问学之中或有窒阂之未辟，渣滓之未融已？[1]

也就是说，你丁忧回家后，我没给你写吊唁信，是因为你这次回家，不仅是因为奔丧，还有更重大的原因。我不愿意写那些世俗客套的话，所以就没写信。继而我听说你正在请大家给你提意见提建议，所以才写这封信。如今皇帝天恩高厚，让你在家守孝，太平军势力也衰微下去，本来是何等幸事，结果你内心如此不平静，给朋友的信中，用词非常不雅驯，找这个毛病找那个毛病，满纸都是愤懑不平。这就如同两个挑担的担夫在道路中对峙，谁也不给对方让路，或者像悍妇在家里骂人一样，都是你德行学问还不够纯粹，没有进入化境的原因。

接下来他又说：

> 士气萑苶，百年不振，诚可痛矣。然欲矫之而一切屏弃不用，则亦安能？……若以一人者孤行其意，众咻而一傅，势固不行，万介而一通，又谁适从也？……今试有人焉，伏阙上万言书，谓悉除从来之法，而尽诛天

---

[1] 罗汝怀撰，赵振兴校点：《罗汝怀集》，岳麓书社，2013 年，第 310 页。

下之吏，然后天下可得而治……其意既奇而古，其词复典而文，将世之庸庸者闻而骇走，而圣人者独从而取之乎？[1]

是的，现在世风日下，士风不振，官风不正，诚可痛惜。然而你想放着这些体制内的力量一概不用，赤手空拳成事，这可能吗？你一个人逆众人而独行，则一傅众咻（指一人施教时，众人在旁喧扰，形容由于环境的干扰，难以取得成绩），难以有成。比如今天有一个人上书皇上，说如果把所有的律法都废除，把所有的官员都杀了，天下才能大治，你说这能行吗？会有人听从吗？

蒙之从阁下于南康军也……独识阁下为奇士，所见四方之士无出其右。何者？天下惟平实坚朴之人可以干事，军务尤然，阁下无大僚尊贵之习，行履部伍，亲操细事，庶几大禹之栉沐风雨手胼足胝，故能船炮坚利，壁垒峻固，即粪厕亦有方隅，所谓道在屎溺，此非高谈渺论不知而作者所能望见也。乃复温乎其容，抑然自下，慕好贤之雅，循周谘之节……阁下本奇而复好奇，斯不免太奇之病矣。夫救之古无奇策，况在今日饷糈之匮，然生财之道未尝无良法，尤贵有美意。……其折拨捐抽之法，要在使民无怨，且使官无怨，财源无窒塞之患。使民无怨，阁下所知而以为美谈者也，使官无怨，则阁下所不知而以为臆说者也。惟其然也，故折漕自我，拨漕自我，捐赀、抽税皆欲自我，而不复有人之见存焉。虽军务者阁下之专司，而民者疆吏之职守，各持其是，易地皆然。阁下军政必自己操，大权未尝旁落，而欲兼掌一方土地人民之事，然则圣人之设官分职官事无摄者非乎。[2]

承蒙你的赏识，让我在江西时能进入你的幕府。我之所以愿意为你服务，是因为我认为你是天下奇士，没有人能和你相比。为什么这样说呢？天下只有平实朴素坚定的人能成事，特别是军务。你虽然品级很高，但是没有官僚习气，做什么事都是亲自动手，如同大禹治水那样不畏难苦，所以才能练成湘军。成语说道在屎溺，这对湘军来说居然不是比喻而是实指，也就是说湘军行军时所修的厕所，也有明确

---

[1] 罗汝怀撰，赵振兴校点：《罗汝怀集》，岳麓书社，2013 年，第 311 页。
[2] 罗汝怀撰，赵振兴校点：《罗汝怀集》，岳麓书社，2013 年，第 312 页。

的尺寸标准。这是那些只会高谈阔论的人无法想象的。你同时又能做到谦虚谨慎、和蔼可亲，经常向别人请教，愿意让别人给你提意见。这些都是你的优点。

但问题是，你有些太特立独行了。今天最严重的问题是筹集军饷。筹集军饷，一方面要靠百姓，另一方面要靠官员。要靠百姓，让百姓不怨恨你，这个你是知道的。要靠官员，要让官员不怨恨你，这个你就不够注意了。所以关于筹饷，抽漕银你想要自己来，抽税你想要自己来，募捐你想要自己来，总之是想踢开官员体系，根本不管地方官的存在。你的本职是军事，民政是归地方官系统管理的，你想让一切大权都由自己操持，这本身是违反体制，行不通的。

罗汝怀这个人名气虽然不大，这封信写得倒真是直率而有见识。李鼎芳说："罗汝怀之书，将国藩苛求及垄断权力之病，一泄无遗。"

曾国藩阅读好友来信，反复回忆既往，越来越清楚地看到了自身的致命弱点：太自傲、太急切、一味蛮干、一味刚强。

曾国藩终于认识到，行事过于方刚者，表面上似乎是强者，实际上却是弱者。这片土地上真正的强者，是表面上看起来柔弱退让之人。所谓"天下之至柔，驰骋天下之至坚"，"江海所以能为百谷王者，以其善下之"。所谓"大柔非柔，至刚无刚"。中国社会的潜规则是不可能一下子被扫荡的。那些他以前所看不起的虚伪、麻木、圆滑、机诈，是在这片土地上生存的必需手段。只有必要时和光同尘，圆滑柔软，才能顺利通过一个个困难的隘口。只有海纳百川，兼收并蓄，才能调动各方面的力量，到达胜利的彼岸。

咸丰七年（1857）下半年，曾国藩写下这样一句自箴：

> 丈夫当死中图生，祸中求福；
> 古人有困而修德，穷而著书。[1]

被解除兵权，当然是人生大祸。然而祸是福之基，在灾祸中不能自暴自弃，应该置之死地而后生。

咸丰八年（1858）四月，曾国藩又写下了这样的自箴：

> 矫激近名，扬人之恶，有始无终，怠慢简脱；

---

[1]《曾国藩全集·诗文》，岳麓书社，2011年，第129页。

平易近人，乐道人善，慎终如始，修节庄敬。[1]

指出自己为人处世的四大缺点：偏激，好名，也就是过于重视获得好名声；喜欢公开批评、谈论别人的过恶；做事有始无终；待人接物过于怠慢。

那么怎么做呢？也是四条：做事平心静气，更多地考虑他人的心理，站在他人立场想问题；更多地揄扬他人，表扬他人的长处；做事有始有终，越到后来越慎重；接人待物要更诚更敬。

曾国藩把家居的两年称为"大悔大悟"之年，经过两年的乡居，曾国藩的思维方式发生了重大转变。后来他回忆自己的这一变化说："昔年自负本领甚大，可屈可伸，可行可藏，又每见得人家不是。自从丁巳、戊午大悔大悟之后，乃知自己全无本领，凡事都见得人家有几分是处，故自戊午至今九载，与四十岁前迥不相同。"[2]

▲ 胡林翼（1812－1861），晚清中兴名臣之一，湘军重要首领

人算不如天算。曾国藩本以为平定太平天国之战与自己没有关系了，但是机会又来了。曾国藩居乡期间，心灰意懒。湖北巡抚胡林翼却千方百计、绞尽脑汁，为曾国藩创造再次出山的机会。

胡林翼是一个懂得感恩之人，他不能忘记，当初自己从贵州回到两湖时，手中不过是六百贵州勇。他离开九江战局赴湖北作战时，手下的兵将都是曾国藩送给他的。他后来攻克武汉，靠的也主要是曾国藩所派的罗泽南部。胡林翼对此一直感恩戴德，发迹后仍然念念不忘，他在给曾国藩的信中说自己的"皮匠小店""昔年本钱出于老板"。[3]

胡林翼政治能力极强，天京内讧后，

[1]《曾国藩全集·诗文》，岳麓书社，2011 年，第 129 页。

[2]《曾国藩全集·家书》2，岳麓书社，2011 年，第 476 页。

[3] 胡林翼撰，胡渐逵、胡遂、邓立勋校点：《胡林翼集》2，岳麓书社，2008 年，第 496 页。

胡林翼抓住机会，收复了湖北全境。不久，他就把全省治理得井井有条。当时湖南岁入不过二百五六十万两银子，而湖北在胡林翼的治理下，岁入四百万两。曾国藩在江西带兵，饷源极其紧张，只有胡林翼竭尽全力，把协济曾军作为自己的义务，"馈军源源不绝"。湖北由此成了湘军的血库。

曾国藩被咸丰皇帝解除兵权，在家守孝，丧失了对军队的直接指挥权。原在他手下的不少重要将领，陆续改隶胡林翼。胡林翼就临时接替了曾国藩湘军领袖的地位，成了维系湘系势力的核心。正是因为他的苦心调护，才让湘系势力没有四分五裂。所以李续宾当时说，"时事大艰"，他与杨载福、彭玉麟等人"共事一方，水陆士卒幸皆连成一心，和衷共济，赖润公（指胡）维持其间"[1]。曾国藩因此也放下心来，感激万分。他说："江、楚、皖、豫诸将帅，惟润帅能调和一气，联合一家。""万一有它，四省大局，实虞其散。"[2]

曾国藩向皇帝伸手要官不成，湖南官员们纷纷讥笑批评曾国藩，胡林翼的反应却完全不同，他完全理解曾国藩的苦衷，并且一再为曾国藩鸣冤。他在书信中屡屡叹曰："此老有武侯之勋名，而尚未得位；有丙吉之阴德，而尚未即报。"[3] "频年作客，仰食于人，金石孤忠，可敬可念。"[4]

这样的人，才算得上是曾国藩的知音。曾国藩在家期间，胡林翼多次想办法让咸丰重新起用曾国藩。早在咸丰七年（1857）秋，他就曾上奏咸丰，借口浙江形势危急，请他起用曾国藩，"以一事权"。结果咸丰强硬拒绝。

天京内讧之后，石达开率二十万大军从南京出走，咸丰八年（1858）年初进入浙江。浙江是清朝重要财赋基地，也是军队饷银的重要来源地。胡林翼于是抓住这个机会，说自己现在正欲用兵安徽，无力兼顾浙江，奏请由曾国藩带兵去救援浙江。他特别指出，萧启江、张运兰、王开化等部湘军，"多系侍郎臣曾国藩及罗泽南旧部"，非曾国藩统带，别人难以有效指挥。

天京内讧之后，咸丰皇帝非常兴奋，精神为之一振。史载他为此特意去瀛台涵元殿拈香，还下令各地官员"乘此机会，次第削平"。然而后来太平天国却没有如咸丰预想的那样迅速崩溃，江南大营虽然军事上屡有进展，却不能取得关键性胜利。看来平定太平天国还需要一个比较长的过程，咸丰帝环顾四周，确实没有其他合适

---

[1]《近代中国史料丛刊 573·李忠武公（续宾）遗书》，文海出版社，第 167 页。
[2]《曾国藩全集·书信》3，岳麓书社，2011 年，第 464 页。
[3] 胡林翼撰，胡渐逵、胡遂、邓立勋校点：《胡林翼集》2，岳麓书社，2008 年，第 325 页。
[4] 胡林翼撰，胡渐逵、胡遂、邓立勋校点：《胡林翼集》2，岳麓书社，2008 年，第 459 页。

人选，只好同意了胡林翼的请求，令曾国藩办理浙江军务。

命令发出，咸丰皇帝非常担心曾国藩心里生气，赌气不出。

当初曾国藩被夺了兵权，非常痛苦，内心也对咸丰充满愤怒。皇帝说允许他在家守孝，但一旦军情紧急，"仍当即赴军营"。曾国藩的复奏却称"自问本非有为之才，所处又非得为之地"，不能再出。且说"此后不轻具折奏事，前在江西尚有一二经手未完事件，拟即函致江西抚臣耆龄请其代奏"[1]，大有与皇帝一刀两断、不再来往之势。

所以咸丰在上谕结尾说道："该侍郎前此墨绖从戎，不辞劳瘁，朕所深悉。现当浙省军务吃紧之时，谅能仰体朕意，毋负委任。何日启程？并着迅速奏闻，以慰廑念。"[2]

那意思是，你出不出来，给个痛快话，别像以前那样，总是推托，让我老等。

咸丰哪里知道，曾国藩在家里，日思夜想，就等着出山的一声召唤。大喜过望的曾国藩不再提任何条件，立刻出山。

这次出山，曾国藩的朋友们惊讶地发现，曾国藩变了，变得他们几乎不认识了。

第一，他变得和气、谦虚、周到了。

以前他做事直来直去，不太讲求虚文俗套。现在则和那些庸官俗吏一样注意礼仪排场。他在给曾国荃的信中说，与人相处，不能过于拙直："余生平不讲文饰，到处行不动，近来大悟前非。"[3]在官场生存，必须习惯官场上虚与委蛇的那一套："与官员及绅士交际，则心虽有等差而外之仪文不可不稍隆，余之所以不获于官场者，此也。"[4]

他在启程前首先给各军将领、各地大吏每人致信一封，以非常谦恭的语气，乞惠"指针"。

到了长沙后，首先拜遍大小衙门，连小小的长沙县衙他也亲自造访。

原来对那些无用的官样文章，他不理不睬，现在则每信必复。他对老朋友检讨说，以前"接人应事，恒多怠慢，公牍私书，或未酬答。坐是与时乖舛，动多龃龉"。因此"此次再赴军中，消除事求可、功求成之宿见，虚与委蛇，绝去町畦。无不复

---

[1]《曾国藩全集·奏稿》2，岳麓书社，2011年，第225～226页。

[2]《曾国藩全集·奏稿》2，岳麓书社，2011年，第230页。

[3]《曾国藩全集·家书》1，岳麓书社，2011年，第326～327页。

[4]《曾国藩全集·家书》1，岳麓书社，2011年，第328页。

之缄泐，无不批之禀牍，小物克勤，酬应少周，借以稍息浮言"。[1]

此前，他对人总是持有一种"众人皆醉我独醒"的心态。现在，他努力包容那些丑陋的官场生存者，设身处地地体谅他们的难处，交往时极尽拉拢抚慰之能事，必要时"啖之以厚利"。

以前曾国藩是斑马群中的野马，自然引起斑马们的群起攻击。现在他也涂上了斑纹，以便让斑马们误认为他是他们的同类。然而这番变化太过迅速，甚至引起了好友们的误解。郭嵩焘说："曾司马再出，颇务委曲周全。龙翰臣伯寓书少鹤，言司马再至江西，人人惬望，而渠独以为忧。忧其毁方瓦合，而任事之气不如前此之坚也。"[2] 胡林翼则说他"渐趋圆熟之风，无复刚方之气"[3]曾国藩自己也承认："寸心之沉毅愤发……尚不如前次之坚。至于应酬周到，有信必复，公牍必于本日办毕，则远胜于前次。"[4]

然而这一做法在官场上却如鱼得水，"再至江西，人人惬望"[5]，从此他用人备饷比以前大为顺利。他自己也满意地说："吾往年在外，与官场中落落不合，几至到处荆榛。此次改弦易辙，稍觉相安。"[6]

第二，他对皇帝，不再那么直言不讳，而是学会了打太极拳。曾氏早年奏折，"戆直激切，不讲究方式方法"，那道《敬陈圣德三端预防流弊疏》曾惹得皇帝大怒，差点儿引来杀身之祸。练兵之初，曾国藩不光对同僚不假辞色，甚至对皇帝说话也句句如钢似铁。皇帝给他下过多次指示，都被他以不合实际为由直接顶了回去。

这些奏折，在皇帝头脑中强化了曾国藩勇于犯上、桀骜不驯、难以驾驭的印象。这也是皇帝对他不能信任、不敢给他大权的重要原因之一。

而再次出山之后，他奏事风格大变。皇帝命他再出之旨六月初三日奉到，初七日他就启程上路了。所上《恭报启程日期折》，平实沉稳，非常谦逊。无丝毫讨价还价之意，他说：

臣才质凡陋，频年饱历忧虞，待罪行间，过多功寡。伏蒙皇上鸿慈，

---

[1]《曾国藩全集·书信》2，岳麓书社，2011年，第225页。

[2] 郭嵩焘撰，梁小进主编：《郭嵩焘全集》8，岳麓书社，2012年，第150页。

[3]《曾国藩全集·书信》3，岳麓书社，2011年，第579页。

[4]《曾国藩全集·家书》1，岳麓书社，2011年，第427页。

[5] 郭嵩焘撰，梁小进主编：《郭嵩焘全集》8，岳麓书社，2012年，第150页。

[6]《曾国藩全集·家书》1，岳麓书社，2011年，第400页。

曲加矜宥，惟有殚竭愚忱，慎勉襄事，以求稍纾宵旰忧勤。[1]

这实际上也是一个检讨。咸丰皇帝一看，非常满意，批复："汝此次奉命即行，足证关心大局，忠勇可尚。俟抵营后，迅将如何布置进剿机宜，由驿驰奏可也。"[2] 皇帝颇为高兴，对曾国藩的印象有了初步好转。

第三，他不再慎于保举，而是"同流合污"了。

晚清军队，"滥举"之风很盛。每有小胜，领兵大员都会拼命保举自己的属下，这些属下不管出没出力，上没上战场，都会均沾好处。曾国藩领兵之初，因痛恨此风，从不滥举。咸丰四年（1854），他带兵攻下武汉，"仅保三百人"，受奖人数仅占出征队伍的百分之三。相比之下，胡林翼攻占武汉一次即保奏"三千多人"，受奖人数竟达到百分之二三十。消息传开，不少人认为投曾不如投胡，许多曾国藩挽留不住的人员主动投奔胡林翼门下。

曾国藩原"以忠诚为天下倡"，以为仅凭忠义相激，就可以让部下出生入死，但阅历既久，才发现真正的抱道之士并不如他想象中那样多。他认识到"不妄保举，不乱用钱"，则"人心不附"，只有诱之以"名"，笼之以"利"，才能网罗天下英才。因此复出之后，曾国藩"揣摩风会，一变前志"，大力保举，将朝廷名器当作自己的私恩。在升任两江总督后不久，他写信给曾国荃说：

周俊大兄……昨来家中，以久试不进，欲投营博一功名……渠若果至吉营，望弟即日填功牌送之，兼送以来往途费。如有机可假，或恰逢克复之日，则望保以从九县丞之类……以全余多年旧好。余昔在军营不妄保举，不乱用钱，是以人心不附，至今以为诟病。近日揣摩风会，一变前志。上次有孙、韩、王之托，此次又有周君之托，盖亦情之不得已者。[3]

他要弟弟移花接木，给从未上战场的周氏送上一顶九品乌纱。这表明，在官场混迹多年的曾国藩不再是愤世嫉俗的愤怒青年，而已成为善于"揣摩风会"的油滑官僚。他已把当年痛斥的"是非不明，黑白不分"看作正常现象，并身体力行了。

[1]《曾国藩全集·奏稿》2，岳麓书社，2011年，第231页。
[2]同上。
[3]《曾国藩全集·家书》1，岳麓书社，2011年，第348页。

到后来,他不但自己勇于保举,甚至鼓励部下不要有太多顾虑而放手保举:"鄙人前衔奏补实缺,最足新耳目而鼓士气,不可畏干部诘而预自缩手也。"[1]

就这样,曾国藩完成了自己的"中年变法"。用他自己的话说:"自八年夏间再出视师,痛改前此客气用事之弊,以一勤字自勖。"李鼎芳则说:"国藩(对罗汝怀的信)能虚怀而接受之,其咸丰八年(1858)以后之立身行事宜乎受其影响。……待人接物,前后势若两人矣。"[2]

---

[1]《曾国藩全集·书信》4,岳麓书社,2011年,第122页。
[2]萧一山著:《曾国藩传》,江苏人民出版社,2014年,第222页。

| 第九章 | 安庆这块难啃的骨头

1. 曾国藩的二次出山

曾国藩再度出山之后，一开始境遇仍然处于困难当中。因为皇帝仍然不想给他督抚之权，只是拿他救急，让他当抵挡石达开的游击之师。

咸丰八年（1858）九月，曾国藩到达江西。此时石达开已经转赴福建，曾国藩遂计划追随入闽。不料咸丰九年（1859）秋，石达开部又试图转战四川以开辟新局面。咸丰皇帝见状大惊，仓皇议防，命曾国藩率军入川。

胡林翼一看，认为这是帮曾国藩争取一个督抚头衔的好机会。于是他与咸丰皇帝的亲信官文合作，帮曾国藩运动"四川总督"这一职位。

胡林翼的性格特点是明敏、坚毅、精于权术。此时他已经以极为高明的手腕，笼络住了湖广总督官文。

咸丰五年（1855）四月，即胡林翼署湖北巡抚才一个多月，朝廷即将当时任荆州将军的官文擢授为湖广总督，其用意显然是以满族亲信来监视和牵制胡林翼。

胡林翼的政治信条是"一朝权在手，便把令来行"，既然当了巡抚，就一定要包揽湖北全权，把权力用足用全，全面治理整顿，来实现自己的政治理想。但是，要包揽全权，他就必须先收服自己的顶头上司官文。

官文是个成事不足、败事有余的庸官，为人"忌刻倾险，尽是内务府气习"。官文手下的官员，也多是无耻之辈。胡林翼与官文刻意交好，凡有功劳，皆推让于官文。他还千方百计讨好官文的小妾，让自己的母亲收其为义女，"家人往来如骨肉焉"[1]。官文出身内务府，骄奢成性，挥霍无度。胡林翼就给他提供大笔钱财。官文既收了这些好处，也就不得不被胡林翼"左右之"，成了被胡林翼操纵的牵线木偶。

---

[1] 徐凌霄、徐一士著：《凌霄一士随笔》4，山西古籍出版社，1997年，第1429～1430页。

胡林翼听说皇帝命曾国藩入川，便"频说官文合奏，请诏曾国藩援蜀，冀朝命以授总督"[1]。他要求官文"精心结撰"一封奏折，密荐曾国藩取代新任川督黄宗汉，"尤以必得总督为要"[2]。

官文倒也听话，真的花了心思写了一封奏折说：

> 奴才不揣愚昧，伏求皇上天恩，饬令曾国藩酌带江西、湖北、湖南、四川水陆精锐将士，责以守蜀之任……抑奴才更有请者，凡客兵之人，他省非有统辖之权，不能与本省兵勇连为一气；又军行饷糈为重，未有封圻之责，即无筹饷之方。曾国藩廉洁性成，于财赋兵农素所深究，若得假以尺寸之柄，必能通筹全局，以浚饷源而裕天储。[3]

理由说得非常充分。可是咸丰皇帝实在是太固执了，亲信的意见竟也不起作用。疏入之后，咸丰仍施故技，只令曾国藩入川督军，并不授予总督之职。这样一来，如果曾国藩应命入川，就会重复他在江西被当地官员玩得团团转的悲惨经历。何况曾国藩和胡林翼都知道，石达开西进，表面上声势浩大，实际上已经成为流贼，变成强弩之末，并不足为虑。

于是，胡林翼转而计划留下曾国藩和他一起进军安徽。原来在曾国藩出山不久，就发生了三河惨败，安徽全省陷入危局。

曾国藩居家期间，在胡林翼的调护下，湘军抓住了天京内讧的机会，本来在战局上取得了很大进展。咸丰七年（1857），胡林翼视师九江，制定围攻方略。湘军于围城十六个月之后，终于次年四月攻占九江，并基本收复江西全境。接下来，胡林翼就准备进军安徽。同时江南江北大营军进展也不错，本来形势似乎一片大好。

谁也没想到，已经濒死的太平天国居然又渐渐恢复活力。石达开出走之后，洪秀全放手起用陈玉成、李秀成等一批年轻有为的将领，解决了失去杨秀清、石达开导致的人才危机。李秀成、陈玉成为了解天京之围，施围魏救赵之计，进军安徽，攻下了庐州（今安徽合肥），把江北大营的清军调动出来，破了江北大营。这一胜利

[1] 王闿运、郭振墉等著：《湘军志 湘军志评议 续湘军志》，岳麓书社，1983年，第55页。
[2] 胡林翼撰，胡渐逵、胡遂、邓立勋校点：《胡林翼集》2，岳麓书社，2008年，第299页。
[3] 薛瑞录主编，中国第一历史档案馆编：《清政府镇压太平天国档案史料》第21册，社会科学文献出版社，1996年，第354页。

使李秀成、陈玉成威名远扬，太平军又重新找到了一度丧失的信心。

庐州就是今天的合肥，安庆失陷后这里就是安徽的省府了。省会失陷当然是大事，所以咸丰皇帝命令正准备进攻安徽他处的湘军名将、罗泽南的接班人李续宾立即移师夺回庐州。李续宾十天之内七奉咸丰皇帝的严命，于是不得不前往攻城。其实咸丰这又是一次瞎指挥，李续宾部只有八千人，并且正当连续作战之后，让他们奔袭数百里，破太平军重重防线，再攻下庐州，是一个几乎不可能完成的任务。但是咸丰一再严命，李续宾也只能尽力而为，他二十天内连陷桐城、舒城，九月底进扎庐州城南七十里的三河镇。

李续宾部连年苦战未得休整，进入安徽后又悬军深入，一再分兵，屡犯兵家大忌。三河城小而坚，地当要道，又是太平军的屯粮之所，太平军在此坚固设防，驻扎重兵，使李续宾寸步难行。太平军抓住机会发起围攻，李续宾六千精锐被全歼，李续宾及曾国藩的亲弟弟曾国华皆死于军中。三河一败，太平军乘胜连续拿下舒城、桐城、潜山、太湖，安徽全省糜烂。

李续宾是罗泽南之后湘军最重要的骨干，李续宾部也是湘军最精锐的核心。陈玉成歼此一军，不仅使太平军重振军威，也使整个战局发生重大扭转。曾国藩得信"中夜以思，泪如雨下"。他说："三河之大变，全局破坏，与咸丰四年冬间相似，情怀难堪。"[1] 也就是说，三河之败对全局的影响与当年湖口之败差不多。胡林翼闻讯也"大恸仆地，呕血不能起"[2] 此时胡林翼正因母丧丁忧，因此一败，不得不仓皇复出。

元气大伤的湘军需要整顿，糜烂的安徽局势需要规复。胡林翼于是怂恿官文再次上奏，建议不要让曾国藩入蜀，而是留下来图皖。

官文确实与胡林翼"团结如一人"，马上又老老实实地写了一封奏折，说四川没有安徽重要，不如让曾国藩进军安徽。与此同时，曾国藩虽然不愿奉命入蜀，但也不再像以前那样公开抗旨，而是连上数折，或托词所部正攻打景德镇，无法分身，或者讲可以灭敌于湖南而不必入蜀，或托言江西、安徽当守，多方周旋，刚柔相济。

两方合力之下，皇帝同意曾国藩留下来与胡林翼合军一处，修复湘军战斗力，共谋恢复安徽。曾国藩终于摆脱了西上四川、客军虚寄之苦。

曾国藩后来回忆这段历史说："（咸丰）八年起复后，倏而入川，倏而援闽，毫

[1]《曾国藩全集·家书》1，岳麓书社，2011 年，第 394 页。

[2] 熊治祁编：《湖南人物年谱》3，湖南人民出版社，2013 年，第 78 页。

不能自主。到九年与鄂合军，胡咏芝（胡林翼）事事相顾，彼此一家，始得稍自展布以有今日，诚令人念之不忘。"[1]

2. 和胡林翼联手攻占安庆

曾、胡二人收复安徽的重点是安庆。

早在创建湘军之初，曾国藩就把平定太平军的重点放在四个城市：武昌、九江、安庆、南京。他的总体计划是稳扎稳打，沿着长江，一个个地拔钉子。现在，武昌、九江已下，下一个重点自然就成了安庆。

安庆是长江边上的重镇，决定着长江上的航运安全，南京之所以能一直保障安全和粮饷供给，就是因为太平军掌握了安庆，掌握了长江的运输线。

关于安庆地理位置的重要，裴士锋曾经有过描写：

> 安庆不是中国最大的省会，但是一座宏大的要塞，面积超过二点五平方公里，俯瞰长江和周遭乡间。从军事角度看，它位置绝佳。它坐落在一块高地上，高地四边皆向下斜，视野良好，具有地利。而且从陆路极难接近它……从战略上看，安庆犹如一个杠杆支点。往东看，它扼守从长江北岸前往南京的各个要道，太平军往北与往西经安徽进入湖北的所有征战，也以安庆为基地。而且它无疑扼控紧邻其南边的长江。安庆段长江宽约八百米，但吃水较深的船所走的水道紧邻北岸，近到行经船只的船长可以看到城墙上对着他的火炮炮管内部。因此，清军即使越过安庆，攻进太平天国领土，其水上补给线仍逃不过安庆守军的截断。曾国藩得先拿下安庆，才能往南京推进。[2]

曾国藩在给咸丰的奏折中这样分析："自洪、杨内乱，镇江克复，金陵逆首凶焰久衰，徒以陈玉成往来江北，勾结捻匪，庐州、浦口、三河等处，迭挫我师，遂令

---

[1] 太平天国历史博物馆编：《太平天国史料丛编简辑》第 3 册，中华书局，1962 年，第 416 页。
[2] [美] 裴士锋著，黄中宪译：《天国之秋》，社会科学文献出版社，2014 年，第 107 页。

皖北糜烂日广，江南之贼粮不绝。"[1] 在他看来，南京之所以长期不能攻陷，太平天国之所以能在内讧之后声威再振，就是因为有安庆作为南京的屏障。若集中力量进攻安庆，陈玉成必然全力来争，这样就可迫其进行战略决战。如能攻陷安庆，消灭陈玉成这支部队，南京的攻陷也就只是时间问题了。所以他把攻陷安庆当作中心目标，甚至把它看成清王朝生死存亡的关键。

这个计划顺利地得到了咸丰皇帝的批准。他之所以批准，不是因为他在心里怎么认同曾国藩的这个战略。相反，是因为此时他对湘军已经不再那么关注，他的关注重心全部都放到江南大营身上了。

此时天下战局中，国家正规军即江南大营和湘军的竞争态势更加鲜明。李秀成、陈玉成虽然用计彻底扫灭了江北大营，但是江南大营却没有受到影响。江南大营在和春与何桂清的合力经营下，战果相当喜人。特别是进入咸丰九年后，江南大营攻下了南京城外的重镇浦口，对南京形成了合围之势。按江南大营方面的估计，南京城有可能在一年多的时间内被攻陷。南京拿下之后，"根本既失，枝叶自仆"，一切就都好办了。

而湘军经三河之败，最能战的一部全军覆没，实力已经大衰。现在整顿之后，进兵安徽，安庆城墙坚固，防守严密，按以往经验，要拿下来需要两年左右时间，很难迅速建功。

这其实正合咸丰之意。这样一来，江南大营终将建立平定太平天国的首功，在与湘军的竞争中完胜。咸丰依靠正规军、"直指根本"的战略最终会被证明成功。

但是曾国藩和胡林翼却不这样想。他们认为，依靠江南大营拿下南京的计划是一块画出来的饼，根本不可能实现。三河惨败后不久，胡林翼写给陕西巡抚曾卓如的信中说，虽然经历三河惨败，元气大伤，但是湘军的战斗力仍然是绿营兵无法比拟的。"所自信者，此军人才，殄于三河，志气骨力，或逊于前。规模肃括，资地朴谨，尚较东南各省为优。数月之后，仍可奋发有为耳。"[2] 写给李续宜的信则说得更直率："天下兵将，只靠吾楚耳！"[3] 就是说，要最终平定太平天国，还要靠湘军，江南大营根本不中用。

为什么胡林翼话说得这样笃定呢？因为他们对江南大营太了解了。

---

[1]《曾国藩全集·奏稿》2，岳麓书社，2011 年，第 369 页。

[2] 胡林翼撰，胡渐逵、胡遂、邓立勋校点：《胡林翼集》2，岳麓书社，2008 年，第 268 页。

[3] 胡林翼撰，胡渐逵、胡遂、邓立勋校点：《胡林翼集》2，岳麓书社，2008 年，第 482 页。

江南大营典型地体现了清代国家军队的所有缺点。在一切方面，它几乎都是恰恰和湘军反着来的。

首先是兵源。前文讲过，曾国藩招兵，以"朴实而有农夫土气者为上。其油头滑面，有市井气者，有衙门气者，概不收用"[1]。而江南大营多数勇丁皆募自沿海地区的城市游民，尤以广东潮勇为多，这些人恰恰正是湘军坚决不用的市井无赖之徒。向荣曾指出，潮勇"从前或当洋船水手，或仰给粤海关，借资糊口。……迨五口通商以后，一切洋货无须华商转运，洋船歇业者多，粤海关截私充公，该游民等无从觅食，遂以护送鸦片为事。……迄于军兴，更借甲充当潮勇，纷然而至"[2]。正如曾国藩所说，这样募来的士兵实际上只能是一群"乌合之众，漫无纪律，无事则虚糜粮饷，有事则临阵溃逃"[3]。

其次是组织。湘军强调兵为将有，利用门生故吏宗族乡党等关系，对全军官兵将弁逐层逐级加以控制，因此上级指挥下级如臂使指，全军非常团结。江南大营的兵丁则是抽自各省，派系众多，心志不一。兵丁籍贯南达两广，西及川、楚，东到江、浙，北抵山东。各省部队间矛盾重重。往往一队接仗而他队鼓噪先退，一队获胜而他队掣肘致败。更有甚者，各省兵勇"往往自相仇杀"。有一次，川、楚兵为争一民间幼妇而大动干戈，"战声驰如雷，大刀狂有风……虽各数十人，半里暗尘土"，目击者不由得慨叹，"从来攻城时，未见今日武"。[4]

士兵不团结，将领之间芥蒂更深。江南大营早期，向荣和下属中的满族将领和春、苏布通阿、福兴均不和。和春继任之后，因"权势既大，矜骄不免，喜谀恶直，是其素性"[5]，与主将张国梁的矛盾非常突出。和、张之间积不相能，连在上海的外国人亦有所闻，评论说："清朝军务钦差大臣和春与前叛军将领张国梁之间所存在的冲突，是如此严重，以致他们不能取得合作。"[6]这更加削弱了战斗力。

最后是军纪。曾国藩对军中廉政建设抓得很紧，他反复告诫军官们说："欲服军

[1]《曾国藩全集·诗文》，岳麓书社，2011年，第406页。

[2]《向荣奏稿》，《太平天国资料丛刊》第8册，第546~647页。转引自郭豫明著：《上海小刀会起义史》，中国大百科全书出版社，1993年，第24页。

[3]《曾国藩全集·奏稿》2，岳麓书社，2011年，第517页。

[4]钱仲联主编：《清诗纪事》15，江苏古籍出版社，1989年，第10555~10556页。

[5]太平天国历史博物馆编：《吴煦档案选编》第2辑，江苏人民出版社，1983年，第14页。

[6]上海社会科学院历史研究所编译：《太平军在上海——〈北华捷报〉选译》，上海人民出版社，1983年，第79~80页。

心，必先尚廉介。"[1]"弁勇之于本管将领，他事尚不深求，惟银钱之洁否，保举之当否，则众目眈眈，以此相伺，众口啧啧，以此相讥。惟自处于廉，公私出入款项，使阖营共见共闻，清洁之行，已早有以服弁勇之心。"[2]"兵勇心目之中，专从银钱上着意。如营官于银钱上不苟，则兵勇畏而且服；若银钱苟且，则兵勇心中不服，口中讥议，不特扣减口粮缺额截旷而后议之也。"[3]一旦发现贪污中饱私囊行为，曾国藩就严惩不贷，从不姑息。副将杨复成、彭得胜因克扣军饷，曾国藩上奏朝廷正法处之。

而江南大营却极为腐败。和春、张国梁除了互相斗争外，还各自任用私人，培植亲信，腐败不堪。军中"贿赂公行，毫无顾忌。大营将帅故意克扣，中饱私囊"。从和春到张国梁以下各级将领无不朋比分肥，贪污中饱。大营翼长王浚为和春亲信，"婪索无厌……每营按月纳贿，自百余金至二百金不等"。将领们浑水摸鱼，贪污私吞，兵勇却在风雪中忍饥受冻，也难怪大敌当前，士兵不肯出力。江南大营溃败后，"兵趋苏州，骑千余先至，女兵居半，谓是张玉良兵妻女"[4]。仓皇逃命之际，军中妇女尚如此之多，平日如何，自然可知。

咸丰十一年（1861），后来成为曾国藩幕僚的赵烈文第一次来到湘军大营中。他对比江南大营与湘军营地，得出结论说：

> 吾八年春，省吾兄于秣营，遍观长壕营垒，识其兵帅，与此间有三异：一、钦差总统大营，离壕十余里，而此处统领营逼近壕墙，且正当冲要；二、长壕深不及二丈，当敌冲处名龙脖子，以在石山上，不能开掘，仅垒小石作墙，高不及丈，而此处壕深广皆倍之；三、壕内各营，虽头敌俱不设严备，无坑堑，而此绕营小壕亦复宽深，鹿角梅坑，无不得法。又人事异者复有二：一、营中饮食，咄嗟立办，客至无不留饮，而此间客至，方谋到城中饭肆买菜，客卒不及候而罢；二、营官及随身亲勇皆华服，此皆如田人，不可辨识。此五者，严既胜懈，俭复胜奢。呜呼，一成一败，非偶然矣！[5]

[1]《曾国藩全集·诗文》，岳麓书社，2011年，第446页。
[2]《曾国藩全集·批牍》，岳麓书社，2011年，第125页。
[3]《曾国藩全集·诗文》，岳麓书社，2011年，第446页。
[4]太平天国历史博物馆编：《太平天国史料丛编简辑》第2册，中华书局，1962年，第231页。
[5]赵烈文撰：《能静居日记》1，岳麓书社，2013年，第369～370页。

作为抵抗太平军的主力，主帅穿着破旧衣衫，军官们寒俭如农民，来了客人来不及备饭，天下军队做到这个程度的，仅湘军一家。因此赵烈文才感动到"可为流涕"的地步。

胡林翼对江南大营腐败非常了解，他称江南大营"将骄兵惰，终日酣嬉，不以贼匪为意。或乐桑中之喜，或恋家室之私，或群与纵酒酣歌，或日在赌场烟馆，淫心荡志，极乐忘疲。以致兵气不扬"[1]。

胡林翼虽然对咸丰忠心耿耿，但是对咸丰偏心江南大营，一直非常不满。他说："此军（指湘军）颇强，颇知耻，并无闹事之人。天下惟要脸者不招人爱，而不要脸者，偏爱之矣。"这无疑是在批评咸丰。

因此，曾国藩和胡林翼认为，在国家正规军和湘军的竞争中，笑到最后的肯定是湘军。

要攻下安庆，首先要拿下由湖北进军安庆的孔道太湖（安徽太湖，非江苏太湖）。进攻太湖的军队，由多隆阿、鲍超等部组成。

多隆阿隶属满洲正白旗，擅长指挥马队。1856 年，他被湖广总督官文调至湖北，成为胡林翼统领下的一员将领，按湘军营规统领马队，成为湘军的一员。多隆阿"临阵料贼，明决如神，骁果冠伦，实有可凭"[2]，通过一系列战斗，逐渐与湘军第一名将鲍超齐名，有"多龙鲍虎"之誉。

胡林翼命多隆阿出任总指挥进攻太湖。咸丰九年（1859）十月，湘军对太湖发动进攻。多隆阿在战争中"谋勇兼优"，指挥合理。咸丰十年（1860）正月二十五日太平军放弃太湖，连夜撤走。湘军取得了太湖、潜山大胜，击毙太平军两万余人。

湘军拿下太湖，就扫清了进军安庆的门户。因此这是一场关键性的胜利，曾、胡兴高采烈地向咸丰皇帝汇报。

然而，咸丰皇帝对此却不甚重视，因为和江南大营的胜利比起来，太湖的胜利似乎黯然失色了。咸丰十年（1860）正月初十日，江南大营攻占了战略要地江心九洑洲。

九洑洲居大江之中，扼南北交通之咽喉，此地既失，城内接济基本断绝，"城内

[1] 胡林翼撰，胡渐逵、胡遂、邓立勋校点：《胡林翼集》2，岳麓书社，2008 年，第 932 页。
[2] 胡林翼撰，胡渐逵、胡遂、邓立勋校点：《胡林翼集》2，岳麓书社，2008 年，第 369 页。

米粮殆尽，贼众惊慌，先则杀马而食，继则饿死不少"[1]。因此消息传来，咸丰皇帝和何桂清的举主彭蕴章等人都额手称庆。江南大营的胜利似乎指日可待。

然而，听到这一消息，胡林翼却致书曾国藩说："东南成功尚早，我辈自行其志，不睬他人！"[2]胡林翼说，南京城高池深，没有几年工夫是拿不下来的。江南大营现在看起来势头不错，但是早晚会有惨败的时候。

曾国藩和胡林翼继续从容由太湖长驱直入，进围安庆。

湘军攻城的时间，通常不是一天、两天，也不是一月、两月，而往往是一年、两年，甚至三年。因为湘军攻城，最主要的办法就是挖沟。如同巨蟒缠人一样，用一道一道的壕沟把一座城池活活困住，等着里边的人被活活困死饿死。

因此湘军一到安庆城下，马上着手，围着安庆城挖了两道足足七十里长的长壕，又沿壕修起两道长墙，把安庆牢牢围了起来。

为什么采取这种笨拙的方式攻城呢？这也是基于曾国藩"以静制动、反客为主"的战略思想。

3. 湘军的战术："结硬寨、打呆仗"

我们以前讲了湘军的组织原则、用人原则，但是还没有系统介绍过湘军的作战原则。

湘军的作战原则也非常能体现曾国藩的性格特点，那就是"以静制动""自固为本"。

太平军作战是颇有谋略的。张德坚《贼情汇纂》中说，太平军"山川形势，颇能谙习。虽不读书，罔知兵法，然皆背诵诈机警，逞其毒焰，竟能成燎原之势者，盖盗亦有道也"[3]。太平军"熟于《三国演义》《水浒传》，用兵颇有纪律，诡计百出"[4]。

确实，太平军在与清军的作战中，善于运用灵活机动的游击战术，总是能够避

[1]太平天国历史博物馆编：《太平天国史料丛编简辑》第1册，中华书局，1961年，第50页。
[2]胡林翼撰，胡渐逵、胡遂、邓立勋校点：《胡林翼集》2，岳麓书社，2008年，第442页。
[3]中国史学会主编：《太平天国》3，上海人民出版社，上海书店出版社，2000年，第117页。
[4]姚莹著：《中复堂遗稿》卷5，见《东溟文集》。转引自北京太平天国历史研究会编：《太平天国史论文选》下，生活·读书·新知三联书店，1981年，第1170页。

实击虚，"审势度力"，"灵变应敌"，打得赢就打，打不赢就走。太平军在作战时的另一个重要特点是裹胁大量民众为兵源，造成漫山遍野、声势浩大的样子，使敌人震眩失措。太平军每占一地，常习惯将百姓的房屋烧毁，然后掳掠无家可归的民众一同撤走。[1]打仗的时候，经常把大量流民驱上前线以壮声势，刚刚和他们交手的人，很容易被他们的阵势吓倒。后来曾国藩的弟弟曾国葆之所以在与太平军作战过程中失利，就是因此。

> 与此贼战有两难御者：一则以多人张虚声，红衣黄旗漫山弥谷，动辄二万三四万不等，季洪岳州之败，梧冈樟树之挫，皆为人多所震眩也；一则以久战伺暇隙，我进则彼退，我退则彼又进，顽钝诡诈，揉来揉去，若生手遇之，或有破绽可伺，则彼必乘隙而入，次青在抚州诸战是也。二者皆难于拒御。[2]

那么，曾国藩以什么战法对付太平军呢？

笨人曾国藩的战术方法就是六个字，叫作"结硬寨、打呆仗"，或者叫"打死仗"。曾国藩后来自己总结说："十余年来，但知结硬寨、打呆仗，从未用一奇谋，施一方略制敌于意计之外。"[3]

这种打仗风格，用一个字总结，就是"笨"。

怎么个笨法呢？我们先来看这个"结硬寨"。

湘军行军打仗，有一个最大的特点，就是最重视扎营，在扎营上花的时间和精力特别多。

湘军行军，是半天行军，半天扎营。"以昼四十六刻率之，行十六刻而三十里，其十六刻以筑营垒，余十二刻而后昏暮，则神暇形壮，可以待敌。故百里而趋利者蹶，此军家之大忌也。"[4]湘军行军作息表，是每天要花四小时行军，走三十里，然后就不走了，干什么呢？再花四小时挖沟修墙。

[1] 太平军常以"裹胁"为补充兵员的手段，"尽掳州民暨沿途裹胁之众，编伍而部署之"。"太平天国确实采取了'掳人'的扩军方式，而且起义一开始就实行了。"关于太平军"沿路裹胁""到处裹胁，愈聚愈多"等记载比比皆是。

[2]《曾国藩全集·家书》1，岳麓书社，2011年，第300页。

[3]《曾国藩全集·奏稿》9，岳麓书社，2011年，第201～213页。

[4] 王闿运、郭振墉、朱德裳、王定安撰：《湘军史料四种》，岳麓书社，2008年，第164～165页。

每天扎下营盘之后，不管军队多么劳累，都必须首先环绕营地挖出两道深沟，沿着沟再筑起两道高墙，把自己保护起来。壕沟的宽度、深度和营墙的高度、厚度都有明确要求："作壕之法，外内重设，外壕广六尺，深八尺，内壕半之。"就是说，外面的一条壕沟宽要达两米，深要近三米，里面的一条尺寸减半。"作墙如城，其高七尺，其厚六尺，子墙半之。"营墙也是两层，外面的一层，高两米多，宽两米，里面的一道尺寸减半。[1]

修好之后，晚上再把军队分为三班，两班睡觉，一班轮流站岗。这叫"站墙子"。

这种做法确实极为笨拙，因为修墙挖壕是极为费工费力的事。这样，湘军就从一支军队变成了"民工建筑队"，行起军来如同蜗牛爬行一般，每天行程不过三十里。

湘军为什么这样做呢？因为刚刚成军出战的时候，湘军没有经验，营地扎得不牢，在岳州湘军的营盘曾受到太平军的突然袭击，遭受了严重损失。曾国藩总结经验，提出的应对之策就是"扎硬寨""站墙子"。

咸丰九年（1859），李鸿章刚到曾国藩大营，跑到前线学习军事技能，见湘军每天做的不过是挖沟砌墙站墙子这一套，很不以为然，事后对人说："吾以为湘军有异术也，今而知其术之无他，惟闻寇至而站墙子耳。"[2]

其实曾国藩一生做事，都没有什么特殊的地方，就是做得扎实，做得牢靠。这种作战方式，也是曾国藩独特的人生哲学和思维方式的体现。曾国藩打仗的第一秘诀是"稳"，先立于不败之地。军事首重"自固"，就是先要保存自我，然后才能谈到争取胜利。因为军事不比别的事情，不容许你犯错误，一犯错误，可能生命就没了，没有改正的机会。所以他才要扎硬寨，保证军队先生存下来。

曾国藩一生打仗不贪小利，不求奇谋，踏踏实实，稳扎稳打。他一生不打无准备、无把握之仗。每次打仗，他都花极大心血去研究敌我双方情况、战斗的部署、后勤供应、出现不利情况如何救援等，直到每个环节都算到了，算透了，才下定打仗的决心。

在具体作战原则上，曾国藩的战略思想是"以静制动、反客为主"。不主动出击，总是诱使敌人先来攻他，后发制人。曾国藩反复强调，湘军打仗，不能浪战，先不要急于进攻，而是先站稳脚步，等着敌人露出破绽，你再出手。

在《中国革命战争的战略问题》一文中，毛泽东引用了《水浒传》中"林冲打

---

[1] 王闿运、郭振墉、朱德裳、王定安撰：《湘军史料四种》，岳麓书社，2008年，第164页。
[2] 刘体仁著，张国宁点校：《异辞录》，山西古籍出版社，1996年，第23页。

洪教头"的故事。林冲和洪教头比武,一开始是洪教头主动,林冲被动。林冲先不出手,先往后退,观察洪教头。等洪教头进攻了几棒,林冲看清了他的套路,才出手,一出手,就把洪教头打倒了。

毛泽东引用了这个故事,说:"谁人不知,两个拳师放对,聪明的拳师往往退让一步,而蠢人则其势汹汹,辟头就使出全副本领,结果却往往被退让者打倒。"他由此得出一个结论,弱军通过诱敌深入可以后发制人、制胜强敌。他说:"楚汉成皋之战、新汉昆阳之战、袁曹官渡之战、吴魏赤壁之战、吴蜀彝陵之战、秦晋淝水之战等等有名的大战,都是双方强弱不同,弱者先让一步,后发制人,因而战胜的。"[1]

曾国藩的作战思想正是这样。他说:"两人持矛格斗,先动手戳第一下者为客,后动手即格开而戮者为主。"[2]他又说:"主气常静,客气常动。客气先盛而后衰,主气先微而后壮。故用兵者喜为主,不喜作为客。"[3]

两个人打仗,在那儿等着对方进攻的是主,主动进攻的是客。主占优势,客占劣势。所以打仗,一定要为主,而不要为客,要善于变客为主。

正是这种"主客"思维,导致湘军采取"挖沟法"围城。曾国藩说:"守城者为主,攻城者为客。"[4]守城的人是主,你去攻城,你就是客。太平军战争经验丰富,要攻下太平军把守的城池是一件非常难的事。守城者依托高大的城墙,上面还准备了滚木礌石。坚城之下,如果强攻,人家从城墙上往下放枪放炮,湘军死亡率极高。而且你攻城的时候,背后还往往受到敌人援军的攻击,里外夹击,导致攻城失败。

那么怎么变客为主呢?湘军的攻城法就是变客为主。每攻一座城市,先发挥湘军"民工建筑队"的特长,在城外挖两道长壕,把城围困起来,里面的一道长壕,是为了断绝城中的粮草接济,防止城里人突围。外面的一道长壕,是为了抵抗外来敌方援军的攻击。这样湘军在城墙下有了自己的营盘,就成了主。被围在城里的军队就心慌了,为了不饿死,就不得不主动突围,来到沟边攻打湘军,而不是站在城头上等湘军,太平军就从主成了客。曾国荃拿下吉安,胡林翼拿下九江,都是运用的这个战法。

曾国藩的这种打仗方式,看起来很笨拙,其实是很高明的,非常符合《孙子兵法》。《孙子兵法》说:"昔之善战者,先为不可胜,以待敌之可胜。"就是说,你自

---

[1]《毛泽东选集》第 1 卷,人民出版社,1991 年,第 204 页。
[2]《曾国藩全集·诗文》,岳麓书社,2011 年,第 436 页。
[3]《曾国藩全集·书信》3,岳麓书社,2011 年,第 402 页。
[4]《曾国藩全集·诗文》,岳麓书社,2011 年,第 436 页。

己先要立于不败之地，再等着敌人给你机会。湘军这种挖沟式攻城法，确实能保证自己的生存概率最大，问题是时间成本很高，攻下一座城池往往要花两年到三年时间，土木工程量也很大，等战争结束，城墙外的地形地貌都被湘军彻底改变了。

在清廷对抗太平天国的战争之中，双方战略战术均有可圈可点之处。太平军的得意之笔是围魏救赵、指东打西，用这个计策多次解了南京之围。而这一次安庆之战，湘军在巨蟒缠人式的攻城法基础上，又创造了"围城打援"的战法。

所谓"围城打援"，就是用一支军队围困住城市，同时安排多支军队在城外要路上阻击援兵。围城的主要目的从拿下城池变成吸引援兵，然后通过打援消灭太平军有生力量。这就跳出了过去以一城一地得失为胜负标准的旧的战争观念。

明确提出这一概念的是胡林翼。他认为湘军攻打安庆，不光是为了收复这个旧省城，更是为了吸引太平军主力，进行战略决战。所以他在给湖北湘军统帅多隆阿的信中说："今天下之大局，不以得城为喜，而以破援贼为功。盖发逆自粤西起事以来，每以坚城坚垒牵缀我兵，而转于无兵及兵弱之处猋焉思逞。故贼日见其多，兵日见其少；贼处乎有余，而我转处于不足。善乎！李左车戒韩信之言曰：'顿兵城下，情见势绌。'实为古今不易之论。"[1] 也就是说，战争的目的，不在于一城一地的得失，而在于消灭对方有生力量。太平军起兵以来，经常用一两个城市吸引清方大量兵力围攻，他们转而在清方兵力不足的地方得手。故"用军之道，全军旅为上策，得土地次之；杀贼为上策，破援贼为大功，得城池次之"[2]。

曾国藩对胡林翼的这一战法举双手赞成。因为这一战不仅要夺取安庆，打开进攻南京的大门，更要力求歼灭太平军主力陈玉成部，从而解决战争的胜负问题。所以湘军兵力一分为多，以一支围城，多支打援。

但问题是，谁来围城，谁来打援呢？显而易见，大家更愿意承担围城任务。因为围城打援，任务更重、压力更大的是打援者。打援部队需要通过一次又一次的硬仗来消灭敌军有生力量，所处境地更危险，面临的战斗也更激烈，但是最后论功行赏的时候，人们记住的往往是直接拿下城池的队伍。

曾国藩和胡林翼左右权衡，决定让曾国藩的弟弟曾国荃围城，让胡林翼的部下湖北湘军多隆阿等打援。曾国藩这一安排，主要是让弟弟通过这一战成名。

[1] 胡林翼撰，胡渐逵、胡遂、邓立勋校点：《胡林翼集》2，岳麓书社，2008年，第641页。
[2] 同上。

曾国荃比曾国藩小十三岁，在族中大排行是第九，字沅甫，所以曾国藩在家书中常称他为"九弟""沅弟"。曾国藩曾经写过一句诗来评价他，"屈指老沅真白眉"。这句诗典出"马氏五常，白眉最良"，汉代马家兄弟五人，唯白眉马良最为出色。可见曾国藩对这个弟弟的器重。曾国荃为人好强，用湖南话说，吃得苦、霸得蛮，做事一条道走到黑。曾国荃从军后，曾国藩从各个方面对他加以提携帮助，特别是在饷械供应上向他倾斜，因此"吉字营"在湘军中虽成军很晚，却建功极速。曾国荃以后起之辈的身份，很快取得了与鲍超、彭玉麟等湘军名将平起平坐的地位。

有人比较曾国藩和胡林翼，认为曾国藩不如胡林翼"忠纯"。确实，在胡林翼的心中，国重于家。他一生立身行事很少虑及家族和亲人，为朝廷做到了鞠躬尽瘁，死而后已。

相比之下，曾国藩的"杂念"要多很多。曾国藩一生有两个核心焦虑：一个是自己能不能成为圣贤，挽救国家；另一个是曾氏家族能不能光大和永久。在曾国藩心目中，家族的分量，不亚于朝廷的兴亡。曾国藩在家书中不停地在讨论自己家族的兴衰，"我家气运太盛，不可不格外小心，以为持盈保泰之道"[1]。他自己的进退考虑，很多时候都是和对家族命运的考虑联系在一起的。

之所以有如此差别，一个重要原因也许是曾国藩和胡林翼身处不同的家族之中：胡林翼是独生子，又膝下无儿，领兵之时父亲也已经去世，没有太多的直系亲属可以挂念；而曾国藩兄弟五人，姊妹四人，上有父母，下有二子。儒家的理念是家大于国，孝高于忠。一个人，可以为父绝君，却不能为君绝父。因此，曾国藩必须家国兼顾。在为国家鞠躬尽瘁的同时，他对家庭、对家族也投入了大量的时间和精力。这些努力的印迹，就是今天的《曾国藩家书》。

正是因为这种考虑，曾国藩提出，要让曾国荃担任安庆围城的指挥者。当然，曾国藩这个建议也有靠得住的理由。我们说过，湘军围城用的是挖沟法，而曾国荃最善于挖沟围城，围得严严实实，滴水不漏，甚至因此得了一个著名的外号"曾铁桶"。

胡林翼理解曾国藩的苦心，同意直攻安庆任务由曾国荃负责。多隆阿则驻桐城挂车河，李续宜驻青草塥，鲍超的霆军驻扎机动位置，负责打援。

曾国荃闻讯非常振奋。这次要打的是在整个镇压太平天国战争中位置极为关键的名城——安徽省城安庆。通过这一战，他的名字必将传扬天下。

---

[1]《曾国藩全集·家书》1，岳麓书社，2011 年，第 66 页。

于是曾国荃率军进驻安庆城下，发扬"民工建筑队"的本色，修建双层壕墙，湘军居于内外壕墙之间，以逸待劳。这一工事修得非常扎实，后来拿下安庆后巡视战场，曾国藩对壕沟的深与宽颇感惊讶。

但是，整个安庆战役中，战功更大的，其实是多隆阿。

由于出身正规军，多隆阿作风与其他湘军将领有所不同，官军习气严重，"意忌情深，忮心尤胜"[1]，谁都瞧不起。但是此人骄傲有骄傲的理由，他确实有谋能战，他驻守挂车河，成了保护身后曾国荃部的一道有力屏障，打了多次硬仗。咸丰十年（1860）十月，素来有"用兵如神"之名的陈玉成提兵解救安庆。陈玉成部包括陈玉成本人的家眷，大都在安庆城内，所以这次救援是出了死力。他们联营四十余座，在挂车河与湘军展开激战，双方都杀红了眼。多隆阿指挥有方，大获全胜，歼灭太平军万余名，解散胁从人员一万多名，重创了太平军有生力量。

第二年，陈玉成又联合洪秀全新派来救援安庆的洪仁玕部、林绍璋部，再次对挂车河发动猛攻。多隆阿作战勇猛，用兵机智，以一当十，多次打退敌军。

应该说，安庆之战中的大部分险战、恶战，都是多隆阿打的。在多隆阿的掩护下，曾国荃部把安庆围得越来越紧，进展顺利，安庆一步步陷入绝境之中。然而就在这个时候，天下形势突变，对曾国藩专注安庆的战略形成挑战。

4. 命运之战

前文讲过，咸丰十年（1860）正月，江南大营攻占了战略要地江心九洑洲，南京的喉咙被扼住。咸丰十年是咸丰本人三十大寿（虚岁）之年，一开年就传来如此振奋人心的消息，如果这一年能拿下南京，实在是双喜临门。

江南大营的将士更认为捣穴擒贼"功在眉睫，人人有裂土拜爵之想"[2]。直到咸丰十年（1860）二月，何桂清还在信中说：

> 军务已有把握，金陵之接济真断，指日即可克复。和帅报九洑洲之捷，归功于殿臣与弟暨雪轩。虽系实情，然弟久甘恬退，愿为无足轻重之

[1] 胡林翼撰，胡渐逵、胡遂、邓立勋校点：《胡林翼集》2，岳麓书社，2008年，第364页。
[2] 陈康祺撰：《郎潜纪闻初笔　二笔　三笔》下，中华书局，1984年，第348页。

人，声名愈大，愈不得了。[1]

　　说南京指日即下，并且已经在设想自己立下了头等大功以后怎么办，装模作样地说自己是一个恬退之人，恐怕将来"声名愈大，愈不得了"。

　　哪知突然发生了意想不到的剧变。

　　江南大营步步紧逼，太平天国自然不能坐以待毙。太平军各路将领齐集天京，共商破敌之策，总理朝政的干王洪仁玕再献"围魏救赵"之计。他认为欲解天京之围，不可力攻，只可智取，攻其必救，分其兵力。"京围难以力攻，必向湖、杭虚处力攻其背，彼必返湖、杭，俟其撤兵远去，即行返旆自救。"[2] 须先发兵一支直指杭州，攻敌必救，待清军分兵远去，再回军猛攻江南大营，必然奏捷。

　　洪秀全采纳了这一建议。1860 年春，李秀成奇袭没有防备的杭州，希望调动江南大营的兵力到杭州。

　　太平天国的计策并不太高明，明眼人一看就知。因此和春一开始没有派大部队往援杭州。然而咸丰皇帝的直线思维又一次坏了大事，他深恐失掉浙江这个财赋之区，严令和春增调劲旅赴浙。和春没办法，只得遵旨派张玉良率领一万三千多人赴援，江南大营清军主力被顺利调出，太平军达到了预期目的。

　　1860 年 5 月，李秀成占领杭州后，又从杭州虚晃一枪，急速回兵，会合陈玉成、杨辅清、李世贤等部，猛攻毫无防备又军力空虚的江南大营。半日之内，将江南大营西半部的五十余座营垒全行攻破，歼灭清军总兵黄靖以下数千人。太平军连夜乘胜猛攻，江南大营总部很快也被攻破，和春逃跑。太平军乘胜追击，连下苏州、常州等江南名城。苏南财赋之区一下子全落入太平军之手。太平天国势力死灰复燃，达到第二个极盛期。

　　咸丰皇帝的心情再一次从高峰落到了谷底，很长时间回不过神来。他实在搞不懂命运为什么总是这样给他突然袭击。

　　从表面上看，江南大营的失败是因为中了太平军围魏救赵之计，实际上，则是咸丰皇帝的错误战略原则导致的。在咸丰"先拔本根"的原则指导下，和春等人轻敌贪功，战略目光短浅，专注南京一隅，轻视上游。大营进围南京之后，和春孤注

---

[1] 苏州博物馆等编：《何桂清等书札》，江苏人民出版社，1981 年，第 83 页。

[2]《李秀成自述》，《太平天国》第二册，第 795 页。转引自苏双碧著：《太平天国人物论集》，福建人民出版社，1981 年，第 175 页。

一掷，顿兵坚城之下，将全部主力都投入围城任务，没留游击部队。这一战法带来了极为严重的后果，使大营"有围兵而无备战之兵，有守兵而无备剿之兵"[1]。再加上中了太平军围魏救赵之计，调出一万多名精兵，导致防线全面崩溃。

江南大营的失败，标志着咸丰皇帝战略思想的彻底失败，也标志着清代旧军事体制的彻底瓦解。事实证明，要消灭太平天国，只能按曾国藩说的"先剪枝叶，再拔本根"，从上到下一步步来。

听到江南大营崩溃的消息，湘军内部的反应不是同情难过，而是倍感鼓舞。左宗棠"闻而叹曰：'天意其有转机乎？'"有人问其故，他说：

> 江南大营将蹇兵罢，万不足资以讨贼，得此一洗荡，而后来者可以措手。[2]

确实，江南大营的彻底崩溃，让反曾国藩集团土崩瓦解。在地方上，清军将帅和春自杀，张国梁战死，两江总督何桂清从常州弃城逃走，与其他江苏官员逃往上海。在中央，向咸丰皇帝力荐何桂清的彭蕴章也被解职。"不数日，警报押至，苏、常相继陷矣。上讶彭相言不雠，且无知人之明，解彭相军机大臣。"[3]早在数年之前，祁寯藻就离开了军机。至此，反曾国藩的势力几乎全部失势。咸丰皇帝也不得不承认自己的战略构想的错误，不得不把全部希望放在湘军身上。何桂清弃城逃走，两江总督的位置空了出来。这个位置顺理成章应该落到正在两江领兵作战的湘军第一号人物曾国藩头上。

然而直到此时，咸丰皇帝还是没有彻底扭转他对曾国藩的偏见。一开始，他想让胡林翼来担任这个职务。

这个时候，著名权臣肃顺的一句话起了关键作用。

肃顺是皇族，大咸丰十五岁，此人性格果决，敢说敢做。"肃顺一人差强毅，敢任事。"[4]他那种知无不言、直抒己见的风格，与那些察言观色、见风使舵的滑头老

---

[1] 胡林翼撰，胡渐逵、胡遂、邓立勋校点：《胡林翼集》2，岳麓书社，2008年，第509页。

[2] 朱孔彰撰：《中兴将帅别传》，岳麓书社，1989年，第8页。

[3] 左舜选辑：《中国近百年史资料》上，上海中华书局，1926年，第152页。

[4] 沃丘仲子著：《慈禧传信录》，崇文书局1918年版。转引自高中华著：《肃顺与咸丰政局》，齐鲁书社，2005年，第3页。

臣形成鲜明的对照，颇得咸丰帝的赏识。"肃公才识开朗，文宗信任之。"[1] "入赞密勿，所言蔑不见听。"[2]

肃顺这个人最大的特点是认识到王朝末路，满族统治者中已经产生不了人才，要挽救朝廷，只能靠汉人中的杰出之士。他曾说："满人胡涂不通，不能为国家出力，惟知要钱耳。"[3] 国家遇大疑难事，非重用汉人不可。

曾国藩的朋友湖南人王闿运曾在肃顺家里教书，郭嵩焘也与他来往颇多。所以他对曾国藩、胡林翼二人非常重视，平日与客谈论，常心折曾国藩之"识量"和胡林翼之"才略"。曾国藩的四大弟子之一薛福成后来说"肃顺推服楚贤"。所以他才在咸丰皇帝犹豫的时候，力主曾国藩出任两江总督。

肃顺说："胡林翼在湖北措注尽善，未可挪动，不如用曾国藩督两江，则上下游俱得人矣。"[4]

确实，胡林翼在湖北和官文配合得很好，而湖北对整个天下局势非常重要。如果把胡林翼调到两江，草包官文很可能把湖北蒸蒸日上的大好局面搞砸了。

咸丰左思右想，终于把这个职位给了湘军的头号人物曾国藩。咸丰十年（1860）四月二十一日，咸丰帝下令赏曾国藩加兵部尚书衔，署理两江总督。六月二十四日实授。

赵烈文后来评论这一任命时说："迨文宗末造，江左覆亡，始有督帅之授。受任危难之间，盖朝廷四顾无人，不得已而用之。"[5]

在曾国藩获实授总督的谢恩折上，咸丰意味深长地批了这样一句话：

> 卿数载军营，历练已深。惟不可师心自用，务期虚己用人，和衷共济，但不可无定见耳。[6]

可见还是担心曾国藩师心自用。曾国藩以前屡次不听指挥，坚执己见，给皇帝

---

[1] 徐一士著：《一士类稿》，中华书局，2007年，第57页。

[2] 沃丘仲子著：《近代名人小传·肃顺传》，崇文书局1918年版，中国书店1988年影印，第75页。

[3] 坐观老人、许指严著：《清代野记》，重庆出版社，1998年，第129页。

[4] 薛福成著：《庸庵笔记》，江苏人民出版社，1983年，第14～15页。

[5] 赵烈文撰：《能静居日记》2，岳麓书社，2013年，第771页。

[6]《曾国藩全集·奏稿》2，岳麓书社，2011年，第557页。

的印象太深了。

获得两江总督当然是好事，但是也对曾国藩围攻安庆的战略造成了严重干扰。

为什么呢？因为咸丰皇帝任命曾国藩做两江总督是有附加条件的。

什么条件呢？撤安庆之围，全力救援江南。

江南大营溃败，导致江南富庶之地全部落入了太平军的手中。江苏、浙江向来是清政府的主要赋税来源地，所以咸丰非常着急，急令曾国藩从安庆撤围东下，救援苏、常。咸丰说：

> 江南大局，几同瓦解。……为今之计，自以保卫苏、常为第一要务……即令曾国藩统领所部各军，赴援苏、常。……以保全东南大局，毋稍迟误。[1]

并说湘军现在顿兵坚城之下，很难马上得手，即使能够很快攻下安庆，倘若丢掉苏、常，也是得不偿失的。

曾国藩接过了两江总督的官帽，却坚决反对咸丰皇帝的附加条件，拒绝撤围安庆。

古今中外，具有雄才大略的用兵者，无不能够始终从战略的高度来把握问题，能够透过暂时的纷乱看到重点，在利害交织中看清本质，牢牢把握长远与眼前、全局与局部的关系。

曾国藩始终具有强烈的全局观念，他曾说："我对于大利大害所在，都能悉心考究。"他还说，"用兵以审势为第一要义"[2]，"'势'则指大计大局"[3]。还说应该从大的地方去分清界限，不要斤斤于小处去剖析微芒。这个大利大害、大计大局，就是战略重心的所在。所以湘军虽然在局部的战斗中会吃败仗，但在战略态势上却总是处于有利位置。而太平天国尽管在局部的战役上取得了一些胜利，但整个战略态势却越来越不利。这是湘军最终能够将太平天国镇压下去的重要原因之一。

当然，制定了正确的战略决策，还要有排除各种干扰，将这种战略决策执行到

[1]《曾国藩全集·奏稿》2，岳麓书社，2011年，第496页。

[2]《曾国藩全集·家书》2，岳麓书社，2011年，第10页。

[3]《曾国藩全集·书信》9，岳麓书社，2011年，第206页。

底的决心和定力。王安定在《湘军记》中曾评曾国藩成功在于"坚决不动摇，排众意而孤行己意，其成功亦卒以此，由学力胜也"。李瀚章曾经说，曾国藩的过人之处，在于他的定力不是一般人所能比的。只要他认准的，他就会排除一切干扰，争取一切机会，去将胜利的可能变成胜利的现实。

他专门给咸丰上奏，再次陈说自古平江南之贼，必须占据上游建瓴而下的道理。他说，向荣的江南大营不但不能打下南京，反而丢掉了苏州、常州，这并不是兵力不够，而是因为从下游进攻上游，形势不利。

> 自咸丰三年金陵被陷，向荣、和春等皆督军由东面进攻，原欲屏蔽苏、浙，因时制宜。而屡进屡挫，迄不能克金陵，而转失苏、常。非兵力之尚单，实形势之未得也。

因此安庆之兵不但不能撤，反而应该进一步加强，因为安庆一军，目前关系整个皖北的大局，将来是进攻南京的基础。

> 臣所部万余人，已进薄安庆城下，深沟固垒，挖浚长壕。若一撤动……则军气馁而贼气盛。……是安庆一军，目前关系淮南之全局，将来即为克复金陵之张本。此臣反复筹思，安庆城围不可遽撤之实情也。[1]

曾国藩顶住皇帝压力，先不顾苏浙糜烂，依然将战略重点放在安庆会战上，他的分析透彻、态度坚决。咸丰皇帝也深知他的脾气，不得不同意了他的安庆会战计划。

除了这一次被咸丰皇帝要求撤围之外，安庆之战还遇到了很多次干扰。比如遇到过来自湘军集团本身的压力。

陈玉成看到援军始终无法冲过多隆阿这一关，试了其他几个方向也没有结果，只好重施围魏救赵之计，咸丰十年（1860）八月，发动第二次西征，挥军湖北，直指武汉，准备调开多隆阿和李续宜这两支防守力量后，再回攻安庆。当时湘军的主力都在安庆前线，湖北兵力极为空虚，只有湖广总督官文所率三千防兵驻守武昌，

---

[1]《曾国藩全集·奏稿》2，岳麓书社，2011年，第501页。

而且战斗力极差。听说太平军来攻，整个武汉三镇的官员富户逃徙一空。

关于是否回援武汉，曾、胡二人发生了分歧。

胡林翼身为湖北巡抚，看到陈玉成挥兵武汉，当然急得吐血，骂自己"笨人下棋，死不顾家"[1]。他先调李续宜回援湖北，接下来还要调鲍超和多隆阿，撤安庆之围，回救武汉，但是均遭曾国藩坚决反对。

曾国藩看出这是陈玉成的调虎离山之计，因此不为所动。他在给曾国荃的信中说，太平军在江西、湖北攻城略地，都无非是要分散他的兵力而已。他只求攻破安庆，此外的得失一概不与之争，再过一两个月，大局就可以定了。

> 此次贼救安庆，取势乃在千里以外，如湖北则破黄州，破德安，破孝感，破随州、云梦、黄梅、蕲州等属，江西则破吉安，破瑞州、吉水、新淦、永丰等属，皆所以分兵力，亟肆以疲我，多方以误我……吾但求力破安庆一关，此外皆不遽与之争得失。[2]

曾国藩说，去年以围魏救赵之计破江南大营，是太平军的"得意之笔"，今年肯定是"抄写前文无疑"，目标仍在安庆。"去年之弃浙江南昌解金陵之围，乃贼中得意笔也。今年抄写前文无疑。"太平军的重心并不是真的要拿下武汉。即使拿下武汉，对整个战局的影响也并不特别大。因为太平军即使有破湖北之势，也无守湖北之力，武汉即使一时失陷，也有能力马上收复，而围攻安庆的军队一撤，就再也没有拿下安庆的机会了。"无论武汉之或保或否，总以狗逆回扑安庆时，官军之能守不能守以定乾坤之能转不能转。"[3]

因而他咬定青山不放松，坚持留住多隆阿和鲍超，继续围困安庆。他下定决心，即使是武汉落入太平军之手，围攻安庆的湘军仍然不可退。他视双层壕墙是否会被陈玉成攻破为整个战役的关键。他在给曾国荃的信中说："此次安庆之得失，关系吾家之气运，即关系天下之安危。"[4]而整个战役之成败，又以陈玉成大军"回扑安庆时，官军之能守不能守以定乾坤之能转不能转。安庆之壕墙能守，则武汉虽失，必复为希庵所克，是乾坤有转机也；安庆之壕墙不能守，则武汉虽无恙，贼之气焰复

---

[1] 胡林翼撰，胡渐逵、胡遂、邓立勋校点：《胡林翼集》2，岳麓书社，2008 年，第 758 页。
[2]《曾国藩全集·家书》1，岳麓书社，2011 年，第 612 页。
[3]《曾国藩全集·家书》1，岳麓书社，2011 年，第 584 页。
[4]《曾国藩全集·家书》1，岳麓书社，2011 年，第 604 页。

振，是乾坤无转机也"[1]。

战略上有一条基本的原则，就是致人而不致于人，也就是要迫使对方按照自己的战略安排行动，迫使对方跟着自己的步子走，而不是按照对方的战略安排行动。说白了，就是将战略的主动权掌握在自己的手中。

应该说，曾国藩做出这个决策，也是承受着很大的压力。因为陈玉成领导的太平军，在湖北势如破竹，取得了多次胜利，让身为湖北巡抚的胡林翼日夜不能安枕。如果武昌真的失守，曾国藩此举，也容易背上背信弃义的骂名。但是曾国藩仍然不为所动，表现出极强的战略定力。幸好陈玉成最后没能拿下武汉，曾胡都免去了一场虚惊。在曾国藩的坚持下，湘军不解安庆之围。陈玉成部攻武汉受阻后，不得不直接救援安庆，按曾国藩的计划与湘军在安庆进行战略性的决战。

在围攻安庆的过程中，曾国藩与朝廷还发生过另一次战略争执。

1860 年 5 月，就在江南大营崩溃的同时，第二次鸦片战争进入白热化。

咸丰十年（1860）八月二十五日深夜，正在祁门的曾国藩收到一封十万火急的寄谕。原来，第二次鸦片战争中英法联军不断取胜，此时已经逼近北京，咸丰皇帝仓皇出逃承德，发文命曾国藩火速派鲍超带三千人"兼程前进，克日赴京，交胜保调遣"[2]。

虽然以忠诚自命，这一次曾国藩却不想赴援。为什么呢？因为现在调劲兵北上，安庆势必撤围，功亏一篑。同时即使他听从皇帝命令，派鲍超带兵北上，其实也无济于事。第二次鸦片战争进行到此时，形势已经非常明朗，英法联军攻下北京是早晚的事，未来只有议和一途。派几千人北上，根本改变不了这个大局。所以曾国藩说："此事无益于北，有损于南。"

但是，君父处于急难当中，"勤王"事关人臣大节，不可讨价还价，曾国藩说："余忝窃高位，又窃虚名，若不赴君父之难，则既诒后日之悔，复惧没世之讥，成败利钝，不敢计也。"[3]

曾国藩左思右想之下，决定采纳幕僚李鸿章的建议，用"拖"字诀，拖以待变。如果拖上十多天，北京城很可能就已经被洋人攻占，双方自然会议和，那时也就不用湘军北上了。因此他八月二十五日接到上谕，九月初六日才回复了一道奏折。曾

[1]《曾国藩全集·家书》1，岳麓书社，2011 年，第 584 页。

[2]《曾国藩全集·奏稿》2，岳麓书社，2011 年，第 587 页。

[3]《曾国藩全集·家书》1，岳麓书社，2011 年，第 522 页。

▲ 第二次鸦片战争，清政府被迫签订《天津条约》

国藩在奏折中说，鲍超人地生疏，长途远行，无法在指定时间到达京城。同时鲍超品级太低，在指挥作战中起不到什么太大作用，所以他请求朝廷在他和胡林翼二人中选定一人带兵进京。他预料这样经过几次奏折往返，不待湘军北上，大局应该已经尘埃落定。

果然，英法联军不久攻入北京城，在恭亲王奕訢的主持下和议达成，英法联军退回天津。十月初四日，曾国藩接到朝廷寄谕，称曾国藩不必北上。这一"拖"字诀用得可谓非常高明。

曾国藩排除了一切干扰，铁下心来一定要拿下安庆。他的弟弟曾国荃在这一战中，也表现出非同一般的能力。

咸丰十年（1860）四月，曾国荃挖长壕开始围城，围困到咸丰十一年（1861）七月，安庆城内终于断粮。太平军将士和城内百姓开始时每天喝粥，后来吃城里的猫和老鼠，再后来只能吃树叶和草根。饿死的人越来越多，活着的人无力掩埋，只好堆在露天，白骨沿路，惨不忍睹。洪秀全见状，倾尽全力进行救援，派出洪仁玕、林绍璋、吴如孝以及黄文金等部，分别从天京、庐江、芜湖赶来，加入陈玉成的救援战斗，准备用尽全力，最后一搏，解救安庆。这一年七月，他们与多隆阿再次激战，仍然不能得手，只好安排一部分军队牵制住多隆阿，其他军队迂回三百多公里，绕道西北再转东南，分成十余路，直扑曾国荃部的长壕。同时安庆守将叶芸来也从城内出兵，攻打内壕。试图夹击之下，打破封锁。

决定安庆命运的决战开始了。太平军冲锋部队每人背着一大捆草冲向湘军的长壕，到了壕边就掷草填壕，填满后就越壕冲击。曾国荃命令部队开足火力，在壕前织起了一道猛烈的火力网，太平军尸如山积。但后续太平军完全不顾生死，将同伴尸体搬开一层，复冒死冲突。

赵烈文描述战况说：

> 二十二日巳刻，大股扑西北长壕，人持束草，蜂拥而至，掷草填壕，顷刻即满。我开炮轰击，每炮决，血衢一道，贼进如故，前者僵仆，后者乘之。壕墙旧列之炮，装放不及，更密排轮放，增调抬、鸟枪八百杆，殷訇之声，如连珠不绝，贼死无算而进不已，积尸如山。路断，贼分股曳去一层，复冒死冲突，直攻至二十三日寅刻，连扑一十二次……[1]

也就是说，湘军用大炮轰击太平军密集冲锋队伍，每一炮都会轰倒一片士兵，轰出一片血泊。但是太平军毫不畏死，仍然持续突进。湘军八百杆抬枪、鸟枪片刻不停，太平军一片片倒在阵前，以致后面的军队无法进攻。所以太平军专门派人抬开死尸，清出道路，继续进攻。

太平军连续猛攻十二次，苦战一日一夜，就是不能攻破湘军壕墙，付出的代价是一万余人的伤亡。"凡苦战一日一夜，贼死者万数千人，我军死者百余人，用火药十七万斤，铅子五十万斤。"[2] 湘军方面，仅这一日一夜，就消耗火药十七万斤，铅子五十万斤，双方战斗之惨烈可见一斑。

在这一战中，双方将英勇这一品质发挥到了极限。陈玉成一看确实无法突破曾国荃的防线，只好引兵稍稍后退。

咸丰十一年（1861）八月初一日，湘军挖成了一道通到安庆城下的地道，用火药轰塌数十丈城墙，像决堤的洪水般涌入城内。安庆城中的守兵已经多日没吃到任

---

[1] 赵烈文撰：《能静居士日记》，《太平天国史料丛编简辑》第 3 册，中华书局，1962 年，第 200 页。

[2] 赵烈文撰：《能静居士日记》，《太平天国史料丛编简辑》第 3 册，中华书局，1962 年，第 200～201 页。

何东西，"饥极僵仆"，一万余人皆被杀死，安庆城陷。

城外的陈玉成等人在远处遥望安庆的满城大火，知道事已无可挽回，只好相望长叹，率军退走。

安庆的战功，多隆阿与曾国荃贡献最多，多隆阿某种程度上作用更大。曾国荃通过这一战也对多隆阿非常佩服。咸丰十一年（1861）九月，他在给曾国藩的信中说："多公才智胆略冠绝群雄，实可将四五万人。"但是在战后论功行赏之时，正如曾国藩所预计的那样，曾国荃所获却是更多，"道员曾国荃智勇兼施，着赏加布政使衔，以按察使记名遇缺题奏，并加恩赏穿黄马褂，以示优奖"[1]。不久又实授为江苏布政使。而多隆阿仅与杨载福等"均着加恩赏给云骑尉世职"[2]。这个奖赏连曾国藩都感觉太薄了。他在家书中说："安庆克城，人人优奖，惟多公尚嫌其薄。"[3]

多隆阿自然非常生气，安庆之战结束后就和曾氏兄弟生了嫌隙，不久之后他离曾国藩而去。

收复安庆是湘军与太平天国战争中最重要的转折点。从此之后，天京失去西线屏障，太平军对清军转入防御阶段，平定太平天国就已经没有太大悬念了。"而后大局有挽回之望，金陵有恢复之期矣。"[4]

曾国藩和胡林翼都非常激动，曾国藩迅即向皇帝奏报克复安庆省城大概情形，以"仰慰宸怀"。这是一个极大的喜讯，曾国藩希望这个消息能给咸丰一些安慰。

结果，就在奏折送走后没几天，八月十日，曾国藩接奉咨文，"惊闻……文宗显皇帝龙驭上宾"[5]。咸丰皇帝死了，生前根本没有看到这个捷报。

原来，第二次鸦片战争爆发后，咸丰仓皇逃到承德。不久，战争以中国与列强签订《北京条约》的方式结束。条约签订之后，按理他应该回到北京。但是他待在热河，迟迟不归。因为他喜欢上了行宫的生活。

曾国藩说："思我大行皇帝即位至今，十有二年，无日不在忧危之中。"[6]确实如

[1] 熊治祁编：《湖南人物年谱》4，湖南人民出版社，2013年，第206页。

[2]《达斡尔资料集》编辑委员会、全国少数民族古籍整理研究室编：《达斡尔资料集》第7集，民族出版社，2007年，第285页。

[3]《曾国藩全集·家书》1，岳麓书社，2011年，第706页。

[4] 黎庶昌等撰：《曾国藩年谱》，岳麓书社，1986年，第134页。

[5] 黎庶昌等撰：《曾国藩年谱》，岳麓书社，1986年，第136页。

[6]《曾国藩全集·日记》2，岳麓书社，2011年，第194页。

此。咸丰刚当上皇帝，广西就发生了起义。他无日不派兵，无日不努力，结果局势越来越乱。就在太平天国越来越乱的时候，北方又有捻军起事，活跃于淮河南北，兵力超过十万。东南沿海又有天地会起事，福建、上海、两广到处都有起义者。此外，贵州、云南、四川也是小股起义遍地。关内十八省，已经有十四省战火熊熊。内乱正盛，外夷交并。就在江南大营崩溃的同时，第二次鸦片战争爆发，英法联军纵火焚烧了万园之园圆明园。中国割地赔款，丢失了150多万平方公里的土地。

咸丰经受不了这样密集的打击，已经接近崩溃。做了十年的皇帝，挑了十年的重担，他终于得出了一个结论：自己不适合当这个皇帝，什么事情，他越是投入指挥，结果就越是不可收拾。如今远离了政务中心北京，来到了边远的热河，这一地理位置的变化使得他顿感轻松。

其实在北京的末期，咸丰皇帝就已经从早年的励精图治转入了另一种生活，那就是醇酒妇人。"咸丰季年，天下糜烂，几乎不可收拾，故文宗以醇酒妇人自戕。"[1]就是说，他不想再承担皇帝的责任，想早一天死了得了。他四处搜罗美女，以"打更民妇"名义入值圆明园，每夜以三人到咸丰寝宫前"打更"。

到了承德，他更是得过且过，混吃等死。一时兴起，他竟然写了"且乐道人"的条幅，命太监在寝宫内张挂，愿像远离尘嚣的道人那样得乐且乐。在承德，他迷上了听戏，每两三天就要演一出。有时上午已经花唱，又传旨中午还要清唱。咸丰十一年（1861）六月初九日，是他三十一岁生日，刚刚过完生日，咸丰就病倒了，接连躺了十多天。到了七月初，病情稍有好转，便下令继续演戏。

咸丰十一年（1861）七月十六日，咸丰终于感到病情不妙，传旨："如意洲承应戏不必了。"当日午后，咸丰帝突然晕厥，醒来后安排后事，命八大臣辅政。第二天凌晨气绝升天。一直到死，咸丰都不知道安庆克复的消息，更不知道平定太平天国起义终于大局已定。回首咸丰这一生，实在是太悲催了。

接到讣闻，曾国藩百感交集。这个和他作对一生的皇帝，竟然是这样一个结局。"公恸哭失声，自以十余年来受上知遇，值四方多难，圣心无日不在忧勤惕厉之中。现值安庆克复，军务方有转机，不及以捷报博玉几末命之欢，尤为感恸无已。"[2]

曾国藩在日记中说：

---

[1] 梁溪坐观老人著，王淑敏点校：《清代野记》，山西古籍出版社，1996年，第3页。
[2] 熊治祁编：《湖南人物年谱》2，湖南人民出版社，2013年，第764页。

痛悉我咸丰圣主巳于七月十六日龙驭上宾，天崩地坼，攀号莫及！多难之秋，四海无主，此中外臣民无福，膺此大变也。……二更三点睡，不甚成寐。伏念新主年仅六岁，敌国外患，纷至迭乘，实不知所以善其后。又思我大行皇帝即位至今，十有二年，无日不在忧危之中。今安庆克复，长发始衰，大局似有转机，而大行皇帝竟不及闻此捷报，郁悒终古，为臣子者尤深感痛！[1]

在咸丰皇帝去世之后不久，曾国藩又失去了他最亲密的战友胡林翼。

咸丰十一年（1861），胡林翼肺病加重，吐血不止，神形委顿，不到五十，望之几乎近八十岁人。他仍然不顾医生的警告，勤于职守，在写给曾国藩的信中说："然愿即军中以毕此生，无他念也。"[2]

八月一日安庆克复的消息给了他最后一丝安慰，"捷书至，公忧稍释"[3]。但是咸丰去世的消息，又成了压垮他的最后一根稻草。因为咸丰对他有难得的知遇之恩，他是发自内心悲痛。"文宗凶问至，公自以受主知深，追慕沉挚，拊心悲泣。"[4]八月二十六日，胡林翼走到了生命的终点，时年五十岁。

得知胡林翼病逝，曾国藩伤痛不能自已，彻夜难眠，"惘惘若有所失"。曾、胡二人，可谓相互理解、相互支持、相互砥砺、相互敬佩的人际交往的典范。胡林翼终生对曾国藩尊重有加，尝谓人曰："吾于当世贤者，可谓倾心以事矣。而人终乐从曾公，其至诚出于天性，感人深故也。"[5]曾国藩则说，胡氏一死，"从此共事之人，无极合心者矣"[6]！多年之后，位重势隆的曾国藩追忆当年，尚不免感慨万端，说靠胡林翼"事事相顾，彼此一家，始得稍自展布有今日，诚令人念之不忘"[7]。"胡宫保……忧国之诚，进德之猛，好贤之笃，驭将之厚，察吏之严，理财之精，何美不备？何日不新？天下宁复有逮斯人者耶？"[8]

---

[1]《曾国藩全集·日记》2，岳麓书社，2011年，第194页。

[2]胡林翼撰，胡渐逵、胡遂、邓立勋校点：《胡林翼集》2，岳麓书社，2008年，第764页。

[3]熊治祁编：《湖南人物年谱》3，湖南人民出版社，2013年，第117页。

[4]熊治祁编：《湖南人物年谱》3，湖南人民出版社，2013年，第118页。

[5]郭嵩焘撰，梁小进主编：《郭嵩焘全集》15，岳麓书社，2012年，第497页。

[6]《曾国藩全集·家书》1，岳麓书社，2011年，第692页。

[7]赵烈文撰：《能静居日记》2，岳麓书社，2013年，第1083页。

[8]《曾国藩全集·书信》3，岳麓书社，2011年，第517页。

|第十章| 与何桂清的恩怨纠葛

1. 成为大清帝国最有权势的人

在攻打安庆的过程中，曾国藩获得了梦寐以求的两江总督的任命。

两江总督是清代光绪朝以前唯一统辖三省的总督：江苏、江西和安徽。三个省为什么叫两江呢？这是因为明代的江苏和安徽是一个省，叫江南省。两江地区正当中国南北之接合部，在军事上十分重要，在经济上更举足轻重。两江所征收的漕粮，占全国漕粮总数的一半以上，因此牵动着全国的财政命脉。

咸丰八年（1858）再次出山之后，曾国藩仍然为得不到督抚大权而感到苦恼。咸丰九年（1859）十一月初七日，在获得两江总督一职之前半年，他还在日记中写道："思身世之际甚多，抑郁不适于怀者，一由褊浅，一由所处之极不得位也。"[1]毫无疑问，所谓"所处之极不得位"，就是指统兵而未能兼管地方。

如今，出任两江总督，又手握湘军军权，曾国藩毫无疑问地成了当时大清帝国最有权势的人物之一。他终于可以从容展布了。之所以顺利拿下了关键的战略据点安庆，即与他得到总督之位，能调动各种资源有关。

胡林翼在生前判断说，曾国藩获得此位，是天下大局真正转机之始，两三年后，江南将获得苏息：

> 涤帅（曾国藩）诚得督符兵符则否极而泰，剥极而复。天下士气为之
> 一振，二三年后，吴患当少纾耳。[2]

---

[1]《曾国藩全集·日记》1，岳麓书社，2011年，第485页。
[2]胡林翼撰，胡渐逵、胡遂、邓立勋校点：《胡林翼集》2，岳麓书社，2008年，第521页。

2. 慈禧与奕䜣发动宫廷政变

然而克复安庆的喜悦还没有过去，朝中又出现重大变局。咸丰皇帝在承德以三十周岁的盛年突然去世，继位的载淳年仅六岁。

咸丰死前安排了以肃顺为核心的八位顾命大臣辅佐载淳，肃顺是湘军集团的坚定支持者。因此这一安排表面上非常有利于曾国藩。

然而咸丰留下来的权力结构是极不稳定的，顾命八大臣中，竟然没有咸丰帝的亲弟弟、手握外交大权在北京处理与洋人交涉事宜的恭亲王奕䜣。这显然是极不正常的。关于小皇帝的两个母亲，嫡母慈安和生母慈禧，也没有明确的权力安排。与此同时，长期以来，肃顺利用咸丰的信任严刑峻法、独

▲ 慈禧太后

断专行，得罪了很多人，在朝中已经相当孤立。因此胡林翼死前预测中枢必将发生非常之变故，他在写给曾国藩的信中说，"主少国危，又鲜哲辅，殊堪忧惧"[1]。

曾国藩也是这样想的。他与咸丰磨合十年，好不容易获得了皇帝的信任，与最高权力的关系进入稳定期，结果出任两江总督不过一年，皇帝就去世了，他的前途是吉是凶，又悬在不定之天。

胡林翼的预测是准确的。果然，就在咸丰去世后不过两个多月，太后慈禧和恭亲王奕䜣就联手发动了宫廷政变，肃顺等三位赞襄大臣被诛。消息传来，曾国藩惶惧不安，在日记中说："少荃来，与之畅谈。因本日见阎丹初与李申夫书，有云赞襄政务王大臣八人中，载垣、端华、肃顺并拿问，余五人逐出枢垣。服皇太后之英断，为自古帝王所仅见，相与钦悚久之。"[2]

虽然曾国藩一生的原则是不攀附权贵，和肃顺的个人关系并不亲密，但是谁都知道，曾国藩是"肃顺这条线"上的人。肃顺已倒，他会不会受到牵连？曾国藩连

---

[1] 胡林翼撰，胡渐逵、胡遂、邓立勋校点：《胡林翼集》2，岳麓书社，2008 年，第 866 页。

[2]《曾国藩全集·日记》2，岳麓书社，2011 年，第 228 页。

日"悚仄忧惶"[1]，不能自安。

出乎意料的是，曾国藩的权位在政变后不但没有受到任何影响，反而还进一步得到了提升。咸丰十一年（1861）十月十八日，政变后不到二十天，朝廷就发布谕旨："钦差大臣两江总督曾国藩，着统辖江苏、安徽、江西三省，并浙江全省军务，所有四省巡抚、提镇以下各官，悉归节制。浙江军务，着杭州将军瑞昌帮办。"[2]

一总督而节制四省，以及驻防将军为总督帮办军务，在清朝都是前所未见之事。

事实证明，慈禧和奕䜣的组合，比咸丰要明智。相对咸丰，奕䜣更清楚要消灭太平天国，就必须重用曾国藩。他"虽与肃顺为敌，但对肃顺的政策、路线毫不存成见，善则留，恶则去，绝不似一般政争中人亡政息、全盘否定的习见形态"[3]。而慈禧掌权之始，也能对奕䜣的建议从善如流。

当然，他们做出这一决定，也与曾国藩"不结交京中权贵"这一一贯原则有关。肃顺虽然极推重曾国藩，但是曾国藩却与肃顺走得不近，据说肃顺被诛后，"籍其家，搜出私信一箱，内唯曾文正无一字。太后叹息，褒为第一正人"[4]。

曾国藩表示谦抑，上疏辞谢节制四省，并且说"臣一人权位太重，恐开斯世争权竞势之风，兼防他日外重内轻之渐"。也就是说，我怕我一个人手中权力太重，以后会导致地方尾大不掉，影响中央的权威。新班子回复了一段颇带感情色彩的朱批："具见谦卑逊顺，虑远思深，得古大臣之体。在曾国藩远避权势，自应如此存心，方不至起骄矜之渐。而国家优待重臣，假以事权，从前本有实例。曾国藩晓畅戎机，公忠体国，中外咸知。当此江浙军务吃紧生民涂炭，我两宫皇太后孜孜求治，南望增忧，若非曾国藩之悃忱真挚，亦岂能轻假事权？"

也就是说，曾国藩这道奏折非常谦逊，而且想得很远，有古大臣之风。从曾国藩来说，当然应该存着避嫌之心，才不会在以后变成权臣，这是臣子的本分。而从国家来看，给曾国藩以大权，是经过慎重考虑的。曾国藩一方面有卓越的军事才能，另一方面，能公忠体国，所以朝廷才这样倚重。如果不是因为他对朝廷这样真挚诚恳，朝廷也不会轻易给他如此大的权力。

---

[1]《曾国藩全集·日记》2，岳麓书社，2011年，第227页。

[2]《曾国藩全集·奏稿》3，岳麓书社，2011年，第251页。

[3] 杨剑利著：《同治王朝》，中国青年出版社，2014年，第206页。

[4] 欧阳昱著：《见闻琐录·曾文正不交权贵》。转引自龙盛运著：《湘军史稿》，四川人民出版社，1990年，第282页。

3. 清除何桂清集团党羽

曾国藩因此进入了在官场上境遇最顺的一个时期。在安庆收复之前，曾国藩专心于军事，于吏治还没有充分着手，现在，他可以从容布局两江加上浙江的人事了。

两江加上浙江这四省是曾国藩的对手何桂清经营多年的地盘，四省许多重要职务都在何桂清嫡系手中。在收复安庆前，曾国藩只把江西和安徽巡抚换成了自己人，江苏巡抚和浙江巡抚这两个举足轻重的位置还在何桂清的嫡系手中。现在，他可以借助朝廷对自己的充分信任，清除何桂清集团的残余势力。

要清除的第一个人，是浙江巡抚王有龄。

一提起王有龄，曾国藩心中就涌起许多新仇旧恨。

王有龄是何桂清的死党，与何桂清早年相识，据说何桂清之父是王有龄祖父的家奴，因此何桂清任浙江巡抚期间，为报旧恩而力荐原来只是个库大使的王有龄，让他由一介小吏升为江苏布政使。两人"本有世谊，言听计从，几成死党"[1]。

把王有龄提拔为布政使后，何桂清还不满足。他的下一步计划是把王安排为浙江巡抚。

早在曾国藩出任两江总督前数年，湘军集团与何桂清集团为了让浙江成为自己的"势力范围"，就已经展开了激烈的明争暗斗。

浙江历来是膏腴之区、筹饷要地。何桂清正是在浙江巡抚期间筹饷有功，才升任两江总督的，因此浙江是何桂清的"故地"。两江总督管理江西、安徽、江苏三省，并不包括浙江。但这三省皆与浙江相邻，因此何桂清非常希望把这块自己治理过的土地纳入势力范围，因此一再向京中好友和彭蕴章等吹嘘："东南半壁似非鄙人不能支持。""若将江、浙兵勇归弟一人调度，两省大吏能筹饷接济，定能迅奏肤功。"（《何桂清等书札》）直接向权们申明了自己的计划。

但是湘军也非常希望能由自己派系的人主掌浙江，这样可以为湘军开辟新的饷源，解决军饷困难。于是在肃顺和胡林翼的活动下，咸丰以湘系的罗遵殿出任浙江巡抚。

罗遵殿是胡林翼的老部下，多年在湖北为官，深为胡林翼所倚重。罗遵殿抚浙，显然是湘系集团的胜利。罗遵殿就任浙江巡抚后，"深知鄂力艰难"，拟解浙饷

---

[1] 张集馨著：《道咸宦海见闻录》，第 296 页。转引自高中华著：《肃顺与咸丰政局》，齐鲁书社，2005 年，第 159 页。

按月接济湖北湘军，而不再像以前那样专供江南大营了。这就无异于挖何桂清集团的墙脚。何桂清必欲去罗遵殿而后快，他不停地向朝中大佬通报罗氏的缺点错误，还公开弹劾罗氏没有战守之才，"知守不知战，守近不守远"[1]，千方百计地寻找机会算计他。

不久，机会就来了。

前面提到，太平天国为破江南大营，实施"围魏救赵"之计，发兵直指杭州，时任浙江巡抚正是罗遵殿。浙江本省没有多少防守兵力，他马上向最近的江南大营告急。

何桂清靠筹粮筹饷这张王牌，对江南大营用兵有着强大的影响力。在他看来，这正是除掉罗遵殿换上王有龄的最好机会。因此他抓住这个机会，施展手段。江南大营救援杭州的将领张玉良路过何桂清所驻的常州时，何桂清指示张玉良，路过苏州时要听候江苏布政使王有龄的指示。张玉良到苏州后，王有龄请张玉良巡视苏州城垣，"留二日"，耽误了两天时间，又密嘱其"率师救湖不必救杭"[2]。长期在浙江为官的许瑶光在《谈浙》中说："张虽受命于何督，而何督嘱张商之苏藩王壮愍（有龄），壮愍曾任湖守，左右湖州人居多，请张提督阅苏城后，遂促张率师救湖，不必救杭。时署粮道何绍箕赴苏乞援，争于壮愍之前，不获命。""然壮愍令其救湖不救杭，亦不知何心也？"这正是何桂清、王有龄在暗算罗遵殿。

因此张玉良兵抵湖州后，即逗留不进。这直接导致 3 月 19 日太平军攻破杭州。

张玉良"闻变"后才率军驰往杭州，但是已经晚了，罗遵殿已经在城陷后自杀。何桂清、王有龄的计划成功实现。1860 年（咸丰十年）4 月 2 日，清政府以王有龄署理浙江巡抚。何桂清终于从湘系手中夺取了浙江地盘。

这还不算，何桂清集团还在罗遵殿的恤典上大做文章，羞辱湘系人马。罗遵殿死得非常惨烈，据曾国藩后来汇报：

> 本年二月十九日，贼犯杭城，罗遵殿誓以死守，谕家人："愿出城者，各自为计。"其妻徐氏慷慨言曰："君以死报国，妾当同死。"嫡女陈罗氏，尝割股疗母病，至是泣跪曰："未亡人八年不死，以亲在耳。今得从两

---

[1] 事见《能静居日记》："何督先劾浙抚罗遵殿知守不知战，守近不守远。"赵烈文撰：《能静居日记》1，岳麓书社，2013 年，第 127 页。

[2] 乐炳南著：《太平天国忠王李秀成年谱》，台湾商务印书馆，1981 年，第 128 页。

亲地下，何去为？"先是，罗遵殿有族侄妇周氏，苦节而贫，挈以随任，是日亦誓死不去。二月二十七日，贼用地雷轰城。罗遵殿督战，被贼刃伤左额坠马。亲卒救之回署，登时仰药。时徐氏及其孀女已先仰药……[1]

朝廷按规定对尽节之臣从优抚恤，结果王有龄却唆使御史高延祜奏参罗遵殿守城无方，"一筹莫展，贻误生民"[2]，导致朝廷撤销了罗遵殿的恤典。这明明是何桂清、王有龄等逼朝廷承认安排湘系人马为浙江巡抚是错误的，更加激化了湘系与何桂清集团的矛盾。

曾国藩和胡林翼怀恨在心。曾国藩写信给胡林翼说："罗淡翁事，鄙人亦甚悲悯不平。"[3]胡林翼更愤愤不平，致书罗遵殿的儿子说，令尊"明德正人，愠于群小，屈于人者，将申于天地"[4]。这里的"群小"，当然是指何桂清、王有龄等人。湘系与何桂清集团为了争夺浙江结下了深仇大恨。

王有龄用计害死了罗遵殿，他哪里能料到，不久自己也遭到了同样的下场。

浙江一直没有属于自己的军队，因此在防务上不能自主。攻破江南大营后，太平军再度进军浙江，咸丰十年（1860）八月占领嘉善，十一年（1861）三月占领桐乡、海宁，一步步逼近杭州。浙江形势异常紧张。湖广总督官文颇不忍心，想拿出区区一万两银救济王有龄，胡林翼竟断然不允。

咸丰十一年（1861）九月，李秀成再围杭州，月余，"城中日久望援而援不至，饷道竟无由通"[5]，粮食已经匮乏。至"十一月初，城中粮尽，升米银一两，尚无从购觅。饥民满街市，哀号之声不绝，死者相继于道。凡草根树皮以及水草浮萍旧皮箱等物，无不取食；甚有将人尸分割煮食以充饥"。城中大乱。"计一月饿死者不下十余万人。"[6]

王有龄尝到了无援兵的苦。"瑞将军昌托病不出，关副都统福不肯发满兵相助，

[1]《曾国藩全集·奏稿》2，岳麓书社，2011年，第509页。

[2]项文惠编：《明清实录·杭州史料辑录》，杭州出版社，2012年，第191页。

[3]《曾国藩全集·书信》2，岳麓书社，2011年，第626页。

[4]胡林翼撰，胡渐逵、胡遂、邓立勋校点：《胡林翼集》2，岳麓书社，2008年，第706页。

[5]中国史学会主编：《中国近代史资料丛刊：太平天国》6，上海人民出版社，1957年，第627页。

[6]王国平主编：《西湖文献集成》第9册，杭州出版社，2004年，第773页。

中丞日夜焦劳，心力俱瘁。"[1] 湘系集团此时更是袖手旁观，拒不帮助。曾国藩本可以抽调李续宜、曾国荃、鲍超等部主力移军入浙，干扰太平军的后路，减轻杭州的压力，但是他没有采取任何措施。

王有龄连连向朝廷告急求援，清政府命令曾国藩设法解围杭州。曾国藩看准了这是他为罗遵殿报仇雪恨，夺取浙江地方政权的绝好机会。咸丰十一年（1861）十一月十六日，曾国藩上奏朝廷，提出以自己的部下左宗棠援浙。几天之后，他又密奏清廷，认为王有龄无法胜任浙抚一职。他说：

> 近年苏、浙官场陋习，以夤缘锚刺为能，以巧猾谲诈为才。王有龄起自佐杂微员，历居两省权势之地。往年曾带浙员赴苏，去岁又带苏员赴浙，袒庇私党，多扼要津，上下朋比，风气日嚣。其委员派捐，但勒限以成数，不复问所从来。委员既取盈于公数，又欲饱其私囊，胶削敛怨，势断不免。[2]

王有龄不能胜任，谁能胜任呢？显然是将要领兵入浙的左宗棠。但与此同时，曾国藩又写信给左宗棠，让他不要急于进兵。王有龄是通过阻滞救援借刀杀人的，曾国藩决定"以其人之道，还治其人之身"。他说："在国藩之意，即虑春霆一入浙境，面面皆贼，全无方略，四顾失措，不足救浙，适足害鲍也……鲍既不能由衢州入浙，则东隅仅有阁下一军，仅此七八千人，援浙保江不可兼得。故弟为舍浙守江之陋策，请阁下开重镇于广信、河口之间，极知以浙委贼之非计，特无可如何耳。若大力能毅然援浙，而又不至逼贼回窜江西，则请台旆竟为浙中之行，仍求蔽护广信、抚、建一路。若江西再遭蹂躏，则弟与阁下之饷源断矣。"[3]

一句话，叫左宗棠和鲍超不要急于援浙。他在用当年王有龄、何桂清逼死罗遵殿的办法，来收拾王有龄。

于是左宗棠、鲍超等在浙、赣边境勒马观变，咸丰十一年（1861）十一月底，李秀成军攻破杭州。"十一月二十八日，城破有龄尚在城垣，服毒不死，回署自经。"[4] 王有龄和罗遵殿一样，穷蹙自杀。

---

[1] 王国平主编：《西湖文献集成》第 9 册，杭州出版社，2004 年，第 772 页。

[2]《曾国藩全集·奏稿》3，岳麓书社，2011 年，第 350 页。

[3]《曾国藩全集·书信》3，岳麓书社，2011 年，第 537 页。

[4] 王国平主编：《西湖文献集成》第 9 册，杭州出版社，2004 年，第 1226 页。

曾国藩达到了铲除何桂清集团在浙江势力的目的。咸丰十一年年底，清政府接受曾国藩的推荐，以左宗棠为浙江巡抚。

当初王有龄以罗遵殿"一筹莫展，贻误生民"，建议朝廷撤销了罗遵殿的恤典。现在王有龄重蹈罗遵殿的覆辙，曾国藩却宽容大度，建议朝廷对他照例"赐恤"。曾国藩这样做，主要是为了替罗遵殿昭雪冤抑，请求清政府对罗遵殿"从优赐恤"。在议及王有龄的恤典时，曾国藩夹雪夹雨，说王有龄污点很多，"迭被参劾"，"平昔苛派捐饷，严劾士绅，杭州之人感其死守，绍兴之人恨其暴敛"，唯其坚守杭城，"见危授命，臣断不敢以一眚掩其忠节。该抚惟仍应表扬忠烈，赐予恤典"。[1] 如此行文用笔，睚眦必报，可见他与何桂清集团积怨之深。

报复完了王有龄，曾国藩又收拾了何桂清的另一个嫡系，江苏巡抚薛焕。

薛焕是四川人，曾入向荣幕襄赞江南大营军事，在何桂清的提拔下任江宁布政使。薛焕和王有龄一样，都是工巧之人。咸丰十年（1860）江南大营崩溃，太平军进攻常州之时，两江总督何桂清准备弃城逃走，但是苦于没有借口。薛焕等人看出何桂清的意思，适时进计，联衔请求何桂清退兵保卫苏州，其实意在同逃。后来他与何桂清一起逃到上海。江苏巡抚徐有壬被杀死后，薛焕在上海继任江苏巡抚。

咸丰十一年（1861）十月，太平军突然进攻上海，上海官绅代表抵达安庆乞师。[2] 曾国藩决定派李鸿章创建淮军前往上海。不久曾国藩上奏，指责薛焕不称江苏巡抚之职，要求以"劲气内敛，才大心细"的李鸿章替换：

> 江苏巡抚薛焕……驻扎上海，陆续募勇四万余人，每月糜饷二十余万，不能专办一路之贼。……（上海）地少员多，人浮于事，每有差委，不能不由营求而得。……（所用）数人素工应酬，不惬人望，其所援引之人，类多夤缘之辈。……上海既繁盛异常，苏州之书籍、字画，自贼中贩卖而出，亦充积市肆之中。薛焕设立书画局，多延画工，购买名迹。谕旨所询"日享安富、娱情古玩"者，与臣之所闻相同。[3]

---

[1]《曾国藩全集·奏稿》4，岳麓书社，2011年，第24页。

[2] 这封乞师信写得"深切婉至"，钱鼎铭"力陈东南百姓陷危状"，"往复数千言，继以痛哭"，使曾国藩大为动容，称赞他"真不异包胥秦廷之请矣"。当天晚上，曾氏即"与少荃久谈"，此后又一连多次与李鸿章长谈，"商救援江苏之法"。

[3]《曾国藩全集·奏稿》3，岳麓书社，2011年，第351页。

结论是巡抚薛焕用兵无能，吏治又复腐败，"不能胜此重任"。因此同治元年（1862）三月二十七日，李鸿章到了上海后才十七天，清廷就正式任命李鸿章署理江苏巡抚。

在拿下了薛焕之后，曾国藩又把报复的目标对准了何桂清集团的中心人物何桂清。

何桂清逃走的情节，是非常恶劣的。江南大营崩溃时，他本应在常州组织力守。一是清代律法规定，大员如果弃城走，是死罪。二是弃城先走，则军心民心动摇，局面更不可问。所以已任浙江巡抚的王有龄知道他"欲弃城走"后，专门来信告诫何桂清，"事棘时危，身为大臣，万目睽睽，视以动止。一举足则人心瓦解矣"[1]。千万不能逃走。

但何桂清惊惶之下，不顾一切，只想活命。他又是一个奸狡之人，逃跑前先想要给自己制造个说得过去的借口。薛焕等人的联衔"禀请退保苏州。何帅得禀牍大喜"，即以前往苏州"力筹防剿，以图根本"为名，准备离城出走。然而走之前，他竟然"特张榜禁迁徙，并派兵严查诸门"，不许百姓和他同逃。"绅民曰：'彼置吾辈死地，自示不走，无非使其独走之私，毋宁留之，俾与吾辈同死。'"[2]

总督一走，常州肯定不保，全城人民都要遭殃。所以当何桂清率部队逃离常州时，有许多绅民顶香跪留，堵塞道路，何桂清"遽令开洋枪纵击，死者十九人"。

薛福成记：

> 绅民耆老数百人，即夕执香赴辕门跪请留常。文经谕之，不散。执鞭之士出拱之，犹不退。何帅怒，遽令开洋枪纵击，死者十九人。[3]

何桂清一走，"城中文武皆奔散"[4]。城内外守军群龙无首，常州军心大乱，迅速沦陷，太平军屠城，死者不计其数。

消息传出，各地愤怒。当何桂清逃至苏州时，江苏巡抚徐有壬坚闭城门不许其入城，何桂清不得已又转赴常熟，结果又吃了闭门羹。何桂清走投无路，最后以借

---

[1] 方国瑜主编：《云南史料丛刊》第 7 卷，云南大学出版社，2001 年，第 504 页。
[2] 薛福成撰：《近代中国史料丛刊 943·庸庵文编》，文海出版社，1973 年，第 1449 页。
[3] 同上。
[4] 薛福成撰：《近代中国史料丛刊 943·庸庵文编》，文海出版社，1973 年，第 1450 页。

洋兵为名，"托言借外兵"逃到上海。到了上海，他还上奏为自己辩护："金陵全省皆溃，丹阳已失，钦差大臣和春退至常州，军务应归督办。而苏州尚无准备，故臣赴苏驻扎，以系民望。""和春溘逝，兵勇解体，大局摇动，非臣书生所能支持。"[1]

咸丰皇帝至此才发现自己看走了眼，竟然把天下大局托付给这样一个厚颜无耻的人。何桂清和曾国藩是两种类型的人，何桂清以才干敏捷闻名，能言会道，一表人才，尤其善于和各方搞关系，是各方公认的办事之才。曾国藩其貌不扬，不善言辞，做事拙笨。所以朝中公论一直是何优于曾。在何桂清弃城逃跑后，朝中仍然有人反对以曾国藩取代何桂清，持之最力的是汉军机匡源。他的理由是何氏远比曾氏"明练"：

何较曾尚明练，宜留任以观后效。[2]

然而，事实证明，"明练"、善应对、小聪明，在天下大难前是没用的。真正起作用的，还是曾国藩式的笨拙、扎实、从根本上做起。

咸丰对何桂清非常痛恨，在上谕中斥责他道："闻风先逃，民望何在？该大臣既抵常州，有兵有将，声势自应更壮，何畏葸若此！""平时无事侈谈彼短，一旦决裂，尚不自知认罪，犹以书生自居，可叹可恨，殊有负书生。"将他革职拿问，命地方官逮送何氏进京。[3]

然而当何桂清逃到上海时，薛焕正以江苏巡抚的职位驻扎上海，浙江巡抚王有龄也还在位，因此两人联手营救何桂清，一再上奏，多方庇护，请准何桂清留营效力，"请弃瑕录用，俾奋后效，以赎前愆"[4]。说要利用何桂清的剩余价值，让他在上海激励团练，运动内应，设法光复苏州，请求等到苏州克复，再赴京服罪。薛福成在《书两江总督何桂清之狱》中说："总督何桂清弃常州也，巡抚徐节愍公严劾之，上命褫职逮问，乃由常州奔上海屡以激团练，购内应，谋复苏州为名，迁延两年，竟不就逮。江苏巡抚薛焕、浙江巡抚王有龄，皆桂清旧时属吏，凤所荐达者也，颇力庇桂清，合疏奏请弃瑕录用，俾夺后效，以赎前罪，诏不许。"不久恰好英法联军内犯，咸丰出奔承德，内忧外乱之中，没有再腾出工夫处理他，容他在上海租界苟

[1]《清代野史》第7辑，巴蜀书社，1987年，第323页。

[2]《清代野史》第7辑，巴蜀书社，1987年，第172页。

[3] 薛颂留主编：《皇朝掌故辑要》，华文书局，1970年，第1129页。

[4] 辜鸿铭、孟森等著：《清代野史》第3卷，巴蜀书社，1998年，第1641页。

且偷生了两年。

　　然而，曾国藩成了两江总督，李鸿章就任江苏巡抚，注定再没有何桂清的好日子过了。李鸿章就任江苏巡抚后，立即拿着恭亲王奕䜣的命令，与上海租界巡捕房洽谈，逮捕了藏在租界内的何桂清，解送北京。

　　何桂清是个精通潜规则的人，被捕以前，已经"潜令心腹，以重赀入都，遍馈要津，凡有言责者，鲜不受其沾润。自谓布置停当，放胆而行，于同治元年（1862）春到京"[1]。1862 年 5 月，入刑部狱的他仍然信心满满，以为可以死灰复燃，重新出山。因为一是慈禧太后当时垂帘未几，处事以君臣"同治"为宗旨，对于前朝罪臣，不肯轻做裁决；二是此时他的举主彭蕴章虽然已经失去了军机大臣的职位，但是另一位反对曾国藩的重臣祁寯藻已经重新出山，再掌大权。

　　早在咸丰四年（1854），祁寯藻因不得咸丰欢心，抽身引退，告老还乡，在家做了六年寓公。[2] 祺祥政变后，祁寯藻作为前朝元老重臣，又是肃顺的老对手，在新政局中具有不可忽略的影响力。立足未稳的两宫皇太后为了安定局面，笼络人心，于咸丰十一年（1861）十一月重新起用他，让他做了年幼皇帝的领班师父，祁寯藻再次进入权力中心。

　　因此何桂清入京后，祁寯藻一马当先，为营救何桂清首先上折，他所持理由是：

　　　　刑部原奏即称遍查刑律，如临阵先退、弃城先逃等条，均罪至斩候而止，明知舍此本律，不能改引，又云情罪较重，拟以斩决，是为拟加非律，非臣下所得擅请……[3]

　　所谓"拟加非律"，即不依本律，另定刑罚之意，"非臣下所得擅请"，即在上者亦不宜判他斩决，否则就有残暴之嫌。嗣君新立，两宫垂帘，不宜以严刑峻法作为统治手段，否则将大失民心。这个逻辑听起来似乎很有道理。薛福成评价说："祁公之疏，尤令人不敢指驳。"

---

[1] 沈守之著：《借巢笔记》，第 25 页。转引自宝成关著：《奕䜣慈禧政争记》，吉林文史出版社，1980 年，第 195 页。

[2] 孙丽萍著：《人物·晋商·口述史研究》，山西人民出版社，2011 年，第 42 页。

[3] 《清史列传·何桂清传》，转引自孙家红著：《清代的死刑监候》，社会科学文献出版社，2007 年，第 348 页。

祁寯藻的手法是先由斩立决争取到斩监候，然后在秋审案内，再活动减轻。他的行辈甚高，影响力非同凡响。在他的率领下，"救何派"一下子纷起，上疏申救何桂清者共十七人："工部尚书万青藜，通政使王拯，顺天府尹石赞清，府丞林寿图，九卿彭祖贤、倪杰，给事中唐壬森，御史高延祜、陈廷经、许其光、李培祜等，或一人自为一疏，或数人合具一疏，其余五人则余忘之矣"[1]。可见何桂清奥援势力之雄厚。

但是另一方面，要求杀掉何桂清的人势力也很强大。何桂清逃亡情节残忍卑劣，江南籍特别是苏常籍的官员必欲杀之而后快，所以也是接连上疏，力争不让，称"不杀何桂清，何以谢江南百万战难生灵"。

朝廷非常为难。

何桂清一案的一个关键点，是弄清他当初为什么由常州逃跑。如果是只为逃命，当然要杀。可是如果有证据能证明他确实是为了外出组织更有效的抵抗，他就可能不死。刑部审问他时，何桂清拿出一份薛焕等人所具的公禀，说是薛焕等数名部下请他退到苏州，以保饷源重地，以此证明他本心并不打算弃地："退至苏州，从江苏司道之请，欲保饷源重地也。因引薛焕等四人禀牍为证。"[2]

那么，这张公禀究竟真的出于当时，还是事后补具？当时的形势，是否有必要退至苏州？朝廷降旨，命两江总督曾国藩查核这些情形具奏，以备朝廷定夺。

曾国藩在京师的耳目众多，对何桂清一案的发展当然了解得清清楚楚。

咸丰八年（1858）再度出山之后，曾国藩在官场上已经修炼得相当老到。他的原则是不轻易得罪人，但是对何桂清不同。一是两个集团积怨甚深，二是如果何桂清复出，与祁氏联为一体，又将成为他强有力的对手。因此他一定要斩草除根，置何桂清于死地。

曾国藩的回奏很有特点。一向不大肯说题外之话的他，复奏措辞，如老吏断狱，犀利无比。首先他说，这道公禀是出于当时的实情抑或事后伪造，调查起来很复杂，也根本没有必要查究，因为任何一个了解大清政治规则的人都知道，督抚权力巨大，可以主掌下属一生荣辱，因此既能使下属曲意逢迎在先，又可以使他们隐瞒粉饰于后。

接着，曾国藩又说，他掌握有何桂清造假的前科。咸丰十年（1860）七月，嘉

---

[1] 辜鸿铭、孟森等著：《清代野史》第3卷，巴蜀书社，1998年，第1641页。

[2] 辜鸿铭、孟森等著：《清代野史》第3卷，巴蜀书社，1998年，第1641~1642页。

兴大营将弁数十人联名上帖请求挽留何桂清在江苏，暂时不要解往京师，求曾国藩代为转奏。曾国藩通过调查发现，此事只不过是军中几个人所为，因此没有为他转奏。所以薛焕等四人的禀牍不足为证。曾国藩在奏书中说：

> 　　臣在外多年，忝任封疆，窃见督抚权重，由来已久。黜陟司道，荣辱终身。风旨所在，能使人先事而逢迎，既事而隐饰。不特司道不肯违其情，即军民亦不敢忤其意。十年七月，嘉兴大营将弁联名数十，具呈请留何桂清在苏，暂不解京，求臣转奏。由王有龄移咨到臣。臣暗加察访，不过通知军中数人，并非合营皆知，是以未及代奏，而王有龄已两次具奏。观营员请留之呈，则司道请移之禀，盖可类推，毋庸深究。[1]

接着他又说出一段非常关键的话："疆吏以城守为大节，不宜以僚属之一言为进止；大臣以心迹定罪状，不必以公禀之有无为权衡。"[2]

也就是说，封疆大吏要死守城池，这不光是朝廷的要求，更是一个读书人的大节，本不容有丝毫含糊。高级大臣，为了逃亡忍心害理，枪杀百姓，就凭这一条就足以处死，不必追究有没有这个公禀。

曾国藩的这道复奏，高屋建瓴，理直气壮，无法反驳，因此要了何的命。何桂清不久即被弃市。曾国藩集团终于痛痛快快出了一口气。

---

[1]《曾国藩全集·奏稿》5，岳麓书社，2011年，第75页。
[2] 同上。

|第十一章| 太平天国最后的战役

1. 著名的"天京"攻坚战

在奕䜣和慈禧的联合主政下，曾国藩得到了坚定的支持，进入一生中难得的顺境。何桂清集团被彻底拔除，江苏、安徽、江西、浙江四省巡抚全部成了曾国藩的嫡系。为了让湘军尽快建功，朝廷对曾国藩几乎是言听计从，全国范围内相关的封疆大吏进行调整也以是否能配合湘军作战或筹饷为转移。在两广，总督劳崇光因协饷不力被调离，换成和曾国藩关系很好的晏端书，之后曾国藩的好友郭嵩焘又署理广东巡抚。在四川，原湖南巡抚骆秉章调任四川总督，四川布政使刘蓉则是曾国藩同乡密友，在长江上游为湘军协饷。湖南巡抚毛鸿宾是曾国藩同年、旧交，湖北巡抚胡林翼去世后，继任者严树森是胡林翼一手提拔起来的，也绝对可靠。

有了这样好的政治大环境，曾国藩在拿下安庆后制订了三路大进军的计划，大举开始了对太平天国的全面反攻。

在中路，他的弟弟曾国荃部自安庆沿江直下南京，目标是攻取太平天国的首都。

在东路，李鸿章创建淮军，奔赴上海，接任江苏巡抚，准备以上海为根据地，进军苏州、常州，进而收复江苏全省。

在南路，新任浙江巡抚左宗棠率领楚军进军浙江，收复杭州。

看起来万事俱备，天时地利人和皆具，湘军的大反攻应该会势如破竹，马到成功。然而曾国藩说过一句话，"天下无易境，天下无难境；终身有乐处，终身有忧处"[1]。大功克成之际，往往烦恼尤多。

拿下安庆之后，湘军的下一个首要目标自然就是太平天国的首都。这将是平定

---

[1]《曾国藩全集·诗文》，岳麓书社，2011年，第130页。

太平天国起义最后也最重要的攻坚战。

曾国藩布下了四路用兵之策。第一路是曾国荃部直插南京城下。其他三路：西路一支，由多隆阿先攻下庐州，再向南京方向合围；东路一支，鲍超先攻下宁国，再进兵金陵；北路一支是已任安徽巡抚的李续宜突破阻碍攻向南京。他的如意算盘是复制安庆之战，让曾国荃围城，让多隆阿、鲍超、李续宜等其他人打援。

通过安庆之战，曾国荃名满天下。领到主攻金陵的任务后，他先回乡招募了大批士兵，扩大了自己的部队，然后于同治元年（1862）初雄心勃勃地率领吉字营，循大江北岸一路摧城拔寨，斩将夺关，先后攻陷含山、秣陵关、大胜关等地，一直攻到金陵城南门外雨花台，扎下营盘，准备夺取天下第一功。

然而，曾国荃用兵太锐，进军太速。其他三路援兵的速度都不如他快，或者被阻，或者出现意外情况，没有一路能跟上来，一时之间形成了曾国荃一支孤军深入之势。

安徽巡抚李续宜刚准备出师，忽然接到父丧之信，匆匆回家奔丧，这一路于是落空了。

鲍超则被太平军重兵阻于宁国，欲进不能。

至于多隆阿，在上次安庆之战之后，因为功高赏薄，已经心凉了。多隆阿是旗人，对汉人本来就看不起，何况曾国荃仗着哥哥的权势，飞扬跋扈，颇难相处。他之所以能为胡林翼所用，只是因为胡林翼笼络人的手段特别高明。胡林翼去世后，他再也不愿与曾国荃协同作战，因此攻下庐州之后，他按兵不动，迟迟不向南京进发，"不与曾国荃同处"[1]。恰好不久西北军事紧急，他自请远走陕西，再也没有和曾国藩兄弟打过交道。

西路也因此没有了。四路人马，其余三路都不能按期抵达，驻扎雨花台的吉字营，实际上成为孤军。

曾国藩大吃一惊。因为曾国荃所处态势和当年李续宾在三河镇的情形非常相似，很可能被全部吃掉。

早在曾国荃一路杀向南京的时候，曾国藩就多次命令他先停一停，等等其他几支，但曾国荃却全不管这一套。

在湘军的各将领中，曾国藩最难指挥的就是自己的这个亲弟弟。曾国荃带兵后，

---

[1] 王闿运、郭振墉等著：《湘军志 湘军志评议 续湘军志》，岳麓书社，1983 年，第 62 页。

曾国藩对他的表现总体上是相当满意的[1]，但是，曾国荃身上的缺点也非常突出。

曾国藩和曾国荃两个人的性格大不相同。曾国藩人到中年，屡经挫折，久历风波，老成持重，往往事情一发端，他已经看到了结尾。曾国荃则不过是一个湖南乡下土秀才，从军前除了去过一趟北京，没出过远门，也没办过大事，年纪轻，见识窄，经验不足。曾国藩凡事从风险角度考虑比较多，遇事做加法。而曾国荃总是无知者无畏，把事情看得过于简单，遇事做减法。

应该说，曾国荃的功名完全得益于老兄的指授安排。然而曾国荃对曾国藩却不是特别地佩服，总认为老兄做事过于迟缓迂拙，提出的意见和建议过于迂腐。对曾国藩的批评，曾国荃虚心接受的时候不多。

因此他根本不把曾国藩的命令当回事，急于复制安庆的辉煌，违抗军令一路向前猛攻，"随风直薄雨花台"[2]。在雨花台扎下大营，围绕营盘挖好壕沟修好长墙之后，他兴致勃勃地带着李臣典、萧孚泗等几员心腹大将，到南京城外巡视，想领略一下这座江南名城的风采，同时估计一下要挖多长的沟才能把它围起来。

这一走才发现大事不好。

南京城墙不仅是中国第一大城墙，也是世界第一大城墙。当初明太祖修这座城池，前后花了二十一年。它周长九十六里，高度、厚度都是全国其他城墙不能比的：城墙基础宽十四米，最宽处达三十米，高十四至二十一米。基础用巨大的条石砌起，墙体用巨砖筑成，规模极其宏大。

曾国荃他们几个人在城外走了一整天，也没能周览金陵城墙的全貌。这一下曾国荃傻了眼。安庆城墙不过"九里十八步"，他们修了七十里的长壕和长墙来围困。南京城墙九十六里，还不得修七百里的长壕和高墙？那岂不是要和秦始皇一样修起一道长城？

他可没有秦始皇那样的人力。他的吉字营不过两万人，撒在金陵城外，如同一把花椒面撒到大锅里，根本看不到影。他这才明白老兄所说"金陵城大贼众，合围不易"到底是什么意思，开始后悔不该轻率进兵了。

但事已至此，倔强自负的曾国荃也不肯轻易退兵，轻进轻退，岂不被天下人耻笑？只有硬着头皮先挺下去，等着其他几路湘军到来。

---

[1]咸丰八年三月二十四日，曾国藩在家书中说："弟在外数月，声望颇隆。"参见《曾国藩全集·家书》，岳麓书社，1985年，第378页。

[2]《曾国藩全集·诗文》，岳麓书社，1986年，第97页。

太平天国方面自从攻破江南大营以来，天京附近已经两年没见敌军。曾国荃突然进兵雨花台，令太平天国领导层十分惊心。正在上海作战的李秀成被调回救援，李秀成率军十余万，号称六十万，迅速抵达雨花台外，抓住曾国荃孤军暴露的机会，发起了猛攻。

屋漏偏逢连夜雨，正在此时，一场严重的瘟疫又突然袭来。咸丰、同治年间，世界范围内暴发了第三次和第四次霍乱大流行，霍乱病菌随着外国船只逆长江向内陆扩散，通过湘军水师的补给线，传到了曾国荃的大营，给雨花台畔的湘军带来了巨大的灾难。王定安《湘军记》称："金陵围师亦苦疠疫。闰八月，疾犹未已，军士互传染，死者山积。"[1]事后统计，两万湘军中，约一万人得了传染病。

因此雨花台这场战役，看起来实在凶多吉少：太平军人数占绝对优势，且从上海获得了大量西式武器，装备水平比湘军先进很多。湘军不但武器落后，而且因疾病减员严重。

太平军援军联营数百里，以西洋开花炮昼息夜攻，曾国荃把那些患病的湘军留下来守帐篷，能战的全部上前线，顽强死守。到了这个时刻，曾国荃终于承认自己错了，不应该孤军深入。他请老兄急调救兵。"倘再一个月无援兵来助我打，则此军竟有不堪设想者，务求老兄大人原谅弟从前之错，而拯救弟今日之亟。……百叩求兄做主，迅赐厚援以救危局，切勿视为无可如何而不之救也。"[2]

也就是说，如果再有一个月没有援兵，我这里就不堪设想了。务求老兄原谅我从前违命的错误，救救老弟我。千万不要不管我啊！

其实不待曾国荃请求，曾国藩已经四处发出调兵令。然而各路均军情紧急，无兵可调，曾国藩也没有任何办法，最后居然把自己的亲兵护卫四百人派了过去，但是这点人只能起到壮胆作用。

2. 曾国藩人生最焦灼的四十六天

雨花台大战一共持续了四十六天。这四十六天，不但是曾国荃一生中最凶险的日子，也是曾国藩生命中最焦灼的四十六天。曾国荃在金陵日日焦灼，曾国藩在后

---

[1] 王定安著，朱纯点校：《湘军记》，岳麓书社，1983年，第123页。

[2] 曾麟书等撰，王澧华等整理：《曾氏三代家书》，岳麓书社，2002年，第208页。

方的焦苦一点也不比曾国荃少。

从大势上判断，曾国藩知道这次围攻不可能持续数月。他从人数上推算李秀成的大军每天需要消耗六十吨米，然而，长江被湘军水师牢牢控制，"根据最近在皖南的经验，曾国藩知道走陆路运送补给有多困难。即便叛军努力用南京城里的存粮补给李秀成大军，也将面临将大量谷物运出城门，绕行城墙数公里运送时暴露于敌人攻击范围的难题。而且这支大军每月将近两千吨谷物的需求，将很快用光南京城里的存粮"[1]。所以曾国藩给曾国荃写信分析说：

> 贼数闻以十万计，每日须食米千石，若无大舟搬运，何能持久？吾在徽用兵二载，深知陆路运米之难，即在金陵城内运至谷里村一带，数十里之内，月运三万石，经理亦极不易。况城贼之米未必肯多搬出耶？弟守事既稳，以后余惟多办银米子药接济，弟可放心，断不缺乏。[2]

也就是说，李秀成部至少十万人，每天需要吃上千石的米。如果没有船队运输，怎么可能持久？我在安徽带兵的两年，深知陆路运米之难。即使从南京城内往外运，也要经过几十里路，一个月运送三万石，也是极其困难的。何况城内也没有太多米可以运出。因此你不要太担心，李秀成挺不了太久。

从这封信，我们可以看出曾国藩过人的战略眼光。

然而，曾国荃能否顶住这一个多月的进攻，曾国藩没有把握。曾家已经死了一个曾国华，他生恐这个弟弟也死于战场。

同治元年（1862）闰八月二十七日，曾国藩在日记当中说：

> 接沅甫弟信，知伪忠王大股援贼扑金陵营垒。……深以为忧，寸心如焚。

第二天又说："粮道可危，寸心如割。……旁皇绕屋，焦灼万状。……竟夕不克成寐，四更末即披衣起坐。"[3]

他本来和曾国荃约定要每天通信。九月初五日这一天，他没有接到曾国荃的来

---

[1] [美] 裴士锋著，黄中宪译：《天国之秋》，社会科学文献出版社，2014 年，第 335 页。

[2]《曾国藩全集·家书》2，岳麓书社，2011 年，第 51 页。

[3]《曾国藩全集·日记》2，岳麓书社，2011 年，第 334～335 页。

信，以为出了什么意外，一夜无眠，心急如焚。"本日午刻不接沅信，悬系之至。……绕室旁皇，莫知所以为计。不知沅弟所以无信来者，本身受伤乎？抑全军决裂乎？……晡时，忧灼万状。……睡不能成寐，竟夜候沅弟二十九日信。" [1]

直到第二天上午，曾国藩才接到曾国荃的信。头一天曾国藩担心沅弟是不是受了伤，这封信中果然汇报说，二十八日曾国荃在营中被流弹击伤，出血颇多。曾国藩在日记当中感叹："足见天伦血脉感触，息息相通。" [2]

曾国藩本人并不怕死，自带兵以来，曾国藩早已经置生死于度外，但是他承受不起弟弟的死。既然无兵可调，曾国藩只好全力保障后勤供应，让曾国荃部得到充足的粮米和弹药。

哪知就在这个时候，军饷供应又出现了意外。江西巡抚沈葆桢突然宣布，因本省财政紧张，停止每月供给曾国藩的四万两漕折，"九月，葆桢以本省防军需饷，截留漕折月四万两" [3]。这个决定非常突然，少了这四万两的采购经费，曾国荃部不但武器弹药的供应会出现问题，甚至可能连饭都吃不饱了。

这大出曾国藩的意料。

沈葆桢算是曾国藩的嫡系。他是福建人，林则徐的女婿，曾入过曾国藩幕府，后来又任广信知府。因防守广信有功，被曾国藩保举为道员。沈葆桢为官干练清廉，甚得曾国藩欣赏，曾国藩认为他是一个不可多得的人才，说：

> 沈在江西之初，束修自好，且有胆识，吾常器之。[4]

咸丰十年（1860）五月初三日，曾国藩出任两江总督后第一次上折，就是奏调沈葆桢赴自己的安庆大营帮忙，他在给朝廷的奏折中说"该道器识才略，实堪大用，臣目中罕见其匹" [5]。第二年他又保举沈葆桢出任江西巡抚。这是不符合清代政治惯例的一次破格举荐。沈葆桢以前不过是个道员，没有经过布政使等历练直接出任巡抚，而且没有经过署理而直接实授，在清朝历史上十分罕见。可见曾国藩对他的欣赏和信任。

---

[1]《曾国藩全集·日记》2，岳麓书社，2011年，第337页。
[2]《曾国藩全集·日记》2，岳麓书社，2011年，第338页。
[3] 王定安著，朱纯点校：《湘军记》，岳麓书社，1983年，第798页。
[4] 赵烈文撰：《能静居日记》2，岳麓书社，2013年，第1134页。
[5]《曾国藩全集·奏稿》2，岳麓书社，2011年，第503页。

按照官场传统，曾国藩是沈葆桢的"举主"，沈葆桢应该感激涕零并大力回报，不想沈氏却在此时做出了断饷之举。

沈葆桢之所以这样做，第一个原因是他和曾国藩对江西巡抚这个职务的认识不同。

作为节制四省、指挥整个战局的第一责任人，曾国藩破格保举沈葆桢出任江西巡抚，主要目的是让他给湘军提供军饷。

军饷是湘军的生命线，也是曾国藩带兵打仗过程中最头疼的问题。现在江西已经成为后方，不再有重大战事，因此他对江西的供饷能力寄予极大希望，希望沈葆桢能迅速把江西治理好，以源源不断地供给湘军军饷。

但沈葆桢却不是这样想的。沈葆桢是一个极有主见的人。他自幼即自视极高，凡事不做则已，要做就要做到最好。他想在这片土地上，建立属于自己的而不是曾国藩的功业。"曾国藩举荐沈葆桢的目的，是要他把江西变成湘军的后方据点，而沈葆桢的志向，却决不在做曾国藩的附庸。" [1]

江西以前的巡抚在军务上一直倚仗湘军。"江西巡抚，自陈启迈、文俊、耆龄、恽光宸、毓科，皆守承平制，委权司道；其御大寇，皆倚客军。" [2] 没有人着力建设属于自己的军队。沈葆桢却不想成为一个把命运交由别人去掌握的人，曾国藩虽然承诺由湘军保卫江西的安全，然而军事瞬息万变，救援岂能总是那么及时？因此他一反以前历任的做法，不顾曾国藩的反对，开始招兵买马，决心要建立起一支自己的军队。然而，供养军队需要大量的金钱。这就和曾国藩的需要发生了冲突。沈葆桢因此决定每个月截留四万两漕折，用于建设本省军队。

沈葆桢截留四万两军饷本来已经出格，更为出格的是，沈葆桢在做出这一决定之前，并没有和曾国藩商量过。因此曾国藩后来说沈氏"既不函商，又不咨商，实属不近人情" [3]。沈葆桢为什么不打招呼呢？因为他知道自己独立建军的做法是违反曾国藩的指示的，因此干脆不商而行。后来朝廷在公文中也指出："沈葆桢……未经先与曾国藩商酌办理，似疑曾国藩不允所商而然。" [4]

事出意外，曾国藩一下子陷入焦虑之中。九月十三日，曾国藩在日记当中说：

---

[1] 史林编：《曾国藩和他的幕僚》，中国言实出版社，1997 年，第 302 页。

[2] 王定安著，朱纯点校：《湘军记》，岳麓书社，1983 年，第 62 页。

[3]《曾国藩全集·奏稿》7，岳麓书社，2011 年，第 86 页。

[4]《曾国藩全集·奏稿》7，岳麓书社，2011 年，第 99 页。

又未接沅弟信，忧灼之至。又因沈中丞奏截留江西漕折，银两每月少
此四万，士卒更苦，焦虑无己。[1]

沈葆桢此举，实在是恩将仇报。曾国藩的第一反应当然是愤怒。维系湘军集团
的，就是两个字——"恩"与"义"。虽然曾国藩举荐他人，从不是为了让他们报答
自己的私恩，但是也从来没有想到自己举荐之人会成为自己的敌人。

他的心情恶劣到极点，在日记中记道：

以江西抚、藩二人似有处处与我为难之意，寸心郁郁不自得。因思日
内以金陵、宁国危险之状，忧灼过度。又以江西诸事掣肘，闷损不堪。[2]

因为江西巡抚和管财政的布政使两个人似乎处处与我为难，我心中抑郁不自
得。本来我因为南京和宁国的军事危局忧灼不已，现在又因为江西官员的掣肘而闷
损不堪。

三更睡，五更醒，展转不能成寐，盖寸心为金陵、宁国之贼忧悸者十
分之八，而因僚属不和顺、恩怨愤懑者亦十之二三。[3]

三更睡下，五更又醒了，在床上辗转反侧，不能成寐。十分之八是因为南京、
宁国战事紧张而担忧，十分之二三是因为与属下的恩恩怨怨而愤懑。

这段时间是曾国藩一生最痛苦的时期之一。他白天频繁联系各处，全力保障曾
国荃的供应，傍晚到后院的小房间里去，跪在蒲垫上默默对天祷告，求老天保佑弟
弟平安。上了床又常常一夜无眠，沈葆桢此举如同扎在他心上的一根刺，每一翻身，
都感到钻心的痛。

内心愤怒纠缠如此，但是曾国藩的外在表现却没有任何失态之处。

早在同治元年（1862），因为与当时的江西藩司闹矛盾，曾国藩就曾在日记中说

---

[1]《曾国藩全集·日记》2，岳麓书社，2011 年，第 340 页。
[2]《曾国藩全集·日记》2，岳麓书社，2011 年，第 341 页。
[3]《曾国藩全集·日记》2，岳麓书社，2011 年，第 343 页。

过这样一段话：

> 日内因江西藩司有意掣肘，心为忿恚。然细思古人办事，掣肘之处，拂逆之端，世世有之。人人不免恶其拂逆，而必欲顺从，设法以诛锄异己者，权臣之行径也；听其拂逆而动心忍性，委曲求全，且以无敌国外患而无为虑者，圣贤之用心也。吾正可借人之拂逆以磨砺我之德性，其庶几乎！[1]

也就是说，这些天因为江西布政使有意和自己作对，心里非常愤懑。但是我细思古人办事，岂不也是我和一样，经常会遇到掣肘和拂逆。如果怒他人之拂逆，必欲使之顺从，会采取霸道手段，诛除异己。时间长了，就会成为不可一世的权臣，给自己带来祸患。如果在他人的反对面前能够动心忍性，修炼自己的心性，委曲求全，而且还以没有"对立面"而忧心，这才是圣贤的用心。所以我正可以借这个不顺心的事来磨砺我的心性。

这是曾国藩在遇到困难阻碍时的一贯心态。很多大人物都喜欢其他人如同秋草伏风一样，偃伏在自己脚下，让自己的所有决定都得到"坚决贯彻"，"理解的要执行，不理解的也要执行"。曾国藩却不是这样。他的斋名为求阙，一生勤求己过，最喜欢听别人的批评。越是位高权重，他越是主动听取逆耳之言，以克除自己身上的"意气""客气"和"矜气"。他曾说："安得一二好友，胸襟旷达、萧然自得者，与之相处，砭吾之短。"[2] 他有意识地在身边安排几个耿直高洁之人，时时给自己指出缺点。"身旁须有一胸襟恬淡者，时时伺余之短，以相箴规，不使矜心生于不自觉。"[3] 在给朋友的信中，也经常请求他们"常惠箴言，并赐危论"[4]。

经过反思和调整，他应对此事的态度非常理智平和。曾国藩的幕僚们纷纷大骂不已，要求曾国藩马上参奏。曾国藩却没有这样做。沈葆桢是他提拔起来的，现在又进行参奏，不光沈氏脸上不好看，他自己脸上也不好看。况且沈氏用钱也是为公，所争毕竟不过四万两，为数不算太多，随他去吧。曾国藩念起"忍"字诀，选择悄悄吞下这颗苦果，"遂未奏请，以全寅谊"[5]，没有向外界公开他和沈氏的矛盾。

---

[1]《曾国藩全集·日记》2，岳麓书社，2011 年，第 347 页。
[2]《曾国藩全集·日记》2，岳麓书社，2011 年，第 9 页。
[3]《曾国藩全集·日记》2，岳麓书社，2011 年，第 73 页。
[4]《曾国藩全集·日记》2，岳麓书社，2011 年，第 599 页。
[5]《曾国藩全集·奏稿》7，岳麓书社，2011 年，第 88 页。

沈葆桢截留军饷一事对雨花台大战没有产生严重影响，主要是因为太平军没有湘军那样坚定的意志力。特别是李秀成部，远没有陈玉成部凶悍耐战。这一次战役双方相持到十月四日，天气已寒，太平军不但没有冬衣，而且正如曾国藩判断的那样，粮食补给也不能持续，只好撤退。曾国荃终于顶过来了。这场惊心动魄的战斗整整持续了四十六天。

但是湘军付出的代价也非常惨重，湘军"伤亡五千，将士皮肉几尽，军兴以来未有如此苦战也"[1]。郭嵩焘亦认为此"极古今之恶战"[2]，特别是随曾国荃作战的曾国葆战后不久就因为操劳患病而死，令曾国藩又失掉了一个弟弟。

雨花台大战后，曾国荃胆气复壮。他坚持驻扎雨花台，不肯少退，"派得力哨官回湘募勇"，增加人力，以图合围金陵，所统部队很快增加到三万五千人。曾国藩也调兵遣将，全力支持，将萧庆衍部一万五千人调至天京城下助攻，这样围城的湘军陆军人数达到了五万人。曾国藩又调鲍超攻占江浦，为曾国荃扫清周围。

曾国藩为弟弟获得这一首功，做好了一切准备。曾国荃也很争气，在水师的配合下，接连拿下了天京城外的多个战略要地，特别是与水军联合攻陷了太平军坚固设防的九洑洲，军事进展看起来很顺利。曾国荃本来听降卒称，南京城中"粮不足半年"，所以认为一年多拿下南京应该没有问题。

然而事实却出乎他的意料。

正如曾国藩说过的"洪逆非诸贼可比，金陵非他城可比"[3]，南京确实比其他城市难攻。湘军进攻南京的办法，一是乘夜偷爬城墙，二是开挖地道用炸药轰城。然而南京城墙体坚固，墉堞高峻，"至低之处犹及七丈以外"。太平军捍卫首都的决心非常坚定，在防御上又经营多年。他们"复工于设守，梯冲百具，无所用之"。要靠爬城墙进去，几无可能。

那就只剩下地道战一法。然而太平军除在城墙上严密巡哨之外，还在城内沿城墙挖了很多地窖，埋放许多大缸，令人蹲在缸里细听，以确定湘军开挖地道的方位。然后或与敌人对挖地道，使其炸药不能奏效，或用重锤将敌人的地道砸塌，破坏其轰城计划。有一次，湘军虽然轰倒了一段城墙，但仍隔着护城河，不能迅速涌

[1] 王定安著，朱纯点校：《湘军记》，岳麓书社，1983年，第125页。

[2] 郭嵩焘撰，梁小进主编：《郭嵩焘全集》5，岳麓书社，2012年，第512页。

[3]《曾国藩全集·家书》2，岳麓书社，2011年，第272页。

进，遂被太平军重新封起，坚守如故。

曾国荃百计无效，看来"止可为严守长围，绝其接济，以待其自毙之一策"。[1]只有等城里粮绝，太平军活活饿死。然而天京的存粮实际上也远多于他城，特别是有许多普通人不知道的秘密窖藏，所以曾国荃虽然已经截断城外的接济，但是城中粮食仍然可以坚持很长时间。曾国荃向城内派出间谍，希图策反。然而南京城中多是太平军"老兄弟"，信心坚定，不能奏效。

曾国荃百计尽施，攻坚战、偷城战、地道战、间谍战，想尽了一切办法，皆不成功。眼看着三年快要过去了，在这三年时间里，李鸿章、左宗棠等人在江浙各地的进展都非常顺利。

李鸿章到上海之后不久，借上海地利之便，让淮军从武器到训练都迅速西方化，军队战斗力提高很快，用西洋开花大炮拿下苏州、常州等名城，战功赫赫。

而左宗棠的战功也一样不凡。左宗棠先后收复了金华、富阳，围困杭州。大致在李鸿章收复苏州的同时，左宗棠也攻占了杭州。

这样，到了同治三年（1864）年初，各地战事陆续平息，天下大城，只剩下金陵未下了。

天下的目光都聚焦到了南京，看"曾铁桶"围城。相比李鸿章用开花大炮几个月就攻下一座坚城，曾国荃的铁桶战法显得太"原始"、太"笨"了。人们议论纷纷，讥讽曾国荃无能，各种"不入耳之言语纷至迭乘"[2]，还有人"作《老妇行》，以讽金陵战事"[3]。

曾国荃为了拿下这座城市，想尽了一切办法，他常年围着南京城转，察看敌人漏洞，常常策马日行百里，精疲力竭，刚满四十岁，头发居然白了一半，连曾国藩听了都大为惊讶。

3. 恩将仇报的沈葆桢

就在曾国荃焦急万分的时候，粮饷供应上又一次出现了严重问题。

---

[1] 赵烈文撰：《能静居日记》2，岳麓书社，2013年，第744页。
[2]《曾国藩全集·家书》2，岳麓书社，2011年，第274页。
[3] 赵烈文撰：《能静居日记》2，岳麓书社，2013年，第716页。

为了进一步将南京包围严密，曾国藩不断向南京城下增兵，曾国荃部兵员迅速增长，但是因为各地财政紧张，粮饷供应却无法跟上来。同治三年（1864）以来"得饷项之少，为历年所无"。曾国藩说，南京城下湘军已达十万，每月需饷至少五十万两，但是收入从来没有超过二十四万两的时候。各军欠饷已长达十一个月，大部分军队只能发三成军饷，甚至连买药都没钱，曾国荃部的士卒只好靠稀粥度日。

同治三年（1864）二月底，赵烈文从雨花台大营写信给朋友说："勇丁每月所领，不及一旬之粮，扣除米价等项，零用一无所出。兼之食米将尽，采办无资，勇夫食粥度日，困苦万状。"士兵们每个月能领到的钱，只够买十天粮食的，所以每天只能喝粥。"若再过月余，并粥俱无，则虽兄弟子侄，亦不能责其忍死奉法。每念及此，不觉通身汗下。"[1] 如果再过一个多月，可能连粥都喝不上了。围城本来是想饿死敌人，没想到"贼赍未尽，我食先匮"。湘军纪律开始一天天坏起来，九年来头一次出现"逃散现象"，并呈逐步增多之势，"达千人之众"。这让曾国藩担心不已，"深惧不能竟此一篑之功"[2]。萧庆衍部发生闹饷事件后，"曾国荃忧惶无计"，急忙向其老兄请示对策。曾国藩"函嘱"曾国荃，因"其欠饷太久，不可过绳以法，只宜多方抚慰，蒇此一篑之功"[3]。从此曾国荃开始对部下放任自流，听任他们去抢吃抢喝。[4]

这种危险的情形让曾国藩感到压力巨大，他全力罗掘，四处求援。

就在这个关键时刻，江西巡抚沈葆桢突然又一次上奏朝廷，奏请将江西全省的厘金完全归本省处置，不再提供给曾国藩了。这意味着曾国藩掌握的军饷每月将减少二十万两。这实在是雪上加霜。沈葆桢的理由是江西受到来自江苏、浙江入侵叛军的威胁，同时曾国藩已经有了上海等其他更为充沛的饷源。曾国藩在日记当中说：

---

[1] 赵烈文撰：《能静居日记》2，岳麓书社，2013 年，第 743~744 页。

[2]《曾国藩全集·书信》6，岳麓书社，2011 年，第 539 页。

[3]《曾国藩全集·奏稿》7，岳麓书社，2011 年，第 118 页。

[4] 赵烈文对曾国荃部的纪律混乱实在看不下去了。有一次，他因为陈湜部扣留城内放出妇女一事去找曾国荃，要求曾国荃出面制止。曾国荃不提如何处理陈湜，只对他诉苦，说："欠饷过多，勇丁多食糜粥，各统领营官俱愧见之，无颜更绳以法。目下食米将尽，采办无地，更一月不破城，必成瓦解之势。""又言夜梦登山至顶，顾视无返路，进退不可，疑非吉兆。言次神色忧沮。"纪律问题没有解决，反而勾起了曾国荃的满腹忧伤，能言善辩的赵烈文也感到"无言可以慰解"。赵烈文撰：《能静居日记》2，岳麓书社，2013 年，第 742 页。

> 日来因金陵未复，沅弟焦灼，饷项大亏，江西截留厘金，及杨复成侵饷见杀等事，寸心郁闷，常不自得。甚矣，任事之难也！[1]

上一次争饷，以曾国藩忍让告终，但是这一次曾国藩不能再忍了。因为南京的争夺正处于关键时刻，而军饷供应已达极为困难的境地。以前所争，不过三四万两，这次却数额甚巨，影响全局。曾国藩决定不再客气，上奏折对沈葆桢进行坚决反击。他在奏折中首先点明，江西停止供饷极为危险，可能导致曾国荃围军像江南江北大营一样崩溃：

▲ 沈葆桢（1820—1879），林则徐女婿，晚清重要大臣之一

> 今苏、浙之省会已克，金陵之长围已合。……往昔庚申之春，和春、张国梁大军合围，功败垂成……全局决裂。况今日饷需奇绌，朝不谋夕，安得不争江西之厘以慰军士之心？

过去，和春等人领导的江南大营也曾经完成对南京的合围，但是最后一着不慎，功败垂成。如今，如果军饷不继，导致哗变，全局将不可收拾，因此他才不得不争江西的厘金。

接下来，曾国藩又直揭沈葆桢的老底，历数他的错谬之处。他说，不论是从官场规则还是个人情分来看，沈葆桢的这些做法都是没有任何道理的。从公事看，总督和巡抚的分工不同，总督主管军事，巡抚主管民政，因此本为筹集军饷而兴的厘金自然应该归总督支配：

> 臣尝细绎《会典事例》，大抵吏事应由抚臣主政，兵事应由督臣主政。就江西饷项论之，丁漕应归沈葆桢主政，以其与吏事相附丽也；厘金应归

---

[1]《曾国藩全集·日记》3，岳麓书社，2011年，第28页。

臣处主政，以其与兵事相附丽也。

　　……臣忝督两江，又绾兵符，凡江西土地所出之财，臣皆得奏明提用。[1]

　　自己身为两江总督，又是节制江西等四省的钦差大臣，江西为自己辖境，凡江西土地所出之财，无论是丁赋、漕折银、洋税还是厘金，自己本就有权提用。沈葆桢作为下属，事前不与自己商量，就擅自做主一再截留，自己很难理解和接受，也不知沈葆桢此举将朝廷数百年的规矩置于何地！

　　以私情论，官场上的举主通常凭借权势以上欺下，或者总对被举荐者摆出一副恩主的臭架子，导致两人成仇。但是曾国藩平时对这两点一直特别注意，并没有发现自己对待沈葆桢有什么过分之处，从来说话办事都是特别客气。而沈葆桢却得寸进尺，不顾情理，让他实在不能再忍。

　　人恒苦不自知，或臣明于责沈葆桢而暗于自责？臣例可节制江西，或因此而生挟权之咎？臣曾保奏沈葆桢数次，或因此而生市德之咎？残黎不慎，动成仇隙？然臣阅世已深，素以挟权、市德为可羞，颇能虚心检点。[2]

　　为了证明自己的观点，曾国藩还罕见地附上为饷事与沈葆桢往来信咨抄件，让沈葆桢那些倨傲无理的言辞公之天下。

　　自此二案外，臣之公牍、私函，在江西者极多，其中如有挟权、市德、措辞失当者，请旨饬下沈葆桢多抄数件进呈。倘蒙皇上摘出指示，或有显过，臣固甘受谴罚；即有隐匿，臣亦必痛自惩艾。若臣返躬内省，则自觉对沈葆桢而无愧，即讯诸大廷、质诸鬼神而无惭。而沈葆桢专尚客气，不顾情理，实有令人难堪者，臣亦不复能隐忍不言矣。[3]

　　也就是说，除了这两次争饷中的公文之外，他与沈葆桢之间的公文来往还有很多。他也请沈葆桢都发给皇上，请朝廷看看其中有没有任何一句涉及挟权欺人、市

---

[1]《曾国藩全集·奏稿》7，岳麓书社，2011年，第84页。
[2]《曾国藩全集·奏稿》7，岳麓书社，2011年，第86页。
[3] 同上。

德卖好、措辞不够客气的地方。如果有，请皇上指出，他甘受惩罚。之所以如此，是因为沈葆桢这个人做事，专尚意气，不顾情理，让他这个上司实在不能忍受，不能再退让了。

这封奏折文字稍嫌激烈，不过数年积郁至此一发，也是理所当然。毕竟把矛盾彻底揭开，理由又如此充分，以宰牛刀杀鸡，曾国藩认为朝廷支持自己应该没有问题。

谁知朝廷的回复大出他的意料。

太平天国兴起，内外交困之下，清廷和地方已经形成了"强枝弱干"的局面。奕䜣和慈禧上台之初，曾将天下资源全力向曾国藩倾斜。而现在，形势已经今非昔比，因为除了南京之外，其他地方都大局已定，拿下南京只是时间问题。朝廷的注意力已经开始从对付太平军转移到对付湘军。

为了避免地方势力尾大不掉，朝廷计划要对湘军集团采取"分而治之"政策，竭力将权力收归中央。现在，湘军集团成员之间矛盾暴露，为朝廷施展政治手段提供了空间。

因此，在曾国藩和沈葆桢的矛盾中，中央选择了偏袒沈葆桢。这是一枚可以用来牵制和制衡曾国藩的重要棋子。沈葆桢截留这些财源本来没有道理，朝廷却判定江西的这些钱，曾国藩和沈葆桢两家各分一半：

> 其江西茶税、牙厘，拟照该抚所请，即归江西本省经收，分提一半作为该省防饷，其余一半仍归曾国藩军营。[1]

从表面上看，清朝政府左右为难，只好做和事佬，实际上这次斗争的结果，还是以沈葆桢的胜利而告终。

曾国藩对此感觉非常意外，他敏感地意识到，这是朝廷怀疑他权力太大的抑制措施。他在同治三年三月二十二日日记中说：

> 酉刻，与纪泽儿一谈出处进退之道。……日内郁郁不自得，愁肠九回者，一则以饷项太绌，恐金陵兵哗，功败垂成，徽州贼多，恐三城全失，贻患江西；一则以用事太久，恐中外疑我擅权专利。江西争厘之事不胜，则饷缺兵溃，固属可虑；胜则专利之名尤著，亦为可惧。反复筹思，惟告

---

[1]《曾国藩全集·奏稿》7，岳麓书社，2011年，第95页。

病引退，少息二三年，庶几害取其轻之义。若能从此事机日顺，四海销兵不用，吾引退而长终山林，不复出而与闻政事，则公私之幸也。[1]

这一天他罕见地与儿子纪泽谈到出处进退之道，为大功告成之后的仕途选择做准备。他说，争饷一事导致他愁肠九回，与沈葆桢的争执如果不胜，则怕缺饷导致功败垂成；如果获胜，则自己手握重权太久，已经导致朝廷和各省怀疑自己擅权贪利，此时更加令各处怀疑自己过于专权霸道。反复思考，只有一个办法，那就是告病请退，回家休息二三年。如果太平天国战争顺利结果，他终老于山林之中，不再复出，那么对公家、对个人都是幸事。

朝廷虽然偏袒沈葆桢，但曾国藩说金陵如果饷银不继恐怕决裂的话，对朝廷当然也不是没有震慑作用。所以数日之后，朝廷又发来一道公文，将李泰国所购轮船的退款五十万两拨归曾国藩使用。"以金陵功在垂成，而饷需短绌，竭力筹济，以期迅速藏事。着即照所请，将该衙门总税务司赫德所呈上年奏拨轮船回国经费等项银五十万有奇，如果均系实存，即全数拨归曾国藩军营充饷。"[2]

五十万两轮船退款中二十一万两尚存上海、九江等关，可以立刻提取。此外，曾国藩还得到李昭寿捐款三十万串，乏饷问题才基本解决。[3] 但是曾国藩却已经明确了将来功成身退的想法，为将来裁撤湘军埋下了伏笔。

对于沈葆桢的忘恩负义，曾氏大营的所有人都义愤填膺，他们纷纷说，如果朝廷设一个"绝无良心科"，沈一定取得第一名。曾、沈二人至此也彻底决裂，形同陌路，多年不通音信。直至1867年沈葆桢出任福建船政大臣时才又有了偶尔的联系，但书信疏淡，门面敷衍而已。

军饷问题暂时解决，但是曾国荃还是拿不出什么可以迅速攻下南京的办法。曾国荃情绪焦躁，因为常常生气，身体越来越差，"肝病已深"[4]，给曾国藩的书信中也常有"词气戆激"。

曾国藩一封又一封地写信劝慰曾国荃，要求他放宽心胸，不要把得失看得那样重。曾国藩说，天下气运，自有天意做主，像攻下南京城这样重要的历史节点，时

---

[1]《曾国藩全集·日记》3，岳麓书社，2011年，第33页。

[2]《曾国藩全集·奏稿》7，岳麓书社，2011年，第100页。

[3] 朱东安著：《曾国藩传》，辽宁人民出版社，2014年，第170页。

[4]《曾国藩全集·家书》2，岳麓书社，2011年，第286页。

间掌握在上天手里，而不是他们兄弟手里。因此，只要尽了人事，就可以心地坦然。

青年时代的曾国藩是"人定胜天"主义者，非常推崇意志的力量。他认为人的意志是无所不能的："志之所向，金石为开，谁能御之？"[1]在湘军连打胜仗之际，曾国藩对自己的主观能动性相当自负，以为"天下事，果能坚忍不懈，总可有志竟成"[2]。

但是从经历咸丰七年（1857）被皇帝罢黜回家的大挫折后，"天命"二字开始出现在曾国藩的辞典中。仰观宇宙之大，俯察品类之盛，他悟到，人力其实是很弱小的。

> 古今亿万年无有穷期，人生其间数十寒暑，仅须臾耳。……事变万端，美名百途，人生才力之所能办者，不过太仓之一粒耳。[3]

时间没有穷尽，人生几十年实在是一瞬即过。天下至大，人力所能为者至小。

他相信，太平天国何时能平，不是某一个人甚至某一个集团能够决定的。在这些大事件背后，有着天时、历史、人心等诸多深层次力量在起作用，个人所能发挥的作用是很有限的。因此，他所要做的只是在可能的范围内尽自己的能力而已，而不必杞人忧天，将太多无法承受之重揽到自己肩上。他对弟弟说："凡成大事，人谋居半，天意居半……墙壕之坚，军心之固，严断接济，痛剿援贼，此可以人谋主张者也。克城之迟速，杀贼之多寡，我军士卒之病否，良将之有无损折……此皆由天意主张者也……弟现急求克城，颇有代天主张之意……愿弟常存畏天之念，而慎静以缓图之，则善耳。"[4]

也就是说，凡做大事，大的环境因素占一半，人的力量占一半。我们所能致力的就是把沟挖深，把营盘扎好，整固军心，截断城内外接济，痛"剿"前来支援的敌人。此外，到底什么时候能拿下这座城池，我军会否发生传染病，战场整体上的顺逆，都是上天决定的。你现在急着马上拿下城池，这是要左右上天的意志，是不可能的。

除了这封重要的信之外，曾国藩还反复讲过很多劝诫的话。比如："古来大战争、

---

[1]《曾国藩全集·诗文》，岳麓书社，2011年，第487页。

[2]《曾国藩全集·批牍》，岳麓书社，2011年，第362页。

[3]《曾国藩全集·日记》2，岳麓书社，2011年，第280页。

[4]《曾国藩全集·家书》2，岳麓书社，2011年，第189~190页。

大事业，人谋仅占十分之三，天意恒居十分之七。往往积劳之人非即成名之人，成名之人非即享福之人。"[1] 真正出力的人不一定成名，而成名的人不一定能享福，这都是常见的事。"富贵功名皆人世浮荣，惟胸次浩大是真正受用。"[2] 富贵功名都是给别人看的，只有心胸开阔，自己才能得到好处。"功不必自己出，名不必自己成，总以保全身体，莫生肝病为要。"[3]

曾国藩、曾国荃有充分的耐心和太平天国耗下去，但是朝廷却忍不住了。其他地方战火都已经陆续熄灭，只有曾国荃迟迟不能建功，总不能让众人都无事可做，袖手旁观。朝廷于是命令李鸿章携威力强大的西洋武器来南京会攻。

曾国荃一心想独占攻陷南京的"首功"，当然反对淮军染指，李鸿章当然也知道曾国藩兄弟的心理，碍于曾国藩的情面，只得软磨硬抗，甚至不惜装病（他奏称"感冒风湿，眠食顿减"，即行回苏"就医"），一次次抗旨。他在致曾国荃的信中说："屡奉寄谕，饬派敝军协剿金陵。鄙意以我公两载辛劳，一篑未竟，不敢近禁脔而窥卧榻。况入沪以来，幸得肃清吴境，冒犯越疆，怨忌丛生，何可轻言远略。常州克复，附片借病回苏，及奏报丹阳克复，折尾声明金陵不日可克，弦外之音，当入清听。"[4]

这番话，一是表明他不愿前来抢夺曾国荃的战功；二是催促湘军加快攻城动作，以减轻朝廷对他的压力。

曾国荃的压力因此达到了极点。

[1]《曾国藩全集·家书》2，岳麓书社，2011 年，第 226 页。
[2]《曾国藩全集·家书》2，岳麓书社，2011 年，第 248 页。
[3]《曾国藩全集·家书》2，岳麓书社，2011 年，第 276 页。
[4] 顾廷龙、戴逸主编：《李鸿章全集 29·信函一》，安徽教育出版社，2008 年，第 316 页。

|第十二章| "将权位二字，推让少许"

1. 朝廷的两记闷棍

在各方压力下，曾国荃精神几乎达到崩溃的边缘，身体也出现严重症状，他身上大面积长癣，吃不下饭，多日连续失眠。

没有其他办法，曾国荃只好继续疯狂地开挖地道。进入同治三年（1864）以来，湘军已经挖了三十三处地道。不过，太平军对付地道也有非常丰富的经验。李秀成登城遥望，只需观察地面野草的颜色，就可以知道下面是否有地道。因为挖了地道的地方，草色会由于缺水而发黄。太平军以地道治地道，从城里向外挖，提前进行破坏，所以湘军挖了几十条地道，炸药费去十数万斤，工兵死了一两千人，都难以

▲ 1864 年 7 月 19 日，湘军攻破南京

奏效。

曾国荃做事，就是有一股不到南墙不回头的倔劲。九十九条地道不成，我再挖第一百条。

终于，同治三年（1864）六月十六日，湘军所挖地道有一条侥幸穿到南京城下。第二天中午，曾国荃下令点火，埋在地道内的数万斤火药爆炸，声如巨雷，城墙崩塌二十余丈。湘军蜂拥而入，太平军阵脚大乱。到黄昏之时，南京外城各门全部陷落。

曾国荃仰天长叹。多年的辛苦，这次终于到头了！两年多来，曾国荃精神上无时无刻不处于紧绷当中，如今眼见湘军已攻进城中，终于松了一口气。此时巷战正在激烈进行，内城还没有攻破，太平天国首领们的下落也还没有结果，但是曾国荃实在支持不住了。他已经三天三夜没睡觉了，所以没有继续指挥战斗，而是回到大营。幕僚们见他穿着短衣，光着脚，由于激动，汗水和泪水顺着脸颊一齐流下。此刻他只想马上躺到床上，好好睡上一觉。[1]

但是睡觉前还有一件事必须做，那就是给皇帝和皇太后写封奏折，汇报这一天大的喜讯。正像曾国藩当初嘱咐他的一样，奏折写得很简短，主要内容如下：

> 臣国荃……见攻克省城大势已定，遂赶回老营，将大略情形一面具报，一面饬官军环城内外扎定，兼扼各路要隘。……惟首逆洪酋等所居，筑有伪城甚大，死党不下万人，经官军四面环攻，尚未破入，大约一二日内即能剿洗净尽……[2]

这封奏折的意思是，朝廷日夜盼望捷音，所以外城攻破之时，我立刻回营写折子，简要汇报一下，以慰主上焦急之心，让主上早一日高兴宽心。至于南京内城，因为很大，现在还没有攻下，估计得一两天后才能得手。

写好了这封奏折，已经是夜里十点多钟，曾国荃安排以八百里加急的速度送往北京，只需四天工夫就可送到皇帝和皇太后面前。奏折的副本，曾国荃也安排人以四百里的速度送往安庆曾国藩处。然后疲倦至极的曾国荃再也支撑不住，倒头便睡，任由将士们在城内厮杀。

---

[1] 赵烈文描述："中丞衣短布衣，跣足，乱发汗泪交流。"赵烈文撰：《能静居日记》2，岳麓书社，2013年，第799~800页。

[2] 曾国荃撰，梁小进主编：《曾国荃集》1，岳麓书社，2008年，第20页。

六月十八日午夜，气喘吁吁的信使叩响了曾国藩大营的营门。已经于二更四点睡下的曾国藩在三更三点被人叫醒，披衣复起。他已经猜到是什么消息，颤抖的手握住咨文，读后"思前想后，喜惧悲欢，万端交集，竟夕不复成寐"[1]。

是啊，曾国藩有太多理由百感交集了。从咸丰三年（1853）创建湘军到今天，整整十二年了。这十二年里，他失去了曾国华、曾国葆两个亲兄弟，也亲手把数万名湘籍老乡送入鬼门关。自己更是三次自杀，数度濒危，承受了超过普通人耐受极限十倍百倍的艰巨，才换来这一张捷报。

湘军平定太平天国，到底是功还是过，长久以来众说纷纭。从晚清民国时期的革命党人到今天，很多人认为曾国藩镇压了代表进步力量的太平天国运动，是不可饶恕的罪恶。但是也有一些不同角度的分析和判断。

蒋廷黻在《中国近代史大纲》中说：

> 洪秀全想打倒大清，恢复汉族的自由，这当然是我们应该佩服的……但是他的人格上及才能上的缺点很多而且很大。倘若他成了功，他也不能为我民族造福。总而言之，太平天国的失败，证明我国旧式的民间运动是不能救国救民族的。[2]

太平天国的最大问题是要毁灭全部中国文化。钱穆认为，太平天国如果只致力推翻清王朝，是可能成功的；但是他们还要全部推翻中国历史文化，那就不可能成功了。他说：

> 洪杨集团……到处焚毁孔庙，孔子的书被称为妖书，他们想把民族传统文化完全推翻……哪里有全不读书，把自己国家以往历史传统全部推翻，只抄袭一些外洋宗教粗迹，天父天兄，一派胡言，便能成了事？我们不必纵论其他之一切，单看他们那些国名官名，就知其必然会失败。若太平天国成功了，便是全部中国历史失败了。当时的洪杨，并不是推不翻满

---

[1]《曾国藩全集·日记》3，岳麓书社，2011年，第65页。

[2] 蒋廷黻著：《中国近代史大纲》，东方出版社，1996年，第41页。

清,但他们同时又要推翻中国全部历史,所以他们只可有失败。[1]

　　除了文化理念外,太平天国的地方治理能力远低于清政权。在长达十多年的革命过程中,太平天国始终没有建立起正规的地方财政体系,物资供应一直靠抢劫或者"包租"。在太平天国后期,对新占领的地区,他们通常先是大抢三日:"关于太平军的军饷问题。作为一条业已确立的规定,叛军士兵不领饷银;他们像海盗一样靠劫掠为生。……可能是作为一种补偿和对作战英勇的一种奖赏,似乎在业已占领而当地居民未及逃脱的城市,太平军士兵被给予整整三天的时间去做他们想做的任何事情——施展一切暴行,在光天化日之下做出一切令人憎恶的事。"[2]

　　抢过之后,太平军才开始在地方上建立"包租制度"。他们在地方上选择旧衙役、旧绅士或者地痞流氓来作为代理人,需要什么东西,就向他们下命令。

　　　　然后,附近地区被迫向叛军捐献供给物资(几乎所有的事例都是如此)。例如,宁波周围的农村被迫按照配额,交纳大米、猪、家禽、蔬菜和农产品之类的食物来供养军队。我曾经亲眼看见被迫运送这些供给物的农民将食物等东西运到城里,他们的脖子上套有铁链和绳索作为服役的标志……[3]

　　包租制肯定会产生严重后果。这些敢于替太平天国包租的人都是铤而走险的大胆之徒,而太平军对他们又没有什么监督考核机制,所以他们的贪婪残忍超过清政权的征收者十倍百倍。上面要求收一百两,到他们这儿,就可能变成二百两、三百两甚至一千两。"其收漕也,仍用故衙门吏胥,仍贪酷旧规,以零尖、插替浮收三石、四石不等。百姓大怨。"[4]

　　这些包租者的后盾是太平军的武器。"到太平天国后期,太平天国地方政权从允

[1] 钱行编:《思亲补读录—走近父亲钱穆》,九州出版社,2011年,第109页。

[2] 夏福礼的报告,原文载于《英国议会文书》,1862年,C.2992,第13～16页。夏福礼当时是英国驻宁波领事,他在报告中详细记载了太平军在宁波"解散军纪"三天的野蛮行为。

[3] 夏福礼的报告,原文载于《英国议会文书》,1862年,C.2992,第13～16页。

[4] 沈梓著:《避寇日记》卷一,咸丰十年十二月初一日。转引自北京太平天国历史研究会编:《太平天国史论文选》下,生活·读书·新知三联书店,1981年,第826页。

许地主收租，到保护地主收租，甚至派兵镇压农民抗租。"[1] 所以他们对抗租者异常残忍。嘉兴盛泽设的筹饷总局，连人们使用"洋钱"都要上税。一洋要交七十文。"有某生偶有一洋未用印，锁至公估庄内，打折胫骨。"[2]

定都天京后，太平天国官僚队伍迅速膨胀，官员们大肆追求物质享受，所以虽然洪秀全声明"轻徭薄赋"，但摊派下来的任务远远超过老百姓的负担能力。再加上包租者的层层加码、趁机搜刮，老百姓的生存状况远不如清政府的治下。

> 三月，荞麦勃然兴起，贼忽而要米数百石，忽而要金数百两，忽而要水木工作衣匠，忽而要油盐柴烛，忽而要封船数十，忽而要小工数百，时时变，局局新，其横征暴敛莫可名状……现青黄不接，挪措丝毫无告，粮食极贵，丝织无利，家家洗荡一空，已所谓室如悬磬。而贼之迫催严比，无出其右……农家……甚有情极自尽。[3]

也就是说，麦苗刚长出来，太平军就开始横征暴敛。一会儿要几百石米，一会儿要几百两银子，一会儿要各种工匠去服役，一会儿又要油要盐要柴要烛，一会儿又要几十条大船，一会儿又要几百个人去做小工。一会儿一变，毫无章程，搞得地方鸡犬不宁。现在正是青黄不接的时候，各家都已经被扫荡一空，借钱都没处借，但是太平军却前来催逼，有的人情急之下，只好自尽。

因此很自然，在当时长江中下游太平军控制区，经济遭遇巨大破坏，民众的生活远比以前悲惨。《中国陆上之友》杂志 1857 年 1 月 15、21、31 日刊登了两名欧洲人的记述：

> 从南京到镇江的途中，我们看到穷人提着蓝色的黏土。侍童告诉我们，由于粮食极为匮乏，他们便用黏土掺和着大米吃。在侍童剃头的地方，我们曾见过他们吃这种混合食物。

西洋人富礼赐在 1860 年曾到过苏州，那时苏州尚处于清政府的统治之下，其繁

---

[1] 崔之清、胡臣友著：《洪秀全评传》，南京大学出版社，1994 年，第 226 页。

[2] 太平天国历史博物馆编：《太平天国史料丛编简辑》第 2 册，中华书局，1962 年，第 184 页。

[3] 戴璐、柯悟迟撰：《藤阴杂记　漏网喁鱼集》，《近代中国史料丛刊三编》第 26 辑，文海出版社，1987 年，第 56 ~ 57 页。

华给他留下了极为深刻的印象。而时过一年再到苏州,苏州已经被太平军控制,其变化令他惊讶不已:

> 完全的废墟和荒芜成为太平军从南京到苏州之间进军路线的标志,无法用语言来表达对这些场面的任何感受。……我们在城门外遇到几个可怜兮兮的人在兜售豆腐和药草,但除此之外,我们没有看到任何一个当地人。在护城河里,我们居然惊飞了一群野鸭,而就在一年前,从忙于做生意和赶路的众多过往船只中找到一条通道几乎是不可能的。城里同样也是一片荒凉,所有房屋的正面都已被毁,许多河道里满是破损的家具、腐烂的船只和废弃物。[1]

城市的变化如此,农村的变化也同样令人唏嘘。另一个外国人是这样记载的:

> 他们在行军时,通常在其身后留下被杀害的农民和被毁的住所作为遗迹。偏远的广阔地区的村民为避免同他们接触而纷纷逃跑,把仅有的一些东西转移到他们认为较为安全的地方。在扬子江两岸,在荒芜的土地的另一侧,可以看到许许多多用茅草盖的大村落,它们是由不幸的难民匆忙搭建的。……人们所遭受的灾难和悲惨景象是难以描述的。大量的家庭挤在低矮、窄小、用芦苇搭成的帐篷式小屋里,刺骨的寒风阵阵呼啸,人们挤在一起取暖,老年人神情沮丧,虚弱得不能工作,瘦弱的小孩子因饥饿而表现出渴望的神情。凡是亲眼看到过这些情景的人永远也忘不了。对大多数人来说,他们仅有的问题是疲弱的生命还能支撑多少天;许多人似乎已经是行将就木了。[2]

相反,清政府治下的地方却显得富有希望:

> 在仍为帝国的边境内走上一段路以后,倘若不是亲眼所见,周围景象的鲜明对比会使人感到难以置信。靠近叛军占领区的扬子江是一条巨大

---

[1] 富礼赐的报告,原文载于《英国议会文书》,1862年,C.2840,第27~30页。

[2] 卢海鸣、邓攀编:《金陵物语》,南京出版社,2014年,第110~111页。

而又荒凉的航道，而这里的江面却布满了商船，江边延伸着精耕细作的农田。两岸星星点点地坐落着建造精巧和外观整洁的村舍。[1]

另一处的记载是：

> 我们在宝坻弃船登岸，从而有了更多的机会来接触老百姓，当地人见到陌生人并不像运河沿线寥寥无几的可怜人那样恐慌。事实上，我们可以感受到那种相当自信和安全的氛围。许多老百姓已经返回自己的家，并且重操旧业。……当地人向我们讲述了太平军战事爆发后的令人悲伤的历史，以及他们对新近征服地区的处置方法。一开始先是不分青红皂白地大量杀戮；然后掳走年轻的男人和女子；所有能够带走的值钱的财物都成了征服者的战利品，仅撇下年老的男人和妇女。大批难民逃到扬子江北岸以等待局面的好转。[2]

所以亲临其地的夏福礼如此总结："在其耽于饮宴作乐的这十年中，它是否有什么业绩？什么也没有。它是否曾对人民给予了最起码的尊重或一般的同情，哪怕是淡漠的宽容？有谁敢做出肯定的回答吗？它究竟是一场抱着摆脱沉重枷锁之宗旨的民众运动，还是一种血腥的劫掠行为和蔓延全国的焚毁、破坏、杀戮一切具有生命的东西的盗贼行径？唉！答案实在是再明显不过了。"[3]

不光是西方资产阶级对太平天国评价十分负面，连革命领袖马克思在《中国纪事》中也毫不留情地否定太平天国："显然，太平军就是中国人的幻想所描绘的那个魔鬼的化身。但是，只有在中国才能有这类魔鬼，这类魔鬼是停滞的社会生活的产物。"[4]

冯友兰在1999年人民出版社出版的《中国哲学史新编》序言中说：

> 中国所需要向西方学习的是西方的长处，并不是西方的缺点。洪秀全

---

[1] 卢海鸣、邓攀编：《金陵物语》，南京出版社，2014年，第111页。
[2] 富礼赐的报告，原文载于《英国议会文书》，1862年，C.2840，第27～30页。
[3] 夏福礼的报告，原文载于《英国议会文书》，1862年，C.2992，第13～16页。
[4] [德] 马克思著：《中国纪事》，《马克思恩格斯全集》第15卷，人民出版社，1963年，第545页。

和太平天国所要学习而搬到中国来的是西方中世纪的神权政治，那正是西方的缺点。西方的近代化正是和这个缺点的斗争而生长出来的。中国所需要的是西方的现代化，并不是西方中世纪的神权政治。洪秀全和太平天国如果统一了中国，那就要使中国倒退几个世纪，这是我对洪秀全和太平天国的评价。这个评价把洪秀全和太平天国贬低了，其自然的结果就是把太平天国的对立面曾国藩抬高了。曾国藩是不是把中国推向前进是可以讨论的，但他确实阻止了中国的倒退。这就是一个贡献。……阻止中国的中世纪化，这是曾国藩的大功。[1]

美国学者何炳棣称太平天国战争是"世界史上规模最大的内战"。太平天国战争的主要战场正是中国人口最为稠密的长江中下游地区的湖北、江西、安徽、江苏、浙江五省。葛剑雄先生等人口史专家的研究认为，在太平天国战争中这五个省人口损失数至少达8700万人（包括直接死于战争的人口和出生率下降导致的人口减少）。如果再考虑太平天国战争的其他战场湖南、广西、福建、四川等省的人口损失，那么太平天国战争给中国带来的人口损失在一亿以上。

不管怎么样，战争的结束，标志着长达十四年的大范围的屠杀和动荡告一段落，大清江山归复一统，中国传统文化得以保存，爱新觉罗氏的统治也得以继续。

按曾国藩与曾国荃事先的计划，城破之后，先由曾国荃上一个简短的折子报喜，然后详细情况再由曾国藩这里上报。曾国藩主要是怕弟弟考虑不周，出什么娄子。这是他们兄弟血战多年的收官之折，也将决定他和弟弟的功名，怎么能不谨慎从事？

六月二十三日，在陆续收到后续消息之后，曾国藩才上奏了一个精心结撰的折子，名字叫《奏报攻克金陵尽歼全股悍贼并生俘逆酋李秀成洪仁达折》。这是曾国藩全部存世的两千多道奏折中，文字第二长的，"也是曾氏三十年从政生涯中最为重要的一份报告"[2]。在奏折中，曾国藩回顾整个平定战争：

> 臣等伏查洪逆倡乱粤西，于今十有五年，窃踞金陵亦十二年。我朝武功之盛超越前古，屡次削平大难，焜耀史编。然如嘉庆川楚之役，蹂躏

[1] 冯友兰著：《中国哲学史新编》下，人民出版社，1999年，第334～335页。
[2] 唐浩明著：《唐浩明评点曾国藩奏折》，山东人民出版社，2014年，第210页。

仅及四省，沦陷不过十余城。康熙三藩之役，蹂躏尚止十二省，沦陷亦第三百余城。今粤匪之变，蹂躏竟及十六省，沦陷至六百余城之多，而其中凶酋悍党如李开芳守冯官屯，林启容守九江，叶芸来守安庆，皆坚忍不屈。此次金陵城破，十万余贼无一降者，至聚众自焚而不悔，实为古今罕见之剧寇。然卒能次第荡平，划除元恶，臣等深为其故，盖由我文宗显皇帝盛德宏谟，早裕戡乱之本。宫禁虽极俭啬，而不惜巨饷以募战士；名器虽极慎重，而不惜破格以奖有功；庙算虽极精密，而不惜屈已以从将士之谋。皇太后、皇上守此三者，悉循旧章而加之，去邪弥果，求贤弥广，用能诛除僭伪，蔚成中兴之业。[1]

这表面上是推功于皇帝、太后，实际上是说明自己和弟弟功劳之大，烈于前古。康熙皇帝平定三藩，当时战争蔓延十二省，三百多座城市曾落入敌手。嘉庆朝平定白莲教起义，涉及四省，收复不过十多座城市。而这次平定太平天国起义，战争持续十五年，战火燃遍十六省，收复城市六百余座，而且其中收复冯官屯、九江、安庆及南京，均极为艰难。规模之大，过程之艰难，远过于其他战争。之所以最终成功，主要是以前的咸丰皇帝和现在的皇太后领导得好。宫中虽然俭省，但是军费并不顾惜。平时不轻易赏人，但对功臣经常破格。自己虽然很有本领，但是能尊重前方将士的意见。

推功于领导，这是政治的惯例，同时称颂领导"不惜破格以奖有功"，显然就是为自己和部下请功的意思。唐浩明评价说："正是在客观的叙述和理智的分析中，时时处处、字里行间全是在为湘军为吉字营评功摆好。""然而，这一切都包裹在一种平淡质朴的氛围中，既不见大功告成后扬扬自得的气焰，也不见报捷文章常有的华丽夸饰的辞藻，与领衔者一贯低调收敛的处世作风浑然一致。"[2]

曾国藩兄弟满心以为，立下如此天字第一号的大功，朝廷会立加颁赏。不料六月二十六日，就是还没有收到曾国藩的详细汇报之前，朝廷先发下谕旨，曾国荃等来的不是表扬，而是严厉指责。

上谕说："该逆死党尚有万余，曾国荃于攻克外城时，即应一鼓作气，将伪城

[1]《曾国藩全集·奏稿》7，岳麓书社，2011年，第299～300页。

[2] 唐浩明著：《唐浩明评点曾国藩奏折》，山东人民出版社，2014年，第211～212页。

尽力攻拔，生擒首逆。乃因大势粗定，遽回老营，恐将士等贪取财物，因而懈弛万一。……倘曾国荃骤胜而骄，令垂成之功或有中变，致稽时日，必惟曾国荃是问。"[1]

通篇没有一句表扬，而是严厉批评曾国荃不应在攻破外城之后就马上返回老营。曾国荃原奏说"见攻克省城大势已定，遂赶回老营，将大略情形一面具报"，朝廷意思是说南京城外城之中，还有内城，他应该一鼓作气，将全城攻下，生擒太平天国首领，然后再上奏不迟。先头部队刚刚冲进城里，你不忙着指挥战斗，忙着回营写奏折干什么！为什么这么急着表功？

这道上谕，语气非常不客气，提醒曾国荃不要"骤胜而骄"，字里行间显露出对曾国荃的厌恶，简直是一记闷棍，打得曾国荃晕头转向。

这还不算完。

七月十一日，朝廷又给曾国藩发下一道廷寄，追问天京财富下落。上谕说南京城下之前，人人都说城中财富如山，现在怎么没听你们兄弟提起？如果金陵真有巨款，自然应该交给国家，作为军饷赈灾之用。但是，这道上谕的重点还不在这里，而是其中借题发挥的几句话："曾国藩以儒臣从戎，历年最久，战功最多，自能慎终如始，永保勋名。惟所部诸将，自曾国荃以下，均应由该大臣随时申儆，勿使骤胜而骄，庶可长承恩眷。"[2]

这是旁敲侧击，训斥曾国荃，而且语气相当不善，意思是说，曾国藩是儒臣出身，修养有素，朝廷是能放心的，而曾国荃则不那么令人放心，可能承受不了几天皇恩，就被拿下。

连续挨了这两记闷棍，曾国荃获胜的喜悦云消雾散。他不禁纳闷，这到底是怎么回事？

2. 曾国荃的"经济问题"

原因有两个。

一个是朝廷的猜忌。

湘军攻陷天京不久，朝廷论功行赏，"特沛殊恩，用酬劳勚"，曾国藩被封为一

---

[1]《湖湘文库：曾国藩全集》7，岳麓书社，2011年，第293页。
[2]《曾国藩全集·奏稿》7，岳麓书社，2011年，第353～354页。

等侯，赐名毅勇，世袭罔替，晋太子太保；曾国荃则"加太子少保，封一等伯爵，赐名威毅"。有清二百年里，汉人得此异数者，少之又少。真是兄弟二人皆列土，可怜光彩生门户。[1] 表面上看，曾氏二人声望达到最高点。

但实际上，曾国藩兄弟已经步入一个危险的转折点。因为狡兔已死，走狗当烹。曾国藩手握重兵，他直接指挥的部队，包括曾国荃的五万嫡系，一共达十二万人。太平军一灭，这支汉人队伍就成了清王朝最大的威胁。所以慈禧对湘军疑惧之心大增。七月十八日（8月19日），江宁将军富明阿来金陵，托言是查看金陵原驻八旗兵的旗城情形，实际是僧格林沁写信让他来查访擒获李秀成的真伪及曾氏兄弟的虚实。[2] 为了制衡曾国藩，清廷采取了两方面的措施：一方面迅速提拔和积极扶植其他湘军将领，特别是那些与曾国藩关系不好的人，比如左宗棠、沈葆桢等，造成湘军分裂；另一方面则大力打击曾国藩的嫡系曾国荃。

另一个原因，是朝廷对曾国荃的贪婪素来厌恶，南京城下之后湘军的大抢劫大屠杀让他进一步臭名昭著。

六月二十六日上谕中，朝廷担心曾国荃部"将士等贪取财物，因而懈弛"，专心抢劫财物，导致城中精锐"委弃辎重，饵我军士而潜出别道，乘我不备，冀图一逞，或伺间奔窜，冲出重围"[3]。事实证明，这道上谕是有先见之明的，说明朝廷对曾国荃部了解很深。

曾国荃带的部队有两个特点，一个是贪财能抢，另一个是残酷好杀。

---

[1] 当然，对这次封赏，曾国藩其实并不满意。功绩远过平定三藩，但获封远不如平定三藩或者其他战争中的一些人高。咸丰本来许诺平定之后，首功者封王。同治三年七月初九日，曾国藩在致曾纪泽信中没说本人获封低，但是说这次获封爵之人太少："得五等之封者似无多人。余借人之力而窃上赏，寸心深抱不安。从前三藩之役，封爵之人较多，求阙斋西间有《皇朝文献通考》一部，尔试查《封建考》中三藩之役共封几人？平准部封几人？平回部封几人？"《曾国藩全集·家书》2，岳麓书社，2011年，第309页。

[2] 曾国藩的幕僚赵烈文在同治三年四月八日日记中写道，拿下南京之后，曾国藩在朝中马上不如以前吃香了。最早朝廷把两江总督大权给他，是迫于形势，没有办法。现在太平天国既灭，很多人也就看他不顺眼了："中堂（指曾国藩）近岁主眷日衰，外侮交至，无他，不得内主奥援耳。……同治改元至今，东南大局日有起色，泄沓之流以为已安已治，故态复萌，以私乱公。爱憎是非，风起泉涌，辄修往日之文法，以济其予夺之权。数期之间，朝政一变。于是天下识时俊杰之士，皆结故旧、驰竿牍、揣摩迎合，以固权势而便兴作。外之风气亦一变。"赵烈文撰：《能静居日记》2，岳麓书社，2013年，第772页。

[3]《曾国藩全集·奏稿》7，岳麓书社，2011年，第293页。

《清稗类钞·忠荩类》记载光绪十年（1884），左宗棠问两江总督曾国荃："老九一生得力何处？"曾说："挥金如土，杀人如麻。"左宗棠听了，大笑说："我固谓老九才气胜乃兄。"

这虽然是一则野史，不过也透露了一点真实。那就是曾国荃虽然也是秀才出身，但是他做事直截了当，没有曾国藩那么多道理可讲。他讲究的只有两条：在战场上，谁敢后退，杀；打了胜仗，抢。这就是他所说的"赏罚严明"。在曾国荃的指挥下，吉字营形成一个"惯例"：每攻下一座城池，都要以"搜剿"为名，大抢三天。这就是曾国荃兵法所谓"用贪用憨"。

咸丰十一年（1861）曾国荃拿下安庆后，历史上首次留下了曾国荃部抢劫的详细记载。据《能静居日记》载，城破之后，城内"房屋贼俱未毁，金银衣物之富不可胜计"。曾国荃的士兵在残酷杀害战俘的同时，展开了大规模的抢劫。"兵士有一人得金七百两者。城中凡可取之物扫地以尽，不可取者皆毁之。坏垣斸地，至剖棺以求财物。"[1] 有一个士兵抢到了七百两白银。城中凡是能拿的东西都拿光了，不能拿的都毁掉了。毁墙挖地，甚至连棺材都被打开，来寻找财物。

曾国荃部在南京城下之所以能喝着粥坚持下来，其实主要靠一个信念：如果拿下南京，大家都发财。太平天国经营多年的"天京"，金银如山，财货似海。这是攻城前所有人的预期。这是湘军最大也是最后的一次发财机会，百战艰辛，都为了这一刻，军官们渴望再暴富一次，士兵们则渴望捞足一生的资本。"但愿多得金，还乡愿已足。"[2] 湘军上上下下都做好了充分的心理准备。曾国荃对将士们的这种心态当然心知肚明。他是一个极重乡情的人，正想以此作为对这些追随自己的老乡的最后报偿。

在这种情况下，南京城一攻下，城里会发生什么事，也就可以想见。夺占天京后，湘军焚掠屠杀，大火七天不熄。

赵烈文是曾国藩晚年幕府的重要秘书之一。此人虽然年轻，但是明敏有远见，深得曾国藩器重。同治二年（1863），曾国藩派他到曾国荃身边，希望多谋能断的他在大事上能替九弟把把关。7月26日，赵烈文在日记中写道：

　　破城后，精壮长毛除抗拒时被斩杀外，其余死者寥寥，大半为兵勇扛抬什物出城，或引各勇挖窖，得后即行纵放。城上四面缒下老广贼匪不知

[1] 赵烈文撰：《能静居日记》1，岳麓书社，2013年，第355页。

[2] 孙文川著：《读雪斋诗集·兵官谣》，《太平天国史料丛编简辑》第6册，第405页。

若干，其老弱本地人民不能挑担，又无窖可挖者，尽情杀死。沿街死尸十之九皆老者，其幼孩未满二三岁者亦斫戮以为戏，匍匐道上。妇女四十岁以下者，一人俱无，老者无不负伤，或十余刀，数十刀，哀号之声达于四远，其乱如此，可为发指。[1]

也就是说，城破之后，那些强壮的太平军除了抵抗而被杀的外，其他的大多活了下来，因为湘军需要他们抬财物，需要他们指路来挖地窖，找到财物之后他们就被放走了。从城墙上用绳子吊出去的两广出身的太平军有很多，而本地的老弱妇孺，因为不能挑担，又没有地窖可挖，就被杀死。沿街的死尸，十有八九是老年人。连不到两三岁的小孩子，也被湘军砍着玩，死在路上。四十岁以下的妇女都被抢走，四十岁以上的，都被砍伤，身上或中十多刀，或中几十刀，哀号之声响彻街道。残酷如此，令人发指。

赵烈文是江苏人，不忍见故乡遭此劫难，找到曾国荃，要求他马上制止抢劫。曾国荃却不以为然。当赵烈文劝他整顿纪律时，他居然发了脾气。

余恐事中变，劝中丞再出镇压。中丞时乏甚，闻言意颇忤，张目曰，君欲余何往？余曰闻缺口甚大，恐当亲往堵御，中丞摇首不答。[2]

就是说，我怕军纪太乱，出现问题，劝曾国荃前去镇压。曾国荃那时候很疲乏，听了我的话很不高兴，瞪着我问，你让我去哪儿？我说，城墙缺口很宽，怕太平军逃出，您应该亲自指挥堵御。曾国荃却摇头不答。

经过一个多月的大烧大杀大抢，无名小卒全都发了横财。他们不仅将城内的金银财物洗劫一空，甚至连建筑物上的木料也拆下来，从城墙上吊出，用船运回湖南。"泊船水西门，见城上吊出木料、器具纷纷。"[3] 顿时整个长江中千船百舸，联樯而上，满载从天京抢来的财物妇女，日夜不停地向湖南行驶。经过这场大劫掠，"江宁镪货尽入军中"[4]，太平天国惨淡经营十余年，其转移到天京的大量财富，大多成

---

[1] 赵烈文撰：《能静居日记》1，岳麓书社，2013 年，第 805～806 页。

[2] 赵烈文撰：《能静居日记》2，岳麓书社，2013 年，第 800 页。

[3] 陈乃乾著：《阳湖赵惠甫先生年谱》，《近代中国史料丛刊续辑》985，文海出版社，1983 年，第 47 页。

[4] 王闿运、郭振墉等著：《湘军志　湘军志评议　续湘军志》，岳麓书社，1983 年，第 70 页。

了湘军的囊中之物。而曾国荃"老饕"之名从此满天下。有野史说：

> 闻忠襄于此中获资数千万。除报效若干外，其余悉辇于家。[1]

听说曾国荃捞了几千万两，除了给上级上贡一些外，都运回老家了。

曾国藩兄弟两个因为如何处理个人经济问题，发生过多次争论。

曾国荃的贪婪残酷，与曾国藩其实有着直接的关系。曾国荃从军后虽然有发财之愿，不过出山之初，一直受到曾国藩比较严格的约束。但是经过咸丰七年（1857）到八年居家期间的"大悔大悟"之后，曾国藩不仅在个人居官风格上发生突变，对弟弟曾国荃在金钱方面的要求也开始放松了。咸丰八年（1858）五月初五日，他写信给曾国荃说：

> 弟之取与，与塔、罗、杨、彭、二李诸公相仿，有其不及，无或过也；尽可如此办理，不必多疑。[2]

塔齐布、李续宾等人取与如何呢？李续宾带兵六年，积金数万两。这封信，意味着曾国藩允许曾国荃"适当"捞钱。原来曾国藩一直在外当官领兵，每年寄回家里的银子极少。父丧家居时期他才了解到曾家经济上非常困难，父亲曾麟书支撑这个家非常不容易。同时，自己的很多亲戚族人也都为穷困所窘。比如曾国藩的大姐王曾氏，出嫁后不久丈夫就患疯瘫之症，大姐支撑着整个家，"备历艰苦，贫穷抑郁"[3]。

因此曾国藩放松对曾国荃抢劫发财的约束，一定程度上是为了整个湘乡曾氏家族考虑。曾国荃性格慷慨，在自肥的同时，源源不断地大手笔资助同族以及亲友，弥补了曾国藩对家族的愧疚心理。因此曾国藩对曾国荃替他"照顾家族"的"功劳"是肯定的。

曾国荃的好杀，也受到过曾国藩的鼓励。曾国藩在镇压太平军期间，一直要求

[1] 李伯元著：《南亭笔记》卷八，山西古籍出版社，1999年，第174页。
[2]《曾国藩全集·家书》1，岳麓书社，2011年，第346页。
[3]《曾国藩全集·日记》2，岳麓书社，2011年，第394页。

曾国荃在城破之日，太平军骨干不论降否，一律杀掉。[1]

在南京围攻战的紧张时刻，太平天国因粮食紧张，从城内放出大批妇孺，一开始，曾国荃并没有阻止。他的部下陈湜等部"收留"了大量的年轻妇女。

然而，曾国藩反对这样做。并不是因为这样会导致军纪败坏，而是因为这样不利于军事进展。三月二十日，他在家书中说了这样一段让人毛骨悚然的话：

> 城内放出之妇幼，迪庵前在九江一概不收，仍送进城内。一则城内饥饿者多可致内乱，二则恐贼之眷口从此得生也。望弟参酌。[2]

也就是说，李续宾围九江的时候也遇到了同样的问题。李续宾的处理手段是不放城里人出来。一方面可以导致城中因饥饿内乱，另一方面怕太平军的家属趁乱逃出。你可以参考他的办法。

由此可见，曾国藩的残忍，比他弟弟有过之而无不及。

但是，曾国藩对曾国荃也不是完全没有进行约束。事实上，他经常敲打曾国荃，捞钱要有节制，不要在经济上把自己的名声搞臭。

曾纪芬说：

> （曾国荃）每克一名城，奏一凯战，必请假回家一次，颇以求田问舍自晦。[3]

也就是说，每下一城，他都会发一次财，回家买地建屋一次。咸丰九年（1859）冬，曾国荃在老家开建自己的住宅，名为"大夫第"。从那之后，几乎曾国荃每回家一次，大夫第就要扩建一次。大夫第修建总共历时八年，巍峨浩大，看上去犹如王宫帝府。曾纪芬在《崇德老人自订年谱》中回忆道："前有辕门，后仿公署之制，

[1] 曾国荃在拿下第一个城市吉安后，就曾经大杀过一回俘虏。他在家书中说："十一早，弟营纳千余人。……弟先与各军商定，原只赦其妇女小孩，仍杀其强壮能为贼者（弟营杀四百余人，赦七百余人）。"这其实是贯彻曾国藩"于投诚之贼，凶悍者一概杀之"的要求。曾国荃撰，梁小进主编：《曾国荃集》5，岳麓书社，2008年，第71页。

[2]《曾国藩全集·家书》2，岳麓书社，2011年，第266页。

[3] 曾宝荪、曾纪芬著：《曾宝荪回忆录》，岳麓书社，1986年，第12页。

为门数重。乡人颇有浮议。"[1] 那些嫉妒眼红曾老九的老乡则"讥之……以为似庙宇"[2]。王闿运甚至说"新宅有城市之气"[3]。

对于曾国荃修建大夫第这座大宅，曾国藩很不同意。除了怕求田问舍影响曾氏兄弟的声望外，凡事谨慎小心的曾国藩还有另一重担忧：乱世之中，露富显财，实为不智之举。因此，在曾国荃修建大夫第的过程中，他一直劝诫不断。咸丰九年正月初八日，在看到曾国荃所画的房屋图样后，他写信说：

> 我家若太修造壮丽，则沅弟（曾国荃）必为众人所指摘，且乱世而居华屋广厦，尤非所宜。[4]

无奈曾国荃对这位提携了他一辈子的老兄的话，总是当作耳旁风，回信蛮横地说：

> 外间訾议，沅自任之。[5]

曾国藩再次写信说，他之所以一再强调这些，是因为这关乎曾国荃在官场上的发展。一个人一生的发展，与名望关系很大。在官场上要注意细节，不能给人以口实。如果不拘小节，经常做出引起物议的事，则小事积累起来，有一天可能蓦然刮起舆论风暴，把一个人吹倒：

> 众口悠悠，初不知其所自起，亦不知其所由止。有才者忿疑谤之无因，因悍然不顾，则谤且日腾；有德者畏疑谤之无因，而抑然自修，则谤亦日熄。吾愿弟等之抑然，不愿弟等之悍然。

他还说，如果你读一遍二十三史，就会知道，历史上做到我这样功名地位的，能得到好下场的极少。我怕我在高位时，不能给你们带来多少好处，当我倒霉时，

---

[1] 曾宝荪、曾纪芬著：《曾宝荪回忆录》，岳麓书社，1986 年，第 8~9 页。

[2] 赵烈文撰：《能静居日记》2，岳麓书社，2013 年，第 1107 页。

[3] 王闿运著：《湘绮楼日记》，岳麓书社，1997 年，第 66 页。

[4]《曾国藩全集·家书》1，岳麓书社，2011 年，第 406 页。

[5]《曾国藩全集·家书》1，岳麓书社，2011 年，第 411 页。

反倒会带累你们。所以我们兄弟在太平时应该相互提醒劝诫，不要犯大错。

> 至阿兄忝窃高位，又窃虚名，时时有颠坠之虞。吾通阅古今人物，似此名位权势，能保全善终者极少。深恐吾全盛之时，不克庇荫弟等，吾颠坠之际，或致连累弟等，惟于无事时，常以危词苦语，互相劝诫，庶几免于大戾。[1]

曾国藩表面上是说不要让自己连累了弟弟，实际上是告诉曾国荃，不要犯错误，连累了哥哥。

对于曾国藩的这些话，曾国荃一如既往地不往心里去，因此才有了攻入南京后对部下的肆意放纵。

然而，攻下南京后，曾国荃才发现曾国藩确实有先见之明。天京之战，曾国荃一战成名，不过所成却是贪名恶名大于功名美名。以前安庆等抢劫，知闻者尚局限于当地和湘军内部。对曾国荃"良田美宅"的评品指摘，则多来自其湘乡老家。这一次不同了。湘军由南京运输战利品回湖南这一情景，距离既远，时间又长，数量又是如此巨大，为长江上下诸省人民所共见。富明阿来暗访，泊船水西门，恰好见到湘军纷纷从城上吊出木料、器具。湘军的行径，一时哄传遍及全国，直至上达"天听"。很多消息一旦经过重重传说，就会夸张到令人无法相信的程度。关于曾国荃这次到底得到了什么好东西，有许多说法。其中最有名的一个说法是天京城破后，曾国荃得到部下所献明珠一串，这串珠子像今天的巨峰葡萄那样大，而且还会放光。"大于指顶，悬之项下。则晶莹的铄，光射须眉。珠凡一百零八颗，配以背云之类，改作朝珠。"[2]

又说"（曾国荃）获一翡翠西瓜，裂一缝，黑斑如子，红质如瓤，朗润鲜明，殆无其匹"。就是说他还得到了一个翡翠西瓜，比大南瓜还大。中间裂开一道缝，里面黑子红瓤，都是天然形成，绝对是无价之宝。

这些传说有鼻子有眼，十分富于轰动效应。不过，这些传说其实都靠不住。比如这个"翡翠西瓜"，其实不是第一次出现在野史传说中。早在嘉庆皇帝抄和珅的家的时候，人们就传说和珅财宝中有这么一个东西。后来人们说孙殿英炸慈禧陵的时候，

---

[1]《曾国藩全集·家书》2，岳麓书社，2011年，第33页。

[2] 徐珂编辑：《清稗类钞》第24册，商务印书馆，1984年，第969页。

慈禧的棺材里也发现了一个"翡翠西瓜"。这个西瓜，做了太多历史故事的道具了。

不论如何，慈禧和恭亲王本寄希望于用南京城中的巨额财富来缓解当前的财政困难，没想到被曾国荃部抢得一毫不剩，岂能不恼怒异常。南京附近的普通百姓对曾国荃更是恨之入骨。李鸿章说："沅翁百战艰苦而得此地，乃至妇孺怨诅。"[1]

其实曾国荃是有点儿冤枉的。虽然曾国荃的部下抢了很多东西，但是曾国荃本人并没有直接染指太多。我们来看曾国藩派驻曾国荃军中做军师的赵烈文的说法。赵烈文在日记中记录了很多湘军抢劫的情况，我们由此判断，赵烈文日记是比较真实的。在他后来的日记中，却有以下这样的话。

同治六年（1867）六月十七日，曾国藩与赵烈文"言及沅师收城时事。余云：'沅师已实无所沾，但前后左右无一人对得住沅师耳。'"[2]。

就是说，在天京之战三年之后，曾国藩和赵烈文聊起这次战争。赵烈文说，虽然曾国荃的部下都参与了抢劫，但是曾国荃本人，却没有捞什么东西。

按赵烈文的这种说法，曾国荃在天京之劫中即使有所收获，也绝对不会是湘军中收获最多之人。

除了赵烈文这个说法以外，还有一些人给曾国荃做过辩解，他们的论点论据，也都比较有说服力。

比如曾国荃的一位朋友说："国荃甲子（指同治三年）乞病归，倾所储，置田屋，实不过银三万而已。"[3]就是说曾国荃同治三年（1864）辞职回家后，他的所有家产，不过三万两白银。我们知道，在回家以前，他做了六年高级将领。湘军高级将领每年的合法收入是五千四百两，那么六年收入就三万二千四百两，而他这次回家所置家业也不过三万两银子左右。这和他的合法收入大体相仿。

所以曾国荃虽然放纵部下抢掠，但自己在天京之劫中的收获并不是特别巨大。曾国荃和曾国藩相比，当然很贪财，但是他的贪婪程度并没有超过湘军将领的平均水平，毕竟他也算是一个读书人。然而关于曾九暴富的传说却满天飞，并且如此有鼻子有眼。正如曾国藩所说，影响之来，无声无迹。很多时候，报应不是专因某事，而是各种因素综合作用的结果。曾国荃长期以来不恤人言，多年积累的不佳名声，此时放大成"漫天箕口复纵横"[4]。

[1] 顾廷龙、戴逸主编：《李鸿章全集29·信函一》，安徽教育出版社，2008年，第406页。

[2] 赵烈文撰：《能静居日记》2，岳麓书社，2013年，第1066页。

[3] 费行简著：《近代名人小传》。

[4] 《曾国藩全集·诗文》，岳麓书社，2011年，第85页。

在此之前，曾国荃虽然名声不佳，但是朝廷毕竟需要这员猛将冲锋陷阵，有什么不满只能忍着。现在，仗已经打完了，曾国荃终于遭到了报应，收获了那道声色俱厉的上谕。

3. 自剪羽毛，让曾老九离职

曾国藩深知，慈禧那道声色俱厉的上谕虽然是下达给曾国荃的，实际上也是为了敲打他。

对朝廷的猜忌，曾国藩早就有心理准备。他熟读史书，更精通易理。《易传》中说："日中则昃，月盈则亏。"当一个人的地位、权势、声望达到顶点的时候，也就是要走下坡路的时候。稍微处理不慎，就会招致无法预计的危险。因此，越是辉煌的时候，越应该努力保持清醒的头脑，趋福避祸。

怎么趋福避祸呢？关键是处理好"权"和"利"两个字。

早在攻下南京前，曾国藩就在给曾国荃的信中说："然处大位大权而兼享大名，自古曾有几人能善其末路者？总须设法将'权、位'二字推让少许，减去几成，则晚节渐渐可以收场耳。"[1] 同时兼有高位、大权和大名的人，自古以来，几个人下场是好的？翻读二十三史，可能只有郭子仪一个人结局不错。所以要想收场，就要把"权"和"位"这两个字推掉一些、减去几成。

在写给朋友的信中他又说："入世已深，居位过高，中宵默念，但觉世味日多，天机日浅，若不早谋引退，将来斗智竞力，日入俗吏功利之途而不自觉。"就是说，我为了做事，入世越来越深，地位越来越高，夜里睡不着自我反省，感觉身上世俗味道越来越重，天真越来越少。如果不早点谋划引退，将来陷入争权夺利中去，就会变成一个庸俗的政客。因此倘若攻克金陵，"决计引退"[2]。

他知道自己兄弟二人权势已达峰巅，现在最需要做的是自剪羽毛。他的应对，一是奏请曾国荃辞职返乡，另一个是主动裁撤湘军。

曾氏兄弟二人同居高位，势力太大，要让清廷放心，兄弟二人须有一人暂时离职，韬光养晦。就目前情形看，因为朝廷最不放心也最厌恶的是曾国荃，不妨让他

---

[1]《曾国藩全集·家书》2，岳麓书社，2011年，第108页。
[2]《曾国藩全集·书信》6，岳麓书社，2011年，第517页。

先回家避避风头。等到时过境迁，朝廷的猜疑之心解除之后，自然还会想起曾国荃来，曾国荃受到大用的机会还很多。现在外间虽有闲话，但随着老九的隐退，也必然会慢慢消解。曾国藩劝解老九说："弟少耐数月以待之，而后知吾言之不谬也。"[1]

让曾国荃暂时离职（当时叫"开缺"）的理由，自然是身体欠佳，"万难再当大任"。曾国藩代曾国荃正式奏请"开缺回籍"，调理身体。不过他在奏折中也点明，此举也是"求所为善聚不如善散，善始不如善终之道"，说明了曾氏兄弟希望与朝廷有始有终的愿望。[2]

按传统时代政治惯例，朝廷在这种情况下应该适当挽留一下，所以曾国藩的第一道奏折没有得到批准。曾国藩遂于八月二十七日上了第二道奏折。这一次朝廷反应奇快，九月初四日即发下上谕批准，其间仅仅隔了七天。可见慈禧和恭亲王是多么迫切地希望曾国荃从他们眼前消失。

清廷对曾国藩更不放心的是他手里的军队。曾国藩在同治三年（1864）四月初三日致李鸿章的函中说：

> 长江三千里，几无一船不张鄙人之旗帜，外间疑散处兵权过重，利权过大，盖谓四省厘金，络绎输送，各处兵将，一呼百诺，其相疑良非无因……[3]

长江三千里上下，几乎没有一条大船不挂着"曾"字旗帜。因此别人怀疑我手中兵权过大，说我掌握四省财政，对天下各处军队都有影响力，这种说法也不是没有道理。

曾国藩总结历史，得出一个结论："自古握兵柄而兼窃利权者，无一不凶于国，而害于家。"因此毅然决定裁撤湘军。

七月十三日，距离湘军攻占金陵还不到一个月，曾国藩就下令裁撤曾国荃直接指挥的湘军两万五千人。一年多后，除湘军水师改编为经制长江水师，其余曾氏兄弟直辖湘军均被裁撤。与此同时，左宗棠部湘军也由六万余人裁去四万多，其余江西、湖南等地湘军也大部遣散。

---

[1]《曾国藩全集·家书》2，岳麓书社，2011年，第318页。
[2]《曾国藩全集·奏稿》7，岳麓书社，2011年，第346页。
[3]《曾国藩全集·书信》6，岳麓书社，2011年，第564页。

曾国藩大规模自裁湘军，既减轻了朝廷对他的疑虑，也使湘军后期出现的诸多问题一了百了。此时湘军已染上很深的暮气，纪律已经败坏，经常骚扰地方。随着军队的遣散，这些问题也就解决了。

朱东安说："曾国藩主要依靠这条策略完成了政治上的退却，缓和了同清政府的矛盾，巩固了自己的地位，化险为夷，渡过难关。能够做到这一点绝非易事，在中国封建社会中，像曾国藩这样恰如其分地完成这种转变的事例是不很多的，而身败名裂、兔死狗烹者则史不绝书。此亦足见其历史经验之丰富、政治嗅觉之灵敏，审事详明，处事果断。"[1]

朝廷因此对曾国藩态度大为改变，一是不再追究曾国荃的问题，放手让曾国藩治理两江，对湘军其他骨干照旧放手任用，二是不再追究天京城内财宝的下落，还宣布湘军军费不必逐一造册送户部审查，直接报销，以表示对曾国藩的信任。曾国藩写信给他的财务总管李瀚章说："各路军营免办报销，近日皇恩浩荡，此旨尤为出人意表。……闻此恩旨，直如罪人遇赦，大病将愈，感激涕零。"[2]

4. 与左宗棠的恩怨情仇

不过，处理好撤军事宜，并不意味着曾国藩解决了全部危机。在平定太平天国后不久，湘军集团就遇到了另一个危机：曾国藩和左宗棠这两个湘军领袖公开决裂。

曾国藩与左宗棠渊源也很深，他们也是湖南老乡，年龄只差一岁。左宗棠自幼聪明，才华出众，可惜中举之后三次会试都不能中进士，因此无法以正常方式进入仕途。咸丰二年（1852）年底，曾国藩墨绖出山到长沙办团练之时，左宗棠正给当时的湖南巡抚张亮基当幕友。左宗棠以师爷身份，给曾国藩帮了很多忙。

咸丰九年（1859），左宗棠因为在巡抚幕府中盛气凌人，凌辱朝廷命官樊燮，朝廷发下谕旨，命人逮捕左氏，"果有不法情事，可即就地正法"[3]。曾国藩闻讯"焦灼极切"，全力以赴，托关系走后门，帮左氏解脱。在众人的帮助下，左宗棠此难最终得到了化解。

[1] 朱东安著：《曾国藩传》，辽宁人民出版社，2014年，第197页。

[2]《曾国藩全集·书信》7，岳麓书社，2011年，第113页。

[3]《清代野史》第6辑，巴蜀书社，1987年，第284页。

左宗棠脱身以后，来到曾国藩大营。曾国藩保举左宗棠"刚明耐苦，晓畅兵机"[1]，皇帝于是命左氏作为曾国藩的助手，襄办湖南军务。曾国藩派左宗棠回到湖南募勇，左宗棠募得楚军五千人，屡立战功。

咸丰十一年（1861），朝廷命曾国藩督办江苏、安徽、江西、浙江四省军事后，曾国藩决定将浙江军务全盘交给左宗棠，让他从此独当一面。不久清政府在曾国藩的建议下任命左宗棠为浙江巡抚，从此，举人出身的左宗棠正式步入大员行列。同治二年（1863）三月，清廷更超擢他为闽浙总督。

应该说，左宗棠的一生事业，受曾国藩之提携甚力。然而在攻下南京之后，两个人的关系却迅速恶化。

▲ 左宗棠

天京陷落，曾国藩兄弟封侯。然而，就在封侯的喧闹喜庆过去不久，曾国藩又一次陷入了苦恼之中。

原来，曾国荃午夜送来的那张捷报存在一个致命的问题。南京城破前，洪秀全已经去世，他的儿子、十六岁的洪天贵福登基，被称为"幼天王"。曾国荃在湘军攻破外城后即回营大睡，未进行严密布置，吉字营上上下下忙着抢劫各王府里的金银财宝，为此而放松了防守，让李秀成等人护送着幼天王冲出城墙。曾国荃没有掌握这个情况，他的判断是天王府火势猛烈，幼天王等应该已经死于火中。因此他第一时间贸然向曾国藩汇报说，幼天王"积薪宫殿，举火自焚"。曾国藩相信了弟弟，向朝廷汇报说：

> 据城内各贼供称，首逆洪秀全实系本年五月间官军猛攻时服毒而死，瘗于伪宫院内，立幼主洪福瑱重袭伪号。城破后，伪幼主积薪宫殿，举火

---

[1]《曾国藩全集·奏稿》2，岳麓书社，2011年，第488页。

自焚等语。应俟伪宫火熄，挖出洪秀全逆尸，查明自焚确据，续行具奏。[1]

也就是说，根据城内太平军俘虏供称，洪秀全已经在同治三年（1864）五月服毒而死（事实上并非服毒，曾国藩这样说，只是为了凸显洪秀全是死于湘军攻城的压力之下），埋在了伪王宫之中，他的儿子洪福瑱继位。城破之后，幼主已经在宫中举火自焚。等以后火熄，当挖出洪秀全的尸体，查到洪福瑱自焚的确切证据，再行上奏。

这样说来，南京城内十万太平军皆被消灭，南京一役，圆满成功。

但是不久之后，李秀成就在城外被抓，供出幼天王已经远走。曾国藩得知真相后，如同兜头一瓢凉水。自古用兵，讲究擒贼擒王斩草除根，幼天王逃走，则太平军残部犹心有所系，镇压太平天国自然不能算彻底成功，曾国荃血战两年得来的"首功"由此也大打折扣。曾国藩只能盼布防的湘军在南京城外迅速抓住幼天王。这样，他也可以从容向朝廷汇报，措辞中极力回旋，使他们兄弟不至于十分难堪。

让他想不到的是，幼天王居然一路逃过湘军在南京城外的层层布防，千里奔逃到湖州，投奔了当时太平军余部中的堵王黄文金部。更让他想不到的是，居然有湘军将领不先禀告他，直接将此消息报告了朝廷。

此人就是左宗棠。

左宗棠通过线人，得知了幼天王的踪迹。按常理，他应该及时把这个消息告诉曾国藩，让曾国藩决定如何处置整件事情。再退一步，即使是由他来向朝廷汇报，他无论如何也应该先向曾氏兄弟通报一下情况。这样于国家无损，而于私谊有益。事实上，在以前的军务大端上，左宗棠一直是这么做的，只有这次，在涉及曾氏兄弟根本利益的大事上，左宗棠没有这样做。在获得了幼天王的下落后，他立刻于七月初六日直接奏报朝廷：

> 据金陵逃出难民供，伪幼主洪瑱福于六月二十一日由东坝逃至广德，二十六日，堵逆黄文金迎其入湖州府城，查湖郡守贼黄文金、杨辅清、李远继等皆积年逋寇，贼数之多，约计尚十余万，此次互相勾结，本有拼命相持之意。兹复借伪幼主为名，号召贼党，则其势不遽他窜可知。[2]

---

[1]《曾国藩全集·奏稿》2，岳麓书社，2011年，第299页。

[2]左宗棠撰，刘泱泱校点：《左宗棠全集·奏稿》1，岳麓书社，2014年，第421页。

也就是说，据金陵逃出来的难民交代，幼天王逃到了广德，被堵王黄文金接入湖州城。黄文金等都是太平天国骨干，又拥十万残部，本来就要战斗到最后一刻。如今又得到了幼主作为号召，实在十分危险。其他太平军残部，有可能前来会合。

这道奏折，有实情，也有夸大。幼天王逃至湖州是实，但是所谓他受到太平天国十万残部的热烈欢迎，"拼命相持"，却是夸大不实之词。其实，洪秀全在天国覆亡之前已经人心丧尽，毫无政治经验、与臣下素无交往的幼主更谈不上什么号召力。李世贤、汪海洋等残余将领对"迎驾""护驾"根本不感兴趣，不想给自己找麻烦，所以幼天王在逃亡途中总是"赶不上"他们。堵王黄文金虽有"迎主"的举动，其后却对幼天王本人避而不见。由此可见，幼天王这条小泥鳅已经翻不起大浪，不值得人们那样大为紧张了。

左宗棠夸大幼天王的影响力，意图十分明显，那就是要贬损曾氏兄弟的战功。他告诉朝廷，幼天王远比南京城更重要。幼天王逃出，并且受到十万残部的热烈欢迎，那么太平天国各地残部联合起来，重新兴盛，并非没有可能。看来镇压太平天国大业，只是完成了一半。而曾氏兄弟就是凭着这一半成功，骗得了封侯之赏。

左宗棠的目的果然达到了，朝廷勃然大怒。慈禧太后万万没想到素称老实厚道的曾国藩居然敢如此欺君罔上，于是降下严旨，切责曾国藩：

> 据曾国藩奏洪福瑱积薪自焚，茫无实据，似已逃出伪宫。李秀成供曾经挟之出城，后始分散。其为逃出，已无疑义。湖熟防军所报斩杀净尽之说，全不可靠。着曾国藩查明。此外究有逸出若干？并将防范不力之员弁，从重参办。[1]

这道谕旨语气空前严厉，不仅指责曾国藩以前的奏折"茫无实据""全不可靠"，而且要严惩曾国藩的部下，"将防范不力之员弁从重参办"。不要说慈禧主政以来，对曾国藩一直是客客气气的，就是对曾国藩不太感冒的咸丰皇帝，也从来没有说过这样的重话。曾国藩的自尊心受到了空前打击，声誉也大大受损。

推动左宗棠做出这个举动的，是纠缠了他一生的"科举情结"和"瑜亮情结"。

虽然一生多次得到曾国藩的帮助，但是左宗棠对曾国藩的评价却一直不高。当

---

[1]《曾国藩全集·奏稿》7，岳麓书社，2011年，第356页。

初曾国藩以二品大员身份到长沙"帮办团练"，左宗棠以一介小小的师爷身份与他初次接谈，就得出了曾氏才略平平的结论。左宗棠在给朋友的信中谈说：

> 曾涤生侍郎来此帮办团防。其人正派而肯任事，但才具稍欠开展。[1]

后来虽然曾国藩创建湘军，在两湖接连取胜，左宗棠仍然看不起曾国藩。他在与胡林翼等朋友的通信中提到曾国藩时经常说，"涤公方略本不甚长"[2]，"乡曲气太重"，"才亦太缺"[3]，"于兵事终鲜悟处"[4]。

左宗棠看不起曾国藩，有一个重要的心理上的原因。左宗棠自幼就自命不凡，认为自己是天纵之才，以为自己肯定能早早科名发达，不料连年落第，因此对于那些高中科甲之人，下意识中一直有一股莫名的敌意。在他后来的家书中，经常能看到他对科名中人的讥评之语，比如："人生精力有限，尽用之科名之学，到一旦大事当前，心神耗尽，胆气薄弱……八股愈做得入格，人才愈见庸下。"[5]换句话说，在他看来，科举越成功的人，能力往往就越差。

曾国藩中进士，点翰林，很快做到侍郎。左宗棠才华横溢，却进身无门，只好充当幕僚。所以左宗棠看待曾国藩，下意识地一直戴着有色眼镜，千方百计放大曾国藩身上的缺点和毛病，来验证自己的"上天不公论"和"科举无用论"，为自己寻找一个心理平衡。

除了"科举情结"外，左宗棠内心还深藏着"瑜亮情结"。左宗棠平生以诸葛自命。"每与友人书，自署'老亮'，以汉武侯自比。继又言：'今亮或胜于古亮。'"[6]每提起曾氏，他心中总会涌起一股难言的怨气。原因只有一个，那就是曾国藩在舞台当中占据了本来应该属于他的"主角"位置。曾国藩正是直接阻碍他成为"今亮"的罪魁祸首。以主帅身份平定了太平天国，这就是曾国藩对不起他左宗棠之处。

如谓不信，请看这样一个故事。左宗棠晚年，曾经为一幅叫《铜官感旧图》的画作序。铜官就是曾国藩靖港之败后自投湘江之处，《铜官感旧图》画的就是曾国藩

---

[1] 左宗棠撰，刘泱泱校点：《左宗棠全集·书信》1，岳麓书社，2014年，第80页。

[2] 左宗棠撰，刘泱泱校点：《左宗棠全集·书信》1，岳麓书社，2014年，第186页。

[3] 左宗棠撰，刘泱泱校点：《左宗棠全集·书信》1，岳麓书社，2014年，第271页。

[4] 左宗棠撰，刘泱泱校点：《左宗棠全集·书信》1，岳麓书社，2014年，第264页。

[5] 左宗棠撰，刘泱泱校点：《左宗棠全集·家书诗文》，岳麓书社，2014年，第20页。

[6] 朱孔彰撰：《中兴将帅别传》，岳麓书社，1989年，第63页。

当年自杀之事。左宗棠的序中有这样一句："公（曾国藩）不死于铜官，幸也。即死于铜官，而谓荡平东南，诛巢馘让，遂无望于继起者乎？殆不然矣。"[1]

这句话揭开了左宗棠心底的秘密。翻译成白话，这句话的意思就是，曾国藩那次投水没死，当然是天下之幸。但是如果说他死了，天下就没救了，也不是那么回事儿。

从这句话不难看出，左宗棠真恨不得曾氏死于当时，那么，"荡平东南，诛巢馘让"的应该就是他了。他相信，如果这出大戏由他来导演，一定会比曾国藩导得精彩许多。所以在平定太平天国的战争中，他多次在与朋友的通信中认为曾氏用兵呆滞，"非办贼之人"，以为曾氏之才不足以平定太平天国，要拯救大清王朝，还需要别人出手。

曾国藩是宽厚之人，左宗棠的恶评当然或多或少会传入曾国藩的耳朵，曾国藩却没有做出过任何反驳或者辩白，对左宗棠仍然一如既往地推重。

左宗棠在曾国藩的推荐下担任巡抚，已经属于破格超升。而仅仅一年时间，并无特殊建树，朝廷居然又擢升他为闽浙总督，让他与曾国藩平起平坐。

这个决定的背后隐藏着清廷极为深刻的用心。他们怕曾国藩尾大不掉，使左氏与曾分庭抗礼，就是为了分裂湘军，牵制"兵权过重"的曾国藩，达到分湘系集团而治之的目的。

这一策略很快奏效。南京城破，曾国藩获得封侯首功，左宗棠心里非常不平衡。在平定太平天国之后，当时之人品评天下人物，每以曾、左、李为序，大家认为这是左宗棠的荣耀，左宗棠对此却相当不以为然。后来，他曾这样对郭嵩焘说："阁下……生平惟知曾侯、李伯及胡文忠而已，以阿好之故，并欲侪我于曾、李之列。于不佞生平志行，若无所窥，而但以强目之，何其不达之甚也。"[2] 也就是说，你一直只推崇曾国藩、李鸿章和胡林翼。为了讨好我，说我可以和曾、李并列。其实你这样做，是不了解我。言下之意是，我比他们高明得太多了。

所以，获知幼天王的下落后，他想也没想，凭着条件反射式的本能反应，第一时间做出了这个举动。

如果仅关乎个人名誉，曾国藩可能会坦承自己调查不周，引咎自责，但事情涉

---

[1] 左宗棠撰，刘泱泱校点：《左宗棠全集·家书诗文》，岳麓书社，2014年，第239页。
[2] 左宗棠撰，刘泱泱校点：《左宗棠全集·书信》1，岳麓书社，2014年，第648页。

及他的部下，特别是兄弟曾国荃，他无法让步。特别是左宗棠奏折中的蓄意诬陷，更让他气愤难平。他固然知道左宗棠脸酸心硬，但想不到他忘恩负义、恩将仇报到如此地步。

曾国藩轻易不会攻击别人，但一旦出手，那锋芒也是常人难敌。他在回奏中这样向左宗棠发起了攻击：

> 至防范不力之员弁，是夕贼从缺口冲出，我军巷战终日，并未派有专员防守缺口，无可指之汛地，碍难查参。且杭州省城克复时，伪康王汪海洋，伪听王陈炳文两股十万之众，全数逸出，尚未纠参。此次逸出数百人，亦应暂缓参办。[1]

谕旨威胁要将"防范不力之员弁，从重参办"。曾国藩却说，当时全军都忙于战斗，"并未派有专员防守缺口，无可指之汛地"，由此推卸了部下的责任。接下来，他反戈一击，揭出左宗棠当年的一桩老底：原来，同治三年（1864），左宗棠攻陷杭州后，曾有数万太平军逃出，左宗棠却汇报成只有数千人。这事曾国藩早就心知肚明，却一直为左宗棠保密，直到今天，才不得不作为撒手锏抛了出来。

左宗棠没想到曾国藩会来这一手。事情闹到这一步，左宗棠已经骑虎难下，况且他本是好辩之人，怎能偃旗息鼓？他马上再次上奏，绞尽脑汁进行反驳。双方你来我往，攻防都很精彩。让他们互揭老底、自相残杀，本来就符合朝廷分而治之之计，中枢看到这些奏折，心中暗喜，但是现在毕竟敌人没有彻底被"剿"灭，还不到烹走狗之时，所以不得不和一下稀泥：

> 朝廷于有功诸臣，不欲苛求细故。该督（谓左宗棠）于洪幼逆之入浙则据实入告，于其出境则派兵跟追，均属正办。所称此后公事仍与曾国藩和衷商办，不敢稍存意见，尤得大臣之体，深堪嘉尚。朝廷所望于该督者至大且远，该督其益加勉励，为一代名臣，以副厚望。[2]

虽没有过多地指责曾国藩，却大大地表扬了左宗棠的公忠正大，称左宗棠"为

---

[1]《曾国藩全集·奏稿》7，岳麓书社，2011年，第350页。

[2] 左宗棠撰，刘泱泱校点：《左宗棠全集·奏稿》1，岳麓书社，2014年，第435页。

一代名臣",其贬低曾国藩抬高左宗棠之意显然。

这年九月,清军终于在江西擒获幼天王,从事实上证明了左胜曾败,曾国藩更陷于难言的尴尬。双方彻底失和,自此而始。直到曾国藩去世,两人之间再没任何私下交往。正如薛福成云:"左文襄公自同治甲子与曾文正公绝交以后,彼此不通书问。"[1]

左宗棠如此对待曾国藩,可谓恩将仇报,实出乎常情常理之外。其实左宗棠一生于朋友之道不屑于用心讲求,先后绝交的朋友不止曾国藩一人。他和郭嵩焘、李鸿章、沈葆桢也无不闹翻。

相比之下,曾国藩的人际交往就比左宗棠成功多了。曾国藩一生朋友如云,且其所深交,都是相当杰出的人物。曾国藩一生功业,半受朋友之助。他事业的成功,从某个角度来说,是善于用人的结果。反过来说,他更善于设身处地为他人着想,对朋友提携报答,不遗余力。

失和之后,曾国藩从来没有公开说过左氏一句坏话,私下里也不怎么对人谈论他与左氏的是非短长,真的做到了"相忘于江湖"。

然而,左宗棠停止不了对曾国藩的评论。许多笔记资料都记载,曾左失和之后,左宗棠每见一人,都要谈他与曾国藩关系的来龙去脉。每谈此事,则必"大骂"曾国藩。

曾国藩的部下薛福成就这样记载说:

> 文襄每接见部下诸将,必骂文正。然诸将多旧隶文正者,退而愠曰:"大帅自不快于曾公斯已矣,何必对我辈烦聒?且其理不直,其说不圆,聆其前后所述,不过如是。吾耳中已生茧矣。"[2]

就是说,左宗棠每次接见部下时,都有一个保留节目,就是骂曾国藩。然而,他的部下,以前大部分都是曾国藩的部下,因此听了都很不高兴,出来后都说,你和曾公的恩怨是你们的私事,老跟我们说个什么劲儿呢?何况听来听去,你也没什么理,听得我们耳朵都长了茧了。

---

[1] 薛福成著:《庸庵笔记》,江苏人民出版社,1983年,第49页。
[2] 同上。

同治五年（1866），郭嵩焘写给曾国藩的一封信也验证了薛福成的这一说法。

郭嵩焘对曾国藩汇报说："退庵言在营日两食，与左君同席，未尝一饭忘公，动至狂诟。"[1] 就是说，吴士迈（号退庵）在左宗棠营中吃了两顿饭，都和左宗棠一桌。左宗棠没有一顿饭不提你的，动不动就破口大骂。

面对左宗棠的不断攻击，曾国藩采取了如下对策：

一是要求自己的亲朋好友及家人不要回击左宗棠，避免火上浇油，反而鼓励他们尽量与左宗棠搞好关系。他一再赞扬李鸿章："阁下不与左帅争意气，远近钦企。"[2] 并说这是李进德甚猛的表现。他还嘱咐自己的儿子，不要因此与左宗棠、沈葆桢等人交恶："余于左、沈二公之以怨报德，此中诚不能无芥蒂，然老年笃畏天命，力求克去褊心忮心。尔辈少年，尤不宜妄生意气，于二公但不通闻问而已，此外着不得丝毫意见。切记切记。"[3]

二是对左宗棠的攻击不闻不问，不予回答。

曾国藩收到郭嵩焘的信后，并不生气，盖这早在他意料之中。他在复郭氏信中委婉地说：

> 左公之朝夕诟詈，鄙人盖亦粗闻一二，然使朝夕以诟詈答之，则素拙于口而钝于辩，终亦处于不胜之势。故以不诟、不詈、不见、不闻、不生、不灭之法处之，其不胜也终同，而平日则心差闲而口差逸。
>
> 年来精力日颓，畏暑特甚。虽公牍最要之件，浏览不及什一辄已弃去，即贺禀谀颂之尤美者，略观数语，一笑置之。故有告以詈我之事者，亦但闻其绪，不令竟其说也。[4]

也就是说，我早就听说左公早晚不停地骂我。然而如果让我也这样骂他，我口笨心拙，肯定骂不过他。不如以一不骂二不听三不管的办法处理，结果也一样是"不胜"，但省心省力。老来精力日颓，正事还忙不过来，听那些颂扬我的话还听不过来，所以有告诉我别人骂我的事，我只听个大概，不让他们说完。

曾国藩的回信不温不火，你可以说他达观，可以说他淡然，也可以说他幽默。

[1] 郭嵩焘撰，梁小进主编：《郭嵩焘全集》13，岳麓书社，2012 年，第 207 页。

[2]《曾国藩全集·书信》6，岳麓书社，2011 年，第 590 页。

[3]《曾国藩全集·家书》2，岳麓书社，2011 年，第 490 ~ 491 页。

[4]《曾国藩全集·书信》9，岳麓书社，2011 年，第 172 ~ 173 页。

他相信自己的拙诚终能白于天下，不必浪费精力与左宗棠争无谓之口舌。

同治五年（1866），左宗棠出任陕甘总督，受命镇压西捻军。后又因为西北地区回教起义导致局势动荡不安，左宗棠继续西征。曾、左二人因此也有了平生最后一次交集。

左宗棠十分看重这次出兵，平定太平天国，他只是曾国藩的配角，这次西征他却成了主角。虽然头发已白，他却豪情万丈，决心倾情出演。

然而这次出征面临着一个最大的难题，那就是筹饷。因为西北乃天下贫瘠之区，饷源不能指望当地，势必要"用东南之财赋，赡西北之甲兵"。西征之初，他就对朝廷声明，这次战争筹饷重于指挥战斗。他在信中甚至这样说："仰给各省协款，如婴孩性命寄于乳媪，乳之则生，断哺则绝也。"[1] 仰仗各省提供的军饷，如同婴儿仰仗乳汁一样，一旦停了，命就没了。

这样，曾国藩与左宗棠不可避免地又要打起交道。因为同治九年（1870），曾国藩回任两江总督，其辖下的江苏乃西征军重要的饷源地。

晚清督、抚之间的个人关系，对政治运作影响极为重大。事实上，虽然朝廷规定各省要按份额及时供给西征军军费，但只有少数与左宗棠个人关系好的省份尽力供应，而那些与左宗棠个人关系一般的省份都没能做到如数按期。《光绪朝东华录》概括西征之饷的落实情况说："各省拨解之数，有过半者，有不及一半者。惟湖南止解三分之一，河南拨解不及十分之一，广东、福建、四川欠解亦多。"

所以，当左宗棠听说曾国藩回任两江后，第一反应是担心曾国藩不实心实意支持他，破坏他成就大功："我既与曾公不协，今彼总督两江，恐其隐扼我饷源，败我功也。"[2]

然而不久他就发现自己判断错了。其后，曾国藩分内的那份军饷就源源不断，稳定而可靠地输送而来，不但足额而且及时。这让左宗棠大为意外。"文正为西征筹的饷，始终不遗余力，士马实赖以饱腾。"[3]

除此之外，在左宗棠"剿"捻及西征中，曾国藩又将最得意的部下刘松山交给左宗棠使用。刘松山屡立巨功，对左宗棠帮助极大。"又选部下兵最练、将最健者，

[1] 左宗棠撰，刘泱泱校点：《左宗棠全集·奏稿》6，岳麓书社，2014年，第305页。
[2] 薛福成著：《庸庵笔记》，江苏人民出版社，1983年，第43页。
[3] 薛福成著：《庸庵笔记》，江苏人民出版社，1983年，第49页。

遣刘忠壮公（松山）一军西征，文襄之肃清陕甘乃新疆，皆倚此军之力。是则文襄之功，文正实助成之。"[1]

曾、左晚年这最后一次交集，确实头一次感动了左宗棠。左宗棠第一次对曾国藩产生了发自内心的敬重和钦佩。这是曾、左关系上的一个重要转折点。因此曾国藩去世后，身在西北前线的左宗棠派人千里迢迢送来一副谁也没有料到的挽联，终于承认自己不如曾国藩。其文曰：

> 谋国之忠，知人之明，自愧不如元辅。
> 同心若金，攻错若石，相期无负平生。[2]

对曾、左一生的恩恩怨怨，人们评价议论得很多。其中郭嵩焘的评价值得一读。

对于一生至交曾国藩，郭嵩焘由亲近而敬佩，最后甚至达到崇拜的地步。有一次，郭嵩焘在曾氏大营中待了几天，在日记中记下他人如何评曾：

> 相国好谀而不废逆耳之言，好霸气而一准诸情理之正，是从豪杰入者。其于用人处事，大含元气，细入无间，外面似疏而思虑却极缜密，说话似广大不落边际而处事却极精细，可为苦心孤诣。尝言李申甫能知我深处，不能知我浅处。又尝言古人办事不可及处，只是运用得极轻，庖丁解牛，匠石运斤成风，有此手段，所谓不动声色措天下于太山之安者，轻而已矣。[3]

也就是说，曾国藩喜欢听好话，也能听坏话。做事能决断、有霸气，但都是凭情理。用人处事，从大的格局到小的细节，都值得学习。表面上看很疏朗大气，其实思维极缜密。说话表面上听起来不着边际，实际上办事极精细。他曾经说，李榕只了解我的深处，不了解我的浅处。又说，古人办事，之所以不可及，只是能够举重若轻。为什么能够不动声色就改变天下大势呢？举重若轻而已。

这哪是写曾国藩，简直就是在描写活圣人。在另一处日记中，他这样评价曾、

---

[1] 薛福成著：《庸庵笔记》，江苏人民出版社，1983 年，第 49 页。
[2] 同上。
[3] 郭嵩焘撰，梁小进主编：《郭嵩焘全集》8，岳麓书社，2012 年，第 556 页。

左二人的不同：

> 左帅以盛气行事而不求其安，以立功名有余，以语圣贤之道，殆未
> 也。[1]

左宗棠做事，凭的是一股气，但不管这件事千万年后能否经得住评价。王船山说，圣贤一定是豪杰，而豪杰不一定是圣贤。在郭嵩焘看来，曾国藩是圣贤，而左宗棠仅止于豪杰，这就是二人的根本区别。

---

[1] 郭嵩焘撰，梁小进主编：《郭嵩焘全集》9，岳麓书社，2012 年，第 190 页。

第三卷

总督生涯

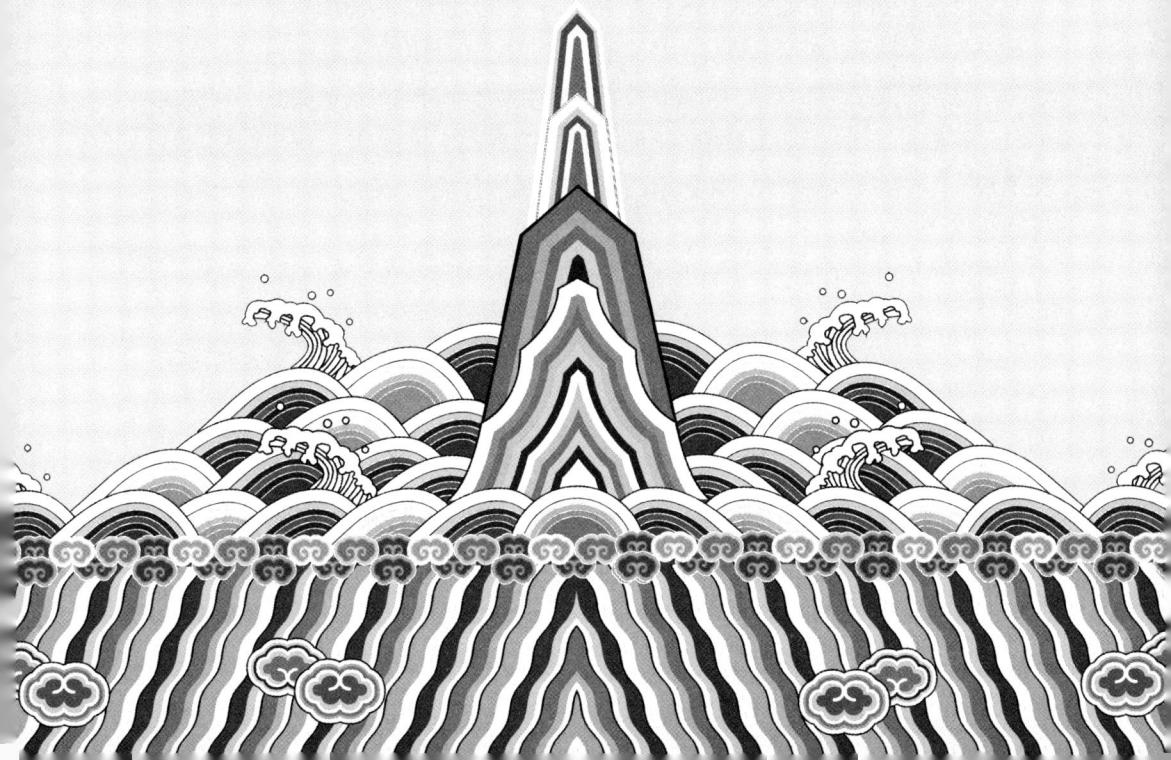

| 第十三章 | 两江总督的清与浊

1. 不准大排场，只收小礼物

咸丰十年（1860）四月十九日，曾国藩署理两江总督。同治十一年（1872）二月初四日，他在两江总督任上去世。他一生三次总督两江，时间累计长达八年。[1]这是他担任的时间最长、任务最重的一个地方职务。

在同治三年（1864）攻占南京以前，军事是他的工作重心，但是随着大局日益明朗，民生和吏治在他工作日程表中的分量越来越重。

曾国藩从政和治军的初衷是"济世人于水火，解生民于倒悬"，而两江地区的百姓确实经受了太多痛苦。

和大清王朝的其他地区的人民不同，两江一带民众受的是夹板罪。

在太平军到来之前，百姓受的是清王朝官吏的百般鱼肉和沉重剥削。晚清政治腐败，地方官几乎无不贪污。李鸿章曾在奏章中描述晚清的吏治状况说："政以贿成，婪索相竞。自大府以至牧令，罕能以廉公自持。取之僚属者，节寿有贺仪，到任有规礼，补缺署缺有酬谢。取之商民者，街市铺户有摊派。变本加厉，上下相沿，不以为怪。"[2]

所谓羊毛出在羊身上，官场上这些花样百出的腐败的来源，都是民脂民膏。官

---

[1] 同治四年五月初三日他接奉上谕，北上"剿"捻，两江总督由李鸿章署理，首任两江总督几乎整整五年。"剿"捻约一年半后，同治五年十一月初六，曾国藩回到两江总督本任。同治七年七月二十日，他奉命调任直隶总督，二任两江总督不到两年。同治九年八月初二日，曾国藩与李鸿章对调，仍回任两江总督。这次他在江督任上一直做到同治十一年二月初四日去世。总计他一生担任总督长达十年多，其中两江总督约八年，直隶总督约两年。

[2] 顾廷龙、戴逸主编：《李鸿章全集·奏议十四》，安徽教育出版社，2008年，第305页。

员们剥削百姓的主要方式，是以办公经费不足等借口收取"附加费"。本来在正税之外多收百分之十的附加费就可以满足办公经费需要，但是他们可能收取百分之二十、百分之五十，甚至百分之百至几百。至于其名目，则多如牛毛，总名之下，还有子名，子名之外又有别称，同一名目又因官、因地、因时，各有不同的内容。[1]如胡林翼所称："州县书役样米、淋尖、踢斛、抛散、溷淆，以及由单、串票、号钱、差费等等名目……计每县陋规多至数十款、百余款。"[2] 因此大清王朝虽然总是声称自己爱惜民力，"轻徭薄赋"，优于前代，但是实际税率却非常高。

在太平天国起义之前，江南各省的"附加费"也就是"浮赋"问题在全国非常突出。比如江苏省在咸丰前期，如果给国家交一石米的漕粮，老百姓本来只需要交两千文钱。但是官府却层层加码，各地需要交八千、十千至十八千文不等，附加税达到了正税的三倍至八倍不等。[3] "浙江杭、嘉、湖三府漕粮折征，最初每石收六千余文，以后逐渐提高，致一石之漕粮，合时价达两石以上。"[4] 当时就有人说："江南必反于漕。"[5] 果然，太平军一到，那些活不下去的贫民纷纷随之而去。

那么，太平军来了，百姓们就享了福吗？也没有。追随太平军的百姓很快发现，他们的日子并没有好转，反而从十七层地狱转入第十八层。清王朝的地方治理已经一塌糊涂，而太平天国的地方治理能力又远低于清王朝。

十余年来，两江总督所辖的江苏、安徽、江西都是清军与太平天国作战的主要战场。在清朝一方的贪官污吏和太平军的包租制度交相摧残下，两江这个从前最富庶的地方，处处"白骨露于野，千里无鸡鸣"。曾国藩在给郭嵩焘的信中感叹："皖省群盗如毛，人民相食，或百里不见炊烟。"[6] 过去，南京到苏州一带，"皆富饶殷实，沿运河十八里，廛舍栉比，人民熙熙攘攘，往来不绝"，现在，则"房舍、桥梁，尽被拆毁，十八里中杳无人烟，鸡、犬、牛、马绝迹。自此至无锡，沿途如沙

[1] 张晨著：《清代部费陋规问题研究》，武汉大学 2013 年博士学位论文，第 67 页。
[2] 胡林翼撰，胡渐逵、胡遂、邓立勋校点：《胡林翼集》1，岳麓书社，2008 年，第 332 页。
[3] 吴云著：《两罍轩尺牍》卷 5，第 13 页。转引自潘国旗著：《太平天国后期清政府的"减赋"政策刍议》，《财经论丛》2006 年第 1 期，第 98 页。
[4] 潘国旗著：《太平天国后期清政府的"减赋"政策刍议》，《财经论丛》2006 年第 1 期，第 98 页。
[5] 冯桂芬著：《均赋税议》，《显志堂稿》卷十，光绪二年校邠庐刻本。
[6]《曾国藩全集·书信》6，岳麓书社，2011 年，第 68 页。

漠，荒凉万里"。[1] 要解民众于倒悬，第一步是通过战争收复领土，第二步则是整顿吏治，革除陋规。

早在京官时代，曾国藩就认为当时天下一切弊端根子都在吏治。他说，要挽救国家危局，就必须从吏治入手。"若不从吏治人心痛下功夫，涤肠荡胃，断无挽回之理。"[2]"务须从吏治上痛下功夫，斯民庶可少苏。"[3] 问题是，那时他是一介京官，只有发言权，没有行动权。如今成了地方大吏，终于可以对吏治采取切实行动了。

官场上讲究"亮相"。一位新官以什么姿态出现在官场之上，在任何时代都是个需要认真斟酌的问题。

咸丰十年（1860）五月十五日，也就是升任两江总督二十六天后，曾国藩要从大本营沿江东下，前往祁门。这次出行，对于两江地区的官场来说，就是新任总督的"亮相"之举。

湘军官兵盼着曾国藩成为总督，眼睛都盼绿了。如今曾国藩如愿以偿，湘军上下也都扬眉吐气，欢欣鼓舞。曾国藩预料到，各处水师一定会大摆宴席，对他大搞迎送仪式。

清代官场上，对迎送排场非常讲究，有许多精细的"尺寸"。比如上级来视察，地方官是不是要到边界迎接，是不是要出城迎接，出城的话，不同的级别，要出城多少里，都有说法。来到之后，用什么级别的宴席款待，安排几次听戏，临走时送多少钱，也都有微妙而明确的"潜规则"。晚清官员张集馨在他的自叙年谱中说，自己的从政岁月，"终日送往迎来，听戏宴会，有识者耻之"[4]，主要精力都花在迎来送往、花天酒地上了。因为地方上来往的官员实在太多了，所以搞得他连休息的时间也没有，"来往过客，攀挽流连，余等复迭为宾主，几于无日不花天酒地"[5]，他因此不得不天天泡在酒海里，喝坏了官风，喝坏了胃。

对于这种风气，曾国藩自然非常清楚，所以出发之前，他特别致信水师将领杨载福、彭玉麟，要求他们不要搞迎送仪式：

[1] 李文治编：《中国近代农业史资料第一辑（1840—1911）》，生活·读书·新知三联书店，1957年，第148页。

[2]《曾国藩全集·书信》2，岳麓书社，2011年，第641页。

[3]《曾国藩全集·书信》2，岳麓书社，2011年，第662页。

[4] 张集馨著：《道咸宦海见闻录》，中华书局，1981年，第80页。

[5] 张集馨著：《道咸宦海见闻录》，中华书局，1981年，第82页。

  国藩赴水营，请阁下告诫各营，无迎接，无办席，无放大炮。[1]

  这封信，也可以说是曾国藩整顿吏治的第一份宣言书。

  然而官场的潜规则是，上级的本分是严格律己，宣布禁令，下级的本分却是必须过格招待，不遵守这些禁令，这才叫"各得其所"，皆大欢喜。特别是曾国藩苦熬了这么多年，终于获得总督职务，军官们都是发自内心地高兴。所以曾国藩到达横坝头时，他发现各营仍然在江边列队迎接，而且还放起了鞭炮。

  曾国藩十分不悦，立刻再次写信给杨载福、彭玉麟，恳请他们不要再搞这些仪式。下属们这才确信，曾国藩的上封信不是官样文章，因此这次要求得到了不折不扣的执行。以后曾国藩再到哪儿，下属就不再摆什么仪式。曾国藩以这样的举动，为自己的总督生涯开了个好头。

  成为地方大吏后，曾国藩还遇到另一个无法回避的重要问题，那就是如何处理礼品。身在官场，你想自始至终片礼不沾是不可能的。因为官员送礼，送的不光是钱，还是人情。你一点儿不收，就显得你"不近人情"，这不符合曾国藩"和光同尘"的作风，也不利于他与下属建立基本的情感联系。所以在实在拒绝不了的情况下，他会从下属送来的礼物中挑一两样价值最低的收下来。

  咸丰十一年（1861），曾国藩派人把家眷从湖南接到安徽。以前曾国藩一个人住，到哪儿都对付一下就行。现在一大家子来了，就得简单装修一下房间，布置点儿家具。庐州知府唐景皋知道了这个情况，就给曾国藩送去了大批居家日用之物，从家具到被褥，林林总总，几乎无所不有。

  这是官场的惯例，因为庐州知府就驻在安庆，官场上通常都是由驻在省城的地方官为总督布置总督府。曾国藩本不打算让下属来准备，但是东西已经送来了，曾国藩又不忍心违了下属一片心意，于是将其他东西一概推却，只收了草席七领。他写信给唐知府说：

  顷接手书，复承惠贶多珍，锡比百朋，情殷千尺，至以为感！惟各物嫌于过费，万不敢当。谨领草席七种，取藉茅无咎、连茹汇征之象，且祝灾区遗黎咸登衽席，颂使君生成之绩也。余件奉璧，即希查收。[2]

---

[1]《曾国藩全集·书信》2，岳麓书社，2011年，第581页。
[2]《曾国藩全集·书信》4，岳麓书社，2011年，第257页。

您送来这么多好东西，我十分感谢。只是它们价值过于昂贵，我不敢当。所以只收七领草席。

官员过生日是收礼的好时机。咸丰十一年（1861）十月初九日，湘军名将鲍超亲赴安庆，给曾国藩贺寿。鲍超的军队向以能战、能抢闻名，因此他既是一个粗人，也是一个富人。其他部下不敢给曾国藩送礼，鲍超却不管这一套，他一共带来十六大包礼物，其中包括许多珍贵的珠宝、古玩。曾国藩一看笑了，说你打开我看看是什么。鲍超打开来，曾国藩细细看了一遍，从中挑了一件收下，其他都送还鲍超。收了一件什么呢？一顶绣花小帽。曾国藩在日记中这样记载：

> 鲍春霆来，带礼物十六包，以余生日也。多珍贵之件，将受小帽一顶，余则全璧耳。[1]

鲍超知道曾国藩脾气，也无可奈何，只好又带了十六大包东西回去了。

从史料上判断，曾国藩还收过美籍华人容闳"报效"的礼物。

原来，耶鲁大学毕业的第一位华人容闳曾受曾国藩委托，以"出洋委员"身份，携六万八千两白银出洋采购机器。同治四年（1865），容闳从美国采购机器回到中国，赴南京向曾国藩汇报工作。

此时曾国藩已经离开南京，北上"剿"捻。曾国藩知道，按中国官场惯例，容闳一定会向他致送礼物，因为曾国藩给他的是一个"肥缺"。所以曾国藩特意写信给儿子曾纪泽嘱咐说："容闳所送等件如在二十金以内，即可收留，多则璧还为是。"[2]

由此可见，这个时候的曾国藩收受礼品，有一条默认的"价格线"。至于容闳所送的是什么，价值多少，没有留下记载。

曾国藩刚开始当总督的时候，给他送礼的人每天都在门外排成行。因为他拒收礼物，慢慢形成习惯，后来便很少再有人给他送礼了。幕僚赵烈文到了曾国藩家，看到曾国藩的菜里没有肉没有鸡也没有鱼，就问他，总督府里连火腿也没有吗？

曾国藩回答："无之，往时人送皆不受，今成风气，久不见人馈送矣。即绍酒亦

---

[1]《曾国藩全集·书信》2，岳麓书社，2011年，第214页。
[2]《曾国藩全集·家书》2，岳麓书社，2011年，第400页。

每斤零沽。"[1]

也就是说，过去有人给曾国藩送火腿等食物，被曾国藩拒绝。渐渐地曾国藩之不收礼成了风气，什么都没人送了。就是想喝点儿黄酒，也要到街上现打。

赵烈文一听，笑着说："大清二百年，不可无此总督衙门！"[2]

曾国藩树立官场新风的另一个入手点，是管好身边的工作人员。

在做了两江总督之后，曾国藩给身边的工作人员制定了一份工作准则。

工作准则的第一条，是要求身边的门子，也就是守门人等工作人员不要欺凌地方官员。

> 不许凌辱州县。人无贵贱贤愚，皆宜以礼貌相待。凡简慢傲惰，人施于己而不能堪者，己施于人亦不能堪也。往尝见督抚过境，其巡捕、门印、签押及委员等，见州县官皆有倨侮之色、严厉之声，实可痛恨。今当痛改恶习。凡见州县及文武属员，总以和颜逊词为主，不可稍涉傲慢，致启凌辱之渐。[3]

不准凌辱州县官员。对人不论高低贵贱，都要以礼相待。以前我经常见到督抚过境之时，身边的工作人员对州县官员皆有倨傲之色、严厉之声，这种作风实在令人痛恨。你们见到州县官员时，不可稍涉傲慢。

第二条是不许给亲友们安排工作。

> 不许荐引私人。凡巡捕、门印、签押，势之所在，人或不敢不从：或其亲族，或其旧识，或荐至各将营盘，或荐入州县衙门，纵有过失，互相隐蔽，勾通袒护，为患甚大。自此次告诫之后，概不准荐人入将领之营，入州县之署，亦不准各营各署收受。[4]

不准向有关衙门荐举自己的亲友。但凡门子等人，由于势之所在，其他人或不敢不从，所以经常会把他的亲戚同族，或者旧友相识，推荐到军队或者州县衙门去

---

[1] 赵烈文撰：《能静居日记》2，岳麓书社，2013年，第1100页。

[2] 同上。

[3]《曾国藩全集·诗文》，岳麓书社，2011年，第440页。

[4]《曾国藩全集·诗文》，岳麓书社，2011年，第441页。

工作。你们概不准荐人入军队或者州县衙门。

门子不过是总督身边的低级服务人员，身份低微，无权无势，何以居然敢欺凌州县官员，并且还能给自己的亲戚朋友安排工作呢？

这里我们就需要对清代衙门的内部结构有一些了解。门子从地位上说，至低至贱，但中国式权力的运用之妙就在于经手人是否能充分挖掘每份工作的寻租潜力。一个门子如果充分发挥其能量，也能办成很多事。为什么呢？因为"门房"是专门看管衙门内外交通的咽喉要道。客人来拜访官员，首先要由门子通报。由于求见的人太多，门子拥有代官员挡驾之权。因此门子"合法收入"的第一项是门包，想见长官的人先得给门子一笔钱，才有可能进这个门。同时，门子掌握着官府内部的许多情报。官员心情怎么样？家里来了什么客人？和人聊了些什么？甚至今天官员对某件事做了什么批复？这些门子都能打听到。因此那些想找官员办事的，就必须笼络门子。有人要给官员送礼，也必须经过门子这一关口。所谓雁过拔毛，要想让你的礼品能到长官面前，你先得给门房一份谢礼。《红楼梦》第六十回中，柳五儿的舅舅给贾家当门房，官员们给贾家送礼，都要给门房一份，因此他们经常有"外财"可发。广东官员给贾家送了两小篓子茯苓霜，就得先拿一篓作为门礼。所以门子有太多机会可以弄权营私。

除了门子，总督身边的其他工作人员，比如仆从、长随、巡捕等也都有很多弄权的机会。如何选用和管理这些人，对地方官来讲也是吏治的关键环节。所以曾国藩才专门写了这样一篇约章，对他们作出要求。

2. 总督的"养廉银"与"裁撤陋规"

不搞迎送，不大吃大喝，不收礼品，管好身边人员，这些对于吏治来说，虽然重要，但毕竟都是小节。

曾国藩整顿吏治，最核心的举措是挑战"陋规"问题。晚清地方官员的主要贪污方式，是营谋"陋规"。

什么叫"陋规"呢？用今天的话解释，大致相当于"灰色收入"。不过每一个官员每年捞取的"陋规"是有一个约定俗成的大致数目的。比如大清王朝总督和巡抚一级的官员，平均每年的"陋规"是十八万两，相当于今天的三千六百万元人民币。而曾国藩这个两江总督因为权力巨大，可以达到三十万两。

这些数字在当时几乎是公开的，连皇帝都知道得清清楚楚。但是皇帝们对这些"陋规"也没办法。为什么呢？因为地方官有一个收"陋规"的借口，叫"办公经费不足"。

办公经费不足，这确实是实情。

清代的财政制度之奇葩，表现之一在于清代督抚衙门里，有正式"编制"的只有总督和巡抚本人，其他工作人员国家都不负责开支。总督和巡抚为了办公需要，要请数名师爷，每人年工资至少一千两白银。这些钱，国家不负担，要总督和巡抚自己出。除此之外，还有很多公家的开支，比如总督和皇帝之间通信，也就是专人往返护送奏折和圣旨，每年需要几千两白银的路费，这个钱皇帝也不出，要总督自己出。加到一起，一名总督一年需要支出数万两。

而总督和巡抚的年工资是多少呢？只有区区一百五十五两！因此这种财政制度简直是开玩笑。雍正时期，富于改革精神的雍正皇帝知道督抚们钱不够花，批给他们一笔重大补贴，叫"养廉银"。两江总督的养廉银是一万八千两，但是仍然不够花。

不够花怎么办呢？靠山吃山，靠水吃水。督抚们靠他们的权力，借口办公经费不足，通过"勒索下属"来自肥，让他们每年送上固定数额的钱款，就形成了"陋规"。清代官场的基本生态是大鱼吃小鱼。总督、巡抚吃他直接主管的下级，布政使、各税关、粮道衙门和盐政衙门。布政使、粮道衙门则吃他们的下级，各州各县。各州各县吃什么呢？"小鱼吃虾米"，他们吃老百姓。

州县等基层政府同样面临着经费不足的问题，比如县官要负责给师爷、书吏和衙役开工资，所以他们就以办公经费不足为由，向百姓收取国家税收之外的附加费。羊毛出在羊身上，大清帝国各级官员的"陋规"其实都是百姓的血汗。

从办公经费不足的角度看，收取附加费开始也是不得已而为之。问题是，随着时间的演进，"陋规"越来越"丑陋"。因为这份收入官不举民不究，皇帝也不好深管，所以是肥己营私的最佳空间。于是，本来收一万两就可以满足公用，官员会收两万两、三万两，甚至十万两。多余的部分，装入私囊，或者送给上级。关于这部分内容的详细分析，感兴趣的读者可以参考我的《给曾国藩算算账（湘军及总督时期）》。

因此"陋规"盛行的第一个后果就是官员集体腐败。陋规的滋生和恶性发展，使得地方政府形成了从督抚到司道到知府再到州县的分肥体制。在你赠我馈中，整个官场编织成一张张关系网，官官相护，盘根错节，结成利益集团，牢不可破。

第二个后果是百姓负担过重，导致前述江南诸省严重的"浮赋"问题。

早在就任总督之初，曾国藩就开始思考"陋规"问题。同治元年（1862），江西全境基本收复，曾国藩与江西巡抚沈葆桢开始了减负改革。江西省田赋的附加税率，原来是在百分之一百五十到百分之一百七十。曾国藩与沈葆桢将田赋附加税率减为百分之五十，所有州县办公等费一概在内。

同治二年（1863）五月，江苏大部收复，曾国藩与江苏巡抚李鸿章开始研究江苏的减税问题。"将松苏太属漕额，统按原额减去三分之一，常镇二府照原额酌减去十分之一"[1]，合计全省为三十分减去八分。

安徽的改革进行得稍晚。1864 年，朝廷批准安徽巡抚乔松年的裁撤浮赋建议。漕粮折色章程规定，漕米除部定每石折银一两三钱外，另加八钱上下作为司库提存之款，废止"陋规"和捐摊等费。[2]

降低附加税必然就要裁减"陋规"。曾国藩与沈葆桢"仿照湖北定章，先将州县一切捐摊款项全行停止，馈赠'陋规'悉数裁革，以清其源，再将各属征收丁漕数目大加删减，以节其流"。

曾国藩预料到改革会遇到巨大阻力。"他担心由于这项计划'不利于官'，官府会多方加以阻挠。"因此，裁撤陋规必须以官员的汰换相配合。"他决心要弹劾那些'违抗新章'的州县官员。"[3]事实上，早在出任两江总督之初，他就曾写信给胡林翼等好友，请他们推荐好官："唯须得极清廉极勤之州县一二人来此，树之风声。"[4]他甚至想把安徽省北部的地方官全都换掉，为此写信向胡林翼求助："皖北州县——皆请公以夹袋中人才换之，侍当附片奏之。"[5]

曾国藩的一系列举措使官员们的贪婪榨取得到一定程度的约束，对澄清两江地区吏治也起了重要作用，有效地促进了太平天国战争后经济的恢复。

战争停止几年之后，原本被蹂躏得毫无生气的江南地区已经重现繁荣，许多地方已经见不到战争的痕迹。太平天国战争后，江南经济迅速恢复，减赋政策功不可没。西方传教士目睹了太平天国战后经济迅速恢复的情况，卫三畏写道："1865 年

---

[1]《松江府续志（第 13 卷）·减赋全案》。转引自郑起东、史建云主编：《晚清以降的经济与社会》，社会科学文献出版社，2008 年，第 216 页。

[2] 潘国旗著：《太平天国后期清政府的"减赋"政策刍议》，《财经论丛》2006 年第 1 期，第 99 页。

[3] 费正清等著：《剑桥中国晚清史》，中国社会科学出版社，1985 年，第 486 页。

[4]《曾国藩全集·书信》2，岳麓书社，2011 年，第 642 页。

[5]《曾国藩全集·书信》2，岳麓书社，2011 年，第 673 页。

中国所面临的形势","其被破坏的程度是一般人难以想象的。然而，恢复的速度——居民不仅恢复了旧业，而且重建了住所，整顿了贸易——甚至使那些一贯诋毁他们的人也感到吃惊，并转而赞誉很被人瞧不起的中国文化所显示出的复兴活力"[1]。同治九年（1870），曾国藩回任两江总督，经过瓜洲，看到瓜洲港口兴旺的景象，"荒江寂寞之滨，今则廛市楼阁，千墙林立矣"[2]，回忆起十年前经过瓜洲时看到的残破情景，他不禁百感交集。

要裁撤别人的"陋规"，曾国藩首先就要裁撤总督衙门的"陋规"。在曾国藩之前，两江总督每年可收的"陋规"浮动于十万两到三十万两。而曾国藩拒绝了其中的绝大部分。同时如前所述，他也拒绝任何昂贵的礼物。这在当时的督抚当中，是非常罕见的。

曾国藩在两江期间，生活非常简朴。

同治二年（1863），戈登在安庆与曾国藩会面，这名外国人惊讶地发现："他的穿着陈旧，衣服打皱，上面还有斑斑的油渍……"[3]

赵烈文说他第一次见到曾国藩时，曾国藩"所衣不过练帛，冠靴敝旧"。

在做京官的时候，因为需要面对上级，所以曾国藩对官服是非常讲究的。离开京城之后，曾国藩不再有出入宫廷之需要，他每天面对的都是自己的同僚和下属，所以穿衣越来越简单。岂止简单，有时候简直到了不修边幅的程度。

在吃的方面，曾国藩更不讲究。有一次宴客，客人发现总督大学士请客居然用一个破瓦盆。

> 窦兰泉侍御来，予亦陪饮，食鲥鱼止一大瓦缶。兰泉笑曰："大学士饮客用瓦缶，无乃太简乎？"公大笑而已。[4]

不光自己的生活一如既往地简单，他对家人的要求也一如既往地严苛。清代官员有一个惯例，那就是把家人接到官衙里生活。同治二年（1863），曾国藩将欧阳夫人、两个儿子及两个女儿和两个女婿接到了安庆。

---

[1] [美] 卫三畏著：《中国总论》下，上海古籍出版社，2005年，第692页。

[2]《曾国藩全集·日记》3，岳麓书社，2011年，第382页。

[3] [英] 伯纳特·M.艾伦著：《戈登在中国》，上海古籍出版社，1995年，第278页。

[4] 朱汉民、丁平一主编：《湘军8》，社会科学文献出版社，2013年，第502页。

曾国藩兄弟分家之后，曾国藩一支只分到五十五亩田地。分家以前，吃大锅饭，借曾国荃、曾国潢的光，曾家生活水平还算得上不错。分了家之后，欧阳夫人带领子女住在"黄金堂"，只靠这五十五亩田生活。既然曾国藩要求自己"以廉率属，以俭治家，誓不以军中一钱寄家用"，曾国藩妻儿的生活马上变得贫窘了。曾国藩幼女曾纪芬就曾经回忆说：

> 先公在军时，先母居乡，手中竟无零钱可用，拮据情形，为他人所不谅，以为督抚大帅之家，不应窘乏若此。其时乡间有言修善堂杀一猪之油，止能供三日之食；黄金堂杀一鸡之油，亦须作三日之用。修善堂者，先叔澄侯公所居，因办理乡团，公事客多，常饭数桌。黄金堂则先母所居之宅也，即此可知当时先母节俭之情形矣。[1]

欧阳夫人在家手无余钱，只能事事躬亲，下厨烧灶、纺纱织布……

欧阳夫人在乡下的苦日子过够了，和孩子兴冲冲来到安庆，想享享总督家眷的福，没想到总督府中的日子过得比乡下还要紧张。

整个总督府中，只有两个女仆。一个是欧阳夫人从湘乡老家带来的老妪，另一个是大女儿身边的小丫鬟。

因为人手不够用，欧阳夫人花十多千钱，买了一个女仆，曾国藩知道后大为生气。欧阳夫人没办法，只好"遂以转赠仲嫂母家郭氏"。

无仆人，那么总督府中的日子怎么过呢？只有自力更生。"文正驭家严肃守俭若此，嫂氏及诸姊等梳妆不敢假手于婢媪也。"[2]

曾家的女人们，每天都要进行体力劳动。从洗衣做饭腌制小菜，到纺线绣花缝衣做鞋，都要亲力亲为。从早上睁开眼睛，直到晚上睡觉，基本上不得休息。

同治七年（1868），曾国藩"剿"捻回任再督两江后，为家中女人们制了个工作日程表：早饭后，做小菜点心酒酱之类，然后再纺纱或绩麻；中饭后，做针线活儿；晚上，则做鞋子。如此辛苦的总督府家眷，恐怕大清天下找不到第二家了。当时每晚南京城两江总督府内，曾国藩秉烛夜阅公事，全家长幼女眷都在麻油灯下纺纱绩麻，成为中国历史上的一幅动人画面。

---

[1] 曾宝荪、曾纪芬著：《曾宝荪回忆录》，岳麓书社，1986年，第60页。

[2] 曾宝荪、曾纪芬著：《曾宝荪回忆录》，岳麓书社，1986年，第10页。

3. 曾国藩的"小金库"

从以上这些叙述，我们可以确认曾国藩是一个清官，他为晚清官场带来了一阵新风。但是人们在历数清代著名清官时，很少有人会提到曾国藩。这是为什么呢？因为曾国藩做官还有另外一面，就是与其他官员同流合污的一面。

曾国藩并非所有作为都如此光明正大，无可挑剔。有一些举动，很有"潜规则"之嫌。

第一项是吃喝应酬。在官场应酬上，曾国藩并不标新立异，而是尽量从俗。刚刚就任总督时，他曾经拒绝一切"公款吃喝"，不久以后，他发现这种要求实在难以贯彻，所以后来有一些特殊的场合他也就随波逐流了。

同治十年（1871），曾国藩到苏州阅兵。我们从他写给儿子曾纪泽的信中，可以看出他在苏州这几天都忙了些什么：

> 余于二十八日抵苏后，二十九竟日拜客，夜宴张子青中丞处。三十日在家会客，织造及质堂、眉生、季玉公请戏酒。初一日在恽次山家题主，后接见候补百六十余人，司道府县公请戏酒。初二日早看操，夜湖南同乡公请戏酒。

天天拜客，日日戏酒，曾国藩的所作所为，与一般官僚别无二致。只不过在遵从成规的同时，他尽量减小规模，简化形式，处处为他人考虑，不想给下属造成过大负担。十月初他到达上海，正好赶上他要过生日。十月初十日，生日前一天，地方官员们请戏酒给他预祝。十一日正生日，接惯例又要正祝一番。曾国藩怕大家破费太多，竭力辞退，自己花钱请了几桌客。

> 初十日，各官备音尊为余预祝。十一日又将备音尊正祝。余力辞之，而自备酒面款接各客。内厅抚、提、藩等二席，外厅文武印委等二十席。虽费钱稍多，而免得扰累僚属，此心难安。[1]

这二十多席想必花了他不少钱，然而吃吃喝喝只是他日常开销中最小的部分。

---

[1]《曾国藩全集·家书》2，岳麓书社，2011年，第573页。

第二项是冰敬、炭敬、程仪之类的"灰色支出"。

地方官的一项固定支出，就是给京官送冰敬、炭敬。曾国藩做京官多年，深知每年冬天那笔炭敬对京官们来说意义何等重大。曾国藩所送的对象，主要是湖南籍的京官。这笔钱，每年至少三千两。

除了炭敬，另一笔比较大的花销是程仪，也就是给出差路过本地的中央官员送的路费。

同治九年（1870），曾国藩写信给儿子曾纪泽嘱咐说："仙屏（许振祎）差旋，若过保定，余当送程仪百金，是星使过境，有交谊者酬赠之常例。"[1] 也就是说，清代官场上，皇帝派出的钦差路过辖地，与之相识的大吏在迎送宴请之外，通常还会送给他一百两左右的程仪。他准备用这个标准来对待许振祎。

我们所能查到的曾国藩所送的最大一笔程仪是在同治三年（1864）。那年年底，因太平天国战争停止多年的江南乡试恢复举行。朝廷派来一名正主考、一名副主考。我们说过，曾国藩做京官时，曾经到四川主持过一次乡试，收获颇丰。所以这一次，他也决定做好主人，"一切均从其厚"，在惯例许可范围内，尽量多送主考一些银子。考试结束后，曾国藩送了两名主考每人三千两银子。[2]

除了"炭敬""程仪"这些官场上经常发生的支出，还有一项不常发生的支出，叫"别敬"。这在地方官进京办事时才会发生。所谓"别敬"，就是地方官离开北京时送给京官的分手礼。

同治七年（1868）七月，曾国藩由两江总督调任直隶总督，这就需要进京面圣，进京见慈禧。在出发之前，曾国藩身上带了一张两万两现银的银票。为什么要带这么多钱呢？主要就是为了给京官们送"别敬"。多年没有入京，那些在穷京官生活中挣扎的故友新朋已经盼他多年了。离京之时，他送了多少别敬？他在给儿子的信中说："余送别敬一万四千余金，三江两湖五省全送，但不厚耳。"[3] 总共送了江苏、安徽、江西籍以及湖南、湖北籍的京官一万四千两银子。

除去人情往来，官场上的"潜规则"更需要大笔银子。

同治七年（1868），捻军被消灭，天下大致平定，太平天国战争军费报销被提上了议事日程。

[1]《曾国藩全集·家书》2，岳麓书社，2011年，第520页。

[2]《曾国藩全集·家书》2，岳麓书社，2011年，第341页。

[3]《曾国藩全集·家书》2，岳麓书社，2011年，第506页。

报销就不可避免地会遇到"部费"问题。

按照清代财务制度，曾国藩需要先将这些年来的军费开支逐项进行统计，编成清册，送交户部。户部要对报销清册进行审查，检查有无"以少作多、以贱作贵、数目不符、核估不实"等"虚开浮估"的情况，如发现此类情况，则要退回重报。审查合格，才呈报皇帝予以报销。

因此，报销过程中，最关键的是户部的态度。如果户部高抬贵手，什么不合规定的费用都能报销；如果他们鸡蛋里找骨头，再光明正大的支出也过不了他们的审计关。那么，户部的态度是由什么决定的呢？视"部费"多少而定。"部费"主要落在具体经办的"书吏"也就是办事员的腰包里。

不过他们的胃口实在是太大了。曾国藩托李鸿章打听一下户部打算要多少部费，李鸿章回信说：

> 报销一节……托人探询则部吏所欲甚奢，虽一厘三毫无可再减。……皖苏两局前后数年用饷约三千万，则需银近四十万。如何筹措，亦殊不值细绎。……若辈溪壑，真难厌也。[1]

也就是说，李鸿章托人去找户部的书吏，探探他们的口风。反馈回来的消息说，书吏们要一厘三毫的回扣，也就是报销一百两给一两三钱。曾国藩需要报销的军费总额是三千多万两银子，按一厘三毫算"部费"需要四十万两。

曾国藩一听，也吓了一跳。四十万之巨，无论如何是不能答应的。怎么办呢？只有继续托人。曾国藩命江宁（南京）布政使李宗羲托人，李又托了一个叫许缘仲的人出面和户部书吏接洽，做了大量工作，讨价还价的结果是给八万两，显然书吏做了极大让步。

恰好在这时，中枢的批复到了。出于对他们平定太平天国、捻军的卓越功勋，皇帝（实际是太后）同意他们免于报销，曾国藩对此感激涕零，同治七年（1868）十一月二十七日在给儿子曾纪泽的信中说：

> 折弁刘高山归，报销折奉批旨："着照所请，该部知道。"竟不复部核议，殊属旷典。前雨亭方伯托许缘仲关说部中书吏，余与李相前后军饷

---

[1]《李鸿章全集》，时代文艺出版社，1998 年，第 3381 页。

三千余万，拟花部费银八万两。今虽得此恩旨，不复部议，而许缘仲所托
部吏拟姑听之，不遽翻异前说。但八万已嫌太多，不可再加丝毫。[1]

　　他对此"感激次骨，较之得高爵穸官，其感百倍过之"。按理说，皇帝发了话，
这八万两就可以省下了。不过，曾国藩却说，这说好的八万两银子"部费"还是照给。
因为阎王好见小鬼难搪，毕竟以后他还需要和户部打交道。

　　那么，曾国藩一年的合法收入，也就是工资加养廉银不过才一万八千多两。以
上这些请客吃饭、给京官送礼以及给户部的部费钱，每年加到一起，起码得三万多
两，远远超过他的合法收入。这些钱都是从哪儿来的呢？

　　我们先来看看同治七年（1868）年底那一万四千两别敬的开支来源。

　　那一次北京之行，包括一万四千两别敬，曾国藩共花费了两万两。这笔巨款的
来源，曾国藩在信中说得很清楚："已写信寄应敏斋，由作梅于余所存缉私经费项下
提出归款。"[2]

　　"缉私经费"出自两淮盐运司。管理盐业的一个重要手段是"缉拿私盐"，以保
障官盐的销售。所以盐运司每年都会提出一大笔经费用来缉私。不过缉私只是"缉
私经费"的用途之一，其实盐运司许多不好处理的开支，都用"缉私经费"的名义
处理。比如，他们每年"孝敬"给两江总督的"陋规"，也以这个名义致送。

　　从同治七年（1868）十一月初八日曾国藩信中"运司派曾德麟解到缉私经费
二千余金"来看，盐运司定期会给曾国藩送来"缉私经费"，曾国藩将其都存放在
"后路粮台"（"吾令其解金陵后路粮台"），也就是财政司中。此外，上海海关每月
也要送公费给他。同信之中，曾国藩说："存于作梅台中（即后路粮台）者，系运司
缉私经费及沪关月送公费（现闻近三万金），为余此次进京之用（连来往途费恐近
二万）。"[3] 后来同治八年（1869）二月初三日信中又说："后路粮台所存缉私经费，
除在京兑用二万外，计尚有万余金……此外淮北公费尚有应解余者（十月间书办曾
拟札稿去提，余未判行）……"[4]

　　从这封信的前后文推测，曾国藩在"后路粮台"建有一个"小金库"。盐运司送
的"缉私经费"，上海海关、淮北海关等几个海关送的"公费"，就是曾国藩这个"小

[1]《曾国藩全集·家书》2，岳麓书社，2011 年，第 502 页。
[2]《曾国藩全集·家书》2，岳麓书社，2011 年，第 506 页。
[3]《曾国藩全集·家书》2，岳麓书社，2011 年，第 500 页。
[4]《曾国藩全集·家书》2，岳麓书社，2011 年，第 508 页。

金库"的金钱来源。而其用途，则主要供曾国藩官场应酬打点之用。以上我们所说的各种官场应酬支出，都是出自这个小金库。至于曾国藩的养廉银则存放在布政使衙门，主要供自己家庭开支所用。可以看出，曾国藩对公与私，分得很清楚。

综观曾国藩一生，他的为官风格十分独特。一方面，曾国藩确实是一个清官。他的"清"货真价实，问心无愧。在现存资料中，我们找不到曾国藩把任何一分公款装入自己腰包的记录。但另一方面，曾国藩的逸事中缺少"囊橐萧然""贫不能殓"、在官府里种菜吃这样容易让人觉得悲情的极端化情节。在中国人眼里，真正的清官，必须清可见底，一尘不染，清到成为海瑞式的"自虐狂"或者"受虐狂"，才叫人佩服。曾国藩远没有清到这个程度。如果给清官分类的话，曾国藩应该归入"非典型类清官"。也就是说，骨子里清廉刻苦，表面上和光同尘。这是因为曾国藩的志向不是做"清官"，而是做大事。

以海瑞为代表的传统清官，他们的特点是宁折不弯，只承认字面上的规章制度，而对事实存在的潜规则绝不妥协。所以海瑞拒绝任何灰色收入，工资不够花，不得不在官署之中自辟菜园才能维持生活，而偶尔买几斤肉也能成为轰动性事件。

然而这样一清到底的清官，只能成为官场上的公敌，无法获得别人的配合。海瑞一清如水，必然反衬出他人的不洁。因此海瑞一生被官场排挤打击，无法调动一切可能的力量，来办成一些真正有益国计民生的大事。

曾国藩不想成为海瑞式的清官。他刻苦自砺，全力内圣，是为了达到外王之业。因此，他做事更重效果，而非虚名。曾国藩从自身经验总结出，一个人特立独行，必然为众所排斥："人之好名，谁不如我？我有美名，则人必有受不美之名与虽美远不能及之名者。相形之际，盖难为情。"[1] 因此，曾国藩有意取海瑞一尘不染之实，却竭力避免一清如水之名。他的选择，远比做清官更复杂更沉重。因此，他才具有大力量，才能成就大事业。

---

[1]《曾国藩全集·家书》1，岳麓书社，2011年，第247页。

| 第十四章 | 洋人也是人

1. 蛮夷之人，居然也有信义

平定太平天国后，朝廷是大大松了一口气，曾国藩却没有放松下来。因为在曾国藩看来，中国还面对着一个比太平天国更危险的对手。

什么对手呢？

洋人。

前面说过，就在曾国藩全力以赴与太平天国争夺安庆的时候，爆发了第二次鸦片战争，英法联军攻陷京师，咸丰皇帝仓皇出逃。曾国藩听到这一消息时，不禁下泪悲泣。这一年（1860）九月初三日，曾国藩在日记中说："接恭亲王咨文，敬悉銮舆已出巡热河，夷氛逼近京城仅二十里，为之悲泣，不知所以为计。" [1]

虽然最终决定不派兵北上勤王，但是曾国藩的悲怆是发自内心的。圆明园被焚后，曾国藩在日记里说："接胡宫保信，知京城业被逆夷阑入，淀园亦被焚，伤痛之至，无可与语。" [2]

咸丰十年（1860）十一月三十日，曾国藩在南方看到第二次鸦片战争后签订的《北京条约》的具体条款，不觉呜咽失声，老泪纵横："阅之，不觉呜咽，比之五胡乱华，气象更加难堪。" [3]

曾国藩认识到，洋人是比太平军更大也更为根本的祸患。"不怕柴狗子，只怕洋鬼子。" [4] 太平天国是中国历史这出老戏中的常见角色，官逼民反无代无之。洋人则是这片舞台上新出现的事物。这些金发碧眼的家伙，不同于历史上的匈奴和蒙古。

[1]《曾国藩全集·家书》2，岳麓书社，2011年，第82页。
[2]《曾国藩全集·家书》2，岳麓书社，2011年，第87页。
[3]《曾国藩全集·家书》2，岳麓书社，2011年，第105页。
[4]《曾国藩全集·家书》1，岳麓书社，2011年，第588页。

他们穿着的不是肮脏的兽皮而是笔挺的西服，他们乘的不是草原马而是舰船，他们手里拿的不是弓箭而是威力强大的新式武器。他们不是在草原遭遇雪灾时才南下，而是如潮水一样不停地拍打着中国脆弱的海岸线，随时可能再次淹没中国。

怎么对付洋人，老祖宗并没有留下办法。

因此，一想到他们，与太平军对抗之中的曾国藩就睡不着觉。他在日记中记载："四更成眠，五更复醒，念（夷人）纵横中原，无以御之，为之忧悸。"[1]

曾国藩的国际观最初和绝大多数帝国官僚并没有什么两样，那就是天朝高高在上，外夷自应该俯首称臣。

第一次鸦片战争时，曾国藩在家书中多次提到这场战争。他说："英吉利豕突定海，沿海游弋。圣恩宽大，不欲速遽彰天讨。命大学士琦善往广东查办，乃逆性同犬羊，贪求无厌。"[2]

这段话说明，他完全是以传统的士大夫的眼光来看待此事，除了发现"洋人船坚炮利"这一点外，没有看到他们与历史上其他蛮夷的区别。历史上中原王朝因为武力不济败给"蛮夷"是常见的事。比如明代对倭寇毫无办法，而清代全盛时也曾经遭遇乌兰布通之败。因此第一次鸦片战争的失败并没有什么可奇怪的，曾国藩认为，如果中国整军经武，全力与战，早晚会扳回一局。因此这次战争的失败并不能说明中国有从根本上进行变革的任何必要。直到道光三十年（1850），曾国藩仍然认为："独至我朝，则凡百庶政，皆已著有成宪，既备既详，未可轻议。"[3]

直到咸丰八年（1858），曾国藩还对左宗棠说，与洋人不是不可一战，关键是选好将帅。第一次鸦片战争主要是因为将帅不行，所以失败了。这次如果要罢和主战，必须有一批靠得住的将领。"夷务果有翻局，不悉听其所要，是极好机会。然国家之强，以得人为强……昔在宣宗皇帝，亦尝切齿发愤，屡悔和议而主战守，卒以无良将帅，不获大雪国耻。今欲罢和主战，亦必得三数引重致远、折冲御侮之人以拟之。"[4]

然而，第二次鸦片战争的进程和结局让曾国藩的想法发生了根本变化。

首先，这次战争让曾国藩深刻认识到，中西方武力的差距是极其悬殊的。第一

[1]《曾国藩全集·日记》2，岳麓书社，2011 年，第 212 页。

[2]《曾国藩全集·日记》1，岳麓书社，2011 年，第 60 页。

[3]《曾国藩全集·奏稿》1，岳麓书社，2011 年，第 5 页。

[4]《曾国藩全集·书信》1，岳麓书社，2011 年，第 677 页。

次鸦片战争，道光皇帝并没有举全国之力，特别是没有动用清朝视为根本的骑兵力量。而这一次，僧格林沁是朝中最能战的亲贵，所辖又是大清最精锐的满蒙骑兵部队，在洋人的军队面前，仍然如同以卵击石，败得一塌糊涂。"大清王朝赖以立命的骑射之本被无情地动摇了。八里桥之战，清军集中优势骑兵向英法联军发动冲击，却在对手的枪炮打击下如同撞上铜墙一般，马步队损失惨重，损失数千人，大溃而归，相比之下，英法军队的损失却微乎其微……死掉的仅 5 人。"[1] 曾国藩发现，大清军队面对洋人武装，如同幼儿面对成年人，并不在同一个水平面上。这种差距并不是决心、勇气、"良将帅"所能弥补的。

曾国藩说，"当此积弱之际，断难与争锥刀之末"[2]。遇事喜欢深思，寻求从根本上解决问题的他，开始日夜思考洋人的武装力量为什么如此强大，那些神奇的西式武器背后隐藏着什么样的秘密。

其次，这次战争更让曾国藩发现，这些洋人不光是武器与中国历史上的那些蛮族不同，他们的行为方式体现出的文明水平也完全不同。

历史上的那些蛮族如果攻占了中国京城，通常会建立一个新的王朝。而这些洋人却并不这样。他们虽然野蛮地焚烧和抢劫，但只是烧了皇帝的别墅，也就是没有太多政治含义的圆明园，而对于清王朝统治权威的象征紫禁城及太庙、天坛等地，却没有动。

这当然不是随机的选择，而是有明确的含义。这说明，洋人并不想推翻清王朝，他们所志，一是通商，二是要清王朝放下高高在上的架子，以平等的态度和他们交往。

更令曾国藩意外的，是外国人在结束战争之后，立刻提出，可以帮助清王朝镇压国内太平天国，并且迅速付诸行动。沙俄赠予清方"一万支来复枪及附件和五十门大口径大炮及炮弹"[3]。太平军攻打上海时，上海正式成立"中外会防局"，英、法军队直接参与对太平军作战，其后帮助清政府收复宁波。后来英法等国又在华组成"常胜军""常捷军""常安军"等混合部队，与湘军淮军一起作战。这更证明洋人确实想维持大清王朝的统治。

---

[1] 兴河著：《天朝师夷路：中国近代对世界军事技术的引进（1840—1860）》，解放军出版社，2014 年，第 422 页。

[2]《曾国藩全集·书信》3，岳麓书社，2011 年，第 663 页。

[3] 中国社会科学院近代史研究所近代史资料编辑组：《近代史资料（〈总 36 号〉）》，中华书局，1978 年，第 38 页。

后来曾国藩说,外国人"不伤毁我宗庙社稷,目下在上海、宁波等处助我攻剿发匪","二者皆有德于我,我中国不宜忘此大者而怨其小者"[1]。

其实在此之前,曾国藩通过"一件小事"已经感觉到这些洋人的与众不同之处。

咸丰三年,也就是 1853 年,上海爆发了小刀会起义,在混乱期间,上海海关运转失灵,海关官员逃到了租界。但是外商的船只还在港口等待,贸易还是得继续进行,英、法、美三国的领事商量了一下,决定三国各派一人,成立了税务司,"代替中国政府"管理上海海关。这显然是对中国主权的一种严重侵犯。不过令中方官员意外的是,外国人居然能诚实认真地收税。过了两年,上海收复,外国人居然将他们管理时收到的税款七十余万两白银,移交给清政府。而且,在外国人的管理下,上海海关贪污腐败明显减少,征收额明显上升。"税收大增,政府善之。"[2]

清政府事后脑洞大开,竟然很高兴地同意由英国人代管中国海关,并写入与英美等国签订的《通商章程善后条约:海关税则》第十款:"任凭总理大臣邀请英人推行帮办税务,并严查漏税、判定口界、派人指泊船只以及分设浮椿、号船、塔表、望楼等事。"从此开始由外国人代管海关行政,最高长官称"总税务司",意即"总司海关税务之事",实际上全权负责管理海关事务。

外国人管理中国政府事务,这当然是西方侵犯中国主权的一个铁证。但是清朝政府在这件事情上并非完全出于被动。在英国外交官威妥玛与清朝总理衙门大臣文祥谈论海关改革事宜之时,威妥玛曾表示,如果能按"外国制度越来越划一推行"中国海关的改革,并不一定由英国人来管理,"中国尽可以雇用中国人、英国人、法国人,等等"。没想到文祥马上回答,"用中国人不行,因为显然他们都不按照实征数目呈报",并且以原来管理上海海关的薛焕为例,说他近三年来根本没有报过一次账。后来当英国人赫德(Robert Hart)来到北京,与恭亲王奕䜣具体谈到海关改革时,"恭亲王与赫德谈了一些中国官场上极为敏感的话题。恭亲王说,中国官员几乎无人可信。对比之下,外国人的报告较为可靠"[3]。

外国人将七十多万关税交给清朝政府,这一举动让曾国藩大为意外。想不到蛮夷之人,居然也有信义。起码此举可称为君子之行。所以后来他在信中曾赞叹道:"咸丰三年刘丽川攻上海,至五年元旦克复,洋人代收海关之税,犹交还七十余万与监

[1]《曾国藩全集·日记》2,岳麓书社,2011 年,第 289 页。

[2] 吕思勉著:《中国制度史》,上海三联书店,2009 年,第 373 页。

[3] 王宏斌著:《赫德爵士传——大清海关洋总管》,文化艺术出版社,2000 年,第 37~43 页。

督吴道。国藩尝叹彼虽商贾之国，颇有君子之行。"

后来曾国藩又看到，西洋各国协助中国管理税关，廉明有效，收到的税款居然比清朝收到的多两倍甚至三倍。"即令沪、镇、浔、汉凡有领事官之处，皆我国令管关者，一体稽查，一体呈验，正税，子税，较我厘金之科则业已倍之三之，在彼固自谓仁至义尽矣。"[1]

这些事情，让曾国藩认识到，这些洋人，不同于中国历史上传统的没有文化根基的蛮夷。他们有自己的独特信仰、文化系统和做事原则。

从此曾国藩对西方国家的态度发生了重大转变。"英法两国，素重信义""米利坚人性质醇厚，其于中国者素称恭顺"[2]等语言后来居然出现在曾国藩的文件当中。这在以前是不可想象的。

第二次鸦片战争后，湘淮军和西方人直接合作，镇压太平天国。通过与戈登、赫德等人的直接交往，曾国藩发现这些洋鬼子虽然毛发浓重、相貌怪异，但是为人举止并不粗野，也有其原则和风度。比如戈登治军居然能做到公正严明，为了鼓舞士气，行军时走在队伍的前面，除了一支手杖并不携带任何武器。

特别是在拿下苏州后，戈登因为李鸿章违背诺言杀害投降的太平军首领而大为愤怒，据说盛怒的戈登拎着手枪到处寻找李鸿章，要和他决斗以挽回自己的名誉。后来戈登又拒绝接受朝廷的一万两白银赏金，"由于攻占苏州后所发生的情况，我不能接受任何标志皇帝陛下赏识的东西"。这件事让曾国藩对外国人的行事风格有了更深了解。

2. 师夷长技以制夷

因此，在第二次鸦片战争后，曾国藩的对外观念和思路发生了巨大转变。

首先，他认识到，洋人的到来标志着历史进入了一个新的阶段，这是不以人的意志为转移的，而是天或者说造物的安排。他说，"洋人之患，此天所为，实非一手一足所能补救"[3]。这意思其实也就如李鸿章所说的"数千年未有之大变局"。虽然曾国藩还不知道"全球化"这个词，但是他已经知道这些洋人不可能如同历史上那些

---

[1]《曾国藩全集·书信》4，岳麓书社，2011年，第48页。

[2]《曾国藩全集·奏稿》2，岳麓书社，2011年，第618页。

[3]《曾国藩全集·批牍》，岳麓书社，2011年，第356页。

蛮夷一样被消灭或者驱逐，因此不能指望单纯以战争解决问题。后来在天津教案中，李兴锐等建议调鲍超等名将，不惜与西方列强一拼，曾国藩却说："各国不可猝灭，诸将不可常恃。且谓夷非匈奴、金、辽比，天下后世必另有一段论断。将来有能制此敌者，然必内外一心，困心衡虑，未可轻率开衅也。"[1]

既然如此，那么知己知彼，百战不殆，必须积极主动地研究外情。

福建布政使徐继畬在鸦片战争之后，曾穷数年之力，写成《瀛寰志略》一书。这本书按地理脉络介绍了世界各国的风土及各种文明，并且摒弃了以往士大夫们对于中国以外地区的偏见，尽可能地做到了客观真实。因此在当时看来，确实是有些离经叛道。比如对于美国的总统制度，书中做了如下介绍：

> 华盛顿，异人也。起事勇于胜广，割据雄于曹刘，既已提三尺剑，开疆万里，乃不僭位号，不传子孙，而创为推举之法，几于天下为公，骎骎乎三代之遗意。其治国崇让善俗，不尚武功，亦迥与诸国异。

> 美利坚合众国之为国，幅员万里，不设王侯之号，不循世袭之规，公器付之公论，创古今未有之局，一何奇也！[2]

曾国藩刚开始知道这本书的时候，和其他传统的"爱国官员"一样，有些不以为然，认为徐继畬"张大英夷"，把洋人说得太好了，长他人志气，灭自己威风。但是第二次鸦片战争之后，他开始认真研读起这本书来。自己看完之后，他还将此书寄给他的好朋友刘蓉看。1867 年回到两江，他又将《瀛寰志略》仔细阅读了两遍。

除了阅读书本，他还努力接触能接触到的西洋事物。1867 年回任两江总督之初，曾国藩曾到湖南会馆参观方子恺所造的大地球仪，非常喜欢，特地在总督府中造了三间大屋来放这个地球仪，以便可以随时察看。这对花钱节俭的他来说堪称豪举。

通过不断研究，曾国藩对西方地理学有了比较深的了解。同治九年（1870）三月，曾国藩在致一位研究世界地理的友人的信中曾经这样说：

---

[1] 朱汉民、丁平一主编：《湘军 7·日志·地方志》，社会科学文献出版社，2013 年，第 324 页。

[2] 徐继畬著：《瀛寰志略》，上海书店出版社，2001 年，第 277 页。

> 大约海外地形当以洋人之图为蓝本。洋人于地舆之学既所究心，所至
> 又多经目验，惜其文字不能尽识也。若得熟识西字者与之往返商定，或遇
> 西土之有学者，从之访问形势，考核字体，必能有益此书。至于中国诸儒
> 之书，率皆悬度影响以自炫于华人而已，不足据依也。[1]

也就是说，世界地理这一块，还是洋人权威。可惜我们不识洋文。如果通西文，能够与西方学者深入探讨，肯定对你写好这本书有帮助。中国学者所写的这方面的书，水平太差，只能用来唬唬国人，不足为据。

曾国藩更感兴趣的当然是西方的军事秘密。早在刚刚署理两江总督时，他听说上海有一艘破旧洋船，就想买来先试用："臣拟先调现泊上海之'土只坡'轮船一只，由长江上驶安庆一带，就近察勘使用，督令楚军水师将弁，预为练习。俟明年洋船购到，庶易收驾轻就熟之功。"[2] 只是朝廷并未回复，所以没有下文。

同治元年（1862）正月，曾国藩用五万五千两银买了一艘"洋船"，亲自上船考察。虽然仓促之间，曾国藩对轮船的"火激水转轮之处"，即蒸汽轮机及传动装置，没有看得完全明白，但他在日记中赞道："无一物不工致。"[3]

除了地理学和军舰，对其他西方事物，他也感兴趣。同治七年（1868），曾国藩到上海考察，看到丁日昌送的"洋镜内山水画图"，感觉"甚为奇丽"。第二天他还专门参观了法国驻上海领事白来尼的住处，与军事工业之外的其他西方物质文明有了直接接触。他在当天的日记中写道："午初出门，至洋泾回拜法国领事白来尼，倾诚款待。虽其母其妻之卧室，亦预为腾出，引余与中丞、军门阅看。所居楼阁四层，一一登览。玉宇琼楼，镂金错彩，我中国帝王之居殆不及也。"[4]

在深入研究外情的基础上，曾国藩将"师夷长技以制夷"的思路深化并升级。

第一次鸦片战争之后，曾国藩就已经开始了"师夷长技"的过程。早在创办湘军水师之初，曾国藩就非"夷炮"不用，水师非船炮齐备不出，最后终以重金派专人从广东购来大量洋炮，并克服重重困难把它安装在炮船上，很快将千里长江控制在湘军手中。

---

[1]《曾国藩全集·书信》10，岳麓书社，2011 年，第 181 页。

[2]《曾国藩全集·奏稿》3，岳麓书社，2011 年，第 187 页。

[3]《曾国藩全集·日记》2，岳麓书社，2011 年，第 254 页。

[4]《曾国藩全集·日记》4，岳麓书社，2011 年，第 47～48 页。

第二次鸦片战争之后，他认识到，"师夷智"不能停留在购买使用西式武器阶段，而必须深入学习研究西式武器背后的秘密，也就是进入学习掌握西方科学和技术阶段。只有把这些秘密掌握在自己手里，才有与洋人平起平坐乃至战而胜之的可能。

而曾国藩没有想到的是外国人居然肯主动给中国提供这样的机会。按照传统的东方式思维，军事科技是洋人的命根子，洋人肯定会视若珍宝，绝不外泄。但是洋人却愿意以贸易等方式，向中国出售最先进的武器，并且倾囊教授使用之法，这令曾国藩大感意外和兴奋。"武器装备是一种极富政治性的商品……1860年后，随着条约利益的扩大，西方政府更是给予了清政府公然、直接的支持，大量供给清军新式装备，帮其训练军队，甚至直接派兵助战。"[1]

1861年8月，曾国藩在讨论购买外洋船炮时上奏说，对西洋武器，第一步是购买，第二步是研究其中的秘密，以便自己可以制造，这样，外国列强就失去了可以依恃的根本。

> 购买外洋船炮，则为今日救时之第一要务。凡恃己之所有夸人所无者，世之常情也；忽于所习见、震于所罕见者，亦世之常情也。轮船之速，洋炮之远，在英、法则夸其所独有，在中华则震于所罕见。若能陆续购买，据为己物，在中华，则见惯不惊，在英、法，亦渐失其所恃……购成之后，访募覃思之士，智巧之匠，始而演习，继而试造，不过一二年，火轮船必为中外官民通行之物，可以剿发逆，可以勤远略。[2]

在当时地方督抚中，曾国藩是对兴办近代工业最感兴趣，也是最为努力的一人。湘军攻下安庆不久，他就建立了"安庆内军械所"，集中了中国当时最出色的几位科学技术人员，专门仿造西洋式的枪炮弹药，并把试制轮船作为军械所的一项重要任务。第二年，徐寿、华蘅芳就造成了一台轮船用蒸汽机。1862年7月30日，曾国藩应邀观看了蒸汽机的试验，他在日记中写道：

> 中饭后，华蘅芳、徐寿所作火轮船之机来此试演。其法以火蒸水，气

---

[1] 兴河著：《天朝师夷路：中国近代对世界军事技术的引进（1840—1860）》，解放军出版社，2014年，第423页。

[2]《曾国藩全集·奏稿》3，岳麓书社，2011年，第186页。

贯入筒，筒中三窍，闭前二窍，则气入前窍，其机自退，而轮行上弦；闭后二窍，则气入后窍，其机自进，而轮行下弦。火愈大，则气愈盛，机之进退如飞，轮行亦如飞。约试演一时。[1]

曾国藩所看到的可能是中国人自己制造的第一台动力机器。曾国藩最高兴的，是中国人也掌握了西方科技的核心秘密："洋人之智巧，我中国人亦能为之。彼不能傲我以其所不知矣。"

同治二年（1863）十二月二十日，中国人制造的第一艘火轮船下水了。曾国藩的日记中说：

出门至河下看……新造之小火轮。船长约二丈八九尺，因坐至江中，行八九里，计约一个时辰可行二十五六里。试造此船，将以次放大，续造多只。[2]

曾国藩不顾深冬寒冷，亲自乘坐这艘试航的小火轮走了八九里远，可见兴致之高。所谓"试造此船，以次放大"，"放大"到什么地步？那就是与西洋比肩匹敌甚至战而胜之的地步。曾国藩命名为"黄鹄"，出自《商君书·画策》："黄鹄之飞，一举千里。"不过事实上这条船毕竟是"处女作"，后来曾国藩发现它"行驶迟钝，不甚得法"[3]。

为了更深入、更全面地掌握西方技术，曾国藩和李鸿章等人又建设了一个更大的兵工厂——江南制造局。今天中国最大的造船企业之一上海江南造船厂，就是由当年江南制造局的江南造船所发展而来的。

曾国藩对江南制造局非常重视。后来"剿"捻失利回任两江后不过一个月，他便奏请将江海关关税提交户部的四成，截留两成，其中一成用于李鸿章"剿"捻的军费，一成作为江南制造局的经费，以便扩大制造局的规模。

曾国藩在奏折中说："制造轮船，实为救时要策。""制造轮船等事……岂可置之不办？再四思维，实有万难周转之势。查江海关洋税一项……合无仰恳天恩，俯准

[1]《曾国藩全集·日记》2，岳麓书社，2011年，第306页。
[2]《曾国藩全集·日记》2，岳麓书社，2011年，第485页。
[3]《曾国藩全集·奏稿》10，岳麓书社，2011年，第213页。

将洋税解部之四成酌留二成，以济要需。如蒙俞允，臣拟以一成为专造轮船之用，以一成酌济淮军及添兵等事。"[1]

在国家财政紧张和平捻战争进行之际截留解部关税，是需要勇气的。因此容闳说："世无文正，则中国今日，正不知能有一西式之机器厂否耶。"[2]

同治七年（1868）五月，曾国藩赴上海视察江南制造局。他在闰四月十二日的日记中写道："旋出门至机器局，观一切制造机器。屋宇虽不甚大，而机器颇备。旋观新造之轮船，长十六丈，宽三丈许。……计此船七月可下水。"[3]曾国藩参观了容闳等从美国购买回来的机器设备，看到了西式机器启动运行的过程，非常高兴。陪同视察的容闳在《西学东渐记》中说："文正来沪视察此局时，似有非常兴趣。予知其于机器多创见，因导其历观由美购回各物，并试验自行运动之机，明示以应用之方法。文正见之大乐。"[4]

同治七年（1868）七月，江南制造局的第一艘轮船终于造成下水了。八月十三日，曾国藩在彭玉麟的陪同下，亲自乘坐验看这艘轮船，发现它的性能远远超过安庆内军械所试制的小轮船。曾国藩非常高兴，在日记中写道：

> 中国初造第一号轮船，而速且稳如此，殊可喜也。[5]

随后，曾国藩向朝廷奏报说：

> 臣亲自登舟试行至采石矶，每一时上水行七十余里，下水行一百二十余里，尚属坚致灵便，可以涉历重洋。……中国自强之道，或基于此。[6]

曾国藩一直把制造轮船与"自强之道"联系起来，可见他致力于军事工业，不是为了平定太平军和捻军之类的内部敌人，而是为了对付洋人。这条船比日本横须贺造船厂建造的第一艘明轮蒸汽机兵船"清辉号"要早十二年。

---

[1]《曾国藩全集·奏稿》9，岳麓书社，2011年，第406～407页。
[2]容闳著：《容闳回忆录》，东方出版社，2012年，第66页。
[3]《曾国藩全集·日记》4，岳麓书社，2011年，第47页。
[4]容闳著：《容闳回忆录》，东方出版社，2012年，第73页。
[5]《曾国藩全集·日记》4，岳麓书社，2011年，第85页。
[6]《曾国藩全集·奏稿》10，岳麓书社，2011年，第214页。

曾国藩为官历来谨慎，但是在洋务运动上，他却不怕有越权的嫌疑，经常鼓动各省积极兴办西式工业。1871年山东派员考察江南制造局，有意在山东设机器厂，曾国藩闻听非常高兴，说："鄙意本在设局倡率，俾各处仿而行之，渐推渐广，以为中国自强之本……要之风气渐开，即中国振兴之象也。"[1]

在他看来，军事工业的意义，在于这是中国自强之本，是开风气，是源头。

1867年李鸿章被任命为湖广总督后，曾国藩写信给他鼓励他大办军事工业说："鄙意北方数省因循已久……东南新造之区，事事别开生面……制器造船各事皆已办有端绪，自强之策，应以东南为主。阁下虽不处海滨，尚可就近董率。购办器械，选择人才，本皆前所手创，仍宜引为己任，不必以越俎为嫌。"[2]

3. 三个与众不同的外交观念

第二次鸦片战争不只令曾国藩认识到了学习西方科技的重要性，也让他的外交观念发生了巨大变化。

通过这次战争，曾国藩形成了三个在当时相当与众不同的外交观念。

第一是对外国人要平等相待，要把外国人当人。

这听起来很奇怪。一直以来，不都是外国人欺负中国人，强迫中国人签订"不平等条约"，不把中国人当人吗？怎么还要求中国对外国人平等相待？

事实并非如此。历史学家蒋廷黻先生曾说："在鸦片战争以前，我们不肯给外国平等待遇；在以后，他们不肯给我们平等待遇。"[3]这句话的前一半是事实，后一半不够准确。事实上，在第一次鸦片战争之后，中国仍然不肯承认自己与外国是平等的。第二次鸦片战争的爆发，就与外国人认为他们受到了"不平等"待遇有一定关系。

中国古人的狭隘观念是只有中国人是人，或者说，是"完全的人"，文明的人，其他族类，皆介于人与兽之间。"夷狄异类，近于禽兽。""夫戎狄者，四方之异气也。蹲夷踞肆，与鸟兽无别。"[4]

因此，中国人和外国人，当然先天就是不平等的。任何外国人，到了中国，都应该进贡称臣。见了中国皇帝，都必须三跪九叩。乾隆年间英国的马戛尔尼使团到访，因为不同意给乾隆叩头，引起激烈的外交纠纷。后来嘉庆年间另一使团来华，皇帝得知他们不同意三跪九叩，干脆直接遣返。鸦片战争中国失败，签订《南京条约》。高级大臣见到条约内容，不痛惜中国割地赔款，却痛惜文中将中国皇帝和英国女王并排平等书写。

清代还有一个特殊规定，外国人不得在中国城市里定居。正如我在《饥饿的盛世》中已经写过的那样，虽然与中国贸易多年，但英国人只到过中国的一个城市，那就是广州。来到广州后，他们不能住到广州城内，只准住在"十三行街"内，而且没事还不允许外出，不许与普通中国人交往。之所以如此，一个原因，是外国人乃蛮夷，商人又是四民之末，所以外国商人低人一等，不配如同中国人那样住在城里。

洋人当然对此感觉不爽。洋人倒不是非要到拥挤的城市里去生活，"入城并不能给他们带来多少实际利益，尤其是经济利益"。他们主要是咽不下这口气。因此鸦片战争后签订的《南京条约》，专门有一条是规定外国人从此可以进城居住。"英方要求入城，其目的是无形的而不是有形的，更侧重为心理因素一面而非为实际利益一面。"[1]

然而，经过第一次鸦片战争，中国人的唯我独尊意识仍然没有丝毫动摇。大清臣民拒绝履行这一条约。割地赔款都履行得很痛快，但是偏要在这个细节上抵抗外国人，就是不让你进城，就是不想承认你和我们是平等的，这样才能发泄我们心中积累的郁闷。所以当英国人提出要到广州城内居住时，广州民情汹汹，群起反对，掀起所谓"反入城斗争"，无论如何也不让外国人进城住。朝廷对此也坚决支持，导致外国人迟迟不能进城。

英国人为此事交涉了十年，也没有结果。第二次鸦片战争爆发，这是英国人的借口之一。

第二次鸦片战争中签订的《天津条约》中，最令大清君臣感觉耻辱的，也不是国家利益的具体损失，而是其中关于外国可以派公使进驻北京的条款。

按照我们今人的理解，国家之间互派公使，也是国际惯例，象征着各国关系平等，没什么不可容忍的，但是大清君臣却不这样想。可以想见，这些外国公使肯定

---

[1] 茅海建著：《近代的尺度：两次鸦片战争军事与外交》，生活·读书·新知三联书店，2011 年，第 119~120 页。

会拒绝在咸丰皇帝面前下跪，这令年轻的咸丰恐惧万分。为此他不惜撕毁条约，选择继续作战，来阻止外国公使的脚步。结果是更惨重的失败，更大面积的割地。

总之，当时中国人对外观念的一个心理症结是无法接受洋人是和中国人平等的"人"，仍然一厢情愿地判定他们是低人一等的半人半兽的生物。

曾国藩虽然早年也曾经认为洋人"性同犬羊"，但是经过第二次鸦片战争，却已经完全改变了观念。他认为，外国人也是人。是人，就要用对待人的态度去对待他，不能用对待野兽或者牲畜的办法。

早在李鸿章在上海处理洋务时，曾国藩就写信给他说，要把儒学"忠信笃敬"思想运用到外交上。他援引孔子的话："子张问行。子曰：言忠信，行笃敬。虽蛮貊之邦行矣。言不忠信，行不笃敬，虽州里行乎哉……子张书诸绅。"

曾国藩用的是古话，表达的却是新观念：要转变天朝上国君临万邦的传统观念，把国际关系建立在互相尊重的基础上。这在今天看起来是平常的观念，在当时却是一种石破天惊的革命性的观点。

曾国藩认为，不用智商特别高就会明白，你不可能强迫一个比你强大的人给你下跪。"普天之下，莫非王土，率土之滨，莫非王臣"的无知狂妄应该被打破了。很明显，我们无法再按藩属之礼要求洋人，和他们只能行"敌国之礼"，即平等之礼。这是符合近代交往规则的。"中外既已通好，彼此往来，亦属常事。"[1]"不绳以礼法，不待以藩属，徒见朝廷之大方，未必有损于国体。"[2]

今天绝大部分中国人应该会认同曾国藩的观点，然而在当时，敢于提出这些观点是需要勇气的，搞不好就会被骂为汉奸。

曾国藩第二个与众不同的观念是诚信外交。所谓诚信外交，就是对外国人也要讲信用。

这听起来也很奇怪。外交当然要讲信用，这还用强调吗？

然而当时的大清臣民并不这样想，因为中国人历来处理外交，并不以"诚信"，而以"羁縻"。

什么叫羁縻呢？

"羁，马络头也。縻，牛缰也。"也就是说，是对付牲畜的工具。《史记》说：

[1]《曾国藩全集·奏稿》9，岳麓书社，2011年，第582页。
[2]《曾国藩全集·书信》9，岳麓书社，2011年，第261页

"盖闻天子之于夷狄也，其义羁縻勿绝而已。""羁縻之道"的出发点是蛮夷非我族类，因此跟他们是讲不了道理的，只能以权宜、权术来笼络糊弄。"裔不谋夏，夷不乱华。荒忽之人，羁縻而已。"[1]

因此鸦片战争以来，清朝君臣对付外国人的手段，一直是"羁縻"，或者说糊弄。

第一次鸦片战争后签订的《南京条约》丧权辱国，然而道光皇帝认为这个条约并不可怕，他的算盘是以此条约"暂事羁縻"，以后时势如果变化，可以随时不作数。不光皇帝这样想，大臣们也大多是这样想的。比如叶名琛就说"当日准其五口传教，原不过一时权宜之计"[2]。

因此，在《南京条约》的执行过程中，清政府并不特别认真。广州市民掀起反入城斗争，地方官当然也坚决支持。不过地方官的应对手段不是公开反对，而是"糊弄"。当时的两广总督耆英在道光二十七年（1847）和英国人谈判的时候说，要做通广州市民的工作非常难，要给他时间。多长时间呢？两年。为什么是两年呢？因为此时耆英已被授为协办大学士，正常的话两年后极有可能已经调往京师。正如他的谋士所说："缓以两年，此两年中公早内召，可置身事外矣。"[3]到时候这个麻烦事将由后任处理。

两年之后，认死理的英国人再次提出兑现约定，那时的两广总督果然已经不是耆英，而是徐广缙，他毫不考虑耆英已经同意在先，而是果断拒绝了英国人的请求。道光皇帝览奏对徐广缙的"爱国"情怀感到非常欣慰。他批示说："英夷进城之约，在当日本系一时羁縻。……前经降旨暂准入城一游，亦不过权宜之计。"[4]表示同意徐广缙的意见，继续找各种借口，不让英国人入城。

洋人是坏人，所以糊弄洋人就是爱国，在道义上没什么不对的。

但是洋人似乎不太好糊弄，他们虽然被中国人界定为半人半兽，但智商似乎并不低，而且性格很执拗。后来中国负责办理外交事务的官员曾经抱怨说："洋人性多坚执。"[5]老外的性格是非常较真儿，爱认死理。进城这个并不是很大的事，他们就

[1] 严可均辑，金欣欣、金菲菲审订：《全后魏文》，商务印书馆，1999年，第406页。

[2]《叶名琛奏复英美要求三款实为无厌之求及法使来津意在庇护教士折》，《筹办夷务始末（咸丰朝）》二，第413页。转引自李育民著：《中国废约史》，中华书局，2005年，第169页。

[3] 中国史学会主编：《第二次鸦片战争》一，上海人民出版社，1978年，第238页。

[4] 广东省地方史志编委会办公室、广州市地方志编委会办公室编：《清实录广东史料》四，广东省地图出版社，1995年，第422页。

[5]《曾国藩全集·奏稿》9，岳麓书社，2011年，第40页。

是不罢休。

1854 年，道光皇帝已经去世，坐在皇椅上的是年轻皇帝咸丰。英国人又一次向当时的两广总督叶名琛提出要明确进城的时间。叶名琛是近代著名"爱国官员"，更是把"羁縻"方针运用到了极致的"高手"：对登门要求修约的包令，他时而闭户称疾，时而佯称繁忙，避而不见；万不得已见了面，则温言宽慰，顾左右而言他，唯独对修约这件要事不置可否。

两年之后的 1856 年，自认为受尽愚弄的英国人终于按捺不住了，英国炮艇炮轰广州城，第二次鸦片战争开始。结束对广州的进攻后，英国人又纠集法国人北上天津。

第二次鸦片战争中签订《天津条约》的过程，更是充分体现出清政府的"羁縻"原则。咸丰皇帝在签约过程中多次反复，和战不定，甚至公然宣称："自古要盟不信,（以前答应的条件）本属权宜。"[1] 也就是说，他认为在被胁迫的情况下签订的条约是无效的，所以和鬼子们签约，只是退兵之法而已。大臣们更是如此。在《天津条约》的谈判过程当中，为了迅速完成任务，负责谈判的大臣桂良竟然这样对皇帝说："此时英、佛两国和约，万不可作为真实凭据，不过假此数纸暂且退却海口兵船。将来倘欲背盟弃好，只需将奴才等治以办理不善之罪，即可作为废纸。"[2]

在天朝大臣的眼中，条约不过只是数张"废纸"，并不会对天朝构成束缚。但是洋人却感觉非常愤怒。后来英国外交官威妥玛指责中方外交人员总是进行欺诈外交："今日骗我，明日敷衍我，以后我断不能受骗了。中国办事哪一件是照条约的？如今若没有一个改变的实据，和局就要裂了。"还指责中国"所办之事越办越不是，就像一个小孩子活到十五六岁倒变成一岁了"[3]。

也许很多读者认为我大清君臣的做法合情合理。确实，在敌人的暴力威胁下签订的条约，肯定是"不平等条约"。我们没有去侵略你们，是你们跑来侵略我们，从道义上，我们理直气壮。但问题是，以这样的态度去对待条约，对待手里握着强大武器的敌人，后果有点儿严重。

等到外国人攻陷大沽炮台，兵锋直指北京，纵火焚烧了万园之园——圆明园之后，咸丰终于慌了。1860 年，他不得不接受了英法美俄四国代表的全部要求。结果从此之后，外国人不但可以随便进城，而且还可以派公使进驻北京。除此之外，还

---

[1] 贾桢等编辑：《筹办夷务始末（咸丰朝）》，中华书局，1979 年，第 2270 页。
[2] 蒋廷黻编著：《近代中国外交史资料辑要》上，东方出版社，2014 年，第 198 页。
[3] 蒋廷黻编著：《近代中国外交史资料辑要》中，东方出版社，2014 年，第 130 页。

得将通商口岸增加为十个，外国人在中国内地游历传教皆得自由，中方同时需赔偿英国军费 400 万两、法国军费 200 万两。俄国人以"调停"有功为名，逼使中国签订了《中俄北京条约》，中国为此丢失了 40 多万平方公里的土地。

因此有人总结当时外交人员的办事风格不外两个字，一是怕，一是磨：

> 世上现有两等人。一等人看得洋务极怕，似乎洋人全不讲理，只能事事答应。一等人总以洋人为外国，一句话都听不得。此两等人皆不知洋务者也。又有两等人。一则明知外国富强，中国不敌，偏要说好看话，不但不怕他，还要胜过他。一味大话，欺哄上司。一则洋人来商量的事，明知可行，偏要说不行。今朝磨明朝磨，不问自家曲直，也不问外国是非，一味推三阻四。逼得洋人气了，仍然答应，还要自己夸口，说幸尔（而）磨挨，若是快允了，还不止此呢！至死不悟，真真无法。[1]

而曾国藩却反对这样做。他曾经对朝廷说：

> 臣愚以为与外国交际，最重信义，尤贵果决。我所不可行者，宜与之始终坚持，百折不回；我所可行者，宜示以豁达大度，片言立定，断不宜若吐若茹，稍涉犹豫之象，启彼狡辩之端。[2]

也就是说，他认为在对外谈判中，应该像君子一样，首重信义。能答应的，大大方方地答应，不能答应的，坚定不移。不能学市井商人的手段，让人看不起。

曾国藩为什么会这样主张呢？因为"羁縻"外交让中国付出了沉重的代价。

通过对鸦片战争以来特别是第二次鸦片战争经验教训的总结，曾国藩渐渐形成了诚信交往的思路。

当李鸿章向曾国藩请教外交方略时，曾送他一个"诚"字："老老实实，推诚相见，和他平情说理。"曾国藩对李鸿章说："夷务本难处置，然根本不外孔子忠信笃敬四字。笃者，厚也。信，只不说假话耳，然却难。吾辈当从此一字下手，今日说

---

[1] 王庆成编著：《稀见清世史料并考释》，武汉出版社，1998 年，第 338～339 页。
[2] 《曾国藩全集·奏稿》9，岳麓书社，2011 年，第 581 页。

定之话，明日勿因小利害而变。"[1]

　　他在另一封信中，又一次对这四个字进行了解释："与洋人交际，其要有四语：曰言忠信，曰行笃敬。曰会防不会剿，曰先疏后亲。忠者，无欺诈之心；信者，无欺诈之言；笃者，质厚；敬者，谦谨。此二语者，无论彼之或顺或逆，我当常常守此而勿失。"[2]

　　诚信外交的一个基本点，在于坚守条约。至少在没有实力之前，应该遵守条约。"惟目下一二年内，则须坚守前约。"[3]

　　他在给朋友的信中说："事端纷纷，总以坚守条约，不失信于外人为是。只可力求自强，不可轻易动气。若无自强之实，而徒有争气之言，非徒无益，而又害之。如耻之，莫若师文王姑事昆夷，以期驲嗓而已。"[4]

　　他还详细解释了为什么要守约："惟洋务宜守条约，乃有准绳，不致失信于外夷。平居无事，则大小各官勤廉自励，求所以自强之道。久之政通人和，上下一心，正气盛而邪气自衰，外夷慑服，亦不敢多所要求也。"[5]

　　坚守合约，第一，你力量不如对手，你越使诈，结果只是自己越倒霉。"我现在既没有实在力量，尽你如何虚强做作，他是看得明明白白，都是不中用的。"[6]遵守条约，不再招打，能维持一个稳定的国内环境，起码能获得喘息之机，以利于自强。

　　第二，条约约束的不仅是中方，也有外方。坚守条约的另一层意思是如果列强的要求超越条约范围，我们就要以条约来坚决拒绝。"条约所无之事，彼亦未便侵我之利权。"[7]也就是让他们把侵略步伐限定在条约之内，而不能无限索取。

　　第三，只有通过诚信外交，才能与西方各国进行正常往来，以便于从西方各国引进先进技术和设备，"师夷长技以制夷"。

　　除了诚信外交外，曾国藩还提出了一个在当时看来非常超前的观念：在对外交往中，不要争面子，而要争里子。不要争小处，而要争大处。

---

[1]《曾国藩全集·书信》4，岳麓书社，2011年，第169页。
[2]《曾国藩全集·书信》4，岳麓书社，2011年，第231页。
[3]《曾国藩全集·奏稿》5，岳麓书社，2011年，第378页。
[4]《曾国藩全集·书信》8，岳麓书社，2011年，第156页。
[5]《曾国藩全集·书信》7，岳麓书社，2011年，第792~793页。
[6]吴永口述：《庚子西狩丛谈》，岳麓书社，1985年，第109页。
[7]《曾国藩全集·书信》7，岳麓书社，2011年，第806页。

这也是通过第二次鸦片战争得出的教训。我们说过，第二次鸦片战争进行过程中签订了《天津条约》，其中有咸丰皇帝最怕的一条也就是外国派公使进驻北京。所以他毁掉了这个条约，选择继续战争。

不过一开始，咸丰并没有下定再开战端的决心。他曾经来了一个脑筋急转弯，想到了一条"万全"的妙计。什么妙计呢？用钱收买洋人不进京。

洋人不是好利吗？我堂堂中国，好义不好利。外国人说以后还要商谈降低关税之事，干脆，我大清帝国所有关税都不要了，换他们别到北京来，这总可以吧？

不要以为我在开玩笑，这是千真万确的史实。

咸丰皇帝下谕说："此时须将全免税课一层，明白宣示，使知中国待以宽大之恩，此后该夷获利无穷……所许各项，自可全行罢议。"[1]

如果这样，中国将成为人类历史上第一个不设关税的国家。这实在是人类史上一个创举。如此一来，中国经济也很快就会全部崩溃。可以想象的是，咸丰帝此一政策果获成功，在西方诸强的疯狂扩张中，近代中国恐怕将无商业利益可言，清政府也早就垮台了。

孟森评价说："若使当时桂良遵旨请求，进口货且不能收税，洋人重利，其于驻使一层必可暂缓，留作后图。而洋货之灌输，海关之不必设，中国又成何世界？此皆一回首而令人抿舌者。"[2]

咸丰做出这个决定，可谓下了血本。因为当时经济形势非常紧张。早在1853年因镇压太平天国消耗巨大，内务府存银一度只剩下了四万一千两白银，仅仅可以勉强支持皇室开支。[3] 而此时清政府的海关年收入已达到数百万两，是朝廷重要的财政收入之一。但是他却仍旧毅然决然地要以"全免关税"来换取不见外国人。

可以想象，如果此议提出，外国人肯定会同意，这笔利益实在太巨大了。但是大臣们吓傻了。他们没想到，皇帝脑洞开得如此之大。他们纷纷上奏表示反对，说这样一来，国已不国，"务以尊崇国体为先，尤以收回利权为要"[4]。大臣们还是据理力争，因为此事太儿戏了。他们说，全免关税后果严重，"胥天下之利柄归于该夷，

[1]《军机大臣寄钦差大臣桂良此次前赴上海应照原定办法妥办上谕》，中国史学会主编，齐思和等编：《第二次鸦片战争》三，上海人民出版社，1978年，第523页。

[2] 孟森著：《明清史论著集刊》下，中华书局，2006年，第614页。

[3] 故宫博物院明清档案部编：《清代档案史料丛编》第1辑，中华书局，1978年，第19页。

[4]《桂良等奏拟请将全免人口税课一节暂缓宣布折》，《筹办夷务始末（咸丰朝）》三，第1130～1131页。转引自李育民著：《中国废约史》，中华书局，2005年，第49页。

而我民穷财尽矣"[1]，保住关税这一实际经济利益高于公使驻京带来的朝廷颜面受损。

大臣们的反对令咸丰帝非常恼怒，朱批骂道："未见该夷，何以知其势必不行？薛焕真贼之行径也。"[2]但是在大臣们的反复说明之下，咸丰皇帝似乎也明白了取消关税确实会造成国将不国，最终打消了这一念头。为了不见外国人，他只好继续作战，最后导致北京被占，自己北逃。

宁可国家经济崩溃，也要保住皇帝的面子，咸丰皇帝的这个构想典型地体现出传统外交对"面子"的热爱。

曾国藩对这一思路却坚决反对。曾国藩通过近代外交的经验教训，形成了一个观点。李鸿章在给曾国藩写的神道碑中总结曾国藩的外交思想说："其争彼我之虚仪者许之，其夺吾民之生计者勿许。"[3]也就是说，面子上的礼仪上的事，可以让步；那些关系国计民生的事，不能让步。

用曾国藩奏折中的话具体地说：

> 大抵洋人之在泰西，数百年来互相吞并，无非夺彼国商民之利，然后此国可以得志。其来中国也，广设埠头，贩运百货，亦欲逞彼朘削之诡谋，陥我商民之生计。……自洋人行之，则以外国而占夺内地之利；自华民之附和洋人者行之，亦以豪强而占夺贫民之利，皆不可行。……中国之王大臣为中国之百姓请命，不患无词置辩，甚至因此而致决裂。而我以救民生而动兵，并非争虚仪而开衅。上可以对天地列圣，下可以对薄海苍生，中无所惧，后无可悔也。
>
> 至请觐、遣使、开拓传教三事，臣派员赍京册内，皆未议及。伏查康熙十五年圣祖仁皇帝召见俄人尼果赉等，其时仪节无可深考，然当日与俄罗斯议界、通市，实系以敌国之礼待之，与以属藩之礼待高丽者迥不相同。道光、咸丰以来，待英、法、米三国，皆仿康熙待俄国之例，视同敌体。盖圣朝修德柔远，本不欲胥七万里之外洋而悉臣服之也。拟请俟皇上亲政以后，准其入觐。其仪节临时酌定，既为敌国使臣，不必强以所难，庶可昭坦白而示优容。

[1]《何桂清奏利柄必应收回税则不可轻免折》，《筹办夷务始末（咸丰朝）》三，第1133页。转引自李育民著：《中国废约史》，中华书局，2005年，第151页。

[2]贾桢等编辑：《筹办夷务始末（咸丰朝）》，中华书局，1979年，第1165页。

[3]李鸿章著：《李文忠公遗集·曾文正公神道碑》，上海人民出版社，1985年，第19页。

　　遣使一节，中外既已通好，彼此往来，亦属常事。论者或恐使臣之辱
命，或惮费用之浩繁，此皆过虑之词。[1]

　　也就是说，和外国人谈判时，要力争商业利益，保护国民生计。至于公使驻京之类的事情，尽可同意，因为于中国实利无损。当初康熙年间，接待俄罗斯使臣，具体礼仪如何没有记载，但是与俄罗斯谈判边界等事，显然是两个平等的政治实体之间的行为。现在时势变异，更不可能指望欧美诸国甘当我们的藩属，因此应该以平等地位对待他们。

　　曾国藩关于外交的另一句名言是"大事苦争，小事放松"。对外关系应该着眼于大局，在有关国计民生的地方要拼死相争，但是不应该在入不入城之类的小事上纠缠。他认为："鄙意办理洋务，小事不妨放松，大事之必不可从者乃可出死力与之苦争。"[2]"凡与洋人交际，小事可许者，宜示以宽大平恕，大事不可许者，宜始终严执力争。若小事处处争竞，则大事或反有放松之时，不分大小，朝夕争辩，徒为彼族所轻视也。"[3]

　　什么是大事呢？事关国家主权的事，事关国家安全的事，才是大事。在对外交往中，曾国藩非常注重对国家主权的维护。

　　1861年，在恭亲王奕訢的主持下，清王朝决定向英国购买一支现代化的舰队。当前可用于平定太平天国，日后则可以成为"帝国海军"。曾国藩支持这一计划，因为可以通过此举掌握西式舰队的作战技术。

　　曾国藩向奕訢建议说，要由中国人做舰队统帅，邀请外国人出任副手，同时挑选中国军人上船学习作战。每艘军舰上用三四名外国人作为教习，其他岗位都要用中国军人。开始以洋人教中国人，后来要做到以中国人教中国人，把军事技术完全学到手，把舰队也牢牢掌握在中国人手中。"每船酌留外洋三四人，令其司柁、司火……始则以洋人教华人，继以华人教华人。"[4]

　　总理衙门具体委托给代理中国海关总税务司的李泰国去办理。李泰国是一个长期混迹于中国的英国人，资深外交官。此人办事效率很高，很快从欧洲采购了数艘军舰，驶抵中国。

[1]《曾国藩全集·奏稿》9，岳麓书社，2011年，第581~582页。
[2]《曾国藩全集·书信》9，岳麓书社，2011年，第111页。
[3]《曾国藩全集·批牍》，岳麓书社，2011年，第570页。
[4]《曾国藩全集·奏稿》5，岳麓书社，2011年，第377页。

然而令奕䜣等人吃惊的是，到来的不仅是军舰，还有军舰上大批金发碧眼的洋人。李泰国虽然是一个"中国通"，但向来在中国人面前飞扬跋扈惯了，一贯以中国政府的太上皇自居。他在英国居然擅自代表清政府聘请了一个叫阿思本的英国军官做这支舰队的司令，由阿思本挑选了600名军官和海员组成军队，并且规定船上只用洋人，不用中国人。他说这样才能保证舰队的战斗力。

消息传来，天下大哗。要是这样，这支舰队还能叫大清海军吗？总理衙门当然表示反对。但是李泰国极其强硬，称如果中国方面不接受他的条件，他就立刻将这支舰队解散。这样一来，不但中国建立海军的计划夭折，而且变卖军舰肯定要损失折价，清方还要付给李泰国雇来的众多外国军人遣散费，里里外外一算，一百七十万两白银的船价，至少要损失七十万两。

总理衙门一下子没了主意。事已至此，到底怎么办？是让外国人主掌中国海军，还是认倒霉退回军舰？尴尬之中的奕䜣等人只好致函在战斗一线的曾国藩、李鸿章、曾国荃等湘军大员，征求他们的意见。

曾国藩的态度十分鲜明。他说，必须由中国人指挥这支舰队，"中国兵权不可假与洋人"，中国政府对这支舰队的主权不容谈判。中国购买这支舰队的初衷"原期操纵自如，指挥由我……购船者云，购之以为己物，令中国之将得为斯船之主也"[1]。

舰队是中国花钱买的，且订有合同在先，那么就必须按中国人的主张办。如果实在谈不妥，不如退回这支舰队，损失点儿钱是小事，国家主权不能受侵犯。所以他回复了一句很坚决的话："以中国之大，区区一百七十万之船价，每年九十万之用款，视之直轻如秋毫，了不介意。或竟将此船分赏各国，不索原价，亦足使李泰国失其所恃，而折其骄气也。"[2]

将数百万金钱视为秋毫，曾国藩的话听起来有些荒谬，实际上他的本意是要坚定朝廷防止洋人染指中国军事大权的决心，也是给进退维谷的奕䜣以下台的台阶。最后朝廷痛下决心，将英国军舰、水手全部退回，坚决撤销李泰国的中国海关总税务司职务。最后虽然白白耗费了66万多两白银，但是在曾国藩等人的坚持下，中国的主权没有受到损害。

曾国藩更多的外交实践，我们要留到天津教案一章中去介绍。

---

[1]《曾国藩全集·书信》6，岳麓书社，2011年，第91页。
[2]《曾国藩全集·书信》6，岳麓书社，2011年，第92页。

|第十五章| 与接班人李鸿章共同"剿"捻

1. 妙手：裁湘留淮

同治四年（1865）五月初三日，正忙于两江事务的曾国藩突然接奉上谕，北上"剿"捻。

原来在太平天国起义的同时，北方黄淮一带也兴起了捻军起义。这一起义一开始对清王朝威胁不大，因为"捻匪本无大志，其意专以掳掠为生"[1]。他们保持着"居则为民，出则为捻"的习惯，乡土观念严重，组织也不严密。

然而太平天国被绞杀后，原本的配角捻军却异军突起，驰骋于黄淮流域，横扫千军如卷席。因为太平天国失败后，太平军的"遵王"赖文光率领部分太平军残部加入了捻军，对捻军进行了重新整编，在战斗中大量获取敌人的马匹、装备，逐步改步兵为骑兵，建立起一支精锐的骑兵部队，以大规模运动战对付敌人。改编后的捻军，连骑逾万，急如狂飙。

负责"剿"捻的本是蒙古亲王僧格林沁，他急于求成，采取穷追不舍的战术，想一口把捻军吃掉。捻军故意避而不战，拖着他兜圈子，然后抓住时机，设下埋伏，同治四年（1865）四月二十四日将僧格林沁包围后杀死于麦垅地中。满蒙贵族最后一根柱梁摧折，朝廷四顾无人，遂急命曾国藩携带钦差大臣关防，督军北上"剿"捻。两江总督由江苏巡抚李鸿章署理。

拿下天京之后，为了解除朝廷对他的猜忌，曾国藩已经裁撤了大部分湘军，自

---

[1] 中国史学会主编：《中国近代史资料丛刊·捻军》1，上海人民出版社，1957年，第313页。

剪了羽翼。剩下一点湘军余勇，"均属强弩之末，不堪驱策"[1]。

那么怎么办呢？难道如同当初创建湘军那样再从头练一支军队出来吗？

这倒不用。

做大事的人至少要往前看三步。当初曾国藩在大规模裁撤湘军的时候，留有后手，那就是"裁湘留淮"：他虽然将手中的湘军遣散，但是却保留了自己的学生李鸿章所部的淮军。

军权是决定国家走向的关键权力，有没有这个权力，对国家的影响力是不一样的。虽然裁撤了湘军，但是并不意味着曾国藩完全放弃了这份权力。保留淮军"以济湘勇之穷"，可以让湘系集团继续稳操兵权，从而保住在清朝统治集团中的决定性地位。

当然，把军事重心由湘军转移给淮军，也就意味着李鸿章是曾国藩在部下中最器重也最信任的人，否则这支淮军他将来调度不动。换句话说，曾国藩已经选定李鸿章做自己事业的接班人。

曾国藩为什么会在名将如林的湘军集团中选择一个非湖南籍的李鸿章做接班人呢？

2. 曾国藩的人才大计：塑造李鸿章

人们提起曾国藩，一般认为他一生做了两件大事：平定太平天国和兴起洋务运动。其实除此之外，曾国藩一生致力的还有一件大事，那就是培养人才。

晚清政治环境压抑，人才凋敝已极。龚自珍曾仰天长叹："我劝天公重抖擞，不拘一格降人才。"咸丰刚刚登基时，曾国藩上的《应诏陈言疏》就指出："将来一有艰巨，国家必有乏才之患。"[2]

曾国藩一生对人才问题非常重视，认为这是天下兴衰的关键，"国家之强，以得人为强。"[3]并说善于审视国运的人，"睹贤者在位，则卜其将兴；见冗员浮杂，则知其将替"[4]。因此选拔、培养人才是挽救清王朝统治危机的重要措施。"粤、捻内扰，

[1]《曾国藩全集·奏稿》8，岳麓书社，2011年，第328页。

[2]《曾国藩全集·奏稿》1，岳麓书社，2011年，第5页。

[3]《曾国藩全集·书信》1，岳麓书社，2011年，第677页。

[4]《曾国藩全集·家书》1，岳麓书社，2011年，第339页。

英、俄外伺，非得忍辱负重之器数十人，恐难挽回时局也。"[1]

曾国藩还有一个颇为"唯心主义"的观点。他认为，在中国社会，整个风气都受居于高位的少数几个核心人物心性品行的影响，换句话说，社会风气的厚薄全由一二人之倡导而成。"此一二人之心向义，则众人与之赴义；一二人之心向利，则众人与之赴利。众人所趋，势之所归，虽有大力，莫之敢逆。"[2]"余谓气节者，亦一二贤臣倡之，渐乃成为风气。"[3]

因此在镇压太平天国、兴起洋务运动的同时，曾国藩还致力于培养"正人"，以为"种子"，来挽回天下颓风。他对胡林翼说："默观天下大局，万难挽回。侍与公之力所能勉者，引用一班正人，培养几个好官以为种子，即咸丰四年寄公缄中种火之说也。"[4]"若能引出一班正人，倡成一时风气，则侍与公所借以图报国者也。"[5]他在家书中也说，"引用一班能耐劳苦之正人，日久自有大效"[6]。

因此曾国藩一生为人才培养事业倾注了大量心力。我们在这一章中就以李鸿章为例子，展开讲述一下这个问题。

李鸿章和曾国藩相识颇早。李鸿章是安徽合肥人，他的父亲李文安是曾国藩的同年，因此年轻时曾入都拜在曾国藩门下学习文章。李鸿章文笔出色，"每落笔，藻采纷披"[7]，颇得曾国藩青眼。曾国藩发现这个年轻人明敏有识，进取心极强，将来必有可观。曾国藩后来对李瀚章说："令弟少荃，自乙、丙之际（指1845年、1846年），仆即知其才可大用。"[8]李鸿章二十四岁中了进士，并和当年曾国藩一样进入翰林院。

▲ 李鸿章

[1]《曾国藩全集·书信》2，岳麓书社，2011年，第73页。

[2]《曾国藩全集·诗文》，岳麓书社，2011年，第138页。

[3]《曾国藩全集·诗文》，岳麓书社，2011年，第223页。

[4]《曾国藩全集·书信》2，岳麓书社，2011年，第694页。

[5]《曾国藩全集·书信》2，岳麓书社，2011年，第701页。

[6]《曾国藩全集·家书》1，岳麓书社，2011年，第501页。

[7]《李伯元全集》第4册，江苏古籍出版社，1997年，第112页。

[8]《曾国藩全集·书信》1，岳麓书社，2011年，第301页。

李鸿章身高在 1.82 米到 1.85 米 [1]，眉宇间精明外露，一望而知是一个精力充沛之人。他功名心极强，而且从不屑于掩藏这一点，在他的早年诗作中，"欲封侯""梦封侯""登鳌顶""入凤池""夺龙头""封侯相"之类的文字比比皆是。太平军兴，安徽沦陷，他以翰林身份回到家乡办理团练，"不做翰林做绿林"，希望以军功迅速获得升迁。

然而真正接触军事之后，李鸿章才发现打仗不像他想象的那么容易。他在安徽"宛转随人"，"浪战"数年，没有成绩，只好于咸丰八年（1858）投奔曾国藩大营。

一进入曾国藩的幕府，李鸿章就发现这里很特殊。首先，曾国藩的幕府规模很大。所谓幕府，即幕僚班子或者说助手班子。一般官员的幕僚，不过数人数十人，而曾国藩身边，盛时保持着一二百人的幕僚队伍。容闳回忆同治二年（1863）秋他在曾氏幕府："我在总督大营大约住了两个星期……当时在营中居住的官员最少有二百人，这些来自各地的人都是为了各种目的聚集于此。除了幕僚（不少于一百人）而外，还有候补官员、法学家、数学家、天文学家和机械师，等等。总之，中国一切出类拔萃和著名的人物，都被他那具有磁石般吸引力的品德和声誉，吸引到他那里。他对于有学识和有天才的人，一向极为钦佩，乐于和他们交往。"[2]

朱东安在《曾国藩幕府研究》中认为曾国藩幕僚先后共有四百二十一人；凌林煌在《曾国藩幕府宾僚探究》中统计，幕僚总数前后共为四百九十七人。

当然，曾氏幕府的特殊不只在于其大，更在于它很像一个学校。这个学校的校长，就是曾国藩。

曾国藩在给朋友的信中描述他的幕府中主官与幕僚的关系说："此间尚无军中积习，略似塾师约束，期共纳于轨范耳。"[3] 也就是说，他在幕府中对待下属，就如同老师对待学生一样。[4]

---

[1] 美国学者福尔索姆说，李鸿章的身高"至少有六英尺"，六英尺合 1.83 米。见过李鸿章本人的美国作家斯特林·西格雷夫说："李穿着一双厚底缎面朝靴，站着的时候，身高在六英尺四英寸以上。"六英尺四英寸合 1.95 米。学者翁飞认为，综合李鸿章现在留下来的全身照和一些史书的描述，李鸿章的身高应该不低于 1.83 米。

[2] 容闳著，王蓁译：《我在美国和在中国生活的追忆》，中华书局，1991 年，第 83 页。

[3]《曾国藩全集·书信》2，岳麓书社，2011 年，第 314 页。

[4] 他在给丁日昌的信中，介绍自己的办学经验供他参考时则说："局中各员譬犹弟子，阁下及藩司譬犹塾师，勖之以学，教之以身，诚之以言，试之以文，考之以事，诱掖如父兄，董督如严师，数者缺一不可，乃不虚设此局。"

　　确实，曾国藩是把他的幕僚们当学生看待的。我们从曾国藩日记和书信中可以看到，即便在戎马倥偬之中，曾国藩也按期在幕府中组织考试，一般是每个月两次，方式是曾国藩出题，让幕僚们作文。然后他像老教师一样，在深夜批卷。同治元年五月初六日，曾国藩给他的二十多名幕僚出了一道"策问"题，同时还让每人拟一道告示。事见曾国藩同治元年五月初八日日记："夜接课卷二十余篇，盖初六日余出策题一道，拟告示一道，令忠义局及各员应课，至是始交卷也，粗阅一过。"[1]

　　为什么要把幕府办成学校呢？这是曾国藩的人才战略决定的。

　　要办大事，必须用可用之人。大清王朝到了晚期，所谓"左无才相，右无才史，阃无才将，庠序无才士"。科举培养出来的人，不是废才，就是半成品。要想适用，就要自己动手，进一步陶铸。所以曾国藩的幕府既是储备人才之库，也是陶铸人才之所。

　　曾国藩的人才实践，第一步是求才。他说，"山不能为大匠别生奇木，天亦不能为贤主更出异人"[2]，而"大约上等贤哲，当以天缘遇之，中等人才，可以人力求之"[3]。寻找人才，要如同饿鹰扑食，贪商求利，"采访如鸷鸟猛兽求食，如商贾之求财"[4]。他行军打仗，每至一地必贴出告示，"询访英贤"，广为访察，称"本部堂久历行间，求贤若渴，如有救时之策，出众之技，均准来营自行呈明，察酌录用"，"如有荐举贤才者，除赏银外，酌予保奖"[5]。凡具一技之长者，必设法延至，收为己用。他的幕僚如王必达、程鸿诏、陈艾等人都是通过这种方法求得的。"曾国藩的周围聚集了一大批各类人才，幕府之盛，自古罕见，求才之诚，罕有其匹。事实证明，其招揽与聚集人才的办法是正确的和有效的。"[6]

　　所以对李鸿章的到来，他非常高兴。

　　第二步是观察。每有赴军营投效者，曾国藩先发给少量薪资以安其心，然后亲自接见，认真面试。李鸿章到来之前，曾国藩先寄给他三百两以安其家。到来之后，曾国藩在近一个月的时间里，与他多次长谈，就是为了进一步观察了解他，看看他

---

[1] 他的幕僚赵烈文在同治元年五月二十二日日记中也说："揆帅会试幕僚，每月二期，今当第二试，应教撰《对策》一首。"曾国藩还给他的学生们留作业，并定期检查。咸丰十年闰三月初十日日记："旋王、马诸生呈阅五日功课。"

[2] 赵烈文撰：《能静居日记》2，岳麓书社，2013年，第1100页。

[3] 《曾国藩全集·书信》4，岳麓书社，2011年，第281页。

[4] 《曾国藩全集·日记》2，岳麓书社，2011年，第64页。

[5] 《曾国藩全集·诗文》，岳麓书社，2011年，第469页。

[6] 朱东安著：《曾国藩传》，辽宁人民出版社，2014年，第319页。

在数年军旅生涯中有没有什么长进。

要做到用之无误，不仅要察言观色，还要试之以事，验之以效。新人到来后，曾国藩通常都会让他们到前线去锻炼一段时间，一是让他们直观了解湘军的面貌，二是通过他们来了解前线近期的情况，三是通过这种方式鉴别他们的能力。

李鸿章到来后不久，曾国藩就给了他一个任务，让他随同曾国荃率军自抚州进兵景德镇。咸丰八年（1858）五月十七日（公历 6 月 17 日）曾国藩致书李鸿章道：

> 阁下此行，其着意在察看楚军各营气象，其得处安在，其失处安在，将领中果有任重致远者否，规模法制尚有须更改者否，一一悉心体察。[1]

这显然是在考察李鸿章的见识。

一般经过这两项考察后，曾国藩才会确定幕僚的具体工作：有胆气血性者令其领兵打仗，胆小谨慎者令其筹办粮饷，文学优长者办理文案，学问渊博者校勘书籍。

李鸿章是一个综合型人才，既能办事，又长于文字。曾国藩赞扬说："少荃天资于公牍最相近，所拟奏咨函批，皆有大过人处，将来建树非凡，或竟青出于蓝，亦未可知。"[2] 因为身边正缺乏文案高手，曾国藩遂把李鸿章留在幕府，"初掌书记，继司批稿奏稿"。

安排好工作后，接下来的第三步，就是培养。曾国藩认为，人才"大抵皆由勉强磨炼而出"。天生大才极少，中等以下人才都可通过培养教育造就出来。[3]

他的教育方式，一是如前所述，进行定期考试，以批答的方式来提高他们的文字水平和对事物的分析判断能力。二是通过谈话，也就是今日所谓面授。曾国藩咸丰十年（1860）五月初六日日记："阅《后汉书·乌桓鲜卑传》未毕，二（二字乃洐文）及诸生呈缴功课，余教以'诚勤廉明'四字，而'勤'字之要但在好问好察云云，反复开导。"[4]

[1]《曾国藩全集·书信》2，岳麓书社，2011 年，第 177 页。

[2] 薛福成著：《庸庵笔记》，江苏人民出版社，1983 年，第 13 页。

[3] 咸丰十一年，曾国藩曾经写过《劝诫委员四条》，其中说："今世万事纷纭，要之，不外四端：曰军事，曰吏事，曰饷事，曰文事而已。凡来此者，于此四端之中，各宜精习一事。"这四条是专门针对进入他幕府的幕僚的。意思是说，凡是进入我幕府的人，必须于军、政、饷、文四事之中至少选择一项，进行专门学习，以增长才干。

[4]《曾国藩全集·日记》2，岳麓书社，2011 年，第 48 页。

不仅经常找人个别谈话，曾国藩还利用吃饭这个大家聚齐之时，同大家谈古论今，表面上看是闲谈，实际上是向幕僚传授自己的人生经验和读书心得。李鸿章后来回忆说：

> 在营中时，我老师总要等我辈大家同时吃饭。饭罢后，即围坐谈论，证经论史，娓娓不倦，都是于学问经济有益实用的话。吃一顿饭，胜过上一回课。[1]

李鸿章这样描述曾国藩在众弟子面前的老师形象："他老人家又最爱讲笑话，讲得大家肚子都笑疼了，个个东倒西歪的。他自家偏一些不笑，以五个指头作耙，只管将须，穆然端坐，若无其事，教人笑又不敢笑，止又不能止，真被他摆布苦了。"[2]

和孔子一样，曾国藩内心深处很热爱教师这个工作，甚至比做官还要热爱。曾国藩曾说过"君子有三乐"，其中之一便是"宏奖人才，诱人日进"[3]。

也和孔子一样，曾国藩长于"因人施教"，针对不同的人采取不同的教育方法。

关于李鸿章入曾幕之初的情况，曾国藩的弟子薛福成在《庸庵笔记》的《李傅相入曾文正公幕府》中专有一文，其中说：

> 文正每日黎明必召幕僚会食，而江南北风气与湖南不同，日食稍晏，傅相欲遂不往。一日，以头痛辞，顷之，差弁络绎而来，顷之，巡捕又来，曰："必待幕僚到齐乃食。"傅相披衣踉跄而往。文正终食无言，食毕，舍箸正色谓傅相曰："少荃，既入我幕，我有言相告，此处所尚惟一'诚'字而已。"遂无他言而散，傅相为之悚然。盖文正素谂傅相才气不羁，故欲折之使就范也。傅相初掌书记，继司批稿、奏稿。数月后，文正谓之曰："少荃天资于公牍最相近，所拟奏咨函批，皆有大过人处，将来建树非凡，或竟青出于蓝，亦未可知。"

---

[1] 吴永口述：《庚子西狩丛谈》，中华书局，2009 年，第 122 页。
[2] 同上。
[3]《曾国藩全集·日记》1，岳麓书社，2011 年，第 471 页。

也就是说，曾国藩每天黎明，都要和幕僚一起吃饭。李鸿章落拓不羁，有睡懒觉的习惯，对曾国藩大营中的这个习惯很不适应，深以为苦。一天他谎称头疼，卧床不起。曾国藩知道他是装病，大动肝火，接二连三地派人催他起床吃饭，李鸿章到来之后，曾国藩整个早饭期间一言不发，直到吃完了，才说了一句话，说我大营所尚，只有一个"诚"字。意思是批评李鸿章"不诚"。李鸿章从此日日早起。[1]薛福成说，曾国藩此举是为了煞煞李鸿章的气焰。

晚年李鸿章更亲口对曾国藩的孙女婿吴永说过这样一段话："我老师实在厉害，从前我在他大营中，从他办事，他每天一早起来，六点钟就吃早饭，我贪睡总赶不上，他偏要等我一同上桌，我没法只得勉强赶起，胡乱盥洗，朦朦前去过卯，真受不了。迨日久勉强惯了，习以为常，也渐觉不甚吃苦。所以我后来自己办事，亦能起早，才知道受益不尽，这都是我老师造就出来的。"[2]

可见确有其事。

李鸿章这个人身上缺点和毛病确实多。他智商高，才华出众，自小又一帆风顺，因此待人接物，经常盛气凌人，"常显傲慢轻侮之色，俯视一切，揶揄弄之"[3]。到了曾国藩幕府后，他自恃翰林出身，科名地位比其他人都高，所以经常不自觉地流露出目空一切的气概。曾国藩认为，若将来真要他独当一面，还须再经一番磨炼，所以要先声夺人，在大家面前挫挫他的锐气。

李鸿章以口才自雄，而当时湘军幕府有不少"雄谋善辩"之士，如左宗棠、李元度等，口才不在李鸿章之下，曾国藩就经常有意让他们与李鸿章"争口舌之长"，以挫其傲气。曾国藩还经常将李鸿章带在身边，让他与天下第一流人物接触，让他领略"天下士"的风采。比如，咸丰九年（1859）八月初曾氏就带着他同赴黄州，与胡林翼共同商定四路进兵入皖之计，让他听听胡林翼对战局的分析和评论。

至于曾氏本人，则身体力行，努力以自己的表率来影响李鸿章。凡是曾国藩的

---

[1] 曾国藩密友欧阳兆熊在其编写的《水窗春呓》中有《进场饭》一文，也写当时曾幕中人为曾国藩这一"早餐规矩"所苦之事。

[2] 吴永口述：《庚子西狩丛谈》，中华书局，2009年，第122页。

[3] 梁启超著：《李鸿章传》，长江文艺出版社，2012年，第119页。

幕僚，都注意到曾国藩严格的起居方式[1]。方宗诚在《柏友堂师友言行记》中说：

> 公每日清晨辄起，食后行三千步。步毕乃治公牍。少奏疏批牍书札，皆手自为之，事毕则与幕友围棋一局或二局以为消遣。棋毕即读书两卷或三卷。有客至，随时召见。午后亦如是，晚亦如是。日以为常，虽佳节时令无稍变也。

在曾国藩的影响下，李鸿章从一个爱睡懒觉的年轻人逐渐变得"每日起居饮食均有常度"，李子渊在《合肥诗话》中记载其先伯曾祖少荃公"每日盥毕，据案作书，临摹《怀仁圣教》数百字，饭罢，必绕廊徐行数百步，历数十年，虽笃老未尝或辍，其坚定有恒，亦秉曾公之遗法也"[2]。

可以说李鸿章对曾国藩的模仿真是从形似到神似了。

曾国藩对李鸿章这块美玉确实是尽力雕琢，进行了全方位改造。李鸿章爱睡懒觉，曾国藩让他养成了每日早起的习惯；李鸿章平时好说谎吹牛（合肥俗语"打痞子腔"），但在曾国藩面前他从来不敢造次；李鸿章心思太灵，遇事容易动摇，曾国藩经常对他讲"挺"经，教导他遇到困难要挺得住。在曾国藩幕府中，李鸿章方方面面都发生着变化。吴汝纶记述他："公少受学曾公，其用兵方略，为国决大计，虚荣悴显晦，事成败不易常度，得于曾公者为多。"[3]

---

[1] 唐文治记述吴汝纶晚年对曾国藩的回忆："此数百年来一人，非特道德崇隆，勋华彪炳而已。乃其精神已不可及。遂言文正每日于寅正起，卯正早餐，群僚毕集，公详告各案，剖析如流。辰巳两时接见宾客将领等，或批答公牍。午初作大字，午正餐毕，即遍历宾僚宿舍，无偶遗者。或围棋一局。未正后见宾治事，酉初晚餐后即读经史古文，至亥正止。高诵朗吟，声音达十室以外。子初与家人或幕僚谈，旋濯足。子正始寝，至寅正又起，盖晏息仅二时，岁以为常，其自强不息如此。"

[2] 吴永则如此记述他亲见李鸿章的起居工作习惯："公（李鸿章）每日起居饮食，均有常度。早间六七钟起，稍进餐点，即检阅公事；或随意看《通鉴》数页，临王圣教一纸。午间饭量颇佳，饭后更进浓粥一碗、鸡汁一杯。少停，更服铁水一盅，即脱去长袍，短衣负手，出廊下散步；非严寒冰雪，不御长衣。予即于屋内伺之，看其沿廊下从彼端至此端，往复约数十次。一家人伺门外，大声报曰：'够矣！'即牵帘而入，瞑坐交椅上，更铁酒一盅……凡历数十百日，皆一无更变。"梁启超说："李鸿章之治事也，案无留牍，门无留宾，盖其规模一仿曾文正云。其起居饮食，皆立一定时刻，甚有西人之风。其重纪律，严自治，中国人罕有能及之者。"

[3]《吴汝纶全集》1，黄山书社，2002 年，第 220 页。

曾国藩身边的幕僚，大部分都是这样，通过与曾国藩朝夕相处，耳濡目染，潜移默化，在不知不觉之中变化气质，增长才干。曾国藩的幕僚张文虎在谈及曾氏幕僚易于成才的原因时说，盖"其耳目闻见较亲于人，而所至山川地理之形胜，馈诨之难易，军情之离合，寇形之盛衰变幻，与凡大帅所措施，莫不熟察之。而存于心久，及其措之裕如，固不啻取怀而予，故造就人才，莫速于此"[1]。

李鸿章对恩师在幕府期间的教诲，是感激终生的。李鸿章说："从前历佐诸帅，茫无指归，至此如识南针，获益匪浅。"[2]他说，"吾从师多矣，毋若此老翁之善教者，其随时、随地、随事，均有所指示。"还说，他后来办事，"亦能起早，才知道受益不尽，这都是我老师造就出来的"[3]。

不光是李鸿章对曾国藩充满感激，曾国藩幕府中的大部分人对曾国藩都感激终生。他"能随人之才以成就之，故归之者如流水"[4]。同时曾国藩用人，还有一个宗旨，那就是"己欲立而立人，己欲达而达人"，全力给他们制造发展的机会。

曾国藩说：

> 将帅之道，即所谓欲立立人，欲达达人也。待弁勇如待子弟，常有望其成立，望其发达之心，则人知恩矣。[5]

就是说，做将帅的，一定要帮助下属立业成才。对待下属，就如同对待自己的孩子一样，从内心里希望他们发展得好，这样，他们才会从内心感激你的恩德。

并不是所有人都是这样的。比如左宗棠用人，喜欢使之盘旋自己脚下终生不得离去，所以往往并不出死力为部下保举。终其一生，左宗棠提携起来的人很少。他的部下中，没有一人后来担任朝中一、二品的文官，在地方出任督、抚的也很少。

而曾国藩在保举下属方面非常尽力。他的幕僚大部分都在幕府成材，然后成就自己的事业。薛福成说：

---

[1] 张文虎著：《覆瓿集·杂著》乙编上，第 7~8 页。转引自朱东安著：《晚清政治与传统文化》，百花文艺出版社，2012 年，第 352 页。

[2] 薛福成著：《庸庵笔记》，江苏人民出版社，1983 年，第 13 页。

[3] 吴永口述：《庚子西狩丛谈》，中华书局，2009 年，第 122 页。

[4] 朱汉民、丁平一主编：《湘军 8·报刊记载·外人记述·史料笔记》，社会科学文献出版社，2013 年，第 842 页。

[5]《曾国藩全集·日记》1，岳麓书社，2011 年，第 442 页。

自昔多事之秋，无不以人才之众寡，判功效之广狭。曾国藩知人之鉴，超轶古今，或邂逅于风尘之中，一见以为伟器，或物色于形迹之表，确然许为异才。平日持议，常谓天下至大，事变至殷，绝非一手一足之所能维持。故其振拔幽滞，宏奖人杰，尤属不遗余力。[1]

曾国藩的幕僚出幕后官至出使大臣 5 人，军机大臣 2 人，尚书 2 人，大学士 2 人，侍郎 3 人，北洋大臣 1 人，总理衙门大臣 1 人，总督 16 人，出任总督 30 人次，巡抚 28 人，出任巡抚 50 人次。此外，还有布政使、按察使、提督、副将、道员、知府、知县，最不济也有候补、候选、记名之类。林林总总，不胜枚举。天京克复前后，湘系"文武错落半天下"。英国历史学家包耳格曾经说："曾国藩是中国最有势力的人，当他死去的时候，所有的总督都曾经做过他的部下，并且是由他提名的。如果他曾经希冀的话，他可能已经成为皇帝。"[2] 话虽夸张，但从一个侧面反映了曾国藩影响之大。

当然，不光是幕僚们从曾国藩这里获得收益，曾国藩本人也从幕府中收获巨大。李鸿章思维清晰敏捷、作风明快果断，往往一眼就能看出大局的关键，因此一遇大事，曾国藩往往求助于李鸿章的分析决断。

比如咸丰十年（1860），为了解安庆之围，太平军兵指武汉。如前所述，曾国藩虽然明知太平军的目的是要把湘军从安庆调开，但是因为武汉的位置实在太重要，因此到底救不救武汉，举棋难定。咸丰十年（1860）五月初十日上午，他和名将李续宜"熟论安庆、桐城两军应否撤围，约沉吟二时之久"，讨论思考了四个小时，没有结论。下午，李鸿章来参与讨论，结果"得少荃数言而决"[3]。李鸿章几句话，让他下了决心，决意不撤皖围之兵，把"旋转乾坤"的赌注，全押在安庆围点打援上面了。在曾国藩遇到的另一次重大危机，也就是第二次鸦片战争中咸丰要求湘军北援事件中，李鸿章也起到了关键作用。曾国藩召集文武僚佐，给他们出题考试，让他们各立一议。大多数人主张"入卫"。但是李鸿章独持异议，帮助曾国藩做出一个重要的决断："谓夷氛已迫，入卫实属虚名。六国连衡，不过金帛议和，断无他变，

---

[1] 马忠文、任青编：《薛福成卷》，中国人民大学出版社，2014 年，第 40 页。

[2] [英] 包耳格著：《马格里传》，第 185 页。转引自戴逸著：《皓首学术随笔·戴逸卷》，中华书局，2006 年，第 56 页。

[3]《曾国藩全集·日记》2，岳麓书社，2011 年，第 49 页。

当按兵请旨，且无稍动。楚军关天下安危，举措得失，切宜慎重。"[1]李鸿章建议用"拖"字诀，拖以待变。他说，如果拖上十多天，北京城很可能就已经被洋人攻占，双方自然会议和，那时也就不用湘军北上了。事实证明这一"拖"字诀用得可谓非常高明。

经过多年培训历练，曾国藩认为李鸿章已经可以独当一面了。

咸丰十一年（1861），一个千载难逢的建功立业良机降临到李鸿章头上。这一年十月，太平军突然进攻上海，上海官绅代表抵达安庆乞师。[2]已经开埠的上海，富庶繁华，饷源充足。因为曾国荃不愿意承接这个任务，曾国藩派李鸿章前往上海救援。这件事改变了李鸿章的命运。因为曾国藩交给李鸿章的任务不只是救援上海，同时还有一个更重要的任务：创建淮军。

创建淮军，是曾国藩早就有的一个想法。早在咸丰十年（1860），曾国藩就在《复奏统筹全局折》中提出编练淮勇的计划，打算以"用楚军之营制，练淮徐之勇丁"的方法编练淮军。他认为，淮北之人刚健勇悍，适合当兵。"以臣愚见，淮、徐等处，风气刚劲，不患无可招之勇，但患无训练之人。……得一二名将出乎其间，则两淮之劲旅，不减三楚之声威。"[3]而这支军队，现在用于平定太平天国，将来可用于平定黄淮流域的叛乱。

得到这样的机会，李鸿章自然喜出望外。他迅速征召淮北一带旧有团练。同治元年（1862）灯节刚过，首批淮勇就抵达了安庆。

在京期间，曾国藩曾经教李鸿章作文。在幕府中，曾国藩又曾教李鸿章做人。现在，他又给李鸿章上了第三课，建军。这是曾国藩教授李鸿章的最重要的一堂课。他对李鸿章的文字能力非常放心，但是对他带兵打仗的本领有所怀疑。毕竟李氏在安徽数年，留下了"专以浪战为能"的记录。

因此曾国藩利用一切时间，详细教导李鸿章如何行军，如何扎营，如何挖壕，如何待敌，亲手为淮军制定营制营规。因为担心李鸿章急躁、傲慢、任性的性格误

[1] 朱汉民、丁平一主编：《湘军8·报刊记载·外人记述·史料笔记》，社会科学文献出版社，2013年，第628页。

[2] 这封乞师信写得"深切婉至"，钱鼎铭"力陈东南百姓陷危状"，"往复数千言，继以痛哭"，使曾国藩大为动容，称赞他"真不异包胥秦廷之请矣"。当天晚上，曾氏即"与少荃久谈"，此后又一连多次与李鸿章长谈，"商救援江苏之法"。

[3] 《曾国藩全集·奏稿》2，岳麓书社，2011年，第555页。

事，曾国藩"以深沉二字"相劝。淮勇一到，他亲自召见分营将领，一一加以考察。他担心李鸿章召集来的淮勇一时无法练成劲旅，因此从湘军中调拨成熟得力的队伍八营，供李鸿章使用，也是借湘军榜样"为皖人之倡"，陶铸淮勇风气。这样在淮军初创之时的十三营中，湘军班底实际占了主要成分。

同治元年（1862）三月初，李鸿章登舟起行，数日后抵达上海。

早在咸丰十一年（1861）十一月二十四日夜，曾国藩就曾亲拟片稿，密保李鸿章担任江苏巡抚，并称他"劲气内敛，才大心细"，实可统带一军"驰赴下游，保卫一方"[1]。

因此李鸿章到了上海后才十七天，即三月二十七日，清廷就正式任命李鸿章署理江苏巡抚。李鸿章从此就开府一方。

师徒两人分居两地，仍然通过书信，频繁地展开教与学。抵沪之后，李鸿章凡事都汇报曾国藩，"敬求训示做主"，"乞钧示"，"乞核示"。曾国藩则在信中谆谆教导，无微不至，全方位地对李鸿章进行指授。

当时江苏大部分已经陷于太平军之手，因此江苏巡抚的政令不出上海孤岛。上海内部，原巡抚薛焕所辖防军腐朽已极，根本不能用。更为复杂的是，上海的防卫力量中还有很大部分是洋人。大约3000名英国、英属印度、法国人组成的国际军队与中国官方共同防守，华洋杂处，形势复杂。用李鸿章的话来说，就是"岛人疑谤，属吏蒙混，逆众扑窜，内忧外侮，相逼而来"[2]。

然而千头万绪中，李鸿章并未迷茫，因为出发之前，曾国藩已经送给他一条如同定海神针一样的临别赠言："专以练兵学战为性命根本，吏治、洋务皆置后图。"[3]也就是说，军事是一切的根本。如果打上几场胜仗，在军事上站稳脚跟，他在上海地方官和洋人面前的威信自然就建立起来了。反之，如果打不了胜仗，他再有手腕，也无法赢得上海官绅和洋人的首肯。

按照曾国藩的教导，李鸿章没有盲目投入战斗，而是积极"练兵练器"，苦练数月，确信淮军已经具备战斗力后，他才抓住机会出师作战。六月中旬，淮军在上海虹桥等地与太平军展开激战，连战皆捷，解了上海之围，也确立了淮军的声名与地位。这一战奠定了李鸿章在上海牢不可动的地位，这位空头巡抚终于在江

---

[1]《曾国藩全集·奏稿》4，岳麓书社，2011年，第235页。

[2]《李鸿章全集》，时代文艺出版社，1998年，第3071页。

[3]《曾国藩全集·书信》4，岳麓书社，2011年，第169页。

苏扎下根来。

除了军事上的难题，困扰李鸿章的还有如何处理洋务。

上海在当日已是最重要的中外交往枢纽，西方人势力遍及各处。"沪城内外各事实皆洋人主持"[1]，"沪中官民向恃洋人为安危"[2]。李鸿章以前没有跟洋人打过交道，因此自然视此为畏途。他于同治元年（1862）三月十五日给曾国藩写信说：

> 最难者洋务。[3]

二十一日又说：

> 与官军同剿，洋兵每任意欺凌，遥自调派，湘淮各勇恐不能受此委曲，将来接任后，此事必须斟酌。……鄙见分剿尚可，会剿有许多不便，洋人性急不可待，将若之何？敬求训示主裁。[4]

曾国藩也没有办过洋务，但是他的见解确实高人一筹。针对李鸿章的困惑，曾国藩指示他说：

> 与洋人交际，其要有四语：曰言忠信，曰行笃敬，曰会防不会剿，曰先疏后亲。忠者，无欺诈之心；信者，无欺诈之言；笃者，质厚；敬者，谦谨。此二语者，无论彼之或顺或逆，我当常常守此而勿失。至会防不会剿一语，鄙人有复奏一疏暨复恭邸一书言之颇详，兹抄呈台览。先疏后亲一语，则求我之兵力足以自立，先独剿一二处，果其严肃奋勇，不为洋人所笑，然后与洋人相亲，尚不为晚。本此数语以行，目下虽若断断不合，久之必可相安相合。[5]

针对李鸿章与人交接时经常流露出来的傲慢，曾国藩指示他说：

[1]《李鸿章全集》，时代文艺出版社，1998年，第3059页。

[2]《李鸿章全集》，时代文艺出版社，1998年，第67页。

[3]《李鸿章全集》，时代文艺出版社，1998年，第3024页。

[4]《李鸿章全集》，时代文艺出版社，1998年，第3027页。

[5]《曾国藩全集·书信》4，岳麓书社，2011年，第231页。

词气宜和婉，意思宜肫诚，切不可露傲惰之象。阁下向与敌以下交接颇近傲慢，一居高位，则宜时时检点。与外国人相交际，尤宜和顺，不可误认简傲为风骨。风骨者，内足自立，外无所求之谓，非傲慢之谓也。[1]

愿阁下谦怀抑抑以待洋人，并遍嘱全军勇夫，切勿自夸兵精，不稀罕洋人帮助云云。吾辈心中有一分矜气，勇夫口中便有十分嚣张，不可不察。[2]

对曾国藩的教导，李鸿章表示谨遵不渝。"与洋人交际，以吾师忠信笃敬四字为把握。"[3]"鸿章遵师训忠信笃敬四字与之交往。"[4]李鸿章后来的外交卓有成效。他说，因为他遵照老师指示，对洋人讲信义，所以洋人很愿意和他打交道。

乃洋人因其忠信，日与缠扰，时来亲近，非鸿章肯先亲之也。[5]

李鸿章的成功一方面是因为曾国藩全方位提携培养，另一方面也是基于他个人的才华和能力出众超群。

李鸿章文笔优长，身上却没有一丝文人所常有的那种书卷气。他天生善于并喜欢处理复杂局面。别人怕事，他则喜事。局面越乱，责任越重，他越高兴。吴汝纶评价他："尤锐身当天下大任，虽权力有属，有不属，其遇事勇为，夷险一节，未尝有所诿谢退让畏避也。"[6]"任艰驭远，前古未有。……忌者益众，公一不屑意，履晦履险，若无其事。"

独当一面让李鸿章的才华得到了更加充分的发挥。

到上海不久，李鸿章采取剪除羽翼、敲山震虎的做法，罢去了旧有官吏，建立起自己的班底，吏治为之一清，很快就把江苏治理得有条不紊，能做到"以半省之

[1]《曾国藩全集·书信》4，岳麓书社，2011年，第181页。
[2]《曾国藩全集·书信》4，岳麓书社，2011年，第344页。
[3]《李鸿章全集》，时代文艺出版社，1998年，第3039页。
[4]《李鸿章全集》，时代文艺出版社，1998年，第3034页。
[5]《李鸿章全集》，时代文艺出版社，1998年，第3039页。
[6]《吴汝纶全集》1，黄山书社，2002年，第215页。

兵，供天下各省之用，又以半省之厘，供分防本境及援剿各省之饷"[1]。

在曾国藩的指导下，李鸿章很快掌握了与洋人打交道的方法，并且购买了大量西方先进武器，还向洋人学习西洋近代军队的操练方法和作战技术，淮军在短时期内，"尽改旧制，更仿夷军"，战斗力在曾国藩麾下诸部中跃居第一。

李鸿章在上海依照曾国藩的指示取得了成功，曾国藩则通过李鸿章的表现更加认识到李鸿章的才华。应该说，李鸿章的表现远比他期待的还要出色。曾国藩甚至对友人感慨，自己的才能远不如李鸿章："少荃东下之初，仅令赴援沪城，意谓尽此兵力，或可保全海滨一隅，厥后拓地日广，卒将省垣克复，本非始愿所可及，亦愧谋略之不如。"[2]

李鸿章的才华是让曾国藩决定日后把班交给他的重要基础。但是对于一位接班人来说，仅有才华是不够的，更重要的是有"德"。

曾国藩一生爱传帮带，提拔下属不遗余力，这也很容易造成一种难堪的局面：过去的部下一旦独当一面，必然在饷源分配、兵力调拨等方面与曾国藩产生种种利益冲突。曾国藩和左宗棠、沈葆桢等人的冲突，都是在权位相侔之后开始的。这虽然是体制导致的必然，但如何处理这种冲突，可以看出每个人心性品格上的不同。

李鸿章独当一面之后，曾、李之间也不可避免地产生了这样的矛盾。比如黄翼升原属湘军水师系统，由曾国藩派遣配合淮军作战，李鸿章对他十分看重。同治二年（1863）五月，曾国藩因大局需要，欲调黄翼升由扬入淮，攻打周家口。李鸿章却因为此时正处于进攻苏州的紧要关头，拒不同意。曾国藩十三次与他来往函商，均为他所拒绝。曾国藩忍无可忍，以"参办"为威胁，"昌岐此次再不应调，实不能不参办"。[3] 李鸿章仍不为所动，不放黄翼升走。

如果说忘恩负义，此时的李鸿章似乎算得上榜上有名了。但是与沈葆桢、左宗棠不同的是，李鸿章意见虽坚，绝大多数时候表面上却总是"吾师"不离口，反复摆困难，讲形势，低声下气，一面顶撞着曾国藩，一面却又说什么"吾师海量盛德，求勿以此纤芥，致伤天和"。这高帽子一戴，让曾国藩没了脾气，只好高姿态地放他一马。李鸿章的情商，实在高出沈、左十倍以上。

更主要的是，李鸿章在关键时刻也能做出重大牺牲，比如曾、李的军饷之争。

---

[1]《李鸿章全集》，时代文艺出版社，1998 年，第 3272 页。

[2]《曾国藩全集·书信》6，岳麓书社，2011 年，第 384 页。

[3]《曾国藩全集·书信》6，岳麓书社，2011 年，第 203 页。

曾国藩派李鸿章到上海，最主要的目的就是获得上海丰厚的饷源。因此李鸿章刚刚抵沪，曾国藩就提出："上海所出之饷，先尽沪军，其次则解济镇江，又次乃及敝处。"[1] 然而李鸿章为了发展自己的势力，供给曾国藩军饷远比预期的少，曾国藩不得不在信中这样讽喻李鸿章："女富则肥及外家，叶盛则粪及本根。……则安庆乃公之外家，而庐、巢份社实公之本根也。"[2]

李鸿章能深体曾国藩的难处。收到曾的信件后，他决定竭尽全力先满足曾国藩的要求。同治二年（1863）三月间，因曾国荃部缺粮，曾国藩要求李鸿章想办法提供八万两白银。李鸿章在淮军已经出征苏南、饷项同样紧张的情况下，仍在一个月左右凑足六万两及时送去，使曾国藩发出 "枯旱得雨，众苗勃兴，感荷何极"[3] 的感谢之词。

此事发生在沈葆桢与曾氏争饷闹讼并导致二人最终绝交的前后，同沈葆桢相比，李鸿章无疑显得更为顾全大局。知道退步，知道感恩，这是李与沈、左的最大不同。

李鸿章拒不进攻金陵，更是他的情商之高的具体体现。

前面我们已经讲过，在曾国荃进攻南京的最后阶段，朝廷等得着急，命令李鸿章所部淮军带 "开花大炮" 会攻天京。

从清朝全局出发，李鸿章理应挥师赴援；但从个人同曾国藩兄弟的关系考虑，李鸿章决定还是袖手静观，来保证曾国荃获得这一 "首功"。因此他想尽办法拖延会攻金陵。朝廷多次连降谕旨，迭催李鸿章火速拨兵进 "剿"，李鸿章一开始装病奏称 "感冒风湿，眠食顿减"，即行回苏 "就医"[4]；接着又提出部队需休整两月，才能继续作战；最后又建议出兵湖州，以切断太平军退路。总之一拖再拖，为曾国荃独克坚城预留时间，使曾国荃如愿以偿独力攻占金陵。曾国藩对此深为感激。金陵城攻下后不久，李鸿章前来拜会，曾国藩亲自出城到下关迎接。李要行参见大礼，曾国藩上前用手挽起说："愚兄弟薄面，赖子全矣。"[5]

作为学生，李鸿章与老师曾国藩一生有过密切合作，也有过多次冲突，但是高明之处在于，他从来没有与曾国藩撕破脸，懂得有进有退。这是曾国藩日后交班给李鸿章的另一个重要原因。

[1]《曾国藩全集·书信》4，岳麓书社，2011 年，第 169 页。

[2]《曾国藩全集·书信》5，岳麓书社，2011 年，第 324~325 页。

[3]《曾国藩全集·书信》5，岳麓书社，2011 年，第 563 页。

[4]《李鸿章全集》，时代文艺出版社，1998 年，第 303 页。

[5] 刘体仁著，张国宁点校：《异辞录》，山西古籍出版社，1996 年，第 40 页。

3.将河墙战法进行到底

政治人物最容易犯的错误是恋权恋栈。当然，在他们自己看来，总是因为"非我不可"，别人都不如我。曾国藩却不是这样，他非常重视接班人的选择培养。"曾国藩还有一种远大的目光，为常人所不及的，便是多选替手。"[1]他说："办大事者，以多选替手为第一义。"[2]

曾国藩之所以决定抽身退步，将军事衣钵传给李鸿章，是经过多方面考虑的。

首先，李鸿章是曾国藩亲手培养起来的人才，对许多重大问题比如军事和洋务的看法和见解，与曾国藩有高度共鸣。

其次，李鸿章的才与"德"靠得住。曾国藩的胞弟曾国荃性格冲动、见识不高，名将鲍超文化水平太低，左宗棠和沈葆桢先后与曾国藩发生冲突，甚至决裂。相比之下，李鸿章在这些人当中综合得分最高。

最后，李鸿章比曾国藩年轻十二岁，并且身体健康、精力充沛。他为人直率、热情、精力旺盛、刚强坚毅。曾国藩在平定太平天国后身体出了很大问题，疾病不断，进取心已经大大减弱，李鸿章却总是乐于承担一切繁难，因为他有这个能力和精力，更因为他还没有达到人生的巅峰，实现"封侯"之志。

当然，对于李鸿章这个人的缺点，曾国藩看得也很清楚。曾国藩后来对李鸿章的评价广为人知："李少荃（李鸿章号少荃）拼命做官，俞荫甫（俞樾也是曾国藩弟子，字荫甫，号曲园居士）拼命著书。"[3]李鸿章是行动者而非思辨者。曾国藩是以学术和道义为基，李鸿章则是以事业和手腕为基。虽然都是翰林出身，但是李鸿章一生与理学无缘，身上那种粗野之气一直不能去除。因此曾国藩说："李少荃等才则甚好，然实处多而虚处少，讲求只在形迹。"[4]他是一个只能办事、不能传道的人物。然而人才无法求全，曾国藩说："大抵天下无完全无间之人才，亦无完全无隙之交情。大者得正，而小者包荒，斯可耳。"[5]对李鸿章这些缺点曾国藩只能接受。

因此经过多年全面考察，曾国藩决定裁湘留淮。当曾国藩把这一计划通报给李鸿章时，李鸿章是非常兴奋的。枪杆子就是权力来源："兵制尤关天下大计。"因此

[1] 蒋星德编著：《曾国藩全传》，中国文史出版社，2008年，第155页。

[2]《曾国藩全集·家书》2，岳麓书社，2011年，第17页。

[3] 司马朝军著：《续修四库全书杂家类提要》，商务印书馆，2013年，第178页。

[4] 赵烈文撰：《能静居日记》2，岳麓书社，2013年，第1065页。

[5]《曾国藩全集·家书》2，岳麓书社，2011年，第511页。

他迅速致函曾国藩支持裁湘留淮的决策，并说 "吾师暨鸿章当与兵事相终始"，淮军 "改隶别部，难收速效"，"唯师门若有征调，威信足以依恃，敬俟卓裁"[1]。

现在，正如李鸿章所说的，"师门"曾国藩要 "征调" 这支保留下来的军队了。

曾国藩是一个凡事从长远筹划的人。早在他决定派李鸿章创建淮军的时候，就已经给这支军队预定了多年之后的 "剿" 捻任务。那时虽然是由僧格林沁负责 "剿" 捻，但是曾国藩认为此人头脑简单，战术单调，难以成事。湘军都是南方人，不耐北方寒冷气候，也不惯食面，而淮勇生长在北方，刚劲斗狠，正可以代替湘军 "为中原平寇之用"。因此淮军东下之初，曾国藩就告诉李鸿章，这支淮军现在的任务是平定上海方面的太平军，将来还会用来平定中原一带的捻军。"目下可使在沪、常、苏之合肥健儿慕义归正，将来可恃淮勇以平捻匪而定中原。"[2]

然而淮军和湘军一样，都是基于个人恩义而建立起来的军队。如同周代的分封制一样，将领们只效忠自己的直接领导。淮军虽然广义上说，是湘军的一个分支，但是这毕竟是李鸿章的军队，有着浓重的李氏色彩，曾国藩能否指挥如意，心里并没有把握。

因此曾国藩首先要解决的是淮军的指挥问题。

他去信试探李鸿章的态度，首先问淮军部下能否听他的指挥："贵部淮勇铭、盛、树各军，平日颇有一家之谊，不识离苏赴齐，尚能心性相孚否？"其次是要求李氏兄弟中的 "季泉、幼泉同往相助。祈阁下于竹报中一为劝驾"[3]。湘军自认姓曾，淮军也一样，自认姓李。因此只有姓李的人协同指挥，他才放心。

巧的是，就在曾国藩写这封信的同一天，五月初四日，李鸿章也主动给曾国藩写了一封信。虽然师徒二人不知道对方在这一天给自己写信，但是两信的内容竟然若合符节，李鸿章的信几乎完全是针对曾国藩一信所提问题的回答。可见师徒两人之心有灵犀，也可见李鸿章的明敏通透。对于恩师的心理，李鸿章十分清楚。他在信中对老师说，他准备把淮军中的三部交给老师指挥，同时他还打算让弟弟李鹤章随同曾国藩出师，帮助他协调诸将："铭、盛、树三军共三十三营，计一万六七千人可供指挥。刘省三虽奉严旨敦迫，必须留置左右以备先驱。鹤弟前请开缺，如尚未

[1] 王尔敏著：《淮军志》，中华书局，1987 年，第 348 页。
[2]《曾国藩全集·书信》4，岳麓书社，2011 年，第 232 页。
[3]《曾国藩全集·书信》7，岳麓书社，2011 年，第 424 页。

出奏，应令随侍旌麾，少效犬马，藉可联络诸将。伏祈迅速缴调。鸿章奉命暂权督篆，事棘何敢固辞！所幸墨守师训，亦步亦趋，再随时随事请教，冀无颠蹶。"[1]

他说，调拨给曾国藩的铭、盛、树三军均是淮军精锐，而刘铭传尤为"淮军特出之将"，他这样做是"以上驷奉吾师，以中、下驷留鸿章左右，设有警变，只有自将而已"[2]。李鸿章的表态令曾国藩非常满意，看来这个徒弟比左宗棠、沈葆桢之流强过何止万倍！

然而，虽然得到门生的全力配合，曾国藩的"剿"捻进行得却不顺利。

曾国藩是一个善于总结经验人，他凭头脑打仗，而不凭血气之勇。在对付捻军的问题上，他吸取了僧格林沁的教训，深知对以马队为主来去如风的捻军不能采取穷追战术。经过反复考虑，曾国藩制定了"河防"战略，也就是利用天然地形限制捻军的马蹄，运用点线结合、以线控面的办法打击捻军。曾国藩计划东以大运河为防线，西以沙河、贾鲁河为防线，在这三条河的河岸增筑木栅，挖土筑墙，择要分兵驻守，以压缩和限制捻军流动作战的范围，把捻军驱逐到角落里加以歼除。这是曾国藩一贯的"以静制动"的战备原则的新发展，目的仍是争取战场上的主动权。[3]

曾国藩的河防之策方向上是正确的，但是实施这个策略需要花很长时间，地方也不配合。主要原因是河南官绅反对设防贾鲁河、沙河，认为这是将捻军驱往豫西，是"以豫为壑"。河南方面出工不出力，堤墙一再倒塌，再三修补，勉强建成，质量又不过关。

1866年9月24日（农历八月十六日），河防堤墙建成约莫一个月光景，捻军大部队在河南省城开封以南十数里之地，"潮涌而至，抚标三营所守堤墙，当被冲破"[4]，轻易突破了建得不坚固的贾鲁河墙，向东奔驰而去，闯至豫东、山东，纵横驰骋，破坏严重。

---

[1]《李鸿章全集》，时代文艺出版社，1998年，第3265页。

[2]《李鸿章全集》，时代文艺出版社，1998年，第3267页。

[3] 与此同时，针对捻军与地方联系紧密的特点，曾国藩又制定了"查圩"之法。所谓"查圩"就是命令地方官清查农村的圩寨，以清查户口来切断捻军同老百姓的联系，使之不能从老百姓那里得到补给。曾国藩规定，各乡村建立圩寨，圩设圩长，坚壁清野。在圩寨外高筑墙、深挖沟，凭墙"击贼"。把人丁、牲畜、粮米、柴草等一切足以资敌的物资，一一搬入圩寨之内，使捻军来后"无可掳掠"。同时分别良莠。圩长应编造良民册与莠民册，对于那些参加捻军或与捻军有联系的，编入"莠民册"，情节严重的不仅要杀头，还要连坐。

[4]《曾国藩全集·奏稿》8，岳麓书社，2011年，第165页。

河防崩溃，曾国藩当然非常忧灼。不过，对这一情况，曾国藩早有预料。早在建设河防之初，曾国藩就说过："假如初次办不成，或办成之后，一处疏防，贼仍窜过沙河以北，开、归、陈、徐之民必怨其不能屏蔽，中外必讥其既不能战，又不能防。"[1] 预想到这一策略一旦受挫，可能会招来政治上的攻击。

事实正是如此，朝野舆论物议纷起，曾国藩的政敌们以此为借口，对他大加攻击。指责曾国藩靡饷两年（实际是一年五个月），捻势益张。一年多的时间内他受御史参劾五次。清廷对他也失去耐心，一年之内，廷寄责备七次。同治五年（1866）八月二十六日，他在日记中说：

> 接奉廷寄，有御史参劾之章，为不怿者久之。[2]

曾国藩在朝廷和捻军的双重压力下，身体每况愈下[3]，以致 "病盗汗舌塞之症" 加剧。他感觉自己一个人不能支撑，遂决定调学生李鸿章前来做自己的助手。他奏请朝廷饬李鸿章驻扎徐州，负责东路，他自己则主控大局，仍然驻扎周家口，以当中路。[4]

然而他没想到，朝廷竟然因此脑筋急转弯，计划让李鸿章来取代他。不久之后，曾国藩接到寄谕，令曾国藩在营调理一月，病愈后进京陛见一次，钦差大臣关防暂由李鸿章署理。

这实际上是让曾国藩把兵权交给李鸿章。这颇出曾国藩意料。

如前所述，河防的大方向是对的，虽然初次遭到失败，但只是具体地段上防守不力所致，并不是防河之策本身的错误造成的。他需要的只是时间。

但是清政府却不给曾国藩足够的时间。这个决定，是慈禧做出的。朝廷现在已经不是慈禧和恭亲王联合主政，而变成慈禧一个人专政。

原来同治四年（1865）三月，就在曾国藩出征前不久，慈禧在朝中发起了一场 "小政变"：她亲拟诏旨，革去恭亲王奕訢议政王和其他一切职务。

[1]《曾国藩全集·批牍》，岳麓书社，2011年，第362页。

[2]《曾国藩全集·日记》3，岳麓书社，2011年，第323页。

[3] 八月十六日日记："次早晨视四体，两臂、两腿、腰脊，瘦去一半，膝以下更甚，断不能再服官矣。"

[4] 曾国藩著：《请饬李鸿章暂驻徐州调度军务片》，《曾文正公全集·奏稿》卷三十，第45~56页。转引自董蔡时著：《曾国藩评传》，苏州大学出版社，1996年，第323页。

祺祥政变之初，慈禧没有自己的势力，也不熟悉政务，所以把国家大事几乎全权委托给奕䜣。奕䜣明敏有才，因此军政大事布置得井井有条，出现同治中兴的大好局面。然而慈禧翅膀硬了之后，压抑不住争权夺势的野心，故有此举。

慈禧此举扭转了祺祥政变以来蒸蒸日上步入正轨的朝局，后来虽恢复了奕䜣首席军机大臣的职务，但议政王的称号却从此取消，再也没有恢复。"尤为重要的是，经过这次打击，奕䜣在那拉氏面前完全屈服下来，处处谨慎，遇事模棱，不敢轻易表示异同，在统治阶级中的威望和影响也渐趋衰微。"[1]

朝局因此渐渐走向平庸昏乱。在曾国藩"剿"捻期间，慈禧经常瞎指挥。曾国藩在与友人的书信中，更以治病求医为喻，对此痛下针砭：

夫未病之时，桓公遇扁鹊，弗之信也。既病之后，又委诸庸医，施治失序，针药杂试，攻伐溃乱，乃别求一新医而试之。则疗治之疾徐甘苦，宜一听新医家主张，而他人不得道谋。乃病家之妇孺臧获，竟欲掉舌伸指，指麾新医，使听命焉。虽俞、扁亦难为功，况智识短浅不如俞、扁者乎？[2]

信中之"新医"，乃曾国藩自况，而病家之指手画脚的"妇孺臧获"，则影射太后、小皇帝与其周围的奴才们，厌烦之情，溢于言表。慈禧小政变之后，曾国藩对她一直表现出一种反感情绪。

慈禧和咸丰一样，对军事一贯是急于求成，对僧格林沁如此，对曾国藩依然如此，一有挫败，就想换人，因此才有曾、李互易之举。这就让做事一贯坚持到底的曾国藩不得不接受半途而废的局面。

李鸿章北上之时，朝廷并未指明由何人接任两江总督。朝廷的上谕要求曾氏病愈后上京陛见，实际上含有另行安置之意。

李鸿章接旨后，即递上奏折，强烈建议曾国藩回任，因为"'剿'捻全军专恃两江之饷，若经理不得其人，全局或有震恐"[3]。自己在前督师，曾国藩在后筹饷，患

---

[1] 朱东安著：《曾国藩传》，辽宁人民出版社，2014 年，第 206 页。

[2]《曾国藩全集·书信》7，岳麓书社，2011 年，第 764 页。

[3]《李鸿章全集》，时代文艺出版社，1998 年，第 488 页。

难与共，休戚相关，若接替人选不当，诚恐呼应不灵。因此朝廷遂命曾国藩回两江总督本任。

曾国藩不愿意这样做。曾国藩自己的想法，是以散员"留营以维系军心"[1]，与军事相始终。曾国藩是一个做事追求有始有终的人，既然"剿"捻，就一定要坚持到最终胜利。劳师无功，遽回本任，在职位上与昔年学生彻底对调，一时之间无论面子上还是心理上都难以承受。无奈朝廷坚决不准他以散员留营，他只得黯然南返。

左宗棠闻听此事十分高兴，并且放出口风："湘淮暗分气类，即从大帅分起。"[2] 希望挑动曾李矛盾。朝野上下也出现很多传闻，说曾国藩"剿"捻失败，是因为他无法驾驭和指挥淮军，李鸿章经常干预和掣肘，导致曾国藩指挥不灵。

虽然在回任之时心情确实不愉快，但是作为一个有胸襟的政治家，曾国藩内心明白李鸿章是最适合接替他的统帅人选。曾国藩写信给朋友，对左宗棠的说法予以澄清，并致信李氏兄弟，让他们不必心存芥蒂。针对李鸿章初出师不利遭遇言路弹劾的局面，曾国藩坚定地表示："如有大风波，仆自分任其愆，必不使（李鸿章）独当其咎。"[3]

交卸钦差大臣关防后，他在致曾国荃的信中特意说明：

> 淮军入鄂，请弟殷勤款待，视之如一家眷属。盖年余以来，诸军虽未立大功，而其听我之话，与听少荃之话实无以异。弟若隔膜视之，则将领或疑我平日之不诚。[4]

回到两江之后，虽远在千里之外，但曾国藩的心仍然悬在"剿"捻战场上。曾国藩对李鸿章全力支持，自始至终为李鸿章积极筹饷献策，尽心尽责。他诚心诚意希望李鸿章能尽快把"捻匪"荡平，因为不管是"曾家"还是"李家"，在他看来都是一家。湘淮一体，曾李一家，合则两利，离则俱伤，曾国藩是深明这个道理的。他对李鸿章说：

> 来示谓中外倚鄙人为砥柱，仆实视淮军、阁下为转移。淮军利，阁下

---

[1]《曾国藩全集·书信》8，岳麓书社，2011年，第435页。
[2]《曾国藩全集·书信》9，岳麓书社，2011年，第152页。
[3]《曾国藩全集·书信》9，岳麓书社，2011年，第153页。
[4]《曾国藩全集·家书》2，岳麓书社，2011年，第464页。

安，仆则砥柱也；淮军危，阁下危，则仆累卵也。[1]

李鸿章接任之后，军事进展也并不顺利，一开始连遭惨败，张树珊败死，成大吉军哗变，号称劲旅的刘铭传军几乎被歼。曾国藩心情十分沉重，对赵烈文说，这一段时间，"各帅均被斥责"，"辞气严厉，为迩来所无。少帅（指李鸿章）及沅浦胸次未能含养，万一焦愤，致别有意外，则国家更不可问。且大局如此，断难有瘳，吾恐仍不免北行。自顾精力颓唐，亦非了此一局之人，惟祈速死为愈耳"。他在讲这些话时"神气凄怆"，致使能言善辩的赵烈文都感到"无以为慰"。[2]

不过事实证明，李鸿章毕竟是可以信赖的杰出人才。他接手"剿"捻后，力排众议，坚决执行曾国藩的河墙战法，利用河流的天然障碍，重点设防，布置关锁，采取坚壁清野政策，"以静制动"，"觅地灭贼"，力图将捻军束缚在一个较小的范围之内，使他们无法发挥纵横驰骋、流动作战的优势，达到聚而歼之的目的。

河防战略的首创者是曾国藩，收获成功的是他的学生李鸿章。不过李鸿章此时年富力强，头脑更为聪敏灵活，在战术上，则把守与攻、堵与击、围与剿结合得更紧密，运用得更为得心应手。因此他领兵一年多后，就把捻军镇压下去了。

曾国藩以自己的抽身退步，完成了湘消淮长、曾李瓜代的过程。

---

[1]《曾国藩全集·书信》9，岳麓书社，2011年，第245页。
[2] 赵烈文撰：《能静居日记》2，岳麓书社，2013年，第1060页。

|第十六章| 天津教案：曾国藩是怎么成为"卖国贼"的

1. 升任直隶总督，对官场痛加整顿

捻军平定，朝野上下都彻底松了一口气。接下来的环节当然是论功行赏。

当初朝廷让曾国藩回任两江负责供饷，曾国藩本来非常不情愿。李鸿章接手后，还是依照曾国藩的河防之策，才取得成功。因此朝廷对曾国藩难免有一丝愧疚。论功行赏之时，曾国藩因首倡河防之策而被授为武英殿大学士（"文华""武英"两个大学士在大学士中居首），并于同治七年（1868）七月二十日，奉命调任直隶总督。

直隶总督是"疆臣之首"，也就是在天下督抚中地位第一，因此从两江调任直隶可以算作对曾国藩的酬功[1]。同时，直隶官场腐败、风气败坏，地方也不安静，是朝廷的心腹之患，由曾国藩这样的能臣治理一番，也许会有起色。曾国藩赴任之前进京觐见慈禧太后，慈禧多次提及他的重点任务是练兵治吏。"直隶空虚，地方是要紧的。你须好好练兵。吏治也极废弛，你须认真整顿。"[2]

而李鸿章所得的赏封还不如曾国藩高，只获得一个协办大学士的虚衔。"李鸿章等平捻有功，积年巨寇，从此肃清，朕甚嘉慰。……李鸿章以湖广总督协办大学士。"

很显然，朝廷故技重施，原来是防范湘军，现在又"扬湘抑淮"了，因为淮军现在已经是天下最有力量的武装。当然，曾国藩和李鸿章对这种伎俩都一目了然，并没有因此而产生芥蒂。

同治七年（1868）九月二十六日，曾国藩与新任两江总督马新贻办了交卸，

---

[1] 当然，这也是一箭双雕之举，朝廷派了非湘军出身的马新贻接任两江，湘军集团手中一个重要位置被外人接手了。

[2]《曾国藩全集·日记》4，岳麓书社，2011年，第127页。

十一月初四日，登舟北行。阖城大小官员绅民争相送别，盛况空前。曾国藩在日记中说：

> 途中观者如堵，家家香烛、爆竹拜送，戏台、酒席路饯者，在署之西为盐商何公远旗等一席，在水西门之外为合城绅士方伯雄等一席，又有八旗佐领等及船户等各设彩棚为饯。午正至官厅，少泉（即李鸿章）、穀山（即马新贻）及文武等送别，寄请圣安。余旋登舟，见客五次。吃中饭后，又见客三次。开船，行至下关，少泉、穀山送至下关，久谈，吴竹如亦至下关，与三人久谈。而满城文武士友皆送至下关，坐见之客十余次。……念本日送者之众，人情之厚，舟楫仪从之盛，如好花盛开，过于烂漫，凋谢之期恐即相随而至，不胜惴栗。[1]

全城的绅民百姓观者如堵，热闹非凡，"家家香烛、爆竹拜送"，这样的盛况在一个官员调离之际并不常见，民众的情感显然是自发的，以致让曾国藩感到"如好花盛开，过于烂漫"。曾国藩督江数年，得此回报，心中在"惴栗"的同时，当然更备感欣慰。

直隶总督[2]驻保定，在赴保定就任途中，曾国藩一路留心考察直隶的吏治，结果令他十分惊讶。他说直隶"风气之坏，竟为各省所未闻"[3]，"此间吏治极坏"[4]。他发现，有的地方官到任一年多，竟然没有升堂问过一次案。至于官员贪墨不法的传闻，遍地皆是。

曾国藩决心对当地官场痛加整顿，"大加参劾"。同治八年（1869）四月，曾国藩第一批就参劾了十一名劣员。这十一人均为知县、知府以上官吏，大都是捐班出身，或是"性情卑鄙，操守不洁"，或是"擅作威福，物议沸腾"，或是"品行卑污，工于逢迎"，或是"专事贪缘，贪而多诈"，或是"浮征勒派，民怨尤甚"[5]。九月上

---

[1]《曾国藩全集·日记》4，岳麓书社，2011年，第110页。

[2] 全称为"总督直隶等处地方，提督军务、粮饷、管理河道兼巡抚事"，领保定、正定、大名、顺德、广平、天津、河间、承德、永平、朝阳、宣化十一府，因为手握兵权、负有拱卫京师之重责，故在有清一代一直是最重要的一个总督职位。

[3]《曾国藩全集·奏稿》10，岳麓书社，2011年，第313页。

[4]《曾国藩全集·书信》9，岳麓书社，2011年，第516页。

[5]《曾国藩全集·奏稿》10，岳麓书社，2011年，第352页。

旬,他又递上第二批名单,参劾劣员八名。

汰换官员之外,曾国藩整顿直隶吏治的另一个着力点是清理积案。直省"风气甚坏"的一个重要表现是各级官员懒于公事。曾国藩发现直隶积压的同治七年以前的案件竟达一万二千余件。这些案件,有的拖了二三年,有的一拖就是八九年。曾国藩说:"吏治之疲,民生之困,端由于此。"[1]

曾国藩接印视事仅一个月时间,就拿出了积案处理方案,规定上司要下属查明或办理的事,都要明定期限,违限记过,凡小过达到六次,大过达到三次,就要撤差罢官。

在他的严厉督促下,整个直隶官场迅速行动起来。到同治九年(1870)二月初二日,也就是曾国藩接直隶总督印一年后,曾国藩奏报说,已经结清了同治七年以前的旧案一万二千零七十四件,同治八年以来的新案两万八千一百二十一件;现在旧案只剩九十五件,新案只剩两千九百四十件。

在如此短的时间之内,将这三万余件复杂的新旧案件据实迅速结案,实在不是一件轻而易举的事情,可见曾国藩付出心血之巨大。接印半个月后,他在家书中这样告诉儿子曾纪泽:"吾自初二接印,至今半月。公事较之江督任内多至三倍,无要紧者,皆刑名案件,与六部例稿相似,竟日无片刻读书之暇。做官如此,真味同嚼蜡矣。"[2]

直隶总督的工作量,是他做两江总督时的三倍。每天居然抽不出一点儿时间来读书,以至于让曾国藩感觉每天过得味同嚼蜡。

不过曾国藩的心血没有白费。他的所作所为给全国各省树立了良好的榜样。他制定的《直隶清讼事宜十条》及《直隶清讼限期功过章程》切中时弊,有可操作性,不久就被朝廷多次印行,颁发各省,以便各地督抚参照执行。

就在曾国藩拼了老命,准备将整顿吏治进行到底之际,发生了著名的"天津教案",打断了他的吏治进程。

---

[1]《曾国藩全集·奏稿》10,岳麓书社,2011年,第348页。
[2]《曾国藩全集·家书》2,岳麓书社,2011年,第509页。

2. 导火线：武兰珍迷拐案

天津三岔口有一座西洋哥特风格的教堂，是 1869 年（同治八年）由法国传教士建成的。法国人名之为"圣母得胜堂"（据说这名字中含有征服者的炫耀之意），中国人则叫它"望海楼教堂"。教堂规模宏大，建筑精美，在附近低矮的中国传统建筑中显得鹤立鸡群，另类而醒目。

说来也巧，就在这座教堂落成之后的第二年，也就是同治九年，河北一带出现了严重的旱灾。对于一个农业国家来说，这是令全社会各阶层共同焦虑的大事。三口通商大臣崇厚后来说："天津一带，自入夏以来，亢旱异常，人心不定。"[1] 连远在保定的直隶总督曾国藩都产生了一种不祥的预感。他在书房里一圈圈地踱步，担心会发生什么重大的祸变："天气亢旱，绕室忧皇，如有非常祸变者。"[2]

有些人把法国教堂建立和天旱不雨这两件事联系了起来。"初七这一天，四乡百姓进城赴庙求雨，行抵一处天主教堂，见房顶上耸立着高高的十字架，议论纷纷，以为久旱无雨，系天主教堂十字架之故。"[3]

天津教案三十年后发生的义和团运动，其前奏也非常相似。当时华北各地同样发生旱灾，人们同样把灾害的发生归咎于教堂，声称"不下雨，地发干，全是教堂止住天"。

中国传统文化中的"老天爷"，和天主教所称的"天主"，显然很难和谐相处。有的百姓认为，洋鬼子的教堂尖顶如同利剑一样，直刺苍穹，老天爷当然要生气了。

就在这时，又一桩不幸的事件发生了。

望海楼教堂隔河相望，有一座由五名法国修女建起来的慈善机构，叫仁慈堂，老百姓叫它育婴堂，里面收养了一百五十多名弃婴。1870 年春夏之交，就在干旱越来越严重的时候，育婴堂内暴发了传染病，三四十名儿童接连死亡。

按理来说，修女们来中国从事慈善事业，收养无家可归的弃婴，看起来是一件大好事，但是她们的活动却受到了众多中国人的怀疑。中国有一句俗语："无利不起早。"为什么这些洋鬼子要万里迢迢，跑到中国来大施慈悲？其中是不是包藏着什么祸心？

---

[1]《曾国藩全集·奏稿》11，岳麓书社，2011 年，第 478 页。
[2]《曾国藩全集·日记》4，岳麓书社，2011 年，第 314 页。
[3] 苏萍著：《谣言与近代教案》，上海远东出版社，2001 年，第 131 页。

和往常一样，修女们雇人把这些死去的孩子埋葬在河东荒地。由于死的孩子太多，受雇者埋得非常草率，他们走后，薄薄的棺材很快被野犬扒开。鹰啄狗刨之下，残缺不全的尸骸零落遍地，招来大量的人围观。一个流传已久的谣言似乎因为这个悲惨的场景得到了印证：这些孩子是因法国教士"采生折割"致死，传教士们剜走了这些孩子的心，挖去了他们眼，用来做药材，然后把他们弃尸荒野。这就是西药那么灵验的原因。

外国传教士在中国挖眼剖心用来做药或者炼金之类的说法，早就在中国流传甚广。有人说，明代利玛窦等人来到中国，没有什么谋生手段，生活水平却很高，因为他们会炼银术，而炼银之术，就是靠挖死人的眼睛。"明季，其国人利玛窦、汤若望、南怀仁先后来中国，人多信之。……善作奇技淫巧及烧炼金银法，故不耕织而衣食自裕。……或曰：借敛事以剜死人睛，作炼银药。"[1]

在天津教案发生的时候，这类传说已经传遍中国大小城市。所以，当残缺不全的儿童尸体暴露在荒野当中时，天津人认为传说已经得到了印证。

就在天主教堂挖眼剖心传说在天津城上空飞翔，全天津空气中到处弥漫着紧张气氛的时候，一桩拐卖儿童案发生了。两名人贩子在天津静海拐走了一个姓李的小男孩，在西关被人查获。

这个案子似乎契合了挖眼剖心传说的另一部分：长久以来，人们就在传说，天主教堂一直在花钱雇用多人迷拐孩子，供作药用。此案一发，民情汹汹，全天津都在议论此事。

天津知府张光藻连夜和知县刘杰会审，动用肉刑，以致案犯很快承认自己迷拐孩子是为雇主药用，但是案犯并没能"供出教民"。衙门甚至连两名人贩的名字都没审出来。据案卷记载，这两名人贩，名字分别叫"张拴""郭拐"。这显然不是他们的真实名字。

虽然并没有真正破案，但是官员把"从重从快"处理作为"平息民愤"的有效手段，十四日，两名人贩被砍了脑袋。随后，一张署名天津府的告示张贴到了天津大街小巷。告示说：

> 张拴、郭拐用药迷拐幼童。询明……是实，正法。风闻该犯多人，受

---

[1] 梁章钜撰：《历代笔记小说大观：浪迹丛谈　续谈　三谈》，上海古籍出版社，2012年，第56页。

人嘱托，散布四方，迷拐幼孩，取脑、剜眼、剖心，以作配药之用。[1]

这张告示，是天津教案发生的一个关键点。

虽然审得不清不楚，但是天津府却在公文中正式声明，迷拐幼童，用来配药，是确有其事的，并且以"受人嘱托"四个字，将幕后的主使明确指向了教会、教士和修女。

这张告示反映了晚清官员阶层对西方势力包括传教势力的反感。发布这道告示的天津知府张光藻，是进士出身，做过数任知县。由于为官廉正，1870年（同治九年）初，刚刚在曾国藩的推荐下出任天津府知府。和当时绝大多数科举出身的官员一样，张光藻具有强烈的"朴素爱国主义"和捍卫儒教文化的本能。中国古人向来自认为居天下之中，是世界上最文明的族群，其他国家和民族都是未开化的蛮夷。然而基督教文化的个性也异常傲慢。传教士们随炮舰而来，以居高临下的态度，粗暴地对中国传统文化发起挑战，企图在中国的"每一个山头和每一个山谷中都竖立起光辉的十字架"[2]。这当然引起了读四书五经出身的中国官员的本能反感。

张光藻的这道告示，让法国教堂有组织地大规模拐卖中国儿童这一传闻变成"板上钉钉"的可怕事实，造成了严重的社会恐慌。整个天津人心惶惶，人人自危，家家房门紧闭，把儿童藏在家里，不准外出。民间兴起一股自发组织捉拿人贩子之风。

在这种情况下，又发生了作为引发教案直接导火索的武兰珍迷拐案。

五月二十日傍晚，据说一个叫武兰珍的人在天津某村迷拐了一位少年，被人捉住。在愤怒的乡民的"审问"下，案犯供述说，他是受教堂中一个叫王三的教民指使才做的这件事。"伊系赵州宁晋（津）人，帮船户拉纤来津，有教民王三将伊诱入堂中，付伊药包，令其出外迷拐男女。"[3]

法国鬼子提供迷药，迷拐中国人挖心作药，看来已经有了"铁证"。让这样的禽兽在中国横行，还有天日吗？我们中国人必须采取行动了！从此民情激愤，士绅集会，书院停课，反洋教情绪高涨。很多人跑到育婴堂和教堂门口喧闹，山雨欲来风满楼，在天津的外国人个个心惊胆战。

面对汹涌澎湃的民意，刘杰和张光藻认为事关重大，不敢轻举妄动，如何办

[1] 中国第一历史档案馆、福建师范大学历史系合编：《英国议会文件选译》，《清末教案》第6册，中华书局，2006年，第377页。

[2] 何晓明主编：《中华文化事典》，武汉大学出版社，2008年，第1157页。

[3] 王澧华著：《曾国藩家藏史料考论》，广西师范大学出版社，1996年，第176页。

理，应请示驻扎天津专管中外交涉的三口通商大臣崇厚决定。崇厚听取案情后，也感觉事情重大，如果不查明的话无法平息百姓的怒火。于是他派人与法国驻天津领事丰大业沟通，商定由人贩子与法国传教士公开对质。

五月二十三日（公历 6 月 21 日）上午九点多，天津官员带着"拐犯"武兰珍来到天主教堂。他们"遍传堂中之人，该犯并不认识"[1]，把教堂里的所有人一一传来，都看过了，也并没有找到王三其人。而且关键是教堂的建筑结构与武兰珍供述并不相同。武兰珍说他进入过教堂，在哪里哪里与王三交接，然而堂内并无武兰珍所说的栅栏、天棚，"门庭径路与犯供不符"[2]，"该犯原供有席棚栅栏，而该堂并无所见，该犯亦未能指实"[3]。显然他没有进过这里。所谓迷拐传闻更是遭到神父谢福音的矢口否认。传教士谢福音说，教堂收养的都是弃婴，这是在做慈善事业，拐卖儿童与教堂毫无关系。

虽然中国官员对天主教印象恶劣，但很多人对神父谢福音个人并无恶感，这个人一贯谦逊诚恳，待人非常温和，樊国梁主教对他的评价是："和于接人，智于处事，人皆乐与之游。"[4]他的辩护很有说服力。事实上，教案发生后，天津知府张光藻曾在给朋友的信中说："弟知谢某忠厚和平，似不肯做此等事。"[5]

事情至此，可谓一无所获，官员们面面相觑，感觉案子无法再查下去了，此事只能不了了之。然而，已经激动起来的天津百姓却不想不了了之。得知对质消息，早已经有大批的民众前往望海楼，围观的群众达到万余人。天津地方官员带着案犯离开之时，并没有向百姓解释教士的清白，也没有发表任何安抚性讲话。因此官员们走了之后，情绪激动的群众仍然不愿散去，不少人围在天主堂门口，"见有教民出入则齐声讥诮"。[6]有一些人还前往附近的法国领事馆去找法国外交官们算账。"下午两点钟攻打开始。法国领事丰大业先生的窗户被人用石头砸坏。"[7]

---

[1]《曾国藩全集·奏稿》11，岳麓书社，2011 年，第 479 页。

[2]《湘乡曾氏文献》第 7 册，台北，学生书局 1965 年影印本，第 4467 页。《近代史研究》2003 年第 2 期，近代史研究杂志社，第 207 页。

[3]《曾国藩全集·奏稿》11，岳麓书社，2011 年，第 479 页。

[4]《燕京开教略》下篇，转引自解成编著：《基督教在华传播系年（河北卷）》，天津古籍出版社，2008 年，第 129 页。

[5]《湘乡曾氏文献》第 7 册。

[6] 戚其章、王如绘编著：《晚清教案纪事》，东方出版社，1990 年，第 108 页。

[7] 中国第一历史档案馆、福建师范大学历史系合编，陈增辉主编，郭舜平译：《美国对外关系文件选译》，《清末教案》第 5 册，中华书局，2000 年，第 70 页。

驻扎在这里的法国领事丰大业（Fontanier，Henri Victor，也有人译为丰大烈），这一年四十岁。他本来就是一个性格暴烈外向、容易激动的人，又具有那个时期典型的驻华外交官的居高临下的态度，在与中国官员打交道时经常出言不逊。中国"暴民"威胁到自己的安全，这令他感觉无比愤怒。"他感到自己受威胁，便穿着制服带着秘书西蒙离开领事馆……前往崇厚的衙门。"[1]

来到三口通商大臣衙门，据崇厚的汇报，丰大业"脚踹仪门而入"，一见崇厚就出言不逊，破口大骂。崇厚满面赔笑，"告以有话细谈"，丰大业如同没听见，从身上拔出手枪，对着崇厚就开了一枪。"该领事置若罔闻，随取洋枪当面施放，幸未打中。"崇厚吓得马上跑到"后堂暂避"。

据崇厚汇报，经过衙门里众巡捕的好言相劝，丰大业稍稍平静了一点，于是崇厚夯着胆子从后堂走出来，"复出相见"，丰大业一见，又"大肆咆哮"，说："尔百姓在天主堂门外滋闹，因何不亲往弹压？我定与尔不依。"并且表示要去亲自弹压。崇厚向他通报了"民情汹涌，街市聚集水火会已有数千人，劝令不可出去，恐有不虞"[2]。

天津的"水会"，又叫"火会"，是一个民间"NGO"组织（非政府组织），专为救火而设，其首领是地方绅士。"不同的火会和志愿队（义民）都由士绅担任其首领，这些名字登记在衙门中。"他们也参与维持治安，急公好义，保卫乡里。这次听说中国大臣被法国人打了，绅士们不约而同鸣起水会铜锣，积愤已久的水会会众满面怒容，手执刀枪，从四面八方如潮水般涌来，齐集三口通商大臣衙门门外。

因此崇厚劝丰大业不要此时出去。据说丰大业的反应是不屑一顾："尔怕百姓，我不怕尔中国百姓。"[3]怒气冲冲，手持刀枪而出。

丰大业来到教堂前面的浮桥，恰与前来处理聚众事件的天津知县刘杰迎面相遇。二人开始对话。法方资料说，丰大业要刘杰平息暴民，知县答说："这不是我的事。"于是，丰大业拔出手枪向刘杰开枪，打伤了他的跟丁高升。

中国民众压抑多日的情绪在这一瞬间被点燃。

---

[1] 中国第一历史档案馆、福建师范大学历史系合编，陈增辉主编，郭舜平译：《美国对外关系文件选译》，《清末教案》第5册，中华书局，2000年，第70页。

[2] 中国第一历史档案馆、福建师范大学历史系合编，陈增辉主编，郭舜平译：《美国对外关系文件选译》，《清末教案》第5册，中华书局，2000年，第72页。

[3]《湘乡曾氏文献》第7册，转引自解成编著：《基督教在华传播系年（河北卷）》，天津古籍出版社，2008年，第138页。

"于是，人们的愤怒再也无法忍耐，如潮水决堤般迸发出来，一齐动手将丰大业、西蒙（丰大业的秘书）打死。"[1] "众眥皆裂，万口齐腾，谓领事无状若斯，曷共殛之。潮涌坌集，白梃如雨，丰大业登时倒毙。"[2]

据说两个人死得很惨："丰大业头面被刀劈裂，脑浆迸流，复被长枪匕首刺穿右胁，锋锷深入于腹。西蒙与凶徒力战逾时，浑身寸磔。"[3]

愤怒的人们接着又冲向了法国教堂。

"暴动开始了，时在午后，谢神父和吴文生神父正在用膳，忽然城内四面锣声大作，救火队员、捣乱分子手执刀剑，向圣堂冲来。

"群众已经涌至天主堂前，此时二百余名凶手冲过群众，门紧闭，他们用力敲门。门将破，谢神父决定自己去开门，与群众理论。初，群众看见神父温良可亲，一时犹疑不知所措，但神父一张口说话，群众就进入堂院里大呼。谢神父与吴神父一同逃至圣堂中，将门关上，彼此念《赦罪经》。一门被武力推开，二人乃逃至更衣所，由窗门跳入领事馆，藏在大石后边，凶手追至，将二神父杀害。"[4]

在教堂中，一共有六名外国神职人员被杀死，至于被同时杀死的中国仆役等后来没有具体统计数字。

当时的场景相当恐怖。"谢、吴二司铎被凶徒剖开胸腹，脏腑尽涂于地。凶徒等见六人俱死，即褫其衣履，将尸抛于三岔河中。复将领署与天主堂抢掠一空，举火焚毁。"[5]

焚毁了教堂之后，愤怒的人群又冲往仁慈堂，报复修女们。

还有大量人流一齐涌向领事馆。领事馆里的人早已逃散一空。大家扯碎了大门上的法国国旗，将里面的东西打得稀巴烂。领事馆旁边的公馆、洋行、美国和英国的几处讲书堂也统统被砸得一塌糊涂。随即人们将天主堂、仁慈堂及法商开办的富昌洋行拆毁焚烧。事后查明，纷乱之中共打死外国人二十名（法国领事一人，随员

[1] 朱东安著：《晚清政治与传统文化》，百花文艺出版社，2012年，第33页。

[2] 萧一山编：《清代通史》3，华东师范大学出版社，2006年，第536页。

[3] 《燕京开教略》下篇，转引自解成编著：《基督教在华传播系年（河北卷）》，天津古籍出版社，2008年，第130页。

[4] 解成编著：《基督教在华传播系年（河北卷）》，天津古籍出版社，2008年，第128页。

[5] 《燕京开教略》下篇，转引自解成编著：《基督教在华传播系年（河北卷）》，天津古籍出版社，2008年，第130页。

一人，法国教士和修女十一人，比利时二人，"俄国之行路人被杀男女三名"[1]，意大利人和英国人各一名）。

除此之外，还有多名中国教民以及教会的中国仆役被打死（然而这些人的死亡并没有被充分重视）。当然，还有大量财物遭到抢劫。这就是有名的"天津教案"。

巧合的是，就在教堂被焚毁后的第三天，五月二十五日下午两点开始，直隶全省下起了一场大雨。曾国藩在当天日记中记载说："自去年四月亢旱至今，十三个月未得大雨。本日未刻起……"一开始还是小雨，到了晚上雨势转大，"灯后大雨"。

保定距天津是三四天的路程，曾国藩此时还不知道天津教案的消息。他在日记中写道："大雨不止，为之快慰。"[2] 他哪里知道，在数百里之外的一场大祸，马上就要把他拖到人生最大的一场挫折当中。

3. 曾国藩调查"挖眼剖心"事件

天津教案震惊了全世界。这次教案不但死亡者众多，更关键的是，法国高级外交官也死于此难。这在清王朝历史上还从来没有出现过。教案发生的第二天，五月二十四日，北京的八国公使就联合照会清政府外交事务的最高负责人恭亲王。法国军舰立刻出发，一周后的六月一日驶抵大沽，鸣炮示威。

崇厚当然知道事情的严重性，他立刻专折向慈禧汇报了此事，并说事端太大，自己已经处理不了，指名提请他的上司、直隶总督曾国藩前来处理。

天津教案发生时，曾国藩就任直隶总督刚刚一年半。一年多的辛苦工作让他的身体出了很大问题。他患了眼病，还经常呕吐，后来又增加了眩晕之症，而且非常严重。"寅正起，头大眩晕，床若旋转，脚若向天，首若坠首，如是者四次，不能起坐。""每登床则大晕，起坐则大晕。"以今天的医学知识判断，很可能是高血压。我们看他十八日到二十五日，每天日记头一句都是"眩晕如故"。从此之后，日记当中几乎日日有请医诊治之语。

就在教案发生前一天，他刚刚向朝廷续了一个月的病假。就在此时，二十六日，

---

[1]《湘乡曾氏文献》第 7 册，转引自解成编著：《基督教在华传播系年（河北卷）》，天津古籍出版社，2008 年，第 138 页。

[2]《曾国藩全集·日记》4，岳麓书社，2011 年，第 325 页。

他接到了慈禧的命令：

"曾国藩病尚未痊，本日已再行赏假一月。惟此案关系紧要，曾国藩精神如可支持，着前赴天津与崇厚悉心会商，妥筹办理。"[1]

这道命令让曾国藩陷入焦灼之中。首先是这次教案事端重大，自己身患重病，可能无法支撑。

此外，介入此案的后果非常严重。

如果教案处理不当发生战争，以清王朝的国力，结果必是再一次割地赔款，这是鸦片战争以来多次中外战争早已经证明了的规律。要避免战争，势必要和洋人妥协。然而晚清以来，有一个规律性现象，那就是在对外交往中，凡是主张强硬，甚至主张"蛮不讲理"的人，通常都会获得民众的热烈欢呼，被称为"民族英雄"。而主张和洋人"讲理""妥协"的，几乎都会被骂卖国，被称为汉奸，声名尽毁。如郭嵩焘所评论："一袭南宋以后之议论，以和为辱，以战为高。"[2]南宋以后，凡主战者在历史上都得美名，主和者都得骂名。所以鸦片战争以来，凡是涉及夷务的人，大多数都落不到好下场、好名声。

因此他的幕僚几乎一致反对他接管此案。"阻者、劝者、上言者、条陈者纷起沓进。"幕客史念祖更给他献上了上、中、下三策，认为赴津办案乃为下策。"谓毕生威望在此一行，国家大计尤关此举。""略一失足，千古无底。"[3]确实，几乎可以确定，这件事不论怎么处理，都难以让各方完全满意。自己一世英名，很有可能毁在此案上。

曾国藩完全有理由不介入此案。因为他虽然是直隶总督，但是他的职责范围中并不包括外事，外事是由崇厚这个专管三口通商的专员专门负责的。曾纪泽说"此次洋务，本非大人（指曾国藩）专责"[4]。就是曾国藩自己也说："至中外交涉事件，臣素未讲求。"[5]同时，上谕也说"（曾国藩）精神如可支持，着前赴天津"。如果他因病推辞，朝廷也不会强迫他前去。所以是否从命，一开始他有点犹豫不决。"接奉

[1]《曾国藩全集·奏稿》11，岳麓书社，2011年，第475页。

[2] 梁小进主编：《郭嵩焘全集》4，岳麓书社，2012年，第793页。

[3] 史念祖著：《俞俞斋文稿初集》第3卷，第93～94页。转引自戚其章、王如绘编：《晚清教案纪事》，东方出版社，1990年，第111页。

[4] 曾麟书等撰，王澧华等整理：《曾氏三代家书》，岳麓书社，2002年，第618页。

[5]《曾国藩全集·奏稿》9，岳麓书社，2011年，第295页。

廷寄，派余赴天津查办事件，因病未痊愈，踌躇不决。"[1]

但是稍一犹豫之后，曾国藩还是决定接下这个任务。

曾国藩从来不是一个逃避困难的人。当初太平军起，天下靡然，只有他以一介书生之身，毅然奋起，创建湘军。

他对待君主，一贯以诚自命，遇事不敢推诿。虽然患病，但既然没有到濒死的程度，就应该勉力为国分忧。他担心的是如果朝廷派一个颟顸无能之辈，激化矛盾，引发战争，将再一次将中国推入灾难的深渊。

所以后来在给李鸿章的信中，他说："事端重大，义不敢辞。数日之后，即拟力疾前往。"[2] 准备病情稍缓，就起程赴津。

六月初三日，曾国藩感觉身体勉强可以支撑，因此决定束装就道。这次出门，曾国藩预感到自己很有可能会病死天津，不一定能活着回来了，所以他在灯下给自己的儿子们写下了一份很长的遗嘱。

他说："余此行反复筹思，殊无良策。余自咸丰三年（1853）募勇以来，即自誓效命疆场，今老年病躯，危难之际，断不肯苟于一死，以自负其初心。恐遽尔及难，而尔等诸事无所秉承，兹略示一二，以备不虞。"

这个案子很难办，我反复思考，也没有好的办法，可能会死于此事。我从咸丰三年创建湘军以来，就已经下定为国牺牲的决心。现在我已经老了，更不会怕死，不会自负初心。有些话向你们交代一下。

曾国藩的遗嘱与普通人不同，其中并没有什么遗产分割之类的常见内容，重心是放在对后代品性的期许上。他把自己一生为人处世最重要的心得又向儿子们交代一次，那就是为人一定要做到"不忮不求"。

> 余生平略涉儒先之书，见圣贤教人修身，千言万语，而要以不忮不求为重。忮者，嫉贤害能，妒功争宠，所谓怠者不能修，忌者畏人修之类也。求者，贪利贪名，怀土怀惠，所谓未得患得，既得患失之类也。忮不常见，每发露于名业相侔、势位相埒之人；求不常见，每发露于货财相接、仕进相妨之际。将欲造福，先去忮心，所谓人能充无欲害人之心，则仁不可胜用也。将欲立品，先去求心，所谓人能充无穿窬之心，而义不可胜用

---

[1]《曾国藩全集·日记》4，岳麓书社，2011 年，第 325 页。
[2]《曾国藩全集·书信》10，岳麓书社，2011 年，第 288 页。

也。忮不去，满怀皆是荆棘；求不去，满腔日即卑污。余于此二者常加克治，恨尚未能扫除净尽。尔等欲心地干净，宜于此二者下功夫，并愿子孙世世戒之。[1]

人这辈子，最难去除的是嫉妒和贪求。所谓"不忮"，就是克制自己的嫉妒心。"不求"，就是克制自己的贪求心。这两点听起来似乎是老生常谈，事实上很多人，特别是很多当世名公，都处理不好。嫉妒经常出现在功名事业差不多的人之间，贪求常出现在升官发财之际。连左宗棠、郭嵩焘这样的大人物事实上都常在这两点上犯错误。所以他专门强调，这两点不去除，则既难立品，又妨造福。希望曾氏后人能"克治"这两点，做到"心地干净"。

六月初六日，曾国藩从保定起程。六月初十日，到达天津。

一到天津，曾国藩就感觉到了绅士阶层的强大力量。

虽然此时距教案发生已经近二十天，但是天津城的反教狂热并未平息，天津百姓"尚激奋不已，满城嚣嚣，群思一逞"[2]。洋人死伤如此惨重，但是天津民众丝毫不觉得自己理亏，反而认为杀得还不够多。

对于曾国藩的到来，天津绅民欢呼雀跃。曾国藩在当时普通中国民众心目中，是一个扭转乾坤的大英雄，也是一个中国文化的坚定维护者。天津绅士中很多人都读过曾国藩在平定太平天国时写的《讨粤匪檄》，有人还能背诵其中的一些名句，比如"举中国数千年礼义人伦诗书典则，一旦扫地荡尽。此岂独我大清之奇变，乃开辟以来名教之奇变，我孔子、孟子之所痛哭于九原"，让他们深感共鸣。他们相信，曾国藩和他们一样，对天主教满怀愤慨。

因此在曾国藩进城的路上，以天津县四十八堡士绅为主的各派代表一百余人，首先拦住曾国藩的大轿，递上呈状，神色激动甚至声泪俱下地连声控诉天主教会残害中国幼孩、挖眼剖心。接着，又发生了四起拦轿呈词事件，每次都有几十上百名地方头面人物齐刷刷跪在轿前，大声吁喊，"万口一声"。"每收一禀，其衣冠而来者，必数十或数百人"[3]。旁观的百姓更是成千上万，填街溢市，对曾国藩形成了一股强

[1]《曾国藩全集·家书》2，岳麓书社，2011年，第525页。

[2]《曾国藩全集·书信》10，岳麓书社，2011年，第302页。

[3]《曾国藩全集·书信》10，岳麓书社，2011年，第318页。

大的社会舆论压力。

进了公馆，刚刚坐定，各路官绅又纷纷进谒，七嘴八舌给曾国藩出主意。或者建议曾国藩利用天津民气正旺，一鼓作气把各国洋人全都赶跑。还有人"高明"地主张联合俄国、英国等国，专门对付法国。

这股情绪的巨浪差点儿打了曾国藩一个跟头。曾国藩在抵津次日《谕纪泽》信中说："天津士民与洋人两不相下，气势汹汹。缉凶之说，万难着笔，办理全无头绪。"[1] 在这种情况下，想要缉拿凶手，当然非常困难。

在中国社会各阶层中，绅士阶层是反教宣传的中坚力量。外国传教士的到来，不但挑战了清政府控制下的政治文化秩序，更动摇了乡绅社会的传统权威。许多中国人"未入教，尚如鼠。既入教，便如虎"。很多老百姓信了教之后，自恃有教会庇护，在绅士面前不再点头哈腰。因此，凡是教会势力所及的地方，绅士无不强烈地感觉到失落。他们有文化，有时间，有财力，所以，他们成了反教的先锋和主力。

当时大部分中国普通民众，对天主教也充满了强烈的反感。作为一种与中国传统文化异质的宗教，天主教入华之始，自认良民的人很少入教。传教士所到之处，第一批敢吃螃蟹的往往是两类人，一类是重病患者或者穷困至极走投无路之人，另一类则是地方上的地痞流氓。而有的传教士到了一个被冷眼环视的陌生之地，也往往愿意招收一些地痞流氓，起到保安作用，因此所到之地"不择良莠，广收徒众"，形成"莠民以教士为逋逃之薮，教士以莠民为羽翼"的局面。《历史三调：作为事件、经历和神话的义和团》也说："教民数量的不断增加，部分原因是教会吸收了一些违法分子（自1860年基督教传教工作在中国取得合法地位以来，这种情况比较普遍）。不法之徒被教会的保护伞所吸引，因为急于招收教徒的传教士是不受大清法律约束的。在这种情况下，教民与土匪的界限越来越模糊。"[2] 后来参与此案处理的丁日昌分析天津百姓为什么如此痛恨天主教时说：

　　　　天津莠民最多，一经入教，则凌虐乡里、欺压平民。官吏志在敷衍，但求无事而不求了事，又不敢将百姓受屈之处与领事官力争，领事官又何从知教民如此妄为？百姓怨毒积中，几有"及尔偕之"之愤。[3]

---

[1]《曾国藩全集·家书》2，岳麓书社，2011年，第527页。

[2] [美] 柯文著，杜继东译：《历史三调：作为事件、经历和神话的义和团》（典藏版），社会科学文献出版社，2015年，第16页。

[3] 赵春晨编：《丁日昌集》上，上海古籍出版社，2010年，第98页。

也就是说，天津这个地方，地痞流氓很多，一入教，更是横行乡里。而官员们呢，多一事不如少一事，不敢与外国领事力争。所以老百姓都非常气愤。

曾国藩在入觐慈禧太后时，也当面提及了这一点："教堂近年到处滋事，教民好欺不吃教的百姓，教士好庇护教民，领事官好庇护教士。"[1]

听说威名素著的曾国藩前来，天津百姓中流传起一则新的谣言，那就是皇上"专调曾国藩来天津驱逐洋人"。他们这些爱国民众，终于有了主心骨，他们都摩拳擦掌，等着和洋人们决战，把中华大地上的所有洋人杀光，还我天朝上国的清净。

到天津之前，曾国藩已经预料到了这种情况。为了平息这种浮嚣的民气，在前往天津的路上，他写好了一篇文告《谕天津士民》。曾国藩向天津绅士百姓声明，他此行不是为了开战而来，"出示弹压，但言奉命查办，决计不开兵端"[2]，让大家把汹汹好战之心先都收起来。

此文一出，全体天津人都有点莫名其妙，搞不懂曾大人葫芦里卖的是什么药。"曾国藩的倒行逆施，引起了天津人民的极大愤慨，他贴出的告示，入夜便被人撕毁；还有人在告示所署'曾国藩'名字上，挂一缕白麻，表示曾国藩为洋人披麻戴孝。"[3]

但是这道告示确实有效地刹住了鼓动战争的舆论，大家都明确地知道曾大人肯定不会和洋人开仗了。那么且等着看曾大人下一步会怎么做。

六月十四日，曾国藩又走了一步棋。他听从崇厚的建议，致信恭亲王及总理衙门各官，打算先把天津的几个地方官撤职查办："拟先将道、府、县三员均行撤任，听候查办，亦可稍塞洋人之口。"[4]

把这三个人撤职，一是曾国藩认为地方官确实有责任。天津知府未经详细调查就发布确认有人迷拐的告示，操之过急。天津教案发生前，天津百姓已经喧闹多日，情形日益紧张，这几名地方官没有采取有力措施加以制止，特别是带武兰珍到教堂对质后没有立刻向围观民众公布对质结果，对教案的发生负有不可推卸的责任。因此数事，应该予以撤职。

另外，此举也可以让法国人心平气和地开始谈判。天津教案的处理原则，是让

[1]《曾国藩全集·日记》4，岳麓书社，2011年，第358页。
[2]《曾国藩全集·书信》10，岳麓书社，2011年，第299页。
[3] 罗澍伟编著：《引领近代文明：百年中国看天津》，天津人民出版社，2005年，第20页。
[4]《曾国藩全集·书信》10，岳麓书社，2011年，第299页。

法国人"消气",避免战争。法国公使已经表明态度,要严惩中国地方官,所以这样做可以向法方表示中方认真处理此事的诚意。"该使要求之意甚坚,若无以慰服其心,恐致大局决裂。"[1]

然而撤掉三个很得民心的中国官员,令曾国藩更大失天津人心。人们本来认为大帅到来,会继续追究洋人责任,没想到大帅下车伊始,竟然就宣布决不开战,而且还拿下三名中国官员。难道大帅也变成了汉奸吗?

曾国藩不是不知道这样处理会激起舆论不满,他这样做,自有他的道理。

我们在此前讲过,曾国藩的对外观念,前后发生过巨大变化。在一开始,他也是和大清王朝的普通官民一样,是单纯、彻底的"爱国主义者",认为对外当然应该强硬。然而,第二次鸦片战争让他认识到中国和列强在军事上的巨大差距,特别是海上力量完全不在一个水平面上。

他对彭玉麟分析说,中国也许能在某次局部战争中取胜,但是从全局和长远来看,根本没有取胜之道。

> 中国兵疲将寡,沿海沿江毫无预备,而诸国穷年累世但讲战事,其合从之势,狼狈之情则牢不可破。我能防御一口,未必能遍防各口;能幸得一时,未必能力持多年;能抵敌一国,未必能应付各国。在今日构衅泄愤,固亦匪难,然稍一蹉跌,后患有不堪设想者。[2]

中国现在军队战斗力不行,几乎没有海军,根本没有抵御海上侵略的能力。欧洲各国几十上百年来专意研究战争,并且一致对付中国。我们能在一个口岸防范,却不能防范所有口岸。也许能侥幸在一场战争中取胜,却无法常年与西方对抗。能够抵抗一国,却无法与各国同时作战。今天为了发泄民族情绪打一场仗固然不难,但是一旦失败,后果不堪设想。

曾国藩一贯主张"明强",就是说,在判断分析形势的基础上,才能决定是使强还是使柔。中国和西方军事实力的差距太大,避战显然是明智的选择。"故……办理此事,不惮委曲迁就,躬冒不韪,冀以消弭衅端。"[3]所以他才定下"不开兵端"的

[1]《曾国藩全集·奏稿》11,岳麓书社,2011年,第489页。
[2]《曾国藩全集·书信》10,岳麓书社,2011年,第415页。
[3] 同上。

宗旨。

至于将三名中国官员撤职，以向法方表示中国处理此案的诚意，则是基于曾国藩在第二次鸦片战争后形成的诚信外交观。关于曾国藩的诚信外交观，我们在前面"洋人也是人"一章已经有详细阐述。

正是基于诚信外交的思路，曾国藩把处理教案的核心，放到了查明挖眼剖心到底有无其事上。

曾国藩深知，教堂是否有主使迷拐和挖眼剖心之事，是此案之关键。曾国藩说："总以武兰珍是否果为王三所使，王三是否果为教堂所养，挖眼剖心之说是否确有证据，为案中最要关键，审虚则洋人理直，审实则洋人理曲。"[1]

如果果然如天津百姓所说，教堂雇人迷拐中国儿童，挖眼剖心用来做药，那么此案就是洋人理亏，我们就可以理直气壮地向全世界公布他们的野蛮行径，他们也自然难以提出非理要求。如果这些都是子虚乌有，那么显然是中方理亏，只能认错赔钱，老老实实处理罪犯。

朝廷对曾国藩的这一说法也十分赞成，慈禧太后批示说："可谓切中事理。要言不烦。"[2]

从表面上看，朝廷和曾国藩在这一点上有高度共识。然而，他们对这一关键的判断其实是不同的。

曾国藩在办理天津教案以前，处理过扬州教案，那次经历让他明白，所谓洋人挖眼剖心应该并无其事。

和天津教案一样，1868年8月22日发生的扬州教案，也是因谣言而起。案发前，扬州城内哄传传教士爱挖人的眼睛，爱吃中国小孩子的肉。"教士系耶稣教匪，遇有临死之人挖取眼睛，所盖育婴堂系食小儿肉而设。"[3] 但是曾国藩调查之后发现，这些纯粹是子虚乌有，婴儿的死亡是因为疾病与保姆照顾不周。"婴孩死伤虽多，并无挖眼挖心等弊；是医生与乳妈之咎，并无教主之过。"[4]

但是慈禧太后和朝中一些大臣却对谣言半信半疑。"太后亦信仁慈堂存有眼睛

---

[1]《曾国藩全集·奏稿》11，岳麓书社，2011年，第497页。

[2] 同上。

[3] 中国第一历史档案馆、福建师范大学历史系合编：《清末教案》第1册，中华书局，1996年，第611页。

[4] 中国第一历史档案馆、福建师范大学历史系合编：《英国议会文件选译》，《清末教案》第6册，中华书局，2006年，第25页。

等物，其谕曾国藩曰'百姓毁堂，得人眼人心，呈交崇厚，而崇厚不报，且将其销毁'，饬其访查。"[1]慈禧相信一些人的传言，认为百姓已经从教堂里找到了一些人眼人心作为证据，可惜被崇厚给销毁了。所以朝中很多人希望曾国藩能在教堂中起出眼睛心肝等物，把洋人罪责公之天下。

因此曾国藩决定由此入手，拿出有说服力的调查结果，用有力证据来说话。这样才能说服中国各个阶层，接受教案的处理结果。

曾国藩到天津后，士绅百姓纷纷拦轿陈情，前后有数百人之多，要求总督大人惩办洋人。曾国藩一一细问，谁见过洋人挖眼剖心，然而没有一个人能提出确证。"臣国藩初入津郡，百姓拦舆递禀数百余人。亲加推问，挖眼剖心有何实据，无一能指实者。"

曾国藩于是发出通告，谁要是亲眼见到洋人挖眼剖心，或者有确凿证据证明洋人做过这样的事的，欢迎大家前来呈告。

然而，一个人也没有。

接下来曾国藩又想，既然天津城内迷拐传闻如此之多，吓得家家闭户，那么肯定有很多人家的孩子被拐走了。他又查各官府的档案，看看有没有百姓前来报案。

然而，一家也没有。

询之天津城内外亦无一遗失幼孩之家控告有案者。[2]

查来查去，只查到一个可笑的传闻。据说在教案当时，还真有人从教堂的地下室里搜得被指证为"系婴儿目珠"的两瓶东西，交给崇厚，结果打开瓶子细看，"见瓶中所盛者，原系西产之圆头葱，腌收以供菹品者也"。原来是腌制的洋葱。

凶徒等欲证其言之不谬，于焚掠之际，于地窖中搜得二瓶，特呈崇厚验视，具言瓶内所盛皆系婴儿目珠。崇厚开验，见瓶中所盛者，原系西产之圆头葱，腌收以供菹品者也。[3]

---

[1] 陈恭禄著：《中国近代史》，中国工人出版社，2012 年，第 207 页。

[2]《曾国藩全集·奏稿》11，岳麓书社，2011 年，第 493 页。

[3]《燕京开教略》下篇，转引自解成编著：《基督教在华传播系年（河北卷）》，天津古籍出版社，2008 年，第 132 页。

经过"连日细查衅端"，连续提取证人，曾国藩对挖眼剖心一事的真实性基本否定，认为是不实传闻，因为没有一个人能举出实证，更别说有被挖的心、眼等器官出现。

而迷拐一案也无实证。曾国藩一一询问了从仁慈堂里"救出"的妇女、幼孩一百余人，经讯都供说"系多年入教、送堂豢养，并无被拐情事"[1]。西方人记载说："官方审讯了几百人，其中150人是宗教机构的工作人员，但没有一例发现了事实上的绑架，也没有任何挖眼掏心的证据。所有的指控都是基于街谈巷议，与湖南、扬州或直隶其他地方的类似指控一样没有得到证实。"[2]

经过调查取证后，六月二十三日，曾国藩上了《查明天津教案大概情形折》，力辩挖眼剖心之事的虚妄不实。

曾国藩汇报了他的调查经过和调查结果。说经他多日调查，"教士迷拐""挖眼剖心"等传言，均皆毫无实据。

湖南、江西、扬州、天门、大名、广平教案，都出现过各种檄文和揭帖，或者说教堂拐骗丁口，或者称教堂挖眼剖心，或者称教堂诱污妇女。事后证明，这些都是子虚乌有。

接下来，曾国藩又开始详细分析天津教案的原因。首先他根据崇厚的意见，为西方人做了一些辩解。他知道这道奏折肯定会发抄于外，洋人能够看到。

> 盖杀孩坏尸、采生配药，野番凶恶之族尚不肯为，英法各国乃著名大邦，岂肯为此残忍之行？以理决之，必无是事。天主教本系劝人为善，圣祖仁皇帝时久经允行，倘戕害民生若是之惨，岂能容于康熙之世？即仁慈堂之设，初意亦与育婴堂养济院略同，专以收恤穷民为主，每年所费银两甚多，彼以仁慈为名，而反受残酷之谤，宜洋人之忿忿不平也。[3]

也就是说，杀死孩子，割心挖眼，这是那些野蛮落后的民族都不干的。英国、法国等西方著名大国，怎么会做出这样的事？天主教是劝人为善的，所以康熙皇帝的时候才允许他们传教。如果他们真的这样凶残，圣明的康熙皇帝怎么会容纳他们？

---

[1]《曾国藩全集·书信》10，岳麓书社，2011年，第298页。

[2] [美] 黑尔著，王纪卿译：《曾国藩传》，湖南文艺出版社，2011年，第202页。

[3]《曾国藩全集·奏稿》11，岳麓书社，2011年，第494页。

西洋人致力慈善事业，为此花了很多钱，却得到这样的骂名，所以他们愤愤不平，也是可以理解的。

这些话，今天的读者读起来也许感觉说得在理。但是在晚清，敢说这样的话，是需要巨大勇气的。曾国藩知道如此为洋人说话，肯定会激起中国人的反感。因此为洋人说完了话，曾国藩也要为中国百姓说几句。他说中国人对外国人的强烈反感，也不是空穴来风，而是因为有"五疑"。哪五疑呢？

第一，教堂的大门终年关闭着，看起来神秘莫测，而且房屋都修建了地下室，所以很容易被中国人怀疑是为了囚禁幼孩用的。"（教）堂终年扃闭，过于秘密，莫能窥测底里；教堂、仁慈堂皆有地窖。……其致疑一也。"

第二，有的人到仁慈堂治病，结果就被劝入了教，留在那里不回家，所以被中国人怀疑是不是为药所迷。"中国人民有至仁慈堂治病者，往往被留不令复出……因谓其有药迷丧本心，其致疑二也。"

第三，传教士为濒临死亡的人举行洗礼，用水淋脸洗眼，让中国人感觉非常诧异。"施洗者其人已死，而教主以水沃其额而封其目，谓可升天堂也。百姓见其收及将死之人，闻其亲洗新尸之眼，已堪诧异。……其致疑三也。"

第四，教堂里有不同的区域，有的母子同在教堂内，却经年不得相见。"堂中院落较多，或念经，或读书，或佣工，或医病，分类而处……往往经年不一相见，其致疑四也。"[1]

第五，今年教堂中死人过多，死者的胸腹先腐，于是浮言大起。"时堂中死人过多……胸腹皆烂，肠肚外露。由是浮言大起，其致疑五也。"

曾国藩总结说：

> 平日熟闻各处檄文揭帖之言，信为确据，而又积此五疑于中，各怀忿恨。迨至拐匪牵涉教堂，丛冢洞见胸腹，而众怒已不可遏。迨至府县赴堂查讯王三，丰领事对官放枪，而众怒尤不可遏。是以万口哗噪，同时并举，猝成巨变。[2]

也就是说，百姓们平时经常听到挖眼剖心的传言，又有这五种可疑之处，所以

---

[1]《曾国藩全集·奏稿》11，岳麓书社，2011年，第494页。
[2]《曾国藩全集·奏稿》11，岳麓书社，2011年，第495页。

已经非常怀疑愤怒。等到出现人贩子拐人及婴儿尸体残缺等事，自然怒不可遏。等到丰大业对中国官员开枪，终于激起事变。

曾国藩精心撰写这道奏折，有一个重要目的，那就是希望他的这次调查，可以终止挖眼剖心的传闻继续流传，以免再激起新的教案。

曾国藩说，天津教案不是特例，事实上，多年以来，各地教案都是因为这类传言而起。

> 惟此等谣传，不特天津有之，即昔年之湖南、江西，近年之扬州、天门及本省之大名、广平，皆有檄文揭帖，或称教堂拐骗丁口，或称教堂挖眼剖心，或称教堂诱污妇女。[1]

曾国藩接下来说：

> 厥后各处案虽议结，总未将檄文揭帖之虚实剖辨明白。

也就是说，令人不解的是，这些教案过后，朝廷不得不一再处理中方凶犯，一再向外国赔款道歉，但是从来没有由官方明确指出这些檄文和揭帖的不实之处。所以这么多次教案之后，这类传言还一再重复，再次激起新的教案。这主要是因为官方不敢为外国人说话，怕引来民众不满。

因此，想办法澄清此类谣言，对防止再次发生教案是至关重要的。曾国藩请朝廷明降谕旨，宣布从前反教檄文揭帖所称"教民挖眼剖心戕害生民之说多属虚诬"，"一以雪洋人之冤，一以解士民之惑"，以防日后再有这类谣言滋生。

这其实也是西方外交官的看法。镂斐迪说：

> 我所担心的危险倒是这场暴动的消息传到远离灾难现场的地方，会对那里的居民产生什么影响。看来中国人极有可能理所当然地相信他们同胞们关于事变起因的传闻，并认为将报复落到据说是干了邪恶勾当的天主教徒头上是有道理的。为了抵消在其他地方的这种影响，在我看来，要紧的是中国最高当局须正式告示，否认有关拐骗及其后发生的一系列残忍行为

---

[1]《曾国藩全集·奏稿》11，岳麓书社，2011年，第493~494页。

的传言的真实性。[1]

应该说，曾国藩的奏折有理有据地说明了历来传说的不实，既替外国人说了话，也为中国人说了话。如果这封奏折得到广泛传播，无疑会起到促进中外双方和解的作用。

但是，令曾国藩无法理解的是，内阁在发抄这封奏折时，居然将为中国人说话的"五疑"的关键内容删掉了。这样一来，这道奏折就只剩下曾国藩专为洋人说话的部分了。

曾国藩看了《邸报》，目瞪口呆，既然要把奏折公开，为什么要断章取义？他已经预感到大事不好。

果然，此折一出，朝野上下无不哗然，物议沸腾。曾国藩居然说天主教是"劝人为善"的宗教，说仁慈堂"以仁慈为名，而反受残酷之谤"，甚至还说什么"英法各国乃著名大邦"，是文明的国度。这实在是太出格了，太崇洋媚外了。鬼子之国，只能称为鬼域，岂可称为大邦？

曾国藩一下子成了人民公敌。想不到被人们寄予了无限期望的曾大人，竟然是这样一个卖国贼！

曾国藩在十一月初一日给彭玉麟的信中写道：

> 六月二十三日一疏袒护天主教……而发抄时内阁又删去"五疑"一层，遂致物议沸腾。[2]

在北京城中，舆论的力量的确惊人，一场"反曾运动"猝然兴起。就连先前以曾国藩为自豪的湖南人也不买账了，湘江士子冲入了湖南会馆，把曾国藩亲笔题写的牌匾砸得稀烂，还烧毁了曾氏手书的一副对联，还要求开除他的会籍。在京的湘籍官员更是联名致书曾国藩，对他大加抨击。甚至与曾氏交往多年的倭仁，也写信表示要和曾国藩绝交，朝野内外，一时"谤议丛积"[3]。

曾国藩虽然对名声受损的情况有所预料，但还是没想到情势会如此汹汹。他非

---

[1] 中国第一历史档案馆、福建师范大学历史系合编，陈增辉主编，郭舜平译：《美国对外关系文件选择》，《清末教案》第 5 册，中华书局，2000 年，第 32 页。

[2]《曾国藩全集·书信》10，岳麓书社，2011 年，第 415 页。

[3]《曾国藩全集·书信》10，岳麓书社，2011 年，第 408 页。

常痛苦，在家书中说：

> 吾此举内负疚于神明，外得罪于清议，远近皆将痛骂，而大局仍未必
> 能曲全，日内当再有波澜。吾目昏头晕，心胆俱裂，不料老年遭此大难。[1]

我们看他这一时期写给朋友的信中，无一不有八个字，"外惭清议，内疚神明"。曾纪泽回忆说："其时京城士大夫骂者颇多，臣父亲引咎自责，寄朋友的信常写'外惭清议，内疚神明'八字。"[2]

那么，朝廷为什么这么做呢？

关于如何处理天津教案，朝中一直有两种激烈对立的观点。

朝中直接与西方人打交道的一些人，比如恭亲王和总理衙门的一些主官，属于开明派，对世界大势有所了解。他们认为此案是中国方面理亏，所以只能退让。

但是更多的人却不这样认为。

首先就是慈禧太后。她一直认为，教堂迷拐中国人做药，是理亏在先，因此只要牢牢抓住这一点，找到教堂迷拐以及挖眼剖心的证据，就抓住了外国人的软肋。

发动政变夺取政权时，慈禧才二十六岁，她没受过良好的教育，对世界现状也缺乏最基本的了解。政变中她亲书的密谕现在影印公布，不但字迹歪歪扭扭，而且二百多字中，错字多达十六个。这证明她入宫前所受的教育是非常少的。文化水平低决定了她相信迷拐及挖眼剖心之实有其事。

曾国藩如此富于逻辑性的汇报没能打消慈禧的怀疑。她进一步通过秘密渠道，让军机大臣发密寄追问曾国藩到底怎么回事：

> 窃臣承军机大臣密寄——同治九年六月二十三日奉上谕："有人奏，风闻津郡百姓焚毁教堂之日，由教堂内起有人眼人心等物，呈交崇厚收执，该大臣于奏报时并未提及，且闻现已消灭等语。所奏是否有其事，着曾国藩确切查明据实奏闻。"[3]

---

[1]《曾国藩全集·家书》2，岳麓书社，2011年，第530页。

[2] 曾纪泽著：《使西日记（外一种）》，湖南人民出版社，1981年，第6页。

[3]《曾国藩全集·奏稿》11，岳麓书社，2011年，第505页。

那些眼睛和人心不是说有确切证据吗？难道是你们给毁了？她怀疑曾国藩查找不力，甚至为了顺利结案，故意袒护洋人。

除了慈禧太后之外，当时的满族亲贵，大部分都是坚定的排外主义者。早在同治六年（1867），惇亲王奕誴就提出全部驱逐洋人，"外洋之入内地，原应筹划所以自强，而驱之出境"[1]。这些在内地的洋人，本应该全部赶走。醇郡王奕谭也完全赞同这个意见，而且提出了六条办法，其办法主要就是由官方劝百姓攻打烧毁各地教堂，"饬下各督抚设法激励众民"，"焚其教堂，掳其洋货，杀其洋商，沉其货船"[2]。烧教堂，抢洋货，杀洋商，沉洋船。这正是多年后义和团运动的思想原型。可见当时亲贵们的知识结构和心态。

这次教案，奕谭再次发表意见奏称："事之操纵固难，理之曲直自在，虽不能以之喻彼犬羊，正好假以励我百姓。"虽然洋人不通道理，但是此事正可以用来激励中国百姓与洋人为仇。民为邦本，"津民宜加拊循，勿加诛戮，以鼓其奋发之志，激其忠义之气，则藩篱既固，外患无虞"。[3]对天津百姓，应该鼓励，而不是镇压。这样可以保护他们的爱国热情。从慈禧到其他亲贵都认为，处理此案的关键是万不可失去民心，因为"民心"可用。在他们看来，民间对洋人的愤怒情绪，是可以倚重的重要力量。

对这种思路，曾国藩是明确反对的。早在1868年6月，他就曾在致郭嵩焘的信中说："来示谓拙疏不应袭亿万小民与彼为仇之俗说，诚为卓识。……明知小民随势利为移转，不足深恃，而犹藉之以仇强敌，是已自涉于夸伪，适为彼（指外国）所笑耳。时名之不足好，公论之不足凭，来示反复阐发，深切著明，鄙人亦颇究悉此指。"[4]

也就是说，统治者不应该凭着汹汹民意与外国开战。百姓是随势利而转移的，并无定见，他们在自身没有危险时，热衷于低成本爱国。但一旦有事，他们往往并不敢往上冲[5]，因此并不足以依恃。鼓动排外热情来对抗外国，只能被人家笑话。办理外交，不能汲汲于个人名声，不能被无定见的舆论裹挟。

---

[1] 中华书局编辑部，李书源整理：《筹办夷务始末（同治朝）》7，中华书局，2008年，第2585页。

[2] 中华书局编辑部，李书源整理：《筹办夷务始末（同治朝）》7，中华书局，2008年，第2590页。

[3] 蒋廷黻编著：《近代中国外交史资料辑要》中，东方出版社，2014年，第81页。

[4]《曾国藩全集·书信》9，岳麓书社，2011年，第397页。

[5] 事实上后来义和团运动，也没有多少"大师兄"是死于与洋人作战的。秦晖先生对此有专文论述。

然而醇郡王奕䜣的建议，却得到大学士李鸿藻和倭仁的大力赞同。朝中的清流此时都站到了曾国藩的对立面。就是在这些力量的推动下，中央在发布曾国藩奏折时，做了这样的处理。

朝廷这样做，可以把曾国藩贴上卖国软弱的标贴，将民众对朝廷的仇恨转移到曾国藩身上：是曾国藩软弱，而不是朝廷软弱。这样就可以不失民心。朝廷仍然是正确的，只是他曾国藩没有办好。

所以随后所发的上谕亦含有责备曾国藩之意："和局固宜保全，民心尤不可失。曾国藩总当体察人情向背，全局通筹，使民心允服，始能中外相安也。"[1]

4.疆臣新领袖李鸿章

曾国藩投入巨大精力，调查挖眼剖心一事，结果却受到舆论如此猛烈攻击。

在抓捕"凶犯"方面，曾国藩进展也不顺利，多次受到朝廷批评。

天津教案发生后，另一个重点是缉凶严惩。这是清政府承认必须做的。

天津教案中共有20名外国人被杀，其中法国人13名，俄国人3名，比利时人2名，意大利和爱尔兰人各1名。如果说丰大业首先开枪，罪有应得的话，其他人毕竟都是无辜的。案发后，外国政府强烈要求缉拿真凶，清政府也下谕旨明确指示："外国之人无故被害若干，皆须切实查明；严拿凶手以惩煽乱之徒，弹压士民以慰各国之意，尤为目前要务。"[2] 曾国藩也认为"拿凶为最要关键"。所以他一边调查事实真相，一边开始搜捕凶手。中国司法习惯是以命抵命，因此曾国藩认为"查出二十一人，一命抵一命，便可交卷"[3]。

然而天津教案爆发之时，场面异常混乱，参与者达上万人之多，事后想确认死者身上的致命伤到底是谁所致，绝非易事。而且行凶者都被民间目为英雄，无人出面检举，所以"缉凶之说，万难着笔"[4]。尽管曾国藩想尽办法，还是只抓获了十余人，而且在严刑之下，均坚不吐供。

[1]《曾国藩全集·奏稿》11，岳麓书社，2011年，第511页。

[2]《燕京开教略》下篇，转引自解成编著：《基督教在华传播系年（河北卷）》，天津古籍出版社，2008年，第137页。

[3]《曾国藩全集·书信》10，岳麓书社，2011年，第324页。

[4]《曾国藩全集·家书》2，岳麓书社，2011年，第527页。

就在曾国藩承受着各方面巨大压力的时候，法国外交官又提出了非常不合理的要求。曾国藩一到天津，就宣布撤去三位地方官的职务，这得到了法国人的认可，所以在十九日法国公使罗淑亚到达天津开始交涉的时候，"词气尚属和平"[1]。

然而，过了两天，罗淑亚突然态度大变，宣称一定要杀掉天津知府、知县和陈国瑞这三名官员，否则就要发动战争。"罗酋十九日抵津相见，词气尚属和平。二十一二忽改初态，照会敝处欲将府县及陈国瑞抵偿人命，不然即欲动兵。"[2]并且明确要求将天津知府张光藻、知县刘杰"先行在津立即正法"。外国人一直认为，中国官员在贯彻条约、保护在华外国人方面表现不力，因此想通过这个案子杀一儆百。

但是，中方无论如何不能答应这一点。对大臣生杀予夺这一极为重要的权力，不可能由外国人操纵。更何况无论怎么说，三名地方官罪不至死。曾国藩坚持不肯答应法国的要求。

法国人于是加大战争威胁。七月二十六日，法国水师提督都伯理来到天津。外国军舰也一艘艘驶来。"外国军队的庞大舰队眼下已在天津附近。六艘炮艇——法国和英国各三艘——已经停泊在天津河道；一艘法国小型护卫舰在白河口的沙洲外面，英国和法国海军中队的旗舰，以及其他一些舰艇，则在烟台靠泊。此外，北德意志的两艘小型护卫舰和俄国北太平洋舰队的部分舰只，将于近日抵达烟台。"[3]

重压之下，曾国藩旧病复发。二十六日下午崇厚来到曾国藩行馆，传达罗淑亚的最后通牒，声称到次日（二十七日）四时，清方如无切实回答，法国公使及所有在京法国人将一并撤往上海。曾国藩听后大受刺激，"昏晕呕吐，左右扶入卧内，不能强起陪客"[4]，"历三时之久，卧床不起，据医家云脉象沉重"[5]。

二十八日，曾国藩自度病体不支，又一次想到了他的学生李鸿章。他希望朝廷命李鸿章带兵来天津，一方面可以武力震慑法方，表明中方的备战决心，另一方面，有着丰富外交经验的李鸿章还可以做曾国藩的助手，直接帮助他处理此事，了此一段残局。因此与崇厚密商后，曾国藩向朝廷建议："若令李鸿章入陕之师移缓就

[1]《曾国藩全集·书信》10，岳麓书社，2011年，第305页。

[2]《曾国藩全集·书信》10，岳麓书社，2011年，第305页。

[3]中国第一历史档案馆、福建师范大学历史系合编，陈增辉主编，郭舜平译：《美国对外关系文件选译》，《清末教案》第5册，中华书局，2000年，第14页。

[4]《曾国藩全集·奏稿》11，岳麓书社，2011年，第510页。

[5]《清末教案》第1册，转引自解成编著：《基督教在华传播系年（河北卷）》，天津古籍出版社，2008年，第146页。

急，迅赴畿疆办理，自为得力。"[1] 在同一天致李鸿章的信中，曾国藩更是发出"四顾茫茫，自阁下外，未知巨艰更将谁属"[2]的感慨。崇厚也专上一折，说"曾国藩触发旧疾，病势甚重"[3]，请再派重臣前来帮办。

就在李鸿章还没有前来的时候，七月二十六日，两江总督马新贻遇刺身亡，两江总督位置出缺。八月初四日，对曾国藩已经非常不满的慈禧太后下旨，令曾国藩调补两江总督，而以李鸿章补授直隶总督。

接到东下天津的命令，李鸿章十分兴奋。

如前所述，"剿"捻结束后，朝廷一度采取"扬曾搁李"政策，居"头功"的李鸿章只获得协办大学士的虚衔。不仅如此，朝廷还命李鸿章入陕协助"剿"回，与极难相处的左宗棠打交道，李鸿章十分不愿意，消极应付，百般拖延。不料此时接到东调的命令，诚可谓天遂人愿。李鸿章在致丁日昌信中十分高兴地说："在陕本为赘疣，借此销差，泯然无迹，一意驱车渡河。"[4]

对于天津教案，他在局外观察已经很久了。曾国藩早在动身赴天津之前，就曾写信给他，请这位"熟悉夷情"的老部下出主意。李鸿章作为门生旧故，当然义不容辞，因此他迅速回复，判断法国方面必定要求以中国官员抵命，而中国政府对此点肯定不能同意。如果发生战争，必然因此而起。所以他劝告老师，还是要做一定的军事准备："固不必张皇六师，致人疑衅，但防备不可不严，可否酌带劲旅护卫。"[5]应该说，李鸿章的判断是相当准确的。他敏锐地意识到，如果军事出现紧张，他有可能被老师调到天津附近。

因此接到命令后，他就开始向河北方向进发。一边进发，他一边通过书信给老师提各种建议，准备充当老师的得力助手。

结果，还没等李鸿章到达河北，就接到了直隶总督的任命，他一下子接替老师，成了天下疆臣领袖。

机遇对于李鸿章似乎格外垂青。上一次通过"剿"捻，他已经接替了老师的军事权威。这一次接手处理天津教案，他将可能在外交舞台上取得核心位置。梁启超评论说："李鸿章当外交冲要之滥觞，实同治九年八月也。彼时之李鸿章，殆天之骄

[1]《曾国藩全集·奏稿》11，岳麓书社，2011年，第510页。

[2]《曾国藩全集·书信》10，岳麓书社，2011年，第325页。

[3]《曾国藩全集·奏稿》11，岳麓书社，2011年，第514页。

[4] 顾廷龙、戴逸主编：《李鸿章全集 30·信函二》，安徽教育出版社，2008年，第90页。

[5] 顾廷龙、戴逸主编：《李鸿章全集 30·信函二》，安徽教育出版社，2008年，第73页。

子乎，顺风张帆，一日千里，天若别设一位置以为其功名之地。"[1]

李鸿章很快就于十二日赶到保定。然而，随后他便在保定逗留观望，徘徊不前。因为他不想一下子陷入到这个混乱的局面当中去。在给朝廷的奏折中，他情词堂皇地宣称：直豫晋交界处间有游勇滋扰教堂，同时也为防陕西土匪回窜，必须暂驻保定以布置后路。同时还说自己身体不好，要先"调养肝疾"。

李鸿章深谙为官之道，他对曾国藩坦言相告，自己不愿"初政即犯众恶"[2]。因此想让曾国藩在这个烂泥塘中先给他厘清基础，特别是解决好缉拿凶手这个最难的问题，自己再下水。

缉凶此时正处于最关键阶段。接到两江总督的任命，曾国藩本可借此脱身，但是朝廷同时又命令他："刻下交卸在即，务当遵奉昨日谕旨，严饬地方文武员弁将在逃首要各犯尽数构获。"[3]要求他先把缉凶的事办好，才能离开。曾国藩也主动在奏折中陈明他不会推卸责任："目下津案尚未就绪，李鸿章到津接篆以后，臣仍当暂留津郡，会同办理，以期仰慰圣厘。"[4]严命之下，曾国藩加大办案力度，到八月十九日，已经拿获疑犯八十多人。但是在这些人中如何定出凶犯，仍然极为困难。曾国藩感到"若拘守常例，实属窒碍难行，有不能不变通办理者"[5]。所谓"变通办理"就是凡群殴中下了手的人，不论他殴伤何处，均视为正凶；本人拒不供认，但是有多人指证者，也据以定案。最后，终于拟定正法者二十人，军徒者二十五人。

平时以"诚"字自命的曾国藩，不得不以这种办法定谳杀人，内心的痛苦当然可想而知。这也是他"内疚神明"的原因之一。事后，曾国藩偷偷发给每名死刑犯家里"恤家银"五百两，以为安慰。《李兴锐日记》说："人给恤家银五百两。杀之而又怜之，以此案不与平常同，虽曰乱民，亦因义愤，不过从保全大局起见，为此曲突徙薪，就案办案耳。"

至于天津知府张光藻、知县刘杰，最终没有如法国人要求处死。这是因为在处理天津教案过程中，普法战争打响，法国节节败退。曾国藩在七月六日（公历8月2日）就已经听到这个消息，他在给曾纪泽的家书中称："闻布国与法国构兵打仗（此

---

[1] 梁启超著：《戊戌政变记（外一种）》，上海古籍出版社，2014 年，第 195 页。

[2] 顾廷龙、戴逸主编：《李鸿章全集 30·信函二》，安徽教育出版社，2008 年，第 92 页。

[3]《曾国藩全集·奏稿》12，岳麓书社，2011 年，第 37 页。

[4]《曾国藩全集·奏稿》12，岳麓书社，2011 年，第 42 页。

[5]《曾国藩全集·奏稿》12，岳麓书社，2011 年，第 74 页。

信甚确),渠内忧方急,亦无暇与我求战,或可轻解此灾厄。"[1] 果然,不久法国便通过赫德之口透露:"中国若能切实拿犯,将来府县之事自易办理。"[2] 因此两名地方官由部议定罪,发往黑龙江军台效力。

曾国藩此前曾嘱幕僚汇银三千两,作为两名地方官在狱中生活之资。及至二人被判"从重改发黑龙江效力赎罪"[3],曾国藩又筹集白银一万余两,作为"到戍后收赎及一切路费"[4],以弥补自己的遗憾。

曾国藩经手的津案办理,至此告一段落。

李鸿章在八月二十二日从保定出发,二十五日抵达天津,曾国藩亲至城外西沽迎候。对李鸿章的借故拖延,曾国藩并没有生气,他愿意为李鸿章做铺路石。九月六日,双方交接关防印信。

师生见面,发生了一次著名的谈话。

李鸿章后来绘声绘色地回忆说:"别人都晓得我前半生的功名事业是老师提挈的,似乎讲到洋务,老师还不如我内行。不知我办一辈子外交,没有闹出乱子,都是我老师一言指示之力。从前我老师从北洋调到南洋,我来接替北洋,当然要先去拜谒请教的。老师见面之后,不待开口,就先向我问话道:'少荃,你现在到了此地,是外交第一冲要的关键。我今国势消弱,外人方协以谋我,小有错误,即贻害大局。你与洋人交涉,打算作何主意呢?'我道:'门生只是为此,特来求教。'老师道:'你既来此,当然必有主意,且先说与我听。'我道:'门生也没有打什么主意。我想与洋人交涉,不管什么,我只同他打痞子腔(痞子腔盖皖中土语,即油腔滑调之意)。'老师乃以五指捋须,良久不语,徐徐启口曰:'呵,痞子腔,痞子腔,我不懂得如何打法,你试打与我听听?'我想不对,这话老师一定不以为然,急忙改口曰:'门生信口胡说,错了,还求老师指教。'他又捋须不已,久久始以目视我曰:'依我看来,还是用一个诚字。诚能动物,我想洋人亦同此人情。圣人言忠信可行于蛮貊,这断不会有错。我现在既没有实在力量,尽你如何虚强造作,他是看

---

[1]《曾国藩全集·家书》2,岳麓书社,2011 年,第 533 页。这封家书的日期有误,应该是写于初十日和十一日。见张晓川著:《从中西电报通讯看天津教案与普法战争——兼谈曾国藩一封家书的日期问题》,载于《近代史研究》2011 年 01 期。
[2]《曾国藩全集·书信》10,岳麓书社,2011 年,第 317 页。
[3]《曾国藩全集·奏稿》12,岳麓书社,2011 年,第 87 页。
[4]《曾国藩全集·书信》10,岳麓书社,2011 年,第 391 页。

得明明白白，都是不中用的。不如老老实实，推诚相见，与他平情说理，虽不能占到便宜，也或不至过于吃亏。无论如何，我的信用身份，总是站得住的。脚踏实地，蹉跌亦不至过远，想来比痞子腔总靠得住一点儿。'"[1]

曾国藩对李鸿章倾囊相授。他知道，从此大清帝国的外交权将主要由自己的这名学生掌握了。

李鸿章在曾国藩已有的成果之上继续收尾此案。曾国藩已经替他完成了最艰难的"缉凶"任务，并且定了二十人死刑。他接手后，与俄国使领反复交涉，因杀死俄国人而被判正法的四名"凶犯"，获改判轻刑。这是他对天津教案的最大贡献。

至于其他问题，都很容易处理。关于赔偿问题，清政府和各国并未有多大争议。奕䜣称："除拿获正凶议抵外，中国自应设法体恤。抢掠之财物，中国亦应照数赔偿。"[2]

最后，议定赔偿费及抚恤费共五十余万两了结。此外达成的一致是要重建教堂，派遣崇厚赴法道歉。

九月二十二日，李鸿章奉旨在津将另外十六名"凶犯"斩首。十一月十四日，又将二十五名从犯分判军杖、徒各刑。天津教案至此结束。

由此可见，李鸿章处理曾国藩的"未了各事"，主要不过是坐享其成罢了。

终于结束了津案噩梦、心力交瘁的曾国藩，按朝廷上谕的要求，在回任两江总督前要先赴京陛见一次。他发现自己在京城很受冷落。

查翁同龢日记，十月初六日（公历10月29日），翁同龢前去拜访曾国藩，当面嘲讽了他在天津的所作所为。"访曾湘乡，颇诮其津事。"[3]而当时敢于当面诮讽曾国藩的，当不止翁氏一人。这在以前是根本不可想象的。

曾国藩的部下李兴锐在曾国藩的推荐下任直隶大名府知府。天津教案时，他正在京等待引荐，在与京官们的交往中，他发现"有见面谈论夷务者，什九不能持平"。他与都中人"谈天津夷务，清议莫不归咎曾中堂。甚矣！任天下之重，岂不难

[1]吴永口述：《庚子西狩丛谈》，中华书局，2009年，第122页。

[2]《曾国藩全集·奏稿》12，岳麓书社，2011年，第66页。

[3]翁同龢著，翁万戈编，翁以钧校订：《翁同龢日记》第二卷，中西书局，2012年，第836页。查曾国藩当日日记，只有"坐见之客"几次之记载，并未提及翁同龢之名。

哉！""众论咎侯不善处分，君子小人如出一口，全不谅局中苦心，可叹之至。"[1] 在这样的氛围下，曾国藩在北京受到什么样的冷遇可想而知。

陛见之后黯然南返的路上，路过通州时，曾国藩遇到一件难堪的事。后来他在给弟弟的信中写道：

> 陈由立遣发黑龙江，过通州时，其妻京控，亦言余讯办不公及欠渠薪水四千不发等语。以是余心绪不免悒悒。阅历数十年，岂不知宦途有夷必有险，有兴必有衰？而当前有不能遽释然者。[2]

陈由立的妻子赴北京上访，指控曾国藩办案不公，还说曾国藩贪污了陈由立四千两薪水不给。曾国藩感叹，虽然早知道仕途有平坦有险阻，但是没想到会遇到这样的事，让他心情久久不能平静。

这位昔日的"中兴第一名臣"已沦落到"千夫所指"的境地，在路宿平原腰站时，该县知县竟未照例来"办差"，而由其"自行租店买食而已"。三天后，曾国藩在日记中写道："思余年来出处之间多可愧者，为之局促不安，如负重疚，年老位高，岂堪常有咎悔之事？"[3]

赵烈文在给曾国藩送行时，发现曾国藩精神状态很差，"神气衰飒"，如同被秋霜打过的树叶一样。因此他"心尝忧虑"，担心曾国藩的健康会出问题。事实上，正是因为处理天津教案"时时负疚于心"，导致曾国藩精神受到极大打击，再度回任两江后不久，即郁郁而终。

---

[1] 朱汉民、丁平一主编：《湘军7·日记·地方志》，社会科学文献出版社，2013年，第323～324页。

[2]《曾国藩全集·家书》2，岳麓书社，2011年，第564页。

[3]《曾国藩全集·日记》4，岳麓书社，2011年，第366～368页。

第四卷

曾国藩的最后岁月

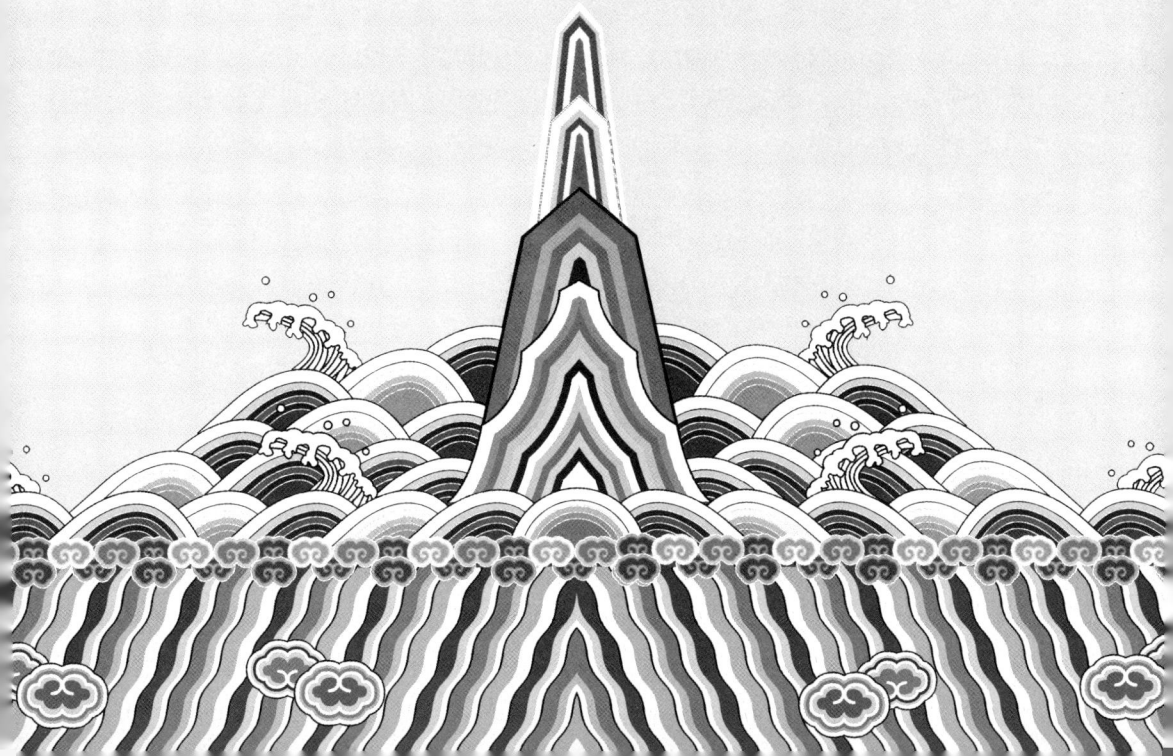

|第十七章| 大清王朝最后的领航者

1. 这个王朝已经不可挽救了

天津教案对曾国藩的精神打击是巨大的。不光是社会各界的痛骂让他深感痛苦，更为重要的是，通过这一教案，他清醒地认识到他所致力的所谓"同治中兴"只是一场梦：这个王朝已经不可挽救了。

后世骂曾国藩为"汉奸"，主要原因是他对大清王朝的忠诚。他以汉人身份，镇压了反清起义。

如果以此为标准，那么有清一代的所有汉族大臣都可以被称为"汉奸"，包括林则徐。别忘了，林则徐正是死在前往广西镇压起义的路上。

基于儒家伦理的要求，曾国藩对他效命一生的清王朝当然是有感情的[1]。如果没有这种感情，他就不是一个儒家信徒，更别提是一个理学家。他说："君子之道，莫大乎以忠诚为天下倡。"他认为湘军之所以能与太平军死战的原因即在于"忠诚所感，气机鼓动而不能自已也"[2]，他歌颂忠义精神说，"嗟我湘人，锐师东讨；非秘非奇，忠义是宝"[3]。

因此，关于曾国藩曾经试图称帝的传说是不值一驳的。据说湘军攻下南京之后，很多湘军将领劝曾国藩起兵造反，左宗棠派人给曾国藩送过一封密信，说什么"鼎之轻重，似可问焉"。彭玉麟则问曾国藩："东南半壁无主，老师岂有意乎？"[4]而曾国藩的回答是一副对联："倚天照海花无数，流水高山心自知。"应该说这个故事很有趣，可惜不可能是真事。左宗棠和彭玉麟等湘军将领之所以追随曾国藩，正是因

---

[1] 曾国藩非常崇拜康熙皇帝，把康熙的《庭训格言》列为教育子侄的四种教材之一。
[2]《曾国藩全集·诗文》，岳麓书社，2011年，第173页。
[3]《曾国藩全集·诗文》，岳麓书社，2011年，第167页。
[4] 小横香室主人编：《清朝野史大观》第2册，中央编译出版社，2009年，第731页。

为曾国藩打着忠义这面大旗。一旦打起造反的大旗，湘军集团马上会四分五裂。正如萧一山说："国藩之所以薄皇帝而不为……因其以护持名教为帜志，绝不能自毁立场，做反乎礼教之事也。君臣大义，在数千年专制政体积威之下，业已根深蒂固，此为一般人所深信不疑之事。"[1]曾国藩起兵是为了维护名教，而名教所重，正是君臣大义。

蒋廷黻更分析说，曾国藩忠于清廷，一方面是基于礼教原则，另一方面也是出于国家利益的现实考虑，因为在列强环伺之下，清王朝覆灭，不仅会"亡国"，而且会"亡天下"。"中国的旧礼教既是他的立场，而且士大夫阶级是他的凭依，他不能不忠君。……他怕清王朝的灭亡要引起长期的内乱。他是深知中国历史的，中国几千年来，每次换过朝代，总要经过长期的割据和内乱，然后天下得统一和太平。在闭关自守、无外人干涉的时代，内战虽给人民无穷的痛苦，尚不至于亡国。到了19世纪，有帝国主义者绕环着，长期的内乱就能引起亡国之祸，曾国藩所以要维持清王朝，最大的理由在此。"[2]

因此，曾国藩是清王朝的忠臣。为了这个王朝，他拼尽心力。在创办湘军之时，他在给朋友的信中就以精卫自许，称自己的行为是"精卫填海、杜鹃泣山"[3]。他这一生都在补天填海。在平定太平天国后，他没有一日懈怠，紧接着就启动了洋务运动。他的目标不只是延长王朝的寿命，更要更新它的精神，脱换它的胎骨，让它有能力来应对几千年未有之重大挑战。而在他和其他所谓"中兴名臣"的努力下，大清王朝也确实一度出现了欣欣向荣之态，史称"同治中兴"。

然而，并不需要太长时间，曾国藩就发现这个"中兴"的基础并不牢靠。

平定太平天国后，曾国藩并没有一丝一毫的沾沾自喜。曾国藩是一个善于反思的人，他一生得力处在一"悔"字。他曾经认为，经此创痛，清王朝的统治集团应该能深刻吸取教训，清醒振作，奋发有为。1864年，曾国藩把攻南京时炸开的城墙缺口修好后，在原缺口处立碑以记其事，铭其文曰："穷天下力，复此金汤；苦哉将士，来者勿忘！"[4]显然，曾国藩此举的目的主要不在于为湘军表功，而是要求食肉者思考，为什么会发生这样的大乱，如何才能避免大乱再次发生。"他想清王朝经过大患难之后，必能有相当觉悟。事实上同治初年的北京，因为有恭亲王及文祥二人

[1] 萧一山编：《清代通史》3，华东师范大学出版社，2006年，第606页。
[2] 蒋廷黻著：《中国近代史大纲》，东方出版社，1996年，第42页。
[3] 《曾国藩全集·书信》1，岳麓书社，2011年，第222页。
[4] 《曾国藩全集·诗文》，岳麓书社，2011年，第164页。

主政，似乎景象一新，颇能有为。所以嘉、道、咸三代虽是多难的时代，同治年间的清朝确有中兴的气象。"[1]

然而，并非人人都是曾国藩。曾国藩不久以后就发现，整个统治集团并没有痛定思痛、脱胎换骨、重造国家的愿望。大乱平息之后，大清王朝很快就恢复了偷惰苟安的老步调，整个王朝的吏治仍然不清，民生仍然困苦。

同治六年（1867）六月二十日，刚刚从"剿"捻前线回任两江总督的曾国藩听到人聊起北京的情况，完全不是中兴气象，而是末日景象。曾国藩听后忧心忡忡，当天晚上与幕僚赵烈文有过一次私下的谈话。赵烈文日记记载说：

> 初鼓后，涤师（指曾国藩）来畅谭。言得京中来人所说，云都门气象甚恶，明火执仗之案时出，而市肆乞丐成群，甚至妇女亦裸身无裤，民穷财尽，恐有异变，奈何？[2]

也就是说，晚上老师曾国藩来我这里畅谈。他说，北京来了人，说首都形势非常不好，经常发生明火执仗的抢劫案。市面上乞丐成群，有的妇女甚至光着身子，连裤子也没有。民众穷困至极，恐怕再有大变，怎么办？

赵烈文其人知识广博，遇事深思。他对曾国藩说，种种现象表明，大清王朝的寿命不会太长了，满打满算能再维持五十年就不错了。灭亡的时候，一定是中央先出现问题，然后各地割据。

> 余（赵烈文）云："以烈度之，异日之祸，必自根本颠仆，而后方州无主，人自为政，殆不出五十年矣。"[3]

赵烈文的这一预测，后来被历史证明是非常准确的。他说完这话后不到五十年，1912年，清王朝灭亡。

对赵烈文的这一判断，曾国藩当时并不同意。

---

[1] 蒋廷黻著：《中国近代史大纲》，东方出版社，1996年，第42页。

[2] 赵烈文撰：《能静居日记》2，岳麓书社，2013年，第1068页。

[3] 同上。

　　师曰："本朝君德正，或不至此。"[1]

　　也就是说，清代统治者平均素质比较高，不像明代皇帝那么不靠谱，因此也许不会这么快"抽心一烂"。

　　但是，在那之后，随着时间的推移，曾国藩越来越发现赵烈文的推测有道理。主要是这个末世王朝的领导人并非中兴之主。

　　曾国藩对慈禧和奕䜣的组合，一开始是很有好感的。当初慈禧政变后处理肃顺等人的手法，让曾国藩认为她颇能"英断"。到了后来，曾国藩更是颇为钦佩地说："本朝乾纲独揽，亦前世所无。凡奏折事无大小，径达御前，毫无壅蔽。即如九舍弟参官相折进御后，皇太后传胡家玉面问，仅指折中一节与看，不令睹全文，比放谭、绵二人查办，而军机恭邸以下尚不知始末。一女主临御而威断如此，亦罕见矣。"[2]

　　也就是说，慈禧太后不受别人蒙蔽，做事明敏。曾国荃参奏官文，慈禧看到奏折后，要找军机大臣胡家玉核实部分情节，但是只把奏折相关段落给他看，不让他看到全文。因此直到派谭、绵二人去查办此事时，奕䜣等军机大臣还不知道具体情况，官文当然也不知道曾国荃到底指控了他什么，没法提前做准备。可见慈禧很善于保密，政治手腕相当高明。

　　奕䜣则"聪明过人"，是皇族中最为开明和开放的人物。因此这个班子如同前几代皇帝那样勤政，且做事颇能顺应大势，所以朝廷"枪法不乱"。"本朝君德甚厚，即如勤政一端，无大小当日必办，即此可以跨越前古。"[3]

　　正是因此，他一度认为大清中兴有望。

　　对这个班子的认识发生转折，第一次是发生在"剿"捻期间。曾国藩尚未出征前，慈禧就搞了一次小政变，夺了奕䜣的权。慈禧在政变中表现出的蛮横无理，出乎曾国藩的意料。曾国藩发现，在慈禧的心中，王朝的前途远没有个人权力重要。"剿"捻后期，慈禧一味急于求成乱指挥，更让曾国藩认识到她是一个没有什么战略眼光的领导者。

　　进京面圣，与慈禧直接接触后，曾国藩的失望更加严重了。

　　同治七年（1868）年底，曾国藩北上就任直隶总督。十二月十三日他抵达京师，

---

[1] 赵烈文撰：《能静居日记》2，岳麓书社，2013年，第1068页。

[2] 赵烈文撰：《能静居日记》2，岳麓书社，2013年，第1079页。

[3] 赵烈文撰：《能静居日记》2，岳麓书社，2013年，第1078页。

翌日觐见慈禧、慈安两太后及小皇帝同治。

曾国藩对这次谈话做了很久的准备。他认为他将和慈禧就治国、外交等重大话题展开深入交流。

然而，慈禧一开口，问的多是家常。曾国藩在日记中有详细记载：

> 巳正叫起，奕公山带领余入养心殿之东间。皇上向西坐，皇太后在后黄幔之内，慈安太后在南，慈禧太后在北。余入门，跪奏称臣曾某恭请圣安，旋免冠叩头，奏称臣曾某叩谢天恩。毕，起行数步，跪于垫上。太后问："汝在江南事都办完了了？"对："办完了。"问："勇都撤完了？"对："都撤完了。"问："遣撤几多勇？"对："撤的二万人，留的尚有三万。"问："何处人多？"对："安徽人多。湖南人也有些，不过数千。安徽人极多。"问："撤得安静？"对："安静。"问："你一路来可安静？"对："路上很安静。先恐有游勇滋事，却倒平安无事。"问："你出京多少年？"对："臣出京十七年了。"问："你带兵多少年？"对："从前总是带兵，这两年蒙皇上恩典，在江南做官。"问："你从前在礼部？"对："臣前在礼部当差。"问："在部几年？"对："四年。道光二十九年到礼部侍郎任，咸丰二年出京。"问："曾国荃是你胞弟？"对："是臣胞弟。"问："你兄弟几个？"对："臣兄弟五个。有两个在军营死的，曾蒙皇上非常天恩。"碰头。问："你从前在京，直隶的事自然知道。"对："直隶的事，臣也晓得些。"问："直隶甚是空虚，你须好好练兵。"对："臣的才力怕办不好。"旋叩头退出。[1]

这就是中国近代史上两个极有权力的人之间的历史性会面。曾国藩曾经以为太后会向他咨询如何推动王朝中兴这样的大问题，但是这样的期望落空了。除了"练兵"，保证各处"安静"之外，就是你兄弟几人，你做官几年之类的家常话。

后来慈禧和曾国藩还有过几次交谈，内容也大致相仿。曾国藩得出结论，慈禧"才地平常，无一要语"。

天津教案中慈禧的表现，更是大出曾国藩的意料。这样一个国家最高领导人，竟然相信子虚乌有的"挖眼剖心"之说，并且执迷不悟。为了自己的面子，居然把他这样忠心耿耿的老臣轻易抛出来当替罪羊。事实证明，慈禧不具备领导国家进行

---

[1]《曾国藩全集·日记》4，岳麓书社，2011年，第126页。

现代化转型的知识与能力。她是一个有权术而无见识的人。诚然，她精通传统的统治术，对人性卑劣的认识超乎很多男人，可是她并没有一个成形的治国理念，一切出发点都是为了保护自己的权力。这样的人，绝不是几千年不遇大变局中合格的领导者。

至于奕䜣，人虽聪明，却缺乏与慈禧抗衡的魄力、技巧和耐性。虽然才具不凡，但他毕竟是"臣"而不是"君"，地位本不稳固，性格也不够坚忍厚重。慈禧通过一次小政变，就令他后半生唯唯诺诺，不敢稍有所违。这样的人，也不具备担当推动中国向现代社会转型的领袖的条件。

至于奕䜣的政敌，随时准备接管军机班子的醇郡王奕譞等权贵，以及倭仁等保守派，在天津教案中表现出来的素质和见识，更让曾国藩绝望。

曾国藩后来在与心腹幕僚密谈中讲了自己的心里话：

> 两宫（慈禧太后、慈安太后）才地平常，见面无一要语；皇上冲默，亦无从测之；时局尽在军机恭邸（奕䜣）、文（文祥）、宝（宝鋆）数人。恭邸极聪明而晃荡不能立足；文柏川（文祥）正派而规模狭隘，亦不知求人自辅；宝佩衡（宝鋆）则不满人口。朝中有特立之操者尚推倭艮峰（倭仁），然才薄识短。余更碌碌，甚可忧耳。[1]

也就是说，两位太后才干平常，聊了半天没有一句重要的话。皇帝年纪太小，还看不出什么。权力在奕䜣、文祥、宝鋆等几个人手里。奕䜣极聪明，但是因为太聪明了，所以立场不坚定，不足以依靠。文祥人很正派，但是格局不大。宝鋆则形象不佳，大家对他颇有微词。朝中有人品有原则的人还有倭仁，但是才干很差，见识更短。其他的都是碌碌无为之人。实在是太可忧虑了。

曾国藩早年立下内圣外王之宏愿，并为此辛苦奋斗了一生。然而到了垂暮之年，他才猛然发现他虽然耗尽一生精力，但是这片天，已经补不起来了。同治八年（1869）十一月十三日，曾国藩作了一首《自箴韵语》，其中有一句描述了他晚年的心情：

> 补救无术，日暮道穷。[2]

---

[1] 朱汉民、丁平一主编：《湘军7·日记·地方志》，社会科学文献出版社，2013年，第180页。

[2] 《曾国藩全集·诗文》，岳麓书社，2011年，第89页。

心情无比悲凉。

他曾经对弟弟曾国潢说：

> 诸事棘手，焦灼之际，未尝不思遁入眼闭箱子之中，昂然甘寝，万事不视，或比今日人世差觉快乐。[1]

眼闭箱子，就是棺材。就是说，在公务难以处理、心情焦灼的时候，我经常想早点儿跑到棺材里，往那儿一躺，理直气壮地睡大觉，再也不用醒过来，这样，比活着，那要快乐多了。

曾国藩也曾对赵烈文说："吾日夜望死，忧见宗祐之陨。"[2]我天天想着早点儿死掉，不想亲眼看到我为之奋斗了一生的这个王朝在我眼前灭亡。

天津教案的打击，晚年心情的低落，令回到两江的曾国藩身体状况一天比一天差了。

我们说曾国藩天资平常，这不仅是指他智商平常，也包括说他的身体素质也不好。和普通人比起来，曾国藩的身体素质也属于中下水平。

常言三十而立，三十岁正是一个人精力最盛之时。然而曾国藩从三十一岁起，就经常感到耳鸣疲劳，而且非常严重。

从三十一岁也就是道光二十一年（1841）起，曾国藩日记中就开始有耳鸣的记载[3]。他在家书中说："常耳鸣，不解何故。"[4]"总以耳鸣为苦。"[5]曾国藩在家书中有多报喜少报忧的习惯，如果不是耳鸣严重，他不会对家里提起。

道光二十二年（1842）起，曾国藩试图"脱胎换骨"，"重新做人"，立定了"学做圣人"之志。他按照倭仁的建议，每天严厉监督自己，以静坐之法来修身，结果因为搞得自己精神太紧张，不久就得了失眠症[6]，支撑了二十多天后，又突然吐血。

---

[1]《曾国藩全集·家书》2，岳麓书社，2011年，第498页。

[2]赵烈文撰：《能静居日记》2，岳麓书社，2013年，第1068页。

[3]见道光二十一年二月十九日、二十三日日记。

[4]《曾国藩全集·家书》1，岳麓书社，2011年，第27页。

[5]《曾国藩全集·家书》1，岳麓书社，2011年，第30页。

[6]日记记载：道光二十二年十二月二十一、二十六日，失眠。二十三年一月初七日，失眠。

道光二十三年（1843）正月曾国藩日记记载："早起，吐血数口。"[1]

当时人们普遍认为吐血是身体出了大问题的表现。曾国藩本来希望迅速脱胎换骨，"换一个人出来"。但是身体如此不给力，让他感觉非常灰心。道光二十三年（1843）正月十七日，也就是吐血之后第二天他给诸弟写信，对自己的健康状况也感到极为悲观：

> 无如体气本弱，耳鸣不止，稍稍用心，便觉劳顿。每自思念，天既限我以不能苦思，是天不欲成我之学问也。故近日以来，意颇疏散。计今年若可得一差，能还一切旧债，则将归田养亲，不复恋恋于利禄矣。粗识几字，不敢为非以蹈大戾已耳，不复有志于先哲矣。吾人第一以保身为要。我所以无大志愿者，恐用心太过，足以疲神也。诸弟亦须时时以保身为念，无忽无忽。[2]

我天生身体素质差，经常耳鸣，容易疲倦。看来是上天不让我学问有成！想到这里，就非常灰心。以后如果能获得一笔经济收入，还清家里的旧债，我就干脆回家孝养双亲，不在功名路上奋斗了。这辈子识了几个字，知道了一点儿道理，就可以了，不再梦想成为先哲们那样的伟人。身体是一切的基础，我之所以不敢再有雄心壮志，是因为身体不行。你们也要注意保养身体，千万千万！

曾国藩发现自己身体禀赋太差，不能像别人那样剧烈地经受磨炼。才三十二岁他就说自己："精神易乏，如五十岁人，良可恨也。"[3]

道光二十三年（1843），也就是三十三岁起，曾国藩又发现自己患上了眼病。道光二十三年二月初一日，曾国藩在日记中说自己眼睛的问题："不能看书，眼蒙如老人。"[4]出现视物模糊的现象。因此才三十六岁，曾国藩就开始戴花镜了。后来他在给郭昆焘信中说："自丁未年（道光二十七年，三十六岁）已用增光镜。"[5]

三十多岁起，曾国藩还发现自己有一个问题，那就是不能多说话。话说多了，就感觉异常疲劳。这一情况越往后越厉害，发展到只要连续说上十多句话，就会觉

[1]《曾国藩全集·日记》1，岳麓书社，2011年，第147页。
[2]《曾国藩全集·家书》1，岳麓书社，2011年，第49～50页。
[3]《曾国藩全集·日记》1，岳麓书社，2011年，第141页。
[4]《曾国藩全集·日记》1，岳麓书社，2011年，第152页。
[5]《曾国藩全集·书信》1，岳麓书社，2011年，第590页。

得"气不接续","神气疲倦不支"。

三十五岁起（道光二十五年六月起），他又得了皮肤病，身上大面积长癣，"其色白"，遍布全身，"大者如钱，小者如豆"[1]，奇痒异常，抓烂作痛。用今天的医学知识判断，曾国藩的皮肤病很可能是"神经性皮炎"，又称慢性单纯性苔藓，是一种常见的慢性皮肤神经功能障碍性皮肤病。[2]

严重的皮肤病除了让曾国藩浑身难受外，还严重影响他的体力与精神。道光二十八年（1848）七月二十日，他在与叔父母的家书中说：

> 侄近年以来精力日差，偶用心略甚，癣疾即发，夜坐略久，次日即昏倦。[3]

在给朋友陈源兖的信中，他更是这样描述疾病的痛苦，说：

> 今岁以来，颓散万状，阁笔不为一字，束书不观一页。盖治癣之药无一不痛，而身无完肤，触目生愁，遂因是忧惘而不顾耳。[4]

虽然想尽办法，寻遍名医，但皮肤病还是伴随着他也折磨着他走到人生的最后一天。特别是战争期间，每当军事不利，他身上便"癣痒异常，手不停爬"，以致搔得浑身出血而仍不止痒。"左腿已爬搔糜烂，皮热作疼。"有时双腿血肉淋漓，"两脚皆烂"[5]。

咸丰十一年（1861）五月二十五日，曾国藩在致曾国荃的信中甚至叹息说："疮

---

[1]《曾国藩全集·家书》1，岳麓书社，2011年，第105页。

[2] 我们看一下外科学对此病状的描述："本病多累及中青年。""多对称广泛分布于头皮、躯干、四肢。开始常先局部奇痒，搔抓后出现针头至米粒大小的多角形扁平丘疹，淡红、淡褐色或正常肤色，质地较为坚实而有光泽，表面可覆有糠秕状菲薄鳞屑，久之皮损逐渐融合成片，皮肤增厚，皮脊突起，皮沟加深，形似苔藓……自觉阵发性瘙痒，常于局部刺激、精神烦躁时加剧，夜间明显；皮损及其周围常见抓痕及血痂，也可因外用药不当而产生接触性皮炎或者继发感染。本病病程慢性，常年不愈或反复发作，一般为夏重冬轻。"喻友军、刘毅主编：《外科护理学》第2版，中国医药科技出版社，2013年，第506页。

[3]《曾国藩全集·家书》1，岳麓书社，2011年，第152页。

[4]《曾国藩全集·书信》1，岳麓书社，2011年，第21页。

[5]《曾国藩全集·日记》2，岳麓书社，2011年，第178页。

痒异常，直无生人之乐。"[1]

咸丰七年（1857）家居期间，因为被皇帝解除兵权心情不佳，他又患上了失眠症。曾国藩的好友欧阳兆熊回忆说：

> 咸丰七年……文正亦内疚于心，得不寐之疾。[2]

这一症状也跟随了他一生，从那之后，直到去世，他每天少则通宵不眠，多则不过能睡三四个小时。

以如此孱弱的身体，承担起挽救国家、填海补天的大业，曾国藩的艰难竭蹶可想而知。在漫长的平定太平天国战争中，曾国藩自述"心已用烂、胆已惊碎"[3]。刘体信（声木）在《苌楚斋随笔》中也说："先文庄公尝云：文正平生才智已尽用于剿平粤匪，及至剿平捻匪，文正精力久已消耗。"[4]多年的辛苦与操劳导致曾国藩严重早衰。中年之后，曾国藩的日记显示他常年身陷各种疾病当中，比如脾胃不好、胀肚、牙痛、腹痛、多汗、咳痰、腰痛、脚肿、眩晕、疝气、肝病……他自己感叹"几全身皆病矣"。咸丰八年（1858）四月十二日，曾国藩在日记当中叹息说：

> 夜，倦甚，精神委顿之至。年未五十，而早衰如此，盖以禀赋不厚，而又百忧摧撼，历年郁悒，不无闷损。此后，每日须静坐一次。[5]

说自己早衰，说自己年未五十，精神已然极为"委顿"。四月二十一日记中，四十八岁的曾国藩又感叹自己的身体如七十多岁的人：

> 是日……写字略多，困倦殊甚，眼花而疼，足软若不能立者，说话若不能高声者，衰惫之状，如七十许人。盖受质本薄，而疾病、忧郁，多年

[1]《曾国藩全集·家书》1，岳麓书社，2011年，第655页。

[2] 欧阳兆熊、金安清撰，谢兴尧点校：《清代史料笔记：水窗春呓》，中华书局，1984年，第17页。

[3]《曾国藩全集·书信》4，岳麓书社，2011年，第577~578页。

[4] 中国史学会主编，范文澜等编：《捻军》1，上海人民出版社，上海书店出版社，2000年，第370页。

[5]《曾国藩全集·日记》1，岳麓书社，2011年，第429页。

缠绵，既有以撼其外，读书学道，志亢而力不副，识远而行不逮，又有以病其内，故不觉衰困之日逼也。[1]

也就是说，这天写字写得多了些，就感觉特别疲倦，眼花而且疼痛，脚软，不能站立，说话也不能大声，简直虚弱得像七十多岁的人。因为我身体天赋本来很差，又多年有各种疾病和忧患跟随。同时我对自己期望过高，要求过严，但是能力跟不上，所以感觉非常困苦。

同治九年（1870），也就是满了六十虚岁之后，曾国藩的身体更是危机重重。这一年二月二十九日，因为出任直隶总督后看文件过多，曾国藩一目忽然失明，"右目既盲，左目亦复昏蒙"[2]。一目失明，另一目也视物模糊，经常"不能治事"，令他非常痛苦。

经过天津教案的打击再回两江之后，曾国藩感觉实在是太疲劳了。他的肾脏开始出现毛病，小便不正常。全身上下，几乎无处不病。他在日记中说：

前以目疾，用心则愈蒙，近以疝气，用心则愈疼，遂全不敢用心，竟成一废人矣。[3]

虽然如此，曾国藩仍然没有向困难低头。我们前面说过，同治八年（1868）十一月十三日，曾国藩曾作《自箴韵语》，全文是：

心术之罪，上与天通。补救无术，日暮道穷。
省躬痛改，顺命勇从。成汤之祷，申生之恭。
资质之陋，众所指视。翘然自异，胡不知耻。
记纂遗忘，歌泣文史。且愤且乐，死而后已。[4]

虽然感慨"补救无术，日暮道穷"，但最终落脚点还是在"且愤且乐，死而后已"。曾国藩毕竟是一个坚忍到底的人。他知道，王朝命数之类的事，是上天做主的，

---

[1]《曾国藩全集·日记》1，岳麓书社，2011年，第431页。
[2]《曾国藩全集·书信》10，岳麓书社，2011年，第394页。
[3]《曾国藩全集·日记》4，岳麓书社，2011年，第418页。
[4]《曾国藩全集·诗文》，岳麓书社，2011年，第89页。

自己不必代为做主。自己能做的，只是尽自己的人事。在生命的尽头，他用尽全力，又在洋务上做了一件大事，那就是奏请派出第一批官费留美学生，推动这个古老而多灾多难的国家向前走了一步。

2. 为国家办最后一件大事

曾国藩后期政治生涯，核心目标是兴办洋务，渐图自强。薛福成评价曾国藩生命末期的努力说："居恒以隐患方长为虑。谓自强之道，贵于寸铢累积，一步不可蹈空，一语不可矜张。其讲求之术有三：曰制器，曰学校，曰操兵。故于沪局之造轮船，方言馆之译洋学，未尝不反复致意。"[1]

曾国藩知道，所谓洋务不是办几个工厂就算完成的。他曾为江南制造局做了一件非常重要的事，就是设翻译馆。他说："翻译一事，系制造之根本。洋人制器出于算学，其中奥妙皆有图说可寻。"[2] 因此他聘请英国人伟烈亚力、傅兰雅，美国人林乐知、玛高温等人，大批翻译西方科技书籍，先后达 160 种，江南制造局的翻译馆因此成为晚清时期中国的翻译中心，为现代科学技术在中国的传播做出了巨大的贡献。后来维新派人士康有为、梁启超、谭嗣同都曾读过不少制造局翻译的书，对他们的维新思想的形成产生过不小的影响。

1868 年 9 月，曾国藩在北上赴京的途中，写信给曾纪泽谈及此事："李相（李鸿章时为协办大学士，故称李相）创立上海、金陵两机器局，制造船炮，为中国自强之本，厥功甚伟。余思宏其绪而大其规，如添翻译馆、造地球，皆是一串之事。"[3] 可见在曾国藩看来，洋务是一个整体、一个过程，而不是一两件孤立的事。

这一串之事中，也包括派员留学。

向曾国藩提出留学计划的是一个名叫容闳的特殊人物。

容闳是广东人，幼年家里因为贫困，不得已把他送到"洋鬼子"的学校——澳门教会办的马礼逊学校读书。后来他居然得以随美国老师到美国，并考进了有名的耶鲁大学读书。1854 年，容闳回国，试图推动中国教育发展。

---

[1] 马忠文、任青编：《薛福成卷》，中国人民大学出版社，2014 年，第 39 页。
[2]《曾国藩全集·奏稿》10，岳麓书社，2011 年，第 215 页。
[3]《曾国藩全集·家书》2，岳麓书社，2011 年，第 502 页。

同治二年（1863），曾国藩创建的安庆军械所需要采购西洋机器，在他人的推荐下，曾国藩召见容闳，并派他到美国去购买机器机床。容闳由此与曾国藩相识相知，对曾国藩深具好感。他在自己的回忆录中写道："曾文正者，于余有知己之感，而其识量能力，足以谋中国进化者也。"[1]

1870 年，曾国藩奉命办理天津教案，容闳担任翻译工作。容闳趁这个机会，向曾国藩提出他的留学计划，曾国藩欣然赞同。1870 年 10 月，曾国藩向朝廷提出派人赴西方留学的事。他说：

> 外国技术之精，为中国所未建，如舆图算法、步天测海、制造机器等事，无一不与造船练兵相为表里。其制则广立书院，分科肄业，凡民无不有学，其学皆专门名家……其国家于军政船政，皆视为身心性命之学。如俄罗斯初无轮船，国主（即彼得大帝）易服微行，亲入邻国船厂，学得其法。乾隆间，其世子又至英国书院肄业数年，今则俄人巨炮大船，不亚于英法各国，此其明效。[2]

也就是说，西方国家军事上之所以厉害，是因为它们的科学技术厉害。它们的地理学、数学、测绘学、工业技术，无不与军事相关。它们设有许多大学，大学里设了许多学科，百姓都有机会学习，所以出了许多学术大家。他们把科学技术当成身心性命之学。当初俄罗斯没有先进的轮船，彼得大帝就微服私行到欧洲，亲自到造船厂学习技术。中国乾隆年间，俄罗斯皇子又到英国留学。所以如今俄国人的军事技术不输于英、法各国。

读者一般以为俄国彼得微服到欧洲学习之事，是康有为介绍给清朝皇帝的。其实在康有为之前二十多年，曾国藩已经提到过这件事。

1871 年 8 月 18 日，曾国藩从直隶总督再次回任两江总督半年多后，与李鸿章联衔将此事正式上奏。奏折的名称为《拟选聪颖子弟赴泰西各国肄习技艺以培人才》。

> 今中国欲仿效其意而精通其法，当此风气既开，似宜亟选聪颖子弟携往外国肄业，实力讲求，以仰副我皇上徐图自强之至意。

[1] 容闳著：《西学东渐记》，湖南人民出版社，1981 年，第 85 页。

[2]《曾国藩全集·奏稿》12，岳麓书社，2011 年，第 117 页。

查美国新立和约第七条内载，嗣后中国人欲入美国大小官学学习各等文艺，须照相待最优国人民一体优待。

⋯⋯⋯⋯⋯⋯

或谓天津、上海、福州等处，已设局仿造轮船、枪炮、军火，京师设同文馆选满汉子弟延西人教授。又上海开广方言馆选文童肄业，似中国已有基绪，无须远涉重洋。不知设局制造，开馆教习，所以图振奋之基也。远适肄业，集思广益，所以收远大之效也。西人学求实济，无论为士、为工、为兵，无不入塾读书，共明其理，习见其器，躬亲其事，各致其心，思巧力递相师授，期于月异而岁不同。中国欲取其长，一旦遽图尽购其器，不惟力有不逮，且此中奥秘，苟非遍览久习，则本源无由洞彻，而曲折无以自明。古人谓学齐语者，须引而置之庄岳之间；又曰百闻不如一见，比物此志也。况诚得其法，归而触类引伸，视今日所为，孜孜以求者，不更扩充于无穷耶？[1]

就是说，现在中国要想效法他们，精通他们的技术，此时风气已开，似应尽快挑选聪颖子弟到外国学习，亲身实践研究，以符合我皇上图谋自强的圣意。

查美国与我国新立和约第七条里写到，中国人可以到美国留学，学习各科文化技艺。

有人说天津、上海、福州等地方，已经设机构仿造轮船、枪炮、军火，京城设立了同文馆，挑选满汉子弟，聘请西方人教授，另外，上海也开了广方言馆，挑选文科的学生学习，似乎中国人不需要再远涉重洋。他们不知道这些只是振奋自强的基础；而派学生远赴外国学习，才能取得远大的发展。西方人学问崇尚实用，无论知识分子、工人，还是士兵，无不进入学校学习，共同学习原理，熟悉机械，亲身实践，各自发挥自己的聪明才智，师生传授，在日积月累中取得进展。中国人想一下子把他们的技术都掌握，想要洞悉他们的秘密，是不可能的。因为这些东西里蕴藏的道理奥妙，如果不是多次观察、经常使用，则其原理没法知晓。古人说学齐国方言的人，必须把他放到齐国，又说"百闻不如一见"，就是这个道理。真要学到了西方人的方法，回来后触类旁通，以后更能无穷扩展开去，也许有超过西方的一天。

从这篇奏折可以看出曾国藩对西方文化的认识。事实上，虽然他是理学家，对

---

[1]《曾国藩全集·奏稿》12，岳麓书社，2011年，第402~403页。

中国传统文化具有坚定的信心，但是他的心态一直是开放的。

曾国藩等拟订的计划，是选择十三四岁到二十岁，并曾经读过数年中国书的少年，到美国学习。计划在四年内每年派三十名幼童，四年共一百二十人。幼童到美国后，先学习中小学基础课程，待达到相当程度后，再入大学，其中一部分优秀的，可入"军政、船政两院"学习，即入陆军、海军学校学习。学习十五年左右，回国的时候，恰好三十岁上下，可以报效国家。

这个建议被朝廷采纳。1872 年 8 月 11 日，第一批三十名幼童，从上海登上美国的远洋轮船，远赴美国留学。如此大规模派人到国外留学，在中国历史上还是第一次。这一天，距曾国藩去世正好五个月，这是曾国藩临终之前为国家办的最后一件大事。

3. 虽油尽灯枯，仍然勤奋有恒

晚年的曾国藩虽然已经油尽灯枯，但仍然勤奋有恒，尽管右眼已经失明，左眼的视力也并不好，但他还是每天在处理完公事后读一点儿书。有时眼睛实在太疼，就闭目默诵。如同治九年（1870）十二月二十九日，除夕之夜，他晚上闭目背诵《论语》，至《公冶长》止。同治十年（1871）正月初一日，晚上又闭目背诵《论语》至《乡党》止。接下去几天都是如此。

同治十年（1871）下半年起，曾国藩感觉身体越来越差。我们仅看七月前几天的日记。

七月一日，他说：

> 疲乏之至，不能治一事，非仅畏暑，亦衰颓甚矣。

七月二日：

> 暑气稍却，温《史记·卫霍传》，疲乏之甚，目若一无所睹者然。

七月三日：

> 疲乏殊甚，屡次在洋床上，屡次小睡。

四日：

> 思作文而不果，屡在洋床小睡。……拟作文而不能下笔，在室中徘徊
> 或小睡，困倦若不能自支者。……中气不足，坐卧均觉不宁。

然而老病缠身的他，还是强撑病体做了一件事，就是历时两个月的大阅兵。八月初九日，他的脚部浮肿已经很厉害，浮肿已经蔓延到膝盖以上，"脚肿愈甚，常服之袜已不能入，肥而复硬，且似已肿过膝上者"[1]。但他还是于八月十三日自金陵出发，经扬州、常州、苏州、上海等地，将水陆各军巡阅一遍。在阅兵的末尾，曾国藩还特意到了上海，参观和检查制造局。十月十四日，他乘坐江南制造局制造的"恬吉轮"（即中国第一艘自造兵船），观看了水军的演习操练，次日乘船回到南京。

这次旅行让他检阅了兴办洋务的成果，看到军工进展迅速，感觉非常欣慰，但同时长途操劳也让他非常疲惫。回到南京后第六天，他"梦中小解，竟湿被褥"，自己感叹"老年衰弱乃至此极"。十一月三日，因腹泻甚至拉在了裤子上，"急起大解，裤已先污"[2]。然而他仍然每日照常工作，从不休息。他明知不可为而为之，把自己逼到了极限，也让自己的生命终于抵达了终点。

曾国藩家族有脑血管病的基因。曾国藩的祖父曾玉屏因脑出血而瘫痪在床，父亲曾麟书也是因脑血管病去世，母亲江太夫人得的则是急性脑出血。

早在同治三年（1864）年初，曾国藩就曾经轻微中风。那一年他在奏折中说，"左手左脚疼痛异常，抽搐数次，起坐不便……非调理得宜，恐成偏废之症"。[3]

用中医的话来讲，这是小中风。

到了同治十年（1871）十二月十日，也就是阅兵结束后不久，曾国藩因劳累再次出现中风的征兆。这一天会客时，曾国藩右脚一度麻木。"是日会客时，右脚麻木不仁，幸送客时尚能行走。"[4]

进入同治十一年（1872），正月二十三日，症状再现，曾国藩正与人谈话，突然

---

[1]《曾国藩全集·日记》4，岳麓书社，2011年，第463页。
[2]《曾国藩全集·日记》4，岳麓书社，2011年，第496页。
[3]《曾国藩全集·奏稿》7，岳麓书社，2011年，第117页。
[4]《曾国藩全集·日记》4，岳麓书社，2011年，第506页。

右脚麻木，好半天才恢复。"钱子密来一谈。语次，余右脚麻木不仁，旋即发颤，若抽掣动风者，良久乃止。"[1]

曾国藩显然意识到了自己的病很严重，他本来以为自己会死在当天。曾国藩女儿说：

> 文正公对客，偶患脚筋上缩，移时而复。入内室时，语仲姊曰："吾适以为大限将至，不自意又能复常也。"[2]

但是曾国藩对死亡毫不畏惧。他丝毫没有打乱自己的生活规律，在这一天接下来还做了这些事：接见了一个叫庞省三的人，然后阅《通鉴》二百二十卷。傍夕小睡。夜阅《宋元学案》吕东莱一卷。二更后，与儿辈讲《孟子》"定于一"章，又阅《吕氏学案》。三更睡。

二十六日，情况更为严重。当天河道总督路过金陵，他要到城外迎接。在路上，他突然口不能说话，只好回府。

> 在途中已觉疲迷心中，若昏昧不明者，欲与轿旁之戈什哈（卫士）说话，而久说不出。至水西门官厅，欲与梅小岩方伯说话，又许久说不出，如欲风动者。然等候良久，苏赓翁不至。又欲说话而久说不出，众人因劝余先归。到署后，与纪泽说话，又久说不出，似将动风抽掣者。[3]

在路上，他已经感觉头脑昏迷，想和轿边的卫士说话，许久说不出来。到了官厅，想和梅小岩说话，也好半天说不出来。在那里等了很久，河道总督还不到，他只好先回家。回到家里，想和儿子纪泽说话，也说不出来。

显然，曾国藩这种身体的短暂麻痹，是血栓所造成的暂时性梗塞引起的。以今日的医疗条件，住几天院，应该不会有大的问题，可惜当时没有这个条件和知识。

幕僚们劝他请病假，他坚持不请。曾国藩女儿说：

---

[1]《曾国藩全集·日记》4，岳麓书社，2011年，第530页。
[2] 曾宝荪、曾纪芬著：《曾宝荪回忆录》，岳麓书社，1986年，第244页。
[3]《曾国藩全集·日记》4，岳麓书社，2011年，第531页。

至二十六日，出门拜客，忽欲语而不能，似将动风抽掣者，稍服药旋即愈矣。众以请假暂休为劝，公曰："请假后尚有销假时耶？"又询欧阳太夫人以竹亭公逝时病状。盖竹亭公亦以二月初四日逝世也。语竟，公曰："吾他日当俄然而逝，不致如此也。"[1]

次日夜，曾国藩与长子纪泽"略言身世事"，显然有交代后事的意味。

直到生命的末尾，曾国藩仍然没有停止高强度的工作，也没有停止自省。我们来看曾国藩最后几天的日记。

正月二十九日，即去世之前四天，他早晨起床后让医者诊脉二次，开药方。早饭后清理文件。见客五次。然后阅《二程遗书》，即宋代理学家程颢和程颐的著作。有客人来见，一谈。中饭后阅本日文件，见客一次。核科房批稿簿。至上房一谈。傍晚小睡一次。夜核改信稿五件，约共改五百余字。他在这天日记的最后写道：

余病患不能用心，昔道光二十六七年间，每思作诗文，则身上癣疾大作，彻夜不能成寐。近年或欲作诗文，亦觉心中恍惚不能自主，故眩晕、目疾、肝风等症，皆心肝血虚之所致也，不能溘先朝露，速归于尽，又不能振作精神，稍治应尽之职事，苟活人间，惭悚何极！二更五点睡。[2]

二月初一日，去世前三天，他在日记里写道：

余精神散漫已久，凡遇应了结之件，久不能完，应收拾之件，久不能检，如败叶满山，全无归宿。通籍三十余年，官至极品，而学业一无所成，德行一无可许，老大徒伤，不胜悚惶惭赧。[3]

二月初二日，去世前两天，他仍然如往日一样工作，但觉特别疲倦，"若不堪治一事者"。到下午，又是右手发颤，不能握笔，口不能说话，与正月二十六日症状相同，只好停办公事。

---

[1] 曾宝荪、曾纪芬著：《曾宝荪回忆录》，岳麓书社，1986 年，第 244 页。
[2]《曾国藩全集·日记》4，岳麓书社，2011 年，第 532 页。
[3] 同上。

二月初三日，去世的前一天。曾国藩留下了最后一篇日记，全文如下：

> 早起，蒋、萧两大令来诊脉，良久去。早饭后，清理文件，阅理学宗传。围棋二局。至上房一坐。又阅理学宗传。中饭后阅本日文件。李绂生来一坐。屡次小睡。核科房批稿簿。傍夕久睡。又有手颤心摇之象。起吃点心后，又在洋床久睡。阅理学宗传中张子一卷。二更四点睡。

同治十一年二月初四日，也就是 1872 年 3 月 12 日，曾国藩的大限终于到了。曾国藩的小女儿曾纪芬回忆当天的情况说：

> 至二月初四日，饭后在室内小坐，余姊妹剖橙以进，公少尝之，旋至署西花园中散步。花园甚大，而满园已走遍，尚欲登楼，以工程未毕而止。散步久之，忽足屡前蹴。惠敏公（即其长子曾纪泽）在旁请曰：“纳履未安耶？”公曰：“吾觉足麻也。”
>
> 惠敏公亟与从行之戈什哈扶掖，渐不能行，即已抽搐，因呼椅至，掖坐椅中，舁（抬）以入花厅。家人环集，不复能语，端坐三刻遂薨。二姊于病亟时祷天割臂，亦无救矣。时二月初四日戌时（晚七至九时）也。[1]

可以说，曾国藩为这个国家，耗尽了最后一滴心血。

曾国藩死后，人们不约而同地认为，他是活活累死的。他的幕僚赵烈文叹息说：

> 吾师今年六十有二，岁寿未期耋。生平禀赋之强，尽以用之国家民生。[2]

何璟则说：

> 曾国藩于群言淆乱之时，有三军不夺之志，枕戈卧薪，坚忍卓绝，卒能以寡御众，出生入死。迨事机大定之后，语僚友曰：“昔人有言：‘忧能伤人。’吾此数月，心胆俱碎矣！幸赖国家鸿福，得以不死。”然则今日之

---

[1] 曾宝荪、曾纪芬著：《曾宝荪回忆录》，岳麓书社，1986 年，第 244 页。

[2] 赵烈文撰：《能静居日记》3，岳麓书社，2013 年，第 1485 页。

一病不起，尽其精力为已瘁矣。[1]

4.中国传统文化的最后一个偶像

曾国藩去世的消息传开，他的门生故旧们都非常震惊。

身在直隶为官的赵烈文二月二十日得知曾国藩去世，他当时一阵眩晕昏迷，许久才痛号一声。他在日记当中说，他和曾国藩之间的关系，逾于骨肉亲情。

> 惊悉涤师于二月初四日在江督官署薨逝之信，五内崩摧，顷刻迷闷，奋力一号，始能出声。师于烈恩逾骨肉，非复寻常知遇。

当天晚上赵烈文一夜未眠，涕泪不断。日记说：

> 夜卧通夕不寐，思念畴昔，涕泪盈把。

俗话说身边人眼中无伟人，但是他回顾曾国藩一生，却说：

> 闻涤师……扶至签押房坐定，倚椅背一笑而逝，其来去自如，非天人中人，不能吉祥如此。在世则已为完人，出世则几入圣，果人生若是，尚复何憾。[2]

听说曾国藩死前没有经过多少痛苦，一笑而逝，足证这是一个能上感苍天的圣人。活着的时候已经是完人，死后又盖棺论定为圣人。人生如此，夫复何憾。

曾国藩的另一位幕友薛福成在曾国藩去世当日的中午还与曾国藩下了两盘围棋。回想起曾国藩对他的提携之恩，伤感弥深，不觉流涕。薛福成说：

> 予于爵相有知己之感，有受诲之益，有七载追随之谊。方午间对弈之

---

[1] 黎庶昌等撰：《曾国藩荣哀录》，岳麓书社，1986年，第76页。

[2] 赵烈文撰：《能静居日记》3，岳麓书社，2013年，第1484页。

时，岂料即永诀之时哉！追念哲人，默忧时局，不自知涕之流落也。[1]

李兴锐是湖南人，早年随曾国藩镇压太平军，在曾国藩的推荐下任直隶大名府知府，后任津梅关道、长芦盐运使、广西布政使，1900 年擢江西巡抚，后署两江总督。听到曾国藩去世的消息后，他也是一夜不眠，在日记中说：

> 骇绝！恸绝！国家只此栋梁，庙堂倚为心腹，主少国疑，内忧外患，遭此大变，天地崩裂，未知苍苍何意！

大清王朝还没有抵达平安的水域，曾国藩这个领航者就去世了，不知道以后会怎么样。他还说：

> 予以书生从戎，知遇极厚，期望极殷，十五年来，无异家人父子，堂廉相得，肝胆相见。……天乎，人乎，何至于此！拟于明日觅搭轮船回金陵，奔哭寝门。是夜寝不成寐。[2]

至于自称门生长的李鸿章说：

> 惊悸悲痛，神魂飞越……而吾师果已死矣，不可复生矣，天乎天乎，奈之何耶。……鸿章从游几三十年，尝谓在诸门人中，受知最早最深，亦最亲切。……远羁职守，无翼可飞，何时始得拜瞻几筵，一大恸耳。……每忆吾师于军事屯困时，常恐死不得所，及贼平而官居，又虑晚节不终，兹结局如此哀荣，易名如此优异，亦不负平生之志，应自无遗憾之留。[3]

无名者中也有感念深切者。曾国藩收复南京后，设立金陵书局，供养了一批有才华但没生计的儒生。戴望是一个没什么名气的读书人，秀才出身，在金陵书局校书。他和曾国藩地位悬隔，但是曾国藩的去世仍然给他沉重的打击。他在给朋友的

[1] 马忠文、任青编：《薛福成卷》，中国人民大学出版社，2014 年，第 370 页。

[2] 朱汉民、丁平一主编：《湘军 7·日记·地方志》，社会科学文献出版社，2013 年，第 330～331 页。

[3] 顾廷龙、戴逸主编：《李鸿章全集 30·信函二》，安徽教育出版社，2008 年，第 422 页。

信中说：

> 弟自去秋以来，时患风湿，至今未已。又因曾文正公之变，感其生前以文字相知，中心郁悼，心火上炎，遂患喉病。频年境遇奇窘，又加以悼逝伤离，令人不堪回首，此多病之所由来。而旧学坐此荒废，顾瞻师门，将成朽木，可惧之至！此间自曾侯薨逝，不堪依恋，将舍此它去……[1]

老友刘蓉在曾氏死后，写了整整一百首挽诗。即使是多次受过曾国藩弹劾的老部下李元度，在曾死后也毫不抱怨曾对自己的打击，在挽诗《哭师》中写道："雷霆与雨露，一例是春风。"并且说下辈子还要再做曾的学生："程门今已矣，立雪再生来。"曾国藩死后，鲍超每"遇岁时伏腊及生辰"，都要设曾国藩的牌位，"焚冥楮若干，以志追感"，这种举动持续了一生。赵烈文于曾死后，更于每年正月初一日早起，拜天、孔子及祖先毕，必拜曾国藩遗像。

就在儒家精神世界崩溃的前夜，曾国藩这个最后的精神偶像出现了，好像是儒学这位长寿老人临死前的一次回光返照。传统的人格之美集中在曾国藩身上，在风雨飘摇的末世做一次告别演出式的呈现，绚烂而又凄婉。

立功、立德、立言，曾国藩全做到了。就立功而言，他从一介书生起家，创建军队，统率群雄，挽狂澜于既倒，扶大厦之将倾，使中国传统文化免遭彻底毁灭的命运，使清王朝的生命又延续了六十年，其功不可谓不大。就立德而言，他时时以圣贤标准要求自己，道德修养近乎纯粹，五十年后相继主宰了中国的两个大人物——蒋介石和毛泽东，也不约而同地把他当作过自己的精神偶像。说到立言，他作为中国最后一个大儒，对理学身体力行，登堂入室，造诣很深，留下了洋洋数百万言的全集，其精深博大之处可以让学者终生沉浮其中，其家书语录直到今天仍让普通人受益匪浅。

曾国藩的成功，证明了传统文化的强大生命力，可以部分抵消对儒学"空疏无用"的指摘。曾国藩一生功业都是在传统文化的支撑下完成的。以天下为己任的强烈使命感，修身齐家治国平天下的宏大志向，民胞物与的博大胸怀是支撑曾国藩在艰难困苦中奋力挣扎的精神动力。实事求是、经世致用、反身而诚的认知传统又使他能够

---

[1] 陈烈主编：《小莽苍苍斋藏清代学者书札》下，人民文学出版社，2013 年，第 929 页。

从前人，从他人，从自身，学到智慧和经验，应对复杂的世事，饶有余裕。至诚待天、忠恕对人的道德准则，使得他能为人磊落，不为低级趣味所纠缠，纳人细垢，成己大德，用自己的人格力量去降服人，吸纳人，使英雄为我所用，终成大业。

曾国藩身上的儒学精神，是有活力、有弹性、有容纳力的。和那些愚顽浅薄的官僚不同，他掌握了儒学的真精神。他说："学于古，则多看书籍；学于今，则多觅榜样。"[1]"不说大话，不好虚名，不行驾空之事，不谈过高之理。"[2] 所以，在清朝士大夫中，他这个理学名家是第一个对洋人平等相待的人。他兴起洋务运动，开西学东渐之先河。在当时的气氛之下，没有大眼光大见识是不可能做到这些的。后来学贯中西的著名史学家陈寅恪在总结自己的学术思想时自陈："寅恪平生为不古不今之学，思想囿于咸丰同治之世，议论近乎曾湘乡张南皮之间。"表明他是曾国藩的学术传人。

曾国藩做官非常成功，他善于进退，一生出将入相，没有大的跌挫，在传统官场上像他这样成功的并不多见。曾国藩事君至忠，事亲至孝。对于兄弟，互见肺腑，毫无芥蒂。夫妻之间，相敬如宾，感情深挚。对于儿女，他既慈爱又严格，能够尊重孩子人格，教育孩子总以鼓励为主，没有传统家长那种居高临下的不平等作风。曾氏家族数代以来，直到今天，依然人才辈出，这和他树立的良好家风有着直接的关系。所以，他被誉为"古今完人""功比周公孔孟，名垂万世千秋"。

当然，曾国藩的一生从一定意义上说也是失败的。他是逐日的夸父、填海的精卫、补天的女娲。然而在垂暮之年，他猛然发现自己一生的奋斗，最后竟然如拔刀斫水，并不能丝毫影响水之东流。他以圣贤自期，然而他遵循圣人之道一丝不苟地苦学苦修，却并没有达到"为天地立心，为生民立命，为往圣继绝学，为万世开太平"的理想。他以一人之力，无法挽回传统社会积千百年形成的强大颓势。他没能探悟到拯救旧世界的真理，没能实现自己澄清天下造福万民，创造一个以儒家学说为指针的太平世界的理想。相反，他眼看着神州不断陆沉，自己却无能为力。

这不是他一个人的失败，而是整个腐朽政权的失败。

不论如何，曾国藩用一生捍卫、守护了自己珍视的文化和信仰，他死在了补天填海的路上。曾国藩用自己的一生，证明了人的意志力所能达到的高度。同时，也证明了一个人意志力的局限。他无望的努力在人类精神征途上，树起了一座令人不得不肃然起敬的丰碑。

---

[1]《曾国藩全集·诗文》，岳麓书社，2011年，第448页。
[2]《曾国藩全集·日记》2，岳麓书社，2011年，第87页。

|第十八章| 曾国藩的遗产

1. 不给子孙留遗产

曾国藩去世之前,有一位老乡兼老友本来已经给他选好了墓地。这位老友叫冯树堂,精通相地之法。在曾国藩去世前一年,他发现曾国藩身体很差,为了早做打算,他自告奋勇,回老家为曾国藩选择墓地。

他跋山涉水,经过千挑万选,在湘乡县的东台山找到了一块上好的墓地。按风水原理,此地"龙,穴,沙,水,向五者,皆可惬心满意"[1],葬于此地,据说可保家族兴旺,万年不衰。

曾国藩是相信风水的,这与其理学家的形象并不矛盾。因为研究风水鬼神,是理学家的本分之事。换句话说,"风水鬼神"是理学庞大体系之内的一个光明正大的分支。理学兴起的原动力是为了与佛教抗衡,因此冲破原始儒学"子不语怪力乱神"的局限,努力构建一个可以解释一切宇宙现象的理论体系。朱熹等理学大家都认为,人死后"灵气"并不会马上消灭,而藏聚于"山环水抱""藏风聚气"之处,能福荫子孙。

曾国藩相信冯树堂的眼光,知道他选择的地方肯定错不了。但是曾国藩拒绝以此地作为墓地。

为什么呢?

恰恰是因为这个地方风水太好了。按八卦的说法,此地恰值县治的巽方,这个方向"关(一地之)文风"。如果葬在这里,按风水理论,可保曾氏一族代代出进士,但是会影响其他家族的考试运气。

所以曾国藩在给冯树堂的复信中说:

---

[1]《曾国荃全集·家书》,岳麓书社,2006 年,第 370 页。

　　　　此地既为公会所在，又为文风所关，邑人必不乐从。[1]

　　也就是说，我葬在此地，夺了全县的风水，县里人肯定会不高兴。

　　就在复了此信几个月后，曾国藩就去世了。最终经曾国荃、曾纪泽、郭嵩焘等亲人好友会商选择，曾国藩被安葬在了长沙附近的伏龙山，那里还建起了一座由墓冢、墓碑、拜台、石阙、神道、石像生、墓庐等组成的规模宏大的墓葬建筑群。虽然二十世纪五十、七十、八十年代因为政治运动和盗墓等原因遭遇三次破坏，曾国藩的遗体也不幸遭受扰动，但花岗石砌成的墓冢、墓围至今尚存。

　　曾国藩身后没有给孩子留下什么遗产。

　　曾国藩生前曾多次表示，他不会给子孙后代留遗产。我们前面讲过，早在道光二十九年，即三十八岁那年，曾国藩就在写给弟弟们的家信中说，他"决不肯留银钱与后人"。

　　为什么不给子孙留遗产呢？他解释说：

　　　　盖儿子若贤，则不靠宦囊，亦能自觅衣饭；儿子若不肖，则多积一钱，渠将多造一孽，后来淫佚作恶，必且大玷家声。故立定此志，决不肯以做官发财。[2]

　　如果后代有能力，不给他们留遗产，他们也能凭本事生活得很好。如果后代不争气，你多给他留一文钱，他就多造一份孽，败坏家族的名声。

　　咸丰十年，即四十九岁那年，曾国藩又在日记中记载，他与左宗棠聊天，左宗棠说"凡人贵从吃苦中来"，"收积银钱货物，固无益于子孙，即收积书籍字画，亦未必不为子孙之累"。只有让孩子多吃苦，增长能力，才是对孩子最好的帮助。不光不要多给孩子钱，也不要给他们留太多古籍字画。这正是曾国藩一贯的思想，所以他评价此语为"见道之语。"

　　同治六年，即五十六岁那年，他在给儿子曾纪泽的信中又一次重申："余将来不积银钱留与儿孙。"

---

[1]《曾国藩全集·书信》，岳麓书社，1994年，第7557页。
[2]《曾国藩全集·家书》，岳麓书社，1994年，第183页。

　　然而事实上，曾国藩身后还是留下了一万多两白银。这是因为他曾经计划告老还乡，积攒了一万多两养廉银，作为养老之资，"余罢官后或取作终老之资，已极丰裕矣"[1]。然而没等到退隐林泉，他已经猝然去世。

　　不过这笔钱并没有成为子孙的遗产。这是因为曾国藩在赴天津处理教案前，在遗嘱中特别嘱咐丧事简办，不可收礼："余若长逝，灵柩自以由运河搬运回江南归湘为便。沿途谢绝一切，概不收礼。"[2]我如果在天津去世，灵柩要坐船由运河入长江，再上溯经湘江回老家，沿途经过各个地方，通通不要收礼。

　　在传统时代，葬礼通常是极为耗费资财的。一品大员、中兴元老的丧事，无论如何不可能办得过于草率。钱从何来呢？曾国荃建议曾纪泽多少还是要收一些礼金。他说，"哲人既萎，身后应办之事实非巨万可以了"，这件事没有上万银子办不下来。所以，"此次大事，所费不訾，受赙与否，知吾侄必有至当之衡。交谊非至厚者，自以固却为是，然如少泉中堂，筱泉制府，昌岐军门之类，似亦可以酌受。外此如恩情有似此三人者，亦当以类推之"[3]。也就是说，这件事费钱太多，收不收礼，当然在你决定。不过我认为，有一些交情深厚的人，比如李鸿章、李瀚章、黄翼升等的礼金，似乎可以收下。

　　但是曾纪泽没有采纳叔父的建议。他坚决执行父亲的遗嘱，坚持"不受奠分"[4]，连曾国藩的"门生长"李鸿章送来的两千两白银也都谢绝。因此曾国藩积蓄的这一万多两，都花在丧事上了。

2. 曾氏家风成就后人

　　在传统时代，很多历史人物的人生往往都有一个巨大的遗憾，那就是在自己身后，家族迅速衰落。

　　有的是因为生前没有处理好政治遗产的交接，导致人亡政息，政敌反攻倒算，家族也因此受连累。比如汉代名臣霍光死后被灭族，明代名臣张居正死后被抄家。更多的是因为在家庭教育上的失误。比如明代王阳明的两个儿子都不太成材，家族

---

[1]《曾国藩全集·家书》，岳麓书社，1994 年，第 1350 页。

[2]《曾国藩全集·家书》，岳麓书社，1994 年，第 1369 页。

[3] 曾麟书等撰，王澧华等整理：《曾氏三代家书》，岳麓书社，2002 年，第 404 页。

[4] 曾麟书等撰，王澧华等整理：《曾氏三代家书》，岳麓书社，2002 年，第 415 页。

也不团结，死后家族内部的矛盾持续了几十年。曾国藩的亲人朋友当中这样的例子更多。成功人士的人生往往有一个遗憾，就是把精力过多地投入事业，对家庭教育投入太少，方法不当，导致孩子成了纨绔子弟。曾国藩的长女婿袁榆生，是曾国藩好友袁芳瑛的儿子。袁芳瑛是晚清著名藏书家。他藏书质量之高，数量之多，"号为近代第一"[1]。不过他长于藏书，却短于教子，对孩子过于宽纵。袁芳瑛去世后，袁榆生终日放荡饮酒，因负债累累，竟然将父亲一生藏书一夕散尽。这样的例子比比皆是。所以中国有一句老话，叫做"富不过三代"。

但是曾国藩家族在他身后却能持续发展，一百多年间人材辈出。曾国藩的长子曾纪泽是晚清最杰出的外交家之一，他最大功绩是通过谈判，成功地从沙俄手中收回了伊犁周边大片土地。次子曾纪鸿则是晚清著名的数学家，把圆周率的数值推到小数点后一百多位，这在当时数学界是一个很大的成就。曾国藩的孙子曾广钧二十三岁就进入翰林院，是当时最年轻的翰林，孙女曾广珊则是晚清著名的女诗人。曾家的第四、五、六代后人中，也涌现了很多优秀的专家学者。如曾国藩的曾孙曾约农是著名教育家，曾任台湾东海大学校长；曾孙女曾宝荪毕业于伦敦大学，在教育界也卓有建树。曾国荃的玄孙女曾宪植曾担任全国妇联副主席，另一位玄孙女曾宪楷是中国人民大学教授。曾国潢的曾孙曾昭抡是著名化学家，曾任高教部副部长。曾国潢的长曾孙女曾昭燏是著名博物馆学家和考古家学，做过南京博物院院长。和曾氏家族比起来，其他名臣比如左宗棠的后代就寥落得多。

曾氏家族的兴盛不衰基于两个原因。第一个是曾国藩在生前就已经处理好了政治交接班的问题，他的接班人李鸿章在他去世时已经长成政坛的参天大树，所以曾国藩生前的反对派无法在他身后反攻倒算，累及曾国藩家族。第二个原因是曾国藩在家庭教育上有很多高明的观念，投入了巨大精力，塑造了良好的曾氏家风。这一点在曾国藩的儿子曾纪泽身上体现得最为明显。

曾国藩的长子曾纪泽从小聪明颖异。道光二十九年，曾国藩在家书中汇报了一件事。这一年曾纪泽才十岁，在没有任何人要求的情况下，突然写了一首四言诗，文清句顺，斐然可观。曾国藩高兴地说："纪泽儿将来小有成就，亦未可知。"

曾国藩的父亲曾麟书因此嘱咐曾国藩赶紧让纪泽开始学写八股文，早点为科举做准备。确实，在当时的社会环境下，世家子弟读书科考，光大门楣，似乎是唯一的人生选择。但是曾国藩却说，"凡人皆望子孙为大官，余不愿为大官"。不愿子孙

---

[1] 黄浚著：《花随人圣庵摭忆》中，中华书局，2008 年，第 515 页。

当大官，只希望子孙成为君子，或者说是绅士。

他认为科举一事"误人太深"。他对官场的势利和虚伪极为了解，大多数读书人在官场上沉浮多年，混到了功名利禄，丢失的却是初心和人品。因此他在家书中说，希望子孙"为读书明理之君子"。什么是君子呢？"勤俭自持，习劳习苦，可以处乐，可以处约。此君子也。"在任何环境下，都能找到快乐和内心宁静的人，才是君子。

换句话说，曾国藩注重培养孩子的品德和胸怀，希望他们成为绅士，而不是执着于事功层面的成功。

所以纪泽虽然天姿聪颖，但是曾国藩从来没有让他学过八股文，没让他参加过科举，而是让他自由地读书，真正增长才干。这在当时的世家子弟当中，几乎是绝无仅有的。

除了不让孩子学八股之外，曾国藩还有很多在当时看来非常超前的教育理念。比如主张孩子"快乐学习"。

曾国藩认为，读书本来是人生的至乐之一，但前提是不把读书当成敲门砖。所以他要求两个儿子读书，一定要体会书中的意思，"得些滋味"，一定要从读书中读出快乐来，如果不快乐，不如不读。他经常对孩子说："胸中不宜太苦，须活泼泼地，养得一段生机。"为了保证孩子身体健康，他经常减轻孩子功课。"纪鸿在此体气甚好，月余未令作文，听其潇洒闲适，一畅其机。"一个多月没让孩子作文，让他随便玩。这是当时一般的家长做不到的。

曾国藩的教育理念和现代教育观念另一个相吻合的地方，是让孩子在鼓励和肯定中成长。鼓励对孩子至关重要，这是现代教育的重要理念。但是传统的中国式家长很少有人懂得这一点。旧式家长大多是《红楼梦》中贾政那种的做派，在孩子面前，开口就是批评，不训斥就不会说话。曾国藩却懂得鼓励的重要。翻开曾国藩家书，处处可见他对孩子的鼓励。

他经常夸曾纪泽的诗作得好，说他的诗格调很高，说他天分不凡：

> 尔七律十五首圆适深稳，……尔于情韵、趣味二者皆由天分中得之。[1]

对于纪泽的写字天赋，他更是一直非常欣赏：

---

[1]《曾国藩全集·家书》1，岳麓书社，1985年，第1332页。

　　　　接尔二月二十日安禀，……字势流美，天骨开张……[1]

对纪泽读书作文的天赋，曾国藩更是不惮一再肯定：

　　　　尔之天分甚高，胸襟颇广……[2]

这类语言在他写给曾纪泽的信中比比皆是。

和当时大部分家长不同的第四点是，曾国藩对待孩子时，能采用比较平等的态度。

曾国藩经常以自己的缺点为反面教材，鼓励儿子在这些方面超过自己，甚至不惮向孩子提起自己咸丰八年因为向咸丰要官不成在家中气急败坏，与家人争吵，大失风度的一段往事。要曾纪泽在气量上超过自己，让乡亲们夸奖纪泽的气量大于父亲的气量。

　　　　余因去年在家，争辩细事，与乡里鄙人无异，至今深抱悔憾……尔当体我此意，于叔祖各叔父母前尽些爱敬之心……若使宗族乡党皆曰纪泽之量大于其父之量，则余欣然矣。[3]

曾国藩家庭教育的第五个特点是能做到以身作则。他要求"纪泽看《汉书》，须以勤敏行之。每日至少亦须看二十叶，不必惑于在精不在多之说。今日半页，明日数页，又明日耽阁间断，或数年而不能毕一部。如煮饭然，歇火则冷，小火则不熟，须用大柴大火乃易成也"。

而曾国藩自己正是这样做的。我们看曾国藩的日记，凡读书都能做到每日坚持，不读完这一本不看下一本。

除了读书之外，曾国藩还注重让孩子在实践中历练，学习处理实际问题的本领。咸丰四年六月，曾国藩率水陆大军准备从长沙出发征战太平军，他写家书让十六岁的曾纪泽来省城送他起程，目的之一是让他们接触社会，增长军事知识。"盖少年之人，使之得见水陆军旅之事，亦足以长见识。"

[1]《曾国藩全集·家书》1，岳麓书社，1985 年，第 468 页。
[2]《曾国藩全集·家书》2，岳麓书社，1985 年，第 1353 页。
[3]《曾国藩全集·家书》1，岳麓书社，1985 年，第 452 页。

他早早就安排纪泽主持家政，就是在家里当管家。

> 尔在家料理家政，……李申夫之母尝有二语云"有钱有酒款远亲，火烧盗抢喊四邻"，戒富贵之家不可敬远亲而慢近邻也。我家初移富圫，不可轻慢近邻，酒饭宜松，礼貌宜恭。[1]

管理一个大家庭并不容易，需要有王熙凤这样的才华才能管好，这对年轻的纪泽是一个相当大的考验与磨炼。

成为两江总督之后，曾国藩又把整个大家庭接到身边。曾纪泽又成为总督府的管家和曾国藩的私人助手，帮助曾国藩处理了很多具体事务，曾纪泽也因此熟悉了很多政坛秘辛和政治背后的运转规则，这对曾纪泽更是一个很大的锻炼。曾国藩对纪泽的办事能力比较满意。同治六年曾国藩在家书中说："尔于经营外事颇有才而精细。"后来慈禧在派曾纪泽出使前也评价他说："你办事倒很细心。"这种细心，就是在处理一件件具体事务中磨炼出来的。

回老家为父亲守孝之时，纪泽身边携带了四本不同寻常的书，它们分别是"一本（英文的）《圣经》、一本《韦氏大辞典》、一本华兹（Watts）的作品、一本《赞美诗选》（*Select Hymns*）"[2]。

他带回这几本英文书，是想自学英语。

这一举动在当时是极不寻常的。因为在那个时代，学外语的人，都是底层社会出身者。冯桂芬在《采西学义》中批评道："今之习于夷者曰通事，其人率皆市井佻达，游闲不齿乡里，无所得衣食者，始为之。"[3] 与洋人打交道是下贱的事，实在吃不上饭了，才会以学习蛮夷的语言来谋生。

那么曾纪泽为什么要做士大夫阶层中第一个吃螃蟹的人呢？

首先，曾国藩虽然一贯被称为文化保守主义者，但是他的对外观念是相当开放的，甚至以不懂外语为憾。我们前面讲过，他曾经说：洋人很多学问做得很精深，"惜其文字不能尽识也"。可见曾国藩对学习西方语言的态度是很开明的。这种态

---

[1]《曾国藩全集·家书》1，岳麓书社，1985年，第1303页。
[2] [美]何天爵著，鞠方安译：《真正的中国佬》，中华书局，2006年，第42页。
[3] 冯桂芬著：《校邠庐抗议》卷下，上海书店出版社，2002年，第67～70页。

度影响了曾纪泽。

其次，曾国藩处理天津教案，声名尽毁，不光曾国藩自己因此精神抑郁、猝然早逝，整个曾氏家族也因此蒙羞，这给了曾纪泽极大的精神刺激。

曾国藩处理教案虽然大体方向上并无问题，但在具体细节上，因为不谙熟外情，确有刚柔未能把握得当之处。就在教案处理当中，曾纪泽给父亲写了一封信说，目前国家之患，在于缺乏外交人才。

> 男意近年中外交接，洋人所以日强，华人所以日弱者，其弊在于无人。[1]

所以他当时就动了学外语的念头。"讲求经济之学者，以通知各国语言文字为当务之急。"[2]

曾国藩回到南京之后，纪泽随侍在两江总督署。虽有学习英语之心，但并没有付诸行动。这是因为"曾国藩的儿子学英语"之事一旦传出，势必成为轰动性新闻。守制之地则非常偏僻，不引人注目，时间又非常充裕，于是他开始发愤学习。

虽然曾国藩不希望他当大官，他却计划在守孝期满之后，到北京办理承袭侯爵手续时，向朝廷表明出仕的愿望。他立志要做一个外交官，在外交上取得成就，为国家争取权益，为父亲、为曾氏家族洗雪耻辱。这才是他学习英语的最根本的动力。

我们完全可以想像曾纪泽面临的困难。首先，他没有老师，没有懂英语的朋友，只能自学，所以他只能记住字母如何拼写，却不知道如何发音。其次，他当时已经三十五岁，早已过了学习语言的黄金期，记忆力已经不如青少年时期。一般来说，一个人想在这个年龄从头学习一门与母语差异极大的外语，并达到精通程度，是不可能的。

但是作为曾国藩的克家之子，曾纪泽拥有一项别人无法比拟的优势：毅力。在曾国藩的言传身教之下，父亲的很多优点，他都继承下来了，特别是对恒心的重视和践行。他和曾国藩一样，"读书不二"，做事也有头有尾，一旦开了头，就绝不会中止。

在三年守制期中，他利用一切场合和时间学习英语，表现出了惊人的毅力。从日记看，他每天都在学习，风雨无阻，雷打不动。即使在出门访客时，也在轿子里

---

[1] 曾麟书等撰，王澧华等整理：《曾氏三代家书》，岳麓书社，2002年，第612页。

[2] 曾纪泽撰，喻岳衡校点：《曾纪泽集》，岳麓书社，2008年，第125页。

读英语书。通过数年艰苦自学，曾纪泽记下了大量英语单词，熟悉了英语语法，达到了基本能阅读英语小说的程度。

光绪三年（1877）七月，曾纪泽守孝期满后，来到北京，他与当时的外交官广泛接触，抓紧一切机会学习口语。"曾国藩的儿子会外语"这一奇闻在朝野上下迅速传播开来，甚至引起了慈禧太后的注意。此时朝廷的观念已经发生了变化，不再以和外国建立正式外交关系为耻，因此急需洋务人才。

光绪四年（1878），因为独特的懂英语的优势，朝廷任命他充任出使英国、法国钦差大臣。在出使之前，慈禧太后召见曾纪泽。

慈禧说过曾国藩"文武全才，惜不能办教案"，所以曾纪泽抓住这次机会，要替父亲表明心迹，在太后面前为父亲争取一个公正的评价。他解释父亲动身去天津处理教案前，不光下定了必死的决心，也做出了牺牲自己名誉以保全国家的准备。

> 臣从前读书到"事君能致其身"一语，以为人臣忠则尽命，是到了极处。观近来时势，见得中外交涉事件，有时须看得性命尚在第二层，竟须拼得将声名看得不要紧，方能替国家保全大局。即如前天津一案，臣的父亲先臣曾国藩，在保定动身，正是卧病之时，即写了遗嘱分付家里人，安排将性命不要了。及至到了天津，又见事务重大，非一死所能了事，于是委曲求全，以保和局。其时京城士大夫骂者颇多，臣父亲引咎自责，寄朋友的信常写"外惭清议，内疚神明"八字，正是拼却声名以顾大局。其实当时事势，舍曾国藩之所办，更无办法。[1]

曾纪泽的这番议论，终于为父亲换来了一句好评。

> 旨："曾国藩真是公忠体国之人。"曾纪泽免冠叩头，未对。
> 旨："也是国家气运不好，曾国藩就去世了。现在各处大吏，总是瞻徇的多。"[2]

曾纪泽带着为父雪耻之志踏上出使之路，开始了自己的外交生涯。出使不久，

---

[1] 曾纪泽著：《使西日记（外一种）》，湖南人民出版社，1981年，第6页。
[2] 同上。

他就遇到了一个大显身手的机会，介入收回伊犁的谈判。

1864 年，新疆出现阿古柏之乱，沙俄趁乱出兵侵占了伊犁，宣称它是代清政府"暂时"占领和管理。

1878 年，左宗棠收复新疆，清政府派崇厚出使俄国，办理收回伊犁事宜。在沙俄政府的软硬兼施之下，颟顸糊涂的崇厚居然在没有告知清政府的情况下，擅作主张签订了《里瓦几亚条约》。俄国名义上将伊犁归还中国，但伊犁周边近八万平方公里土地却被割让给了俄国。

消息传来，朝野舆论大哗，人们纷纷谴责崇厚丧权辱国。左宗棠气愤地说："我得伊犁只剩一片荒郊，北境一二百里间皆俄属部，孤注万里，何以图存？"[1] 在这种情况下，清朝政府拒绝批准《里瓦几亚条约》，改派出使英法公使曾纪泽兼任出使俄国公使，赴俄谈判改约。

曾纪泽接到这一任务，既感觉压力很大，又感觉十分兴奋。

想当年他的父亲曾国藩处理天津教案，正是栽在这个崇厚手里。当初曾国藩按崇厚的意见将天津地方官员免职并送交刑部治罪后，法国人并没有如崇厚所说的那样就此止步，反而得寸进尺，导致曾国藩进退失据，后悔不已。曾纪泽也因此对崇厚痛恨不已。没想到这次，是曾国藩的儿子接过崇厚留下的烂摊子，他要为国家力挽狂澜，也要替父亲、替家族挽回脸面。

然而此事谈何容易。回顾晚清外交史，几乎每一次外交冲突都是以清政府的忍辱退让为结束。清朝拒不批准《里瓦几亚条约》，沙俄到了嘴边的肥肉迟迟吃不到，当然不会就此罢休。

1880 年 8 月 1 日，曾纪泽到达俄国彼得堡。曾纪泽调动起全部斗志和精力，无论俄国外交当局怎样威胁利诱，他都"持之定力"，百端争辩。"与俄外交部及驻华公使布策等反复辩论，凡数十万言。"由于曾纪泽在外交谈判中据理力争，有章有法，沙俄理屈辞穷，不得不降低要求。

1881 年 2 月，俄方与曾纪泽签订了《中俄伊犁条约》和《陆路通商章程》。清王朝虽然在通商方面略做让步，但是却争回了大片领土，这是举朝都没有料到的最佳结果。伊犁谈判一事让曾纪泽在世界范围内声名鹊起，一举奠定了"晚清中国最杰出的外交家"的名声。

我们细考曾纪泽在俄国的成功，就会发现，他这一成就的取得，与曾国藩的教

---

[1]《左宗棠全集·奏稿》，岳麓书社，2009 年，第 378 页。

育和指导密切相关。

曾纪泽取得成功的第一个原因，是他在谈判中能分清主次，大事上毫不退让，小处则稍做妥协。曾国藩在外交上有一句著名的话，叫"大事苦争，小事放松"，一定要分清主次。

因此，在赴俄前，曾纪泽就已经确定了交涉的基本原则，那就是谈判要有重点。核心目标是收回伊犁及其周边地区，因为伊犁地理位置非常重要，不仅是新疆的门户，也是中国的门户。所以目标当中，以分界最重，通商次之，偿款又在其次，全力争取收回失地，其他可以从宽。

最终谈判正是沿着曾纪泽确定的方向达成协议，在领土上争取到了最好的结果，而在军费赔偿上略有加增。

第二个原因，在于知己知彼，知道对方谈判底线。

曾国藩还有一句话，叫作"强字原是美德，……第强字须从明字做出，然后始终不可屈挠。若全不明白，一味横蛮，待他人折之以至理"[1]，肯定会归于失败。所以曾国藩推崇强，但是要点是明强，而不是一味横蛮。

曾纪泽在与俄方谈判时，表现得非常坚定，甚至可以说非常强硬。这是因为他平时注意研判各方面信息，对国际形势比较了解。他知道俄国当时因与土耳其连年战争，已经国困民穷，并不想真的再打一仗。只要能在谈判中多少有些收获，他们就会满足。与此同时，早在出使前，曾纪泽就认真研究过《公法便览》等国际法著作，对国际法知识比较了解，在谈判中能自如地运用国际公法为自己争取利益。

正是因为有了以上准备，所以在谈判中不论俄国人如何虚声恫吓，他都百折不回，不为所动，完全做到了曾国藩所说的"理之所在，百折不回，不可为威力所绌"[2]。

第三个成功之处，在于曾纪泽采取诚信的谈判方式，开诚布公，而不是采取小贩式讨价还价的谈判策略。

晚清以来，中国外交官员与列强交往时，经常使用"痞子手段"，虚开要价，欺诈糊弄。曾国藩却主张"诚信外交"，以君子的方式与外国人谈判。能答应的，大大方方地答应；不能答应的，坚定不移。

曾纪泽在这次谈判中，正是采取这样的方针，将诚意放在桌面上。他在俄国没有表现出任何"天朝上国"式的虚骄，正如曾国藩所说，"不自恃中华上国而欺凌远

---

[1]《曾国藩全集·家书》1，岳麓书社，1985年，第1010页。

[2] 曾纪泽撰，喻岳衡校点：《曾纪泽集》，岳麓书社，2005年，第182页。

人，可许者开口即许，不可许者始终不移"[1]。对于一开始就明确宣布自己不可动摇的目标这一做法，他对国内解释说："然则目前之所驳，是姑就吾华之公论，聊以尝试之耳，尝试不效，乃复许之，此市井售物抬价之术，非圣朝所以敦信义以驭远人之道也。"[2]

也就是说，如果我迁就国内舆论的压力，提出不切实际的过高要求，等对方拒绝之后，再不得不降低，这是市井之人做生意虚要价的做法，不利于在俄国人心目中树立我方的形象，而且不利于以后和其他国家谈判。

这种谈判方式为他赢得了俄国人的尊重，也有利于最后的成功。

从以上几点我们可以看出，曾纪泽外交谈判过程中大的方针原则，都是一遵父亲遗教。但是在具体谈判过程中，年青一代的他又比父亲当年精力充沛、机智灵活。可以说，曾纪泽是曾国藩一手塑造出来的政治家。他的理论来自父亲，实践则比父亲更为成功。他用自己的行动，为父亲、为国家赢得了荣誉。

3. 办洋务的后续

虽然留给家族的精神遗产得到了很好的传承，但曾国藩留下的另一项遗产——洋务运动，却进展艰难。特别是在曾国藩去世九年后，他努力推动的留学美国事业遭遇重大挫折。

在曾国藩去世后五个月，1872 年 8 月 11 日，第一批 30 名身着清朝官式服装的幼童在上海登船，前往美国。在接下来的三年里，按曾国藩生前拟订的计划，清政府又连续派出三批幼童留美，四批学生一共 120 名。他们计划要在美国学习十五年，完整地接受小学、中学和大学教育。

中国人的学习天赋和刻苦精神在这些留学生身上体现得很明显，到 1880 年，留学运动开始八年之后，已经有 50 多名幼童进入美国的大学学习。其中 22 名进入耶鲁大学，8 名进入麻省理工学院，3 名进入哥伦比亚大学，1 名进入哈佛大学。

然而，谁也没有想到，在下一年即 1881 年，这些幼童却被全数撤回，他们绝大多数人学业未成，没有拿到毕业证。这对这批留美学生无疑是一个极为沉重的打击。

---

[1] 曾纪泽撰，喻岳衡校点：《曾纪泽集》，岳麓书社，2005 年，第 182 页。
[2] 曾纪泽撰，喻岳衡校点：《曾纪泽集》，岳麓书社，2005 年，第 27 页。

其中一位幼童说:"命令下达,对幼童乃一忧伤之日,大多数再过一两年即可毕业,中途荒废学业,令人悲愤异常。"[1]

为什么被突然撤回呢?因为这些留学生到美国后西化了,变得与一般大清臣民太不相同。当年曾是留美幼童的同学的菲立普回忆说:"幼童'美国化'的速度,使人惊讶。在教室及球场上,他们很快熟悉了英语。他们脱下了丝质官式长袍,短短几个月中,幼童已经可以在球场上及教室中,向美国学生挑战,而一决高下了。"[2]

另一位同学,日后成为耶鲁大学教授的菲尔伯斯说:"在哈德福的乡下学校以及中学里,我最好的朋友大部分都是中国孩子……,(他们)有卓越的风度,都是运动健将,机警好学,我从来也没有想到有这样一群好孩子。"

生活方式上西化还可为中国留学监督所容忍,关键是大脑也迅速西化了。学生们不光接受了美国的生活方式,也开始接受美国人的社会观念,接受了"自由""平等"等在当时中国人看起来大逆不道的观念。甚至在美国浓重的宗教氛围中,有的人开始信基督教。1880年12月17日,江南道监察御史李士彬奏报:"出洋学生,原不准流为异教,闻近来多入耶稣教门,其寄回家信有'入教恨晚死不易忘'等语。"虽然入教者为数不多,但也足以骇人听闻。有的学生还剪掉了辫子。原来留美幼童刚来到美国时,每一个人的脑后都垂着一根辫子,很多美国人把他们当作女生,以至于《纽约时报》报道时认为学生中既有男生也有女生:"昨天到达旧金山的三十位中国学生非常年轻,他们都是有才智的淑女和绅士。"高宗鲁说:"美国同学均哄笑叫他们中国女孩!这种嘲笑,引来不少次打得鼻青眼肿和纠纷。"[3]于是幼童们到了美国不久都将辫子盘起来。穿上了西式服装之后,脑后的这根辫子更成了多余的,个别幼童悄悄地剪去了辫子。这在中方官员看起来当然是"无父无君"的严重犯上作乱之举,因此有入教和剪辫行为的学生,都被提前召回,予以严惩。

更让中国政府感觉事态严重的是,1879年留学监督吴嘉善"接任之后,即招各生到华盛顿使署中教训,各生谒见时,均不行跪拜礼"[4]。

身为中国人,不行中国礼,看来这些学生已经"忘本",中国官员的结论是他们的心已经变了,变成了洋人之心,"即(学)成亦不能为中国用"。

---

[1] 高宗鲁编译:《中国留美幼童书信集》,《传记文学》第37卷,第3期。

[2] 转引自《中国幼童留美史》,珠海出版社,2006年,第24页。

[3] 高宗鲁著:《中国幼童留美史——现代化的初探》,台北传记文学出版社,1986年版,第37页。

[4] 转引自舒新城编:《近代中国留学史》,中华书局,1989年,第13页。

清朝派驻美国的留学监督等官员向国内汇报了这些学生的"恶行恶习",他们说,"外洋风俗,流弊多端,各学生腹少儒书,德性未坚,尚未究彼技能,先已沾其恶习,即使竭力整顿,亦觉防范难周,亟应将该局裁撤"。

慈禧接到汇报后,马上批示"依议,钦此"。虽然李鸿章等人千方百计试图挽回,最终结果仍然是所有幼童一律回国。除了詹天佑和欧阳庚二人顺利完成学业,获得学士学位,其他人都半途而废。

回国后,他们更被定性为"有害因素",一开始被与社会隔离开来。

"幼童"黄开甲在给美国友人的信中苦涩地写道:

> 船头划开扬子江平静而黄色的水波,当靠码头时……人潮围绕,但却不见一个亲友。没有微笑来迎接我们这失望的一群。……为防我们脱逃,一队中国水兵,押送我们去上海道台衙门后面的"求知书院"。[1]

回国的留学生全部被安置在所谓的"书院"里,"并派兵丁管门,不得擅自出外"。他们在这里经历了传统方式的儒学"再教育",然后普遍被"控制使用",安排为翻译等低级职务,"这批留学生回国之后,所受待遇极为恶劣,不论派到什么机关里工作,每人月薪只有四两银子。"[2]除了一些人在海军可以发挥所长外,在文职政府中,留学生从来没有得到重用,很多人在抑郁中度此一生。

大致在中国派出留美幼童的同时,日本也向西方派出了大批留学生。1868～1874年,日本向欧洲和美国共派出留学生550人。相比中国,日本留学生回国后则大批进入政界,很多人成为左右政局的重要人物。据统计,在1885年年底到1911年中的日本内阁的93名大臣中,留学生就有35名,占了38%。在其他领域,留学生对日本近代社会也做出了杰出贡献。留美的福泽谕吉被称为日本的"伏尔泰",留英的菊池大麓奠定了日本近代数学的基础,留德的北里柴三郎发现了血清疗法……他们在各个领域都有力地促进了日本的近代化转型。[3]

除了留学事业,洋务运动的其他方面进展也困难重重。

曾国藩的接班人李鸿章继续曾国藩的军事近代化任务,为大清帝国打造了一支

---

[1] 黄开甲给巴搭拉夫人的信。

[2] 陈学恂主编:《中国近代教育史教学参考资料》上册,人民教育出版社,1987年,第722页。

[3] 李雪敏著:《甲午战前中日官派留学教育之比较》,曲阜师范大学2008年硕士论文。

近代化海军。这支北洋水师建立之初，清王朝可谓竭尽全力，倾尽家底，购置了一批当时世界上最先进的舰船，因此这支水师建成后实力一度号称东亚第一，世界第九。然而老大帝国到了老年阶段实在无法持续振作精神，建成水师之后就以为万事大吉，未能持续更新军舰和武器，结果十几年后为日本所超过，最终在甲午战争中惨败，向世界宣告了洋务运动的失败。

天津教案之后三十年，发生了义和团运动。

义和团运动和天津教案在很多方面非常相似。如前所述，义和团运动发生前，人们同样把自然灾害的发生归咎于教堂，声称"不下雨，地发干，全是教堂止住天"。虽然曾国藩全力辟谣，但挖眼剖心的谣言仍然在义和团运动中起了巨大的动员作用。比如天津谣传义和团总师傅潜入紫竹林租界洋楼，看到三个大瓮，一贮人血，一贮人心，一贮人眼。拳民在运动中搜索教堂，"见蜡人不能辨，以为人腊。遇粤之荔支干，又以为人眼，相与痛詈西人，暴其惨酷"[1]。更为令人叹息的是，在义和团运动中，慈禧居然深信了团民刀枪不入的神话。在御前会议上，有大臣们说，义和团不能避枪炮，"臣曾微服往交民巷，见匪中枪而死者伏尸遍地，并不能避枪炮，究不足恃"。慈禧却加以反驳："太后云，此系土匪，决非团民；若系团民，决不至中枪炮。"[2]

慈禧太后和奕譞等人在天津教案中积蓄的怒火终于在曾国藩死后二十七年痛痛快快地发泄了出来。曾国藩在天津教案中全力避免战争，然而在死后这种战争却成为现实。1900 年 6 月 21 日，清政府向英、美、法、德、意、日、俄、西、比、荷、奥十一国同时宣战。241 名外国人（天主教传教士 53 人，新教传教士及其子女共 188 人，其中儿童 53 人）、2 万多名中国基督徒在 1900 年夏天的战争中死亡。这是天津教案的扩大版。在运动中，户部主事万秉鉴称，基于曾国藩在天津教案中的卖国表现，应该取消他的恤典："曾国藩在天津杀十六人偿丰大业命，损国体而启戎心，请议恤，而夺国藩恤典。"[3]

结果是八国联军进北京，慈禧重复了她丈夫咸丰当年的故事，仓皇出逃。还都

---

[1] 中国社会科学院近代史研究所近代史资料编译室主编：《近代史资料专刊：义和团史料》上，知识产权出版社，2013 年，第 132 页。

[2] 中国社会科学院近代史研究所近代史资料编译室主编：《近代史资料专刊：义和团史料》上，知识产权出版社，2013 年，第 164 页。

[3] 中国社会科学院近代史研究所近代史资料编译室主编：《近代史资料专刊：义和团史料》上，知识产权出版社，2013 年，第 211 页。

之后，慈禧终于在垂暮之年，决心推行新政，深入改革，不过为时已晚，改革尚未真正开始，她就一命呜呼，大清王朝也在三年后宣告灭亡，验证了曾国藩的幕僚赵烈文在 1867 年做出的剩余寿命不过五十年的预言。

沅甫九弟左右：廿四日周人至，接弟信，知搂

战獲胜水师籐未必如意，然已夺船敝號

亦尝可用水师自近日以求法制大備兵

要全在得人善不得好哨好勇程之以利

器資冠市实以全副精神注陸路以

後不必盡籌水师可也用紳士不比用

官彼东等任事之職又曰逰猖之无謹

肯挺身出力以免公亏貴在奖之以好

曾国藩家书典藏本

第一篇

师友夹持，虽懦夫亦有立志

（致澄弟温弟沅弟季弟　道光二十二年九月十八日　北京绳匠胡同寓所）

四位老弟足下：

九弟行程，计此时可以到家。自任邱发信之后，至今未接到第二封信，不胜悬悬。不知道上有甚艰险否？四弟、六弟院试，计此时应有信，而折差久不见来，实深悬望。

予身体较九弟在京时一样，总以耳鸣为苦。问之吴竹如，云只有静养一法，非药物所能为力。而应酬日繁，予又素性浮躁，何能着实养静？拟搬进内城住，可省一半无谓之往还，现在尚未找得。予时时自悔，终未能洗涤自新。

九弟归去之后，予定刚日读经、柔日读史之法。读经常懒散不沉着。读《后汉书》，现已丹笔点过八本，虽全不记忆，而较之去年读《前汉书》，领会较深。九月十一日起同课人议每课一文一诗，即于本日申刻用白折写。予文、诗极为同课人所赞赏。然予于八股绝无实学，虽感诸君奖借之殷，实则自愧愈深也。待下次折差来，可付课文数篇回家。予居家懒做考差工夫，即借此课以摩厉考具，或亦不至临场窘迫耳。

吴竹如近日往来极密，来则作竟日之谈，所言皆身心国家大道理。渠言有窦兰泉者（墌，云南人），见道极精当平实。窦亦深知予者，彼此现尚未拜往。竹如必要予搬进城住，盖城内镜海先生可以师事，倭艮峰先生、窦兰泉可以友事。师友夹持，虽懦夫亦有立志。予思朱子言，为学譬如熬肉，先须用猛火煮，然后用漫火温。予生平工夫全未用猛火煮过，虽略有见识，乃是从悟境得来。偶用功，亦不过优游玩索已耳。如未沸之汤，遽用漫火温之，将愈煮愈不熟矣。以是急思搬进城内，屏除一切，从事于克己之学。镜海、艮峰两先生亦劝我急搬。而城外朋友，予亦有思常见者数人，如邵蕙西、吴子序、何子贞、陈岱云是也。

蕙西尝言："'与周公瑾交，如饮醇醪'，我两人颇有此风味。"故每见辄长谈不舍。子序之为人，予至今不能定其品。然识见最大且精，尝教我云："用功譬若掘井，与其多掘数井而皆不及泉，何若老守一井，力求及泉而用之不竭乎？"此语正与予病相合。盖予所谓掘井多而皆不及泉者也。

何子贞与予讲字极相合，谓我"真知大源，断不可暴弃"。予尝谓天下事万理皆出于乾坤二卦。即以作字论之：纯以神行，大气鼓荡，脉络周通，潜心内转，此乾道也；结构精巧，向背有法，修短合度，此坤道也。凡乾以神气言，凡坤以形质言。礼乐不可斯须去身，即此道也。乐本于乾，礼本于坤。作字而优游自得真力弥满者，即乐之意也；丝丝入扣，转折合法，即礼之意也。偶与子贞言及此，子贞深以为然，谓渠生平得力，尽于此矣。陈岱云与吾处处痛痒相关，此九弟所知者也。

写至此，接得家书。知四弟、六弟未得入学，怅怅然。科名有无迟早，总由前定，丝毫不能勉强。吾辈读书，只有两事：一者进德之事，讲求乎诚正修齐之道，以图无忝所生；一者修业之事，操习乎记诵词章之术，以图自卫其身。进德之事难以尽言，至于修业以卫身，吾请言之。

卫身莫大于谋食。农工商劳力以求食者也，士劳心以求食者也。故或食禄于朝，教授于乡，或为传食之客，或为入幕之宾，皆须计其所业，足以得食而无愧。科名者，食禄之阶也，亦须计吾所业，将来不至尸位素餐，而后得科名而无愧。食之得不得，穷通由天做主，予夺由人做主；业之精不精，则由我做主。然吾未见业果精，而终不得食者也。农果力耕，虽有饥馑必有丰年；商果积货，虽有壅滞必有通时；士果能精其业，安见其终不得科名哉？即终不得科名，又岂无他途可以求食者哉？然则特患业之不精耳。

求业之精，别无他法，曰专而已矣。谚曰："艺多不养身。"谓不专也。吾掘井多而无泉可饮，不专之咎也。诸弟总须力图专业。如九弟志在习字，亦不必尽废他业。但每日习字工夫，断不可不提起精神，随时随事，皆可触悟。四弟、六弟，吾不知其心有专嗜否？若志在穷经，则须专守一经；志在作制义，则须专看一家文稿；志在作古文，则须专看一家文集。作各体诗亦然，作试帖亦然，万不可以兼营并骛，兼营则必一无所能矣。切嘱切嘱，千万千万。此后写信来，诸弟各有专守之业，务须写明。且须详问极言，长篇累牍。使我读其手书，即可知其志向识见。凡专一业之人，必有心得，亦必有疑义。诸弟有心得，可以告我共赏之；有疑义，可以问我共析之。且书信既详，则四千里外之兄弟不啻晤言一室，乐何如乎？

予生平于伦常中，惟兄弟一伦抱愧尤深。盖父亲以其所知者尽以教我，而我不能以吾所知者尽教诸弟，是不孝之大者也。九弟在京年余，进益无多，每一念及，无地自容。嗣后我写诸弟信，总用此格纸，弟宜存留，每年装订成册。其中好处，万不可忽略看过。诸弟写信寄我，亦须用一色格纸，以便装订。

谢果堂先生出京后，来信并诗二首。先生年已六十余，名望甚重，与予见面，辄彼此倾心，别后又拳拳不忘，想见老辈爱才之笃。兹将诗并予送诗附阅，传播里中，使共知此老为大君子也。

予有大铜尺一方，屡寻不得，九弟已带归否？频年寄黄英［芽］白菜子，家中种之好否？在省时已买漆否？漆匠果用何人？信来并祈详示。

兄国藩手具

第二篇

君子之立志也，当有民胞物与之量

（致澄弟温弟沅弟季弟　道光二十二年十月二十六日　北京绳匠胡同寓所）

诸位贤弟足下：

十月二十一接九弟在长沙所发信，内途中日记六叶，外药子一包。二十二接九月初二日家信，欣悉以慰。

自九弟出京后，余无日不忧虑，诚恐道路变故多端，难以臆揣。及读来书，果不出吾所料。千辛万苦，始得到家。幸哉幸哉！郑伴之下不足恃，余早已知之矣。郁滋堂如此之好，余实不胜感激。在长沙时，曾未道及彭山屺，何也？又为祖母买皮袄，极好极好，可以补吾之过矣。

观四弟来信甚详，其发奋自励之志，溢于行间。然必欲找馆出外，此何意也？不过谓家塾离家太近，容易耽搁，不如出外较清净耳。然出外从师，则无甚耽搁；若出外教书，其耽搁更甚于家塾矣。且苟能发奋自立，则家塾可读书，即旷野之地、热闹之场亦可读书，负薪牧豕，皆可读书；苟不能发奋自立，则家塾不宜读书，即清净之乡、神仙之境皆不能读书。何必择地？何必择时？但自问立志之真不真耳！

六弟自怨数奇，余亦深以为然。然屈于小试辄发牢骚，吾窃笑其志之小，而所忧之不大也。君子之立志也，有民胞物与之量，有内圣外王之业，而后不忝于父母之生，不愧为天地之完人。故其为忧也，以不如舜不如周公为忧也，以德不修学不讲为忧也。是故顽民梗化则忧之，蛮夷猾夏则忧之，小人在位贤才否闭则忧之，匹夫匹妇不被己泽则忧之，所谓悲天命而悯人穷。此君子之所忧也。若夫一身之屈伸，一家之饥饱，世俗之荣辱得失、贵贱毁誉，君子固不暇忧及此。六弟屈于小试，自称数奇，余窃笑其所忧之不大也。

盖人不读书则已，亦即自名曰读书人，则必从事于《大学》。《大学》之纲领有三：明德、新民、止至善，皆我分内事也。若读书不能体贴到身上去，谓此三项与我身了不相涉，则读书何用？虽使能文能诗，博雅自诩，亦只算得识字之牧猪奴耳！岂得谓之明理有用之人也乎？朝廷以制艺取士，亦谓其能代圣贤立言，必能明圣贤之理，行圣贤之行，可以居官莅民、整躬率物也。若以明德、新民为分外事，则虽能文能诗，而于修己治人之道实茫然不讲，朝廷用此等人做官，与用牧猪奴做官何以异哉？然则既自名为读书人，则《大学》之纲领，皆己身切要之事明矣。其条目有八，自我观之，共致功之处，则仅二者而已：曰格物，曰诚意。

格物，致知之事也；诚意，力行之事也。物者何？即所谓本末之物也。身、心、意、知、家、国、天下皆物也，天地万物皆物也，日用常行之事皆物也。格者，即物而穷其理也。如事亲定省，物也；究其所以当定省之理，即格物也。事兄随行，物也；究其所以当随行之理，即格物也。吾心，物也；究其存心之理，又博究其省察涵养以存心之理，即格物也。吾身，物也；究其敬身之理，又博究其立齐坐尸以敬身之理，即格物也。每日所看之书，句句皆物也；切己体察，穷究其理，即格物也。此致知之事也。所谓诚意者，即其所知而力行之，是不欺也。知一句便行一句，此力行之事也。此二者并进，下学在此，上达亦在此。

吾友吴竹如格物工夫颇深，一事一物，皆求其理。倭艮峰先生则诚意工夫极严，每日有日课册，一日之中一念之差、一事之失、一言一默皆笔之于书。书皆楷字，三月则订一本。自乙未年起，今三十本矣。盖其慎独之严，虽妄念偶动，必即时克治，而著之于书。故所读之书，句句皆切身之要药。兹将艮峰先生日课抄三叶付归，与诸弟看。余自十月初一日起亦照艮峰样，每日一念一事，皆写之于册，以便触目克治，亦写楷书。冯树堂与余同日记起，亦有日课册。树堂极为虚心，爱我如兄，敬我如师，将来必有所成。余向来有无恒之弊，自此次写日课本子起，可保终身有恒矣。盖明师益友，重重夹持，能进不能退。本欲抄余日课册付诸弟阅，因今日镜海先生来，要将本子带回去，故不及抄。十一月有折差，准抄几叶付回也。

余之益友，如倭艮峰之瑟僴，令人对之肃然；吴竹如、窦兰泉之精义，一言一事，必求至是；吴子序、邵蕙西之谈经，深思明辨；何子贞之谈字，其精妙处，无一不合，其谈诗尤最符契。子贞深喜吾诗，故吾自十月来已作诗十八首。兹抄二叶，付回与诸弟阅。冯树堂、陈岱云之立志，汲汲不遑，亦良友也。镜海先生，吾虽未尝执贽请业，而心已师之矣。

吾每作书与诸弟，不觉其言之长，想诸弟或厌烦难看矣。然诸弟苟有长信与我，我实乐之，如获至宝。人固各有性情也。

余自十月初一日起记日课，念念欲改过自新。思从前与小珊有隙，实是一朝之忿，不近人情，即欲登门谢罪。恰好初九日小珊来拜寿，是夜余即至小珊家久谈。十三日与岱云合伙，请小珊吃饭。从此欢笑如初，前隙尽释矣。

金竺虔报满用知县，现住小珊家，喉痛月余，现已全好。李笔峰在汤家如故。易莲舫要出门就馆，现亦甚用功，亦学倭艮峰者也。同乡李石梧已升陕西巡抚。两大将军皆锁拿解京治罪，拟斩监候。英夷之事，业已和抚。去银二千一百万两，又各处让他码头五处。现在英夷已全退矣。两江总督牛鉴，亦锁解刑部治罪。

　　近事大略如此，容再续书。

兄国藩手具

第三篇

在日记中为自己制定"日课"

（致澄弟温弟沅弟季弟　道光二十二年十二月二十日　北京绳匠胡同寓所）

诸位贤弟足下：

十一月十七寄第三号信，想已收到。父亲到县纳漕，诸弟何不寄一信，交县城转寄省城也？以后凡遇有便，即须寄信，切要切要。九弟到家，遍走各亲戚家，必各有一番景况，何不详以告我？

四妹小产以后生育颇难，然此事最大，断不可以人力勉强。劝渠家只须听其自然，不可过于矜持。又闻四妹起最晏，往往其姑反服事他。此反常之事，最足折福。天下未有不孝之妇而可得好处者，诸弟必须时劝导之，晓之以大义。

诸弟在家读书，不审每日如何用功？余自十月初一立志自新以来，虽懒惰如故，而每日楷书写日记，每日读史十叶，每日记茶余偶谈一则，此三事未尝一日间断。十月二十一日立誓永戒吃水烟，泪今已两月不吃烟，已习惯成自然矣。予自立课程甚多，惟记茶余偶谈、读史十叶、写日记楷本，此三事者誓终身不间断也。诸弟每人自立课程，必须有日日不断之功，虽行船走路，俱须带在身边。

予除此三事外，他课程不必能有成；而此三事者，将终身以之。

前立志作《曾氏家训》一部，曾与九弟详细道及。后因采择经史，若非经史烂熟胸中，则割裂零碎，毫无线索；至于采择诸子各家之言，尤为浩繁，虽钞数百卷犹不能尽收。然后知古人作《大学衍义》《衍义补》诸书，乃胸中自有条例，自有议论，而随便引书以证明之，非翻书而遍钞之也。然后知著书之难，故暂且不作《曾氏家训》。若将来胸中道理愈多，议论愈贯串，仍当为之。

现在朋友愈多。讲躬行心得者，则有镜海先生、艮峰前辈、吴竹如、窦兰泉、冯树堂；穷经知道者，则有吴子序、邵蕙西；讲诗、文、字而艺通于道者，则有何子贞；才气奔放，则有汤海秋；英气逼人，志大神静，则有黄子寿。又有王少鹤（名锡振，广西主事，年二十七岁，张筱浦之妹夫）、朱廉甫（名琦，广西乙未翰林）、吴莘畬（名尚志，广东人，吴抚台之世兄）、庞作人（名文寿，浙江人）。此四君者，皆闻予名而先来拜。虽所造有浅深，要皆有志之士，不甘居于庸碌者也。

京师为人文渊薮，不求则无之，愈求则愈出。近来闻好友甚多，予不欲先去拜别人，恐徒标榜虚声。盖求友以匡己之不逮，此大益也；标榜以盗虚名，是大损也。天下有益之事，即有足损者寓乎其中，不可不辨。黄子寿近作《选将论》一篇，共六千余字，真奇才也。子寿戊戌年始作破题，而六年之中遂成大学问，此天分独绝，万不可学而至。诸弟不必震而惊之，予不愿诸弟学他，但愿诸弟学吴世兄、何世兄。吴竹如之世兄现亦学艮峰先生写日记，言有矩，动有法，其静气实实可爱。何子贞之世兄，每日自朝至夕总是温书。三百六十日，除作诗文时，无一刻不温书，真可谓有恒者矣。故予从前限功课教诸弟，近来写信寄弟，从不另开课程，但教诸弟有恒而已。盖士人读书，第一要有志，第二要有识，第三要有恒。有志则断不甘为下流；有识则知学问无尽，不敢以一得自足，如河伯之观海，如井蛙之窥天，皆无识者也；有恒则断无不成之事。此三者缺一不可。诸弟此时，惟有识不可以骤几，至于有志有恒，此诸弟勉之而已。予身体甚弱，不能苦思，苦思则头晕，不耐久坐，久坐则倦乏，时时属望惟诸弟而已。

明年正月恭逢祖大人七十大寿，京城以进十为正庆。予本拟在戏园设寿筵，窦兰泉及艮峰先生劝止之，故不复张筵。盖京城张筵唱戏，名为庆寿，实则打把戏。兰泉之劝止，正以此故。现在做寿屏两架。一架淳化笺四大幅，系何子贞撰文并书，字有茶碗口大。一架冷金笺八小幅，系吴子序撰文，予自书。淳化笺系内府用纸，纸厚如钱，光彩耀目，寻常琉璃厂无有也。昨日偶有之，因买四张。子贞字甚古雅，惜太大，万不能寄回。奈何奈何！

侄儿甲三体日胖而颇蠢，夜间小解知自报，不至于湿床褥。女儿体好，最易扶携，全不劳大人费心力。

今年冬间，贺耦庚先生寄三十金，李双圃先生寄二十金，其余尚有小进项。汤海秋又自言借百金与我用。计还清兰溪、寄云外，尚可宽裕过年。统计今年除借会馆房钱外，仅借百五十金。岱云则略多些。岱云言在京已该账九百余金，家中亦有此数，将来正不易还。寒士出身，不知何日是了也！我在京该账尚不过四百金，然苟不得差，则日见日紧矣。

书不能尽言，惟诸弟鉴察。

兄国藩手草

附课程表

一、主敬——整齐严肃，无时不惧。无事时心在腔子里，应事时专一不杂。

二、静坐——每日不拘何时，静坐一会，体验静极生阳来复之仁心。正位凝命，如鼎之镇。

三、早起——黎明即起，醒后勿沾恋。

四、读书不二——一书未点完，断不看他书。东翻西阅，都是徇外为人。

五、读史——二十三史每日读十叶，虽有事不间断。

六、写日记——须端楷。凡日间过恶：身过、心过、口过，皆记出。终身不间断。

七、日知其所亡——每日记茶余偶谈一则。分德行门、学问门、经济门、艺术门。

八、月无忘所能——每月作诗文数首，以验积理之多寡、养气之盛否。

九、谨言——刻刻留心。

十、养气——无不可对人言之事，气藏丹田。

十一、保身——谨遵大人手谕：节欲、节劳、节饮食。

十二、作字——早饭后作字。凡笔墨应酬，当作自己功课。

十三、夜不出门——旷功疲神，切戒切戒。

第四篇

我自三十岁以来，就以做官发财为可耻

（致澄弟温弟沅弟季弟　道光二十九年三月二十一日　北京南横街寓所）

澄侯、温甫、子植、季洪足下：

　　正月初十日发第一号家信，二月初八日发第二号家信，报升任礼部侍郎之喜，二十六日发第三号信，皆由折差带寄。三月初一日由常德太守乔心农处寄第四号信，计托带银七十两、高丽参十余两、鹿胶二斤、一品顶带三枚、补服五副等件。渠由山西迁道转至湖南，大约须五月端午前后乃可到长沙。

　　予尚有寄兰姊、蕙妹及四位弟妇江绸棉外褂各一件，仿照去年寄呈母亲、叔母之样。前乔心农太守行时不能多带，兹因陈竹伯新放广西左江道，可于四月出京，拟即托渠带回。

　　澄弟《岳阳楼记》，亦即托竹伯带回家中。二月初四澄弟所发之信，三月十八接到。正月十六七之信，则至今未收到。据二月四日书云，前信着刘一送至省城，共二封，因欧阳家、邓星阶、曾厨子各有信云云。不知两次折弁何以未见带到？温弟在省时，曾发一书与我，到家后未见一书，想亦在正月一封之中。此书遗失，我心终耿耿也。

温弟在省所发书，因闻澄弟之计，而我不为揭破，一时气忿，故语多激切不平之词。予正月复温弟一书，将前后所闻温弟之行，不得已禀告堂上，及澄弟、植弟不敢禀告而误用诡计之故一概揭破。温弟骤看此书，未免恨我，然兄弟之间，一言欺诈，终不可久。尽行揭破，虽目前嫌其太直，而日久终能相谅。

现在澄弟书来，言温弟鼎力办事，甚至一夜不寐，又不辞劳，又耐得烦云云。我闻之欢喜之至，感激之至。温弟天分本高，若能改去荡佚一路，归入勤俭一边，则兄弟之幸也，合家之福也。

我待温弟似乎近于严刻，然我自问此心，尚觉无愧于兄弟者，盖有说焉。大凡做官的人，往往厚于妻子而薄于兄弟，私肥于一家而刻薄于亲戚族党。予自三十岁以来，即以做官发财为可耻，以官[宦]囊积金遗子孙为可羞可恨，故私心立誓，总不靠做官发财以遗后人。神明鉴临，予不食言。此时侍奉高堂，每年仅寄些须，以为甘旨之佐。族戚中之穷者，亦即每年各分少许，以尽吾区区之意。盖即多寄家中，而堂上所食所衣亦不能因而加丰，与其独肥一家，使戚族因怨我而并恨堂上，何如分润戚族，使戚族戴我堂上之德而更加一番钦敬乎？将来若做外官，禄入较丰，自誓除廉俸之外，不取一钱。廉俸若日多，则周济亲戚族党者日广，断不蓄积银钱为儿子衣食之需。盖儿子若贤，则不靠宦囊，亦能自觅衣饭；儿子若不肖，则多积一钱，渠将多造一孽，后来淫佚作恶，必且大玷家声。故立定此志，决不肯以做官发财，决不肯留银钱与后人。若禄入较丰，除堂上甘旨之外，尽以周济亲戚族党之穷者。此我之素志也。

至于兄弟之际，吾亦唯爱之以德，不欲爱之以姑息。教之以勤俭，劝之以习劳守朴，爱兄弟以德也；丰衣美食，俯仰如意，爱兄弟以姑息也。姑息之爱，使兄弟惰肢体，长骄气，将来丧德亏行，是即我率兄弟以不孝也，吾不敢也。我仕宦十余年，现在京寓所有惟书籍、衣服二者。衣服则当差者必不可少，书籍则我生平嗜好在此，是以二物略多。将来我罢官归家，我夫妇所有之衣服，则与五兄弟拈阄均分。我所办之书籍，则存贮利见斋中，兄弟及后辈皆不得私取一本。除此二者，予断不别存一物以为宦囊，一丝一粟不以自私。此又我待兄弟之素志也。恐温弟不能深谅我之心，故将我终身大规模告与诸弟，惟诸弟体察而深思焉。

去年所寄亲戚各项，不知果照单分送否？杜兰溪为我买《皇清经解》，不知植弟已由省城搬至家中否？

京寓一切平安。纪泽《书经》读至《冏命》。二儿甚肥大。易南谷开复原官，来京引见，闻左青士亦开复矣。同乡官京中者，诸皆如常。余不一一。

兄国藩手草

第五篇

干犯皇帝不测之威，不复身家之念

（致澄弟温弟沅弟季弟　咸丰元年五月十四日　北京贾家胡同寓所）

澄侯、温甫、子植、季洪四位老弟足下：

四月初三日发第五号家信。厥后折差久不来，是以月余无家书。五月十二折弁来，接到家中四号信，乃四月一日所发者。具悉一切。植弟大愈，此最可喜。

京寓一切平安。癣疾又大愈矣，比去年六月更无形迹。去（年）六月之愈，已为五年来所未有，今又过之。或者从此日退，不复能为恶矣。皮毛之疾，究不甚足虑，久而弥可信也。

四月十四日考差题"乐民之乐者，民亦乐其乐"，经文题"必有忍，乃其[其乃]有济，有容，德乃大"，赋得"濂溪乐处"，得"焉"字。

二十六日，余又进一谏疏，敬陈圣德三端，预防流弊。其言颇过激切，而圣量如海，尚能容纳，岂汉唐以下之英主所可及哉！余之意，盖以受恩深重，官至二品，不为不尊；堂上则诰封三代，儿子则荫任六品，不为不荣。若于此时再不尽忠直言，更待何时乃可建言？而皇上圣德之美出于天亶自然，满廷臣工，遂不敢以片言逆耳，将来恐一念骄矜，遂至恶直而好谀，则此日臣工不得辞其咎。是以趁此元年新政，即将此骄矜之机关说破，使圣心日就兢业而绝自是之萌。此余区区之本意也。现在人才不振，皆谨小而忽于大，人人皆习脂韦唯阿之风。欲以此疏稍挽风气，冀在廷皆趋于骨鲠，而遇事不敢退缩。此余区区之余意也。

折子初上之时，余意恐犯不测之威，业将得失祸福置之度外矣。不意圣慈含容，曲赐矜全。自是以后，余益当尽忠报国，不得复顾身家之私矣。然此后折奏虽多，亦断无有似此折之激直者。此折尚蒙优容，则以后奏折，必不致或触圣怒可知矣。诸弟可将吾意细告堂上大人，毋以余奏折不慎，或以戆直干天威为虑也。

父亲每次家书，皆教我尽忠图报，不必系念家事。余敬体吾父之教训，是以公尔忘私，国尔忘家。计此后但略寄数百金偿家中旧债，即一心以国事为主，一切升官得差之念，毫不挂于意中。故昨五月初七大京堂考差，余即未往赴考。侍郎之得差不得差，原不关乎与考不与考。上年己酉科，侍郎考差而得者三人：瑞常、花沙纳、张芾是也。未考而得者亦三人：灵桂、福济、王广荫是也。今年侍郎考差者五人，不考者三人。是日题"以义制事以礼制心论"，诗题"楼观沧海日"得"涛"字。五月初一放云贵差，十二放两广、福建三省，名见京报内，兹不另录。袁漱六考差颇为得意，诗亦工妥，应可一得，以救积困。

朱石翘明府初政甚好，自是我邑之福。余下次当写信与之。霞仙得县首，亦见其犹能拔取真士。

刘继振既系水口近邻，又送钱至我家求请封典，义不可辞。但渠三十年四月选授训导，已在正月二十六恩诏之后，不知尚可办否？当再向吏部查明。如不可办，则当俟明年四月升祔恩诏，乃可呈请。若并升祔之时推恩不能及于外官，则当以钱退还。家中须于近日详告刘家，言目前不克呈请，须待明年六月乃有的信耳。

澄弟河南、汉口之信皆已接到。行路之难，乃至于此！自汉口以后，想一路载福星矣。刘午峰、张星垣、陈谷堂之银皆可收，刘、陈尤宜受之，不受反似拘泥。然交际之道，与其失之滥，不若失之隘。吾弟能如此，乃吾之所以欣慰者也。西垣四月二十九到京，住余宅内，大约八月可出都。

　　此次所寄折底，如欧阳家、汪家及诸亲族不妨钞送共阅。见余忝窃高位，亦欲忠直图报，不敢唯阿取容，惧其玷辱宗族，辜负期望也。余不一一。

　　　　　　　　　　　　兄国藩手草

第六篇

昔祖父在时，
每讥人家好积私财者为将败之征

（致澄弟温弟沅弟季弟　咸丰五年十二月初一夜　军中）

澄侯、温甫、子植、季洪四位老弟左右：

安五、蒋一来，接到父亲大人手谕及各书函，欣悉温弟生子之喜。至慰至慰，我祖父母生平无一缺憾之事，唯叔父一房后嗣未盛，九泉尚未满意。今叔父得抱长孙，我祖父母必含笑于地下，此实一门之庆。而叔父近年于吉公祠造屋办祭极勤极敬，今年又新造两头横屋，刚值落成之际，得此大喜，又足见我元吉太高祖庇佑后嗣，呼吸可通，洋洋如在也。

安五等途次遇贼，迂折数日始归正道。彭雪琴亦于袁州遇警，抛弃行李，与安五等同步行数百里，千辛万苦，现尚未到大营。

江省于十一月初十日临江失守，十一日瑞州失守。两府同陷，人心惶恐，不得已调九江周凤山全军前往剿办，暂解浔城之围。吾率水军及湖口、青山两处陆军尚驻南康，安稳如常。

吾今年本拟付银百两回家，以三十两奉父亲大人甘旨之需，以二十两为叔父大人含饴之需，以五十两供往年资送亲族之旧例。此时瑞、临有贼，道途阻梗，不能令长夫带银还家。昨接冯树堂信，言渠将宝庆捐功牌之银送二百两与子植，为进京之川资，不审已收到否？如已收到，即请子植先代出百金，明年来大营如数给还，或有所增加亦未可知。如未收到，即请澄侯代为挪借百金，即付还归款也。资送亲族之项，比往年略有增改，兹另开一单，祈酌之。

闻屡次长夫言及我家去年在衡阳五马冲买田一所，系国藩私分等语。并云系澄侯弟玉成其事，国藩出仕二十年，官至二品，封妻荫子，且督师于外，薄有时名。今父亲与叔父尚未分析，两世兄弟怡怡一堂，国藩无自置私田之理。况田与蒋家垅相近，尤为鄙陋。此风一开，将来澄弟必置私产于暮下，温弟必置私产于大步桥，植弟、季弟必各置私产于中沙、紫甸等处，将来子孙必有轻弃祖居而移徙外家者。昔祖父在时，每讥人家好积私财者为将败之征，又常讥驼五爹开口便言水口，达六爹开口便言桂花树，想诸弟亦熟闻之矣。内子女流不明大义，纪泽儿年幼无知，全仗诸弟教训，引入正大一路。若引之入于鄙私一路，则将来计较锱铢，局量日窄，难可挽回，子孙之贫富，各有命定。命果应富，虽无私产亦必自有饭吃；命果应贫，虽有私产多于五马冲倍蓰什佰，亦仍归于无饭可吃。兄阅历数十年，于人世之穷通得失思之烂熟。兹特备陈大略，求澄侯弟将五马冲田产为我设法出脱。或捐作元吉公祭田，或议作星冈公祭田，或转售他人，以钱项备家中日用之需。但使不为我私分之田，并不为父亲私分之田，则我之神魂为之少安，心志为之少畅。温、植、季三弟亦必力赞成吾意，至幸至慰。诸弟禀明父亲、叔父后，如何定计，望详明告我。

余身体如常，癣疾迄未大愈。营中之事尚能料理，无所疏失耳，余不一一，即问近好。

兄国藩（书于南康舟中）

第七篇

亟须将笃实复还，万不可走入机巧一路

（致沅弟　咸丰八年正月初四夜　湘乡本宅）

沅甫九弟左右：

十二月二十八日接弟二十一日手书，欣悉一切。

临江已复，吉安之克实意中事。克吉之后，弟或带中营围攻抚州，听候江抚调度；或率师随迪安北剿皖省，均无不可。届时再行相机商酌。此事我为其始，弟善其终，补我之阙，成父之志，是在贤弟竭力而行之，无为遽怀归志也。

弟书自谓是笃实一路人，吾自信亦笃实人，只为阅历世途，饱更事变，略参些机权作用，把自家学坏了。实则作用万不如人，徒惹人笑，教人怀恨，何益之有？近日忧居猛省，一味向平实处用心，将自家笃实的本质还我真面、复我固有。贤弟此刻在外，亦急须将笃实复还，万不可走入机巧一路，日趋日下也。纵人以巧诈来，我仍以浑含应之，以诚愚应之；久之，则人之意也消。若钩心斗角，相迎相距，则报复无已时耳。

至于强毅之气，决不可无，然强毅与刚愎有别。古语云自胜之谓强。曰强制，曰强恕，曰强为善，皆自胜之义也。如不惯早起，而强之未明即起；不惯庄敬，而强之坐尸立斋；不惯劳苦，而强之与士卒同甘苦，强之勤劳不倦。是即强也。不惯有恒，而强之贞恒，即毅也。舍此而求以客气胜人，是刚愎而已矣。二者相似，而其流相去霄壤，不可不察，不可不谨。

李云麟气强识高，诚为伟器，微嫌辩论过易，弟可令其即日来家，与兄畅叙一切。

兄身体如常。唯中怀郁郁，恒不甚舒畅，夜间多不成寐，拟请刘镜湖三爷来此一为诊视。闻弟到营后体气大好，极慰极慰。

九弟媳近亦平善。元旦至新宅拜年，叔父、六弟亦来新宅。余与澄弟等初二至白玉堂，初三请本房来新宅。任尊家酬完龙愿三日，因五婶脚痛所许，初四即散，仅至女家及收宝庵，并未烦动本房。温弟与迪安联姻，大约正月定庚。科四前耍包铳药之纸，微伤其手，现已全愈。邓先生订十八人馆。葛先生拟十六去接。甲三姻事拟对筱房之季女，现尚未定。三女对罗山次子，则已定矣。刘詹岩先生（绎）得一见否？为我极道歉忱。黄莘翁之家属近况何如？苟有可为力之处，弟为我多方照拂之。渠为劝捐之事怄气不少，吃亏颇多也。母亲之坟，今年当觅一善地改葬。唯兄脚力太弱，而地师又无一可信者，难以下手耳。余不一一，顺问近好，诸唯心照。

国藩手具

再，带勇总以能打仗为第一义。现在久顿坚城之下，无仗可打，亦是闷事。如可移扎水东，当有一二大仗开。第弟营之勇锐气有余，沉毅不足，气浮而不敛，兵家之所忌也，尚祈细察。偶作一对联间箴弟云：打仗不慌不忙，先求稳当，次求变化；办事无声无臭，既要精到，又要简捷。贤弟若能行此数语，则为阿兄争气多矣。国藩又行。

第八篇

早起是先人之家法，
无恒是吾身之大耻，不重是尔身之短处

（谕纪泽咸丰九年十月十四日　巴河陆营）

字谕纪泽儿：

接尔十九、二十九日两禀，知喜事完毕，新妇能得尔母之欢，是即家庭之福。

我朝列圣相承，总是寅正即起，至今二百年不改。我家高曾祖考相传早起，吾得见竟希公、星冈公皆未明即起，冬寒起坐约一个时辰，始见天亮。吾父竹亭公亦甫黎明即起，有事则不待黎明，每夜必起看一二次不等，此尔所及见者也。余近亦黎明即起，思有以绍先人之家风。尔既冠授室，当以早起为第一先务。自力行之，亦率新妇力行之。

余生平坐无恒之弊，万事无成。德无成，业无成，已可深耻矣。逮办理军事，自矢靡他，中间本志变化，尤无恒之大者，用为内耻。尔欲稍有成就，须从有恒二字下手。

余尝细观星冈公仪表绝人，全在一重字。余行路容止亦颇重厚，盖取法于星冈公。尔之容止甚轻，是一大弊病，以后宜时时留心。

无论行坐，均须重厚。早起也，有恒也，重也，三者皆尔最要之务。早起是先人之家法，无恒是吾身之大耻，不重是尔身之短处，故特谆谆戒之。

吾前一信答尔所问者三条，一字中换笔，一"敢告马走"、一注疏得失，言之颇详，尔来禀何以并未提及？以后凡接我教尔之言，宜条条禀复，不可疏略。此外教尔之事，则详于寄寅皆先生看读写作一缄中矣。此谕。

第九篇

吾教子弟不离八本、三致祥

（谕纪泽纪鸿　咸丰十一年三月十三日　休宁县城）

字谕纪泽、纪鸿儿：

接二月二十三日信，知家中五宅平安，甚慰甚慰。

余以初三日至休宁县，即闻景德镇失守之信。初四日写家书，托九叔处寄湘，即言此间局势危急，恐难支持，然犹意力攻徽州，或可得手，即是一条生路。初五日进攻，强中、湘前等营在西门挫败一次。十二日再行进攻，未能诱贼出仗。是夜二更，贼匪偷营劫村，强中、湘前等营大溃。凡去二十二营，其挫败者八营（强中三营、老湘三营、湘前一、震字一），其幸而完全无恙者十四营（老湘六、霆三、礼二、亲兵一、峰二），与咸丰四年十二月十二夜贼偷湖口水营情形相仿。此次未挫之营较多，以寻常兵事言之，此尚为小挫，不甚伤元气。目下值局势万紧之际，四面梗塞，接济已断，加此一挫，军心尤大震动。所盼望者，左军能破景德镇、乐平之贼，鲍军能从湖口迅速来援，事或略有转机，否则不堪设想矣。

余自从军以来，即怀见危授命之志。丁、戊年在家抱病，常恐溘逝牖下，渝我初志，失信于世。起复再出，意尤坚定。此次若遂不测，毫无牵恋。自念贫窭无知，官至一品，寿逾五十，薄有浮名，兼秉兵权，忝窃万分，夫复何憾！唯古文与诗，二者用力颇深，探索颇苦，而未能介然用之，独辟康庄。古文尤确有依据，若遽先朝露，则寸心所得，遂成广陵之散。作字用功最浅，而近年亦略有入处。三者一无所成，不无耿耿。至行军本非余所长，兵贵奇而余太平，兵贵诈而余太直，岂能办此滔天之贼？即前此屡有克捷，已为侥幸，出于非望矣，尔等长大之后，切不可涉历兵间，此事难于见功，易于造孽，尤易于贻万世口实。余久处行间，日日如坐针毡，所差不负吾心，不负所学者，未尝须臾忘爱民之意耳。近来阅历愈多，深谙督师之苦。尔曹唯当一意读书，不可从军，亦不必做官。

吾教子弟不离八本、三致祥。八者曰：读古书以训诂为本，作诗文以声调为本，养亲以得欢心为本，养生以少恼怒为本，立身以不妄语为本，治家以不晏起为本，居官以不要钱为本，行军以不扰民为本。三者曰：孝致祥，勤致祥，恕致祥。吾父竹亭公之教人，则专重孝字。其少壮敬亲，暮年爱亲，出于至诚，故吾纂墓志，仅叙一事。吾祖星冈公之教人，则有八字，三不信。八者曰：考、宝、早、扫、书、蔬、鱼、猪。三者，曰僧巫，曰地仙，曰医药，皆不信也。处兹乱世，银钱愈少，则愈可免祸；用度愈省，则愈可养福。尔兄弟奉母，除劳字俭字之外，别无安身之法。吾当军事极危，辄将此二字叮嘱一遍，此外亦别无遗训之语，尔可禀告诸叔及尔母无忘。

第十篇

凡办大事，半由人力，半由天事

（致沅弟　咸丰十一年四月初三日　巳初东流县公馆）

沅弟左右：

初三辰刻接初二巳正来书，具悉一切。

昨日雨小而风大，今日风小而雨大，鲍军勇夫万余人，纵能渡江，想初二尚未渡毕，初三则断不能渡。凡办大事，半由人力，半由天事。如此次安庆之守，濠深而墙坚，稳静而不懈，此人力也；其是否不至以一蚁溃堤，以一蝇玷圭，则天事也。各路之赴援，以多、鲍为正援集贤之师，以成、胡为后路缠护之兵，以朱、韦为助守墙濠之军，此人事也；其临阵果否得手，能否不为狗酋所算，能否不令狗酋逃遁，此天事也。吾辈但当尽人力之所能为，而天事则听之彼苍，而无所容心。弟于人力颇能尽职，而每称擒杀狗酋云云，则好代天做主张矣。

至催鲍进兵，亦不宜太急。鲍之队伍由景镇至下隅坂，仅行五日，冒雨遄征，亦可谓极速矣。其锅帐则至今尚未到齐，以泥太深，小车难动也。弟自抚州拔营至景镇，曾经数日遇雨，试一回思，能

28

如鲍公此次之迅速乎？润帅力劝鲍公进兵不必太急，待狗酋求战气竭力疲而后徐起应之云云，与弟见正相反。余意不必催鲍急进，亦不必嘱鲍缓战，听鲍公自行斟酌可也。多公调度远胜于鲍，其马队亦数倍于鲍，待多击退黄文金后，再与鲍军会剿集贤关，更有把握。

至狗酋虽凶悍，然屡败于多、李、鲍之手，未必此次忽较平日更狠。黄文金于洋塘、小麦铺两败，军器丢弃已尽。多、鲍之足以制陈、黄二贼，理也，人力之可知者也。其临阵果否得手，则数也，天事之不可知者也。来书谓狗部有马贼二千五六百，似亦未确。系临阵细数乎？抑系投诚贼供乎？闻贼探多假称投诚者，弟宜慎之。即问近好。

第十一篇

人生唯有常是第一美德

（谕纪泽　同治元年四月初四日　安庆公馆）

字谕纪泽儿：

连接尔十四、二十二日在省城所发禀，知二女在陈家，门庭雍睦，衣食有资，不胜欣慰。

尔累月奔驰酬应，犹能不失常课，当可日进无已。人生唯有常是第一美德。余早年于作字一道，亦尝苦思力索，终无所成。近日朝朝摹写，久不间断，遂觉月异而岁不同。可见年无分老少，事无分难易，但行之有恒，自如种树畜养，日见其大而不觉耳。尔之短处在言语欠钝讷，举止欠端重，看书能深入而作文不能峥嵘。若能从此三事上下一番苦功，进之以猛，持之以恒，不过一二年，自尔精进而不觉。言语迟钝，举止端重，则德进矣。作文有峥嵘雄快之气，则业进矣。尔前作诗，差有端绪，近亦常作否？李、杜、韩、苏四家之七古，惊心动魄，曾涉猎及之否？

此间军事，近日极得手。鲍军连克青阳、石埭、太平、泾县四城。沅叔连克巢县、和州、含山三城暨铜城闸、雍家镇、裕溪口、西梁山四隘。满叔连克繁昌、南陵二城暨鲁港一隘。现仍稳慎图之，不敢骄矜。

　　余近日疮癣大发，与去年九、十月相等。公事丛集，竟日忙冗，尚多积搁之件。所幸饮食如常，每夜安眠或二更三更之久，不似往昔彻夜不寐，家中可以放心。此信并呈澄叔一阅，不另致也。

涤生手示

第十二篇

斗斛满则人概之，人满则天概之

（致沅弟季弟　同治元年五月十五日　安庆公馆）

沅、季弟左右：

帐棚即日赶办，大约五月可解六营，六月再解六营，使新勇略得却暑也。抬小枪之药，与大炮之药，此间并无分别，亦未制造两种药，以后定每月解药三万斤至弟处，当不致更有缺乏。王可陞十四日回省，雪琴与沅弟嫌隙已深，难遽期其水乳，沅弟所批雪信稿，有是处，亦有未当处，弟谓雪声色俱厉。凡目能见千里，而不能自见其睫，声音笑貌之拒人，每苦于不自见，苦于不自知。雪之厉，雪不自知；沅之声色，恐亦未始不厉，特不自知耳。曾记咸丰七年冬，余咎骆、文、耆待我之薄，温甫则曰："兄之面色，每予人以难堪。"又记十一年春，树堂深咎张伴山简傲不敬，余则谓树堂面色亦拒人于千里之外。观此二者，则沅弟面色之厉，得毋似余与树堂之不自觉乎？

余家目下鼎盛之际，余忝窃将相，沅所统近二万人，季所统四五千人，近世似此者曾有几家？沅弟半年以来，七拜君恩，近世似弟者曾有几人？日中则昃，月盈则亏，吾家亦盈时矣。管子云：斗斛满则人概之，人满则天概之。余谓天之概无形，仍假手于人以概之。霍氏盈满，魏相概之，宣帝概之；诸葛恪盈满，孙峻概之，吴主概之待他人之来概而后悔之，则已晚矣，吾家方丰盈之际，不待天之来概、人之来概，吾与诸弟当设法先自概之。

自概之道云何，亦不外清、慎、勤三字而已。吾近将清字改为廉字，慎字改为谦字，勤字改为劳字，尤为明浅，确有可下手之处。沅弟昔年于银钱取与之际不甚斟酌，朋辈之讥议菲薄，其根实在于此。去冬之买犁头嘴、栗子山，余亦大不谓然，以后宜不妄取分毫，不寄银回家，不多赠亲族，此廉字功夫也。谦之存诸中者不可知，其着于外者，约有四端：曰面色，曰言语，曰书函，曰仆从属员。沅弟一次添招六千人，季弟并未禀明，径招三千人，此在他统领所断做不到者，在弟尚能集事，亦算顺手。而弟等每次来信，索取帐棚子药等件，常多讥讽之词、不平之语，在兄处书函如此，则与别处书函更可知已。沅弟之仆从随员颇有气焰，面色言语，与人酬接时，吾未及见，而申夫曾述及往年对渠之词气，至今饮憾。以后宜于此四端痛加克治，此谦字功夫也，每日临睡之时，默数本日劳心者几件，劳力者几件，则知宣勤王事之处无多，更竭诚以图之，此劳字功夫也。

余以名位太隆，常恐祖宗留诒之福自我一人享尽，故将劳、谦、廉三字时时自惕，亦愿两贤弟之用以自惕，且即以自概耳。

湖州于初三日失守，可悯可敬。

第十三篇

天地之道，刚柔互用，不可偏废，太柔则靡，太刚则折

（致沅弟季弟　同治元年五月二十八日　安庆公馆）

沅、季弟左右：

沅于人概天概之说，不甚厝意，而言及势利之天下，强凌弱之天下。此岂自今日始哉？盖从古已然矣。

从古帝王将相，无人不由自立自强做出，即为圣贤者，亦各有自立自强之道，故能独立不惧，确乎不拔。昔余往年在京，好与诸有大名大位者为仇，亦未始无挺然特立不畏强御之意。近来见得天地之道，刚柔互用，不可偏废，太柔则靡，太刚则折。刚非暴虐之谓也，强矫而已；柔非卑弱之谓也，谦退而已。趋事赴公，则当强矫，争名逐利，则当谦退；开创家业，则当强矫，守成安乐，则当谦退；出与人物应接，则当强矫，入与妻孥享受，则当谦退。若一面建功立业，外享大名，一面求田问舍，内图厚实，二者皆有盈满之象，全无谦退之意，则断不能久。此余所深信，而弟宜默默体验者也。

第十四篇

若能去忿欲以养体，
存倔强以励志，则日进无疆矣

（致沅弟　同治二年正月二十日　安庆公馆）

沅弟左右：

十九日接弟十四日缄，交林哨官带回者，具悉一切。

肝气发时，不唯不和平，并不恐惧，确有此境。不特弟之盛年为然，即余渐衰老，亦常有勃不可遏之候。但强自禁制，降伏此心。释氏所谓降龙伏虎，龙即相火也，虎即肝气也。多少英雄豪杰打此两关不过，亦不仅余与弟为然。要在稍稍遏抑，不令过炽。降龙以养水，伏虎以养火。古圣所谓窒欲，即降龙也；所谓惩忿，即伏虎也。儒释之道不同，而其节制血气，未尝不同。总不使吾之嗜欲戕害吾之躯命而已。

至于倔强二字，却不可少。功业文章，皆须有此二字贯注其中，否则柔靡不能成一事。孟子所谓至刚，孔子所谓贞固，皆从倔强二字做出。吾兄弟皆禀母德居多，其好处亦正在倔强。若能去忿欲以养体，存倔强以励志，则日进无疆矣。

新编五营，想已成军。郴桂勇究竟何如？殊深悬系。吾牙疼渐愈，可以告慰。刘馨室一信抄阅。顺问近好。

兄国藩手草

第十五篇

凡成大事，人谋半天意半

（致沅弟　同治二年七月二十一日　安庆）

沅弟左右：

二十日接十六日信，二十一日接十一日交雷哨官信，具悉一切。

杏南未愈而萧、伍复病，至为系念。亲兵独到而丁道之匠头未到。丁道以前二年在福建寄信来此，献礮炮之技。去年十一月到皖，已试验两次，毫无足观。居此半年，苟有长技，余方求之不得，岂肯弃而不用？渠在此无以自长，愿至金陵一为效用，余勉许之。至欲在雨花台铸炮，则尽可不必。待渠匠头来此，如须用他物，或可发给，若需锅铁及铸炮等物，则不发也。

凡办大事，以识为主，以才为辅；凡成大事，人谋居半，天意居半。往年攻安庆时，余告弟不必代天做主张。墙濠之坚，军心之固，严断接济，痛剿援贼，此可以人谋主张者也。克城之迟速，杀贼之多寡，我军士卒之病否，良将之有无损折，或添他军来助围师，或减围师分援他处，或功隳于垂成，或无心而奏捷，此皆由天意主张者也。譬之场屋考试，文有理法才气，诗不错平仄抬头，此人谋主张者也。主司之取舍，科名之迟早，此天意主张者也。若恐天意难凭，而必广许神愿，行贿请枪；若恐人谋未臧，而更多方设法，或做板绫衣以抄夹带，或蒸高丽参以磨墨。合是皆无识者之所为。弟现急求克城，颇有代天主张之意。若令丁道在营铸炮，则尤近于无识矣。愿弟常存畏天之念，而慎静以缓图之，则善耳。顺问近好。

兄国藩手草

第十六篇

凡事皆有极困极难之时，打得通便是好汉

（谕纪鸿　同治五年正月十八日　徐州公馆）

字谕纪鸿：

尔学柳帖《琅邪碑》，效其骨力，则失其结构，有其开张，则无其挽搏。古帖本不易学，然尔学之尚不过旬日，焉能众美毕备，收效如此神速？

余昔学颜柳帖，临摹动辄数百纸，犹且一无所似。余四十以前在京所作之字，骨力间架皆无可观，余自愧而自恶之。四十八岁以后，习李北海《岳麓寺碑》，略有进境，然业历八年之久，临摹已过千纸。今尔用功未满一月，遂欲遽跻神妙耶？余于凡事皆用困知勉行功夫，尔不可求名太骤，求效太捷也。以后每日习柳字百个，单日以生纸临之，双日以油纸摹之。临帖宜徐，摹帖宜疾，专学其开张处。数月之后，手愈拙，字愈丑，意兴愈低，所谓困也。困时切莫间断，熬过此关，便可少进。再进再困，再熬再奋，自有亨通精进之日。不特习字，凡事皆有极困极难之时，打得通的，便是好汉。余所责尔之功课，并无多事，每日习字一百，阅《通鉴》五叶，诵

熟书一千字（或经书或古文、古诗，或八股试帖，从前读书即为熟书，总以能背诵为止，总宜高声朗诵），三八日作一文一诗。此课极简，每日不过两个时辰，即可完毕，而看、读、写、作四者俱全。余则听尔自为主张可也。

尔母欲与全家住周家口，断不可行。周家口河道甚窄，与永丰河相似，而余住周家口亦非长局，决计全眷回湘。纪泽俟全行复元，二月初回金陵。余于初九日起程也。此嘱。

第十七篇

晓得下塘，须要晓得上岸，
弹劾官文之事当暂置缓图

（致沅弟　同治五年八月十二四夜　周家口营中）

沅弟左右：

二十三日接弟十八日信，欣悉甲五、科三两侄于初一、初四均得生子，先大夫于十日之内得三曾孙。余近年他无所求，唯盼家中添丁，心甚拳拳，今乃喜溢望外。弟之有功于家，不仅谋葬祖父一事，然此亦大功之昭著者。即越级超保，亦必不干部驳也。来汝会晤一节，尽可置之缓图。顺斋排行一节，亦请暂置缓图。此等事幸而获胜，而众人耽耽环伺，必欲寻隙一泄其忿。彼不能报复，而众人若皆思代彼报复者。吾阅世最久，见此甚明。寄云一疏而参抚，黄藩又一片而保抚，郭臬、李非不快意，当时即闻外议不平。（正读：寄云一疏而参抚黄、藩又[文]，一片而保抚郭、臬李，非不快意，当时即闻外议不平）其后小蓬果代黄报复，而云仙亦与毛水火，寄云近颇悔之。吾参竹伯时，小蓬亦代为不平，至今尚痛诋吾兄弟。去冬查办案内，密片参吴少村，河南司道颇为不平，后任亦极隔阂。陈、黄非无可参之罪，余与毛之位望积累，尚不足以参之，火候未

40

到，所谓燕有可伐之罪，齐非伐燕之人也。以弟而陈顺斋排行，亦是火候未到，代渠思报复者必群起矣。苟公事不十分掣肘，何必下此辣手？汴之紫三本家于余处颇多掣肘，余顷以密片保全之，抄付弟览。吾兄弟位高功高，名望亦高，中外指目为第一家。楼高易倒，树高易折，吾与弟时时有可危之机。专讲宽平谦巽，庶几高而不危。弟谋为此举，则人指为恃武功，恃圣眷，恃门第，而巍巍招风之象见矣，请缓图之。

　　春霆何以缺饷？每月十一万五千，渠究竟有亏空否？请细查见示。余拟定霆军饷项单，两次咨弟，曾细阅否？顺问近好。

　　再，星冈公教人常言："晓得下塘，须要晓得上岸。"又云，"怕临老打扫脚棍。"兄衰年多病，位高名重，深虑打扫脚棍，蹈陆、叶、何、黄之覆辙。自金陵告克后，常思退休藏拙。三年秋冬，应让弟先归。四年夏间，僧邸殉难，中外责望在余，万难推卸。又各勇遣撤未毕，不得不徘徊审慎。今年弟既复出，兄即思退。逮大暑病疲之后，言路又有避贼而行之劾，决计引归。拟八九月请假二次，十月开缺。今群捻东窜，贼情大变，恐又不能遽如吾意。弟若直陈顺斋排行，则人皆疑兄弟熟商而行。百喙无以自解，而兄愈不能轻轻引退矣。望弟平平和和作一二年，送阿兄上岸后，再行轰轰烈烈做去。至嘱至嘱。

　　胡润帅奉朱批不准专衔奏军事，其怄气百倍于弟今日也，幸稍耐焉。兄又手致。

第十八篇

好汉打脱牙和血吞

（致沅弟　同治五年十二月十八夜　周家口营中）

沅弟左右：

十四、十五六日接弟初十日函、十二日酉刻及四更二函。贼已回窜东路，淮、霆各军将近五万，幼泉万人尚不在内，不能与之一为交手，可恨之至！岂天心果不欲灭此贼耶？抑吾辈办贼之法实有未善耶？目下深虑黄州失守，不知府县尚可靠否？略有防兵否？山东、河南州县一味闭城坚守，乡间亦闭寨坚守，贼无火药，素不善攻，从无失守城池之事，不知湖北能开此风气否？鄂中水师不善用命，能多方激劝，扼住江、汉二水，不使偷渡否？少泉言捻逆断不南渡，余谓任逆以马为命，自不肯离淮南北，赖逆则未尝不窥伺大江以南。屡接弟调度公牍，从未议及水师，以后务祈留意。

奉初九、十三等日寄谕，有严行申饬及云梦县等三令不准草留之旨。弟之忧灼，想尤甚于初十以前。然困心横虑，正是磨炼英雄玉汝于成。李申夫尝谓余怄气从不说出，一味忍耐，徐图自强，因引谚曰"好汉打脱牙和血吞"。此二语是余生平咬牙立志之诀，不料

42

被申夫看破。余庚戌、辛亥间，为京师权贵所唾骂；癸丑、甲寅，为长沙所唾骂；乙卯、丙辰，为江西所唾骂；以及岳州之败、靖江之败、湖口之败，盖打脱牙之时多矣，无一次不和血吞之。弟此次郭军之败、三县之失，亦颇有打脱门牙之象。来信每怪运气不好，便不似好汉声口。唯有一字不说，咬定牙根，徐图自强而已。

子美倘难整顿，恐须催南云来鄂。鄂中向有之水陆，其格格不入者，须设法笼络之，不可灰心懒漫，遽萌退志也。余奉命克期回任，拟奏明新正赴津，替出少泉来豫，仍请另简江督。顺问近好。

第十九篇

戊午至今九载，与四十岁以前迥不相同

（致沅弟　同治六年正月初二　周家口营中）

沅弟左右：

鄂署五福堂有回禄之灾，幸人口无恙，上房无恙，受惊已不小矣。其屋系板壁纸糊，本易招火。凡遇此等事，只可说打杂人役失火，固不可疑会匪之毒谋，尤不可怪仇家之奸细。若大惊小怪，胡思乱猜，生出多少枝叶，仇家转得传播以为快。唯有处处泰然，行所无事。申甫所谓"好汉打脱牙和血吞"，星冈公所谓"有福之人善退财"，真处逆境者之良法也。

弟求兄随时训示申儆。兄自问近年得力唯有一悔字诀。兄昔年自负本领甚大，可屈可伸，可行可藏，又每见得人家不是。自从丁巳、戊午大悔大悟之后，乃知自己全无本领，凡事都见得人家有几分是处。故自戊午至今九载，与四十岁以前迥不相同。大约以能立能达为体，以不怨不尤为用。立者，发奋自强，站得住也；达者，办事圆融，行得通也。吾九年以来，痛戒无恒之弊。看书写字，从未间断，选将练兵，亦常留心。此皆自强能立功夫。奏疏公牍，再

44

三斟酌。无一过当之语自夸之词。此皆圆融能达功夫。至于怨天本有所不敢，尤人则常不能免。亦皆随时强制而克去之。弟若欲自警惕，似可学阿兄丁、戊二年之悔。然后痛下针砭，必有大进。

立达二字，吾于己未年曾写于弟之手卷中，弟亦刻刻思自立自强，但于能达处尚欠体验，于不怨尤处尚难强制。吾信中言皆随时指点，劝弟强制也。赵广汉本汉之贤臣，因星变而劾魏相，后乃身当其灾，可为殷鉴。默存一悔字，无事不可挽回也。

第二十篇

安排后事，望二子不愧不求

（谕纪泽纪鸿　同治九年六月初四日　保定督署）

　　余即日前赴天津，查办殴毙洋人焚毁教堂一案。外国性情凶悍，津民习气浮嚣，俱难和叶，将来构怨兴兵，恐致激成大变。余此行反复筹思，殊无良策。余自咸丰三年募勇以来，即自誓效命疆场，今老年病躯，危难之际，断不肯吝于一死，以自负其初心。恐邂逅及难，而尔等诸事无所秉承，兹略示一二，以备不虞。

　　余若长逝，灵柩自以由运河搬回江南归湘为便。中间虽有临清至张秋一节须改陆路，较之全行陆路者差易。去年由海船送来之书籍、木器等过于繁重，断不可全行带回，须细心分别去留。可送者分送，可毁者焚毁，其必不可弃者，乃行带归，毋贪琐物而花途费。其在保定自制之木器全行分送。沿途谢绝一切，概不收礼，但水陆略求兵勇护送而已。

　　余历年奏折，令夏吏择要抄录，今已抄一多半，自须全行择抄。抄毕后存之家中，留于子孙观览，不可发刻送人，以其间可存者绝少也。

　　余所作古文，黎莼斋抄录颇多，顷渠已照抄一份寄余处存稿，此外黎所未抄之文寥寥无几，尤不可发刻送人，不特篇帙太少，且少壮不克努力，志亢而才不足以副之，刻出适以彰其陋耳。如有知旧劝刻余集者，婉言谢之可也。切嘱切嘱。

余生平略涉儒先之书，见圣贤教人修身，千言万语，而要以不忮不求为重忮者，嫉贤害能，妒功争宠，所谓忌者不能修，忌者畏人修之类也。求者，贪利贪名，怀土怀惠，所谓未得患得，既得患失之类也。忮不常见，每发露于名业相侔、势位相埒之人；求不常见，每发露于货财相接、仕进相妨之际。将欲造福，先去忮心，所谓人能充无欲害人之心，而仁不可胜用也；将欲立品，先去求心，所谓人能充无穿窬之心，而义不可胜用也。忮不去，满怀皆是荆棘；求不去，满腔日即卑污。余于此二者常加克治，恨尚未能扫除净尽。尔等欲心地干净，宜于此二者痛下功夫，并愿子孙世世戒之。附作忮求诗二首录右。

历览有国有家之兴，皆由克勤克俭所致。其衰也，则反是，余生平亦颇以勤字自励，而实不能勤一故读书无手抄之册，居官无可存之牍。生平亦好以俭字教人，而自问实不能俭。今署中内外服役之人，厨房日用之数，亦云奢矣。其故由于前在军营，规模宏阔，相沿未改，近因多病，医药之资漫无限制。由俭入奢易于下水，由奢反俭难于登天。在两江交卸时，尚存养廉二万金。在余初意，不料有此，然似此放手用去，转瞬即已立尽。尔辈以后居家，须学陆梭山之法，每月用银若干两，限一成数，另封秤出。本月用毕，只准盈余，不准亏欠衙门奢侈之习，不能不彻底痛改。余初带兵之时，立志不取军营之钱以自肥其私，今日差幸不负始愿，然亦不愿子孙过于贫困，低颜求人，唯在尔辈力崇俭德，善持其后而已。

孝友为家庭之祥瑞。凡所称因果报应，他事或不尽验，独孝友则立获吉庆，反是则立获殃祸，无不验者。

吾早岁久宦京师，于孝养之道多疏，后来辗转兵间，多获诸弟之助，而吾毫无裨益于诸弟。余兄弟姊妹各家，均有田宅之安，大抵皆九弟扶助之力。我身殁之后，尔等事两叔如父，事叔母如母，视堂兄弟如手足。凡事皆从省啬，独待诸叔之家则处处从厚，待堂兄弟以德业相劝、过失相规，期于彼此有成，为第一要义。其次则亲之欲其贵，爱之欲其富，常常以吉祥善事代诸昆季默为祷祝，自当神人共钦。温甫、季洪两弟之死，余内省觉有惭德。澄侯、沅甫两弟渐老，余此生不审能否相见。尔若能从孝友二字切实讲求，亦足为我弥缝缺憾耳。

附忮求诗二首：

善莫大于恕，德莫凶于妒。妒者妾妇行，琐琐奚比数。己拙忌人能，己塞忌人遇。己若无事功，忌人得成务。己若无党援，忌人得多助。势位苟相敌，畏逼又相恶。己无好闻望，忌人文名著。己无贤子孙，忌人后嗣裕。争名日夜奔，争利东西骛。但期一身荣，不惜他人污。闻灾或欣幸，闻祸或悦豫。问渠何以然，不自知其故。尔室神来格，高明鬼所顾。天道常好还，嫉人还自误。幽明丛诟忌，乖气相回互。重者灾汝躬，轻亦减汝祚。我今告后生，悚然大觉悟。终身让人道，曾不失寸步。终身祝人善，曾不损尺布。消除嫉妒心，普天零甘露。家家获吉祥，我亦无恐怖。——《右不忮》

知足天地宽，贪得宇宙隘。岂无过人姿，多欲为患害。在约每思丰，居困常求泰。富求千乘车，贵求万钉带。未得求速偿，既得求勿坏。芬馨比椒兰，磐固方泰岱。求荣不知餍，志亢神愈忕。岁燠有时寒，日明有时晦。时来多善缘，运去生灾怪。诸福不可期，百殃纷来会。片言动招尤，举足便有碍。戚戚抱殷忧，精爽日凋瘵，矫首望八荒，乾坤一何大！安荣无遽欣，患难无遽憝。君看十人中，八九无倚赖。人穷多过我，我穷犹可耐。而况处夷途，奚事生嗟忾？于世少所求，俯仰有余快。俟命堪终古，曾不愿乎外。——《右不求》

48